이화여자대학교 국어문화원 연구총서 8

전문 용어 형성 연구

저자 소개

최형용 이화여자대학교 국어국문학과 교수
리우 완잉(劉婉瑩) 이화여자대학교 국어국문학과 박사, 주한중국문화원 강사
권경녀 이화여자대학교 국어국문학과 박사과정
강문영 이화여자대학교 국어국문학과 박사과정
김혜지 이화여자대학교 국어국문학과 박사, 이화여자대학교 호크마교양대학 강사
장지영 이화여자대학교 국어국문학과 박사과정 수료
박지현 이화여자대학교 국어국문학과 박사과정
김선영 이화여자대학교 국어국문학과 박사과정
한은주 이화여자대학교 국어국문학과 박사과정
왕사우(王思宇) 이화여자대학교 국어국문학과 박사, 중국 중산대학교 한국어학과 연구원

전문 용어 형성 연구

초판 인쇄	2023년 7월 21일
초판 발행	2023년 7월 28일
저　　자	최형용·리우 완잉·권경녀·강문영·김혜지· 장지영·박지현·김선영·한은주·왕사우
펴 낸 이	이대현
편　　집	이태곤·권분옥·임애정·강윤경
디 자 인	안혜진·최선주·이경진
마 케 팅	박태훈
펴 낸 곳	도서출판 역락
주　　소	서울시 서초구 동광로 46길 6-6(반포4동 문창빌딩 2F)
전　　화	02-3409-2060(편집부), 2058(영업부)
팩　　스	02-3409-2059
등　　록	1999년 4월 19일 제303-2002-000014호
이 메 일	youkrack@hanmail.net
홈페이지	www.youkrackbooks.com
I S B N	979-11-6742-573-7 94710
	979-11-5686-225-3 (세트)

이화여자대학교 국어문화원
연구총서 8

전문 용어 형성 연구

최형용
리우 완잉(劉婉瑩)
권경녀
강문영
김혜지
장지영
박지현
김선영
한은주
왕사우(王思宇)

역락

창간사

이화여자대학교 '국어문화원'은 1972년 11월 25일 인문과학대학 부설연구소로 설립된 '한국어문학연구소'를 전신으로 하여 국어문화의 실용화를 아우르고자 2008년 5월 국어상담소를 흡수하면서 탄생하였다. 따라서 그 기반은 이화여자대학교 국어국문학전공의 전임교수와 대학원 이상 출신 연구원을 중심으로 한국어학·고전문학·현대문학 분야의 축적된 연구 성과에 있다고 할 수 있다.

그런데 '한국어문학연구소'가 '국어문화원'으로 개칭되면서부터는, 안팎으로 연구 성과보다는 실용화에 무게가 옮겨진 것이 사실이다. 그러나 이론적 토대가 없는 실용화는 다만 시의(時宜)를 좇는 데 급급할 뿐 시대를 선도할 수 없는 사상누각(沙上樓閣)에 다름 아니다.

이러한 점에서 '이화여자대학교 국어문화원 연구총서' 창간은 매우 중요한 의미를 갖는다고 할 수 있다. '국어문화원'이 그 전신인 '한국어문학연구소'가 지향하던 국어학·고전문학·현대문학의 심도 있는 연구 성과를 양분으로 삼아 시대적 요구에 부응하고 있다는 사실을 노정(露呈)하는 구체적인 결실이 바로 연구총서 창간이라고 할 수 있기 때문이다.

오늘은 연구총서의 창간을 선포하였지만 이 연구총서의 지속적인 발간이 '한국어문학연구소'의 전통을 발전적으로 계승한다는 것을 의미함과 동시에 머지않아 사료총서 창간, 학위논문총서 창간 등으로 확대될 수 있기를 기원하는 바이다.

2015년 7월 31일
이화여자대학교 국어문화원 원장 최형용 삼가 적음.

머리말

국내에서 그동안 전문 용어에 대한 관심은 정책적 측면에 집중된 느낌이 없지 않다. 따라서 전문 용어에 대한 형성의 관점도 자연히 그 출발은 정책적 측면에서 비롯되었다고 볼 수 있다. 정책적 측면에서 전문 용어 형성을 바라본다는 것은 특정한 목적을 가지고 있기 때문에 인위적이고 당위적이라는 느낌을 준다. 그러나 전문 용어도 일반 용어와 마찬가지로 언어 현상의 하나이므로 이를 순수하게 형태론적 관점에서 조망하는 일은 오히려 정책적 측면에서 전문 용어를 바라볼 때도 도움이 된다고 할 수 있다.

이는 달리 말하자면 지금까지는 일반 용어와 대등한 입장에서 전문 용어 형성을 바라보는 시각은 부족했다는 것을 의미한다. 따라서 이 책은 전문 용어를 일반 용어와 대등한 대상으로 보고 다만 그 영역이 전문 분야에 한정되는 것으로 간주한다는 점에서 기존 논의와 차별점을 갖는다. 이를 통해 전문 용어가 일반 용어 형성과 어떤 점에서 차이가 있는지 또 그 특성은 구체적으로 어떠한지에 대해 천착하려는 것이 이 책의 목적이다. 이러한 목적을 충실히 달성하기 위해 필진도 이화여자대학교 국어국문학과 대학원에서 형태론을 전공하는 사람들로 구성하였다.

책의 목적에 따라 단어 형성의 관점이 두드러지도록 장 구성을 파생어, 합성어, 통사적 결합어 등 일반 용어에 대한 단어 형성의 관점을 그대로 반영하였다. 전문 용어의 절대 다수가 명사에 해당하고 또 그 대상이 단어에만 한정되지 않는다는 사실은 전문 용어의 품사적 특성으로 포착하려고 하였다. 전문 용어가 새롭게 생겨나는 실체라는 점을 부각하기 위해 신어와 관련되는 양상에 대해서도 관심을 기울였으며 일반 용어가 유추라는 기제로 설명할 수 있는 부분이 있다면 전문 용어도 그 대상이 될 수 있다는 사실을 보이려하였다. 전문 용어를 의미 관계의 측면에서도 고찰하여 일반 용어와 마찬가지로 단어 형성이 의미 관계에 영향을 받는 부분에 대해서도 주목해 보았다. 그럼에도 불구하고 한국적 상황에서 전문 용어가 정책적 산물이라는 사실, 또 그에 따른 단어 형성의 특성이 고려되어야 한다는 판단 아래 순화어와 공공 언어에 대해서도 공간을 할애하였다. 최근에 큰 관심을 불러일으키고 있는 신어와는 달리 전문 용어의 대조 연구는 초기 단계라 할 수 있다. 따라서 특히 중국어와의 전문 용어 대조 연구에 관심을 기울여 앞으로의 대조 연구가 나아가야 할 방향에 대해서도 고민하는 자리를 마련해 보았다.

물론 이상의 내용이 전문 용어를 형성의 관점에서 바라볼 수 있는 전부는 아닐 것이다. 그러나 이 정도의 논의로도 전문 용어에 대한 형성의 관점이 가지는 의의를 부각하기에는 크게 모자람이 없다고 생각된다. 이러한 측면에서 보면 이 책의 논의는 앞으로의 전문 용어에 대한 보다 본격적인 연구를 위한 작은 디딤돌로서의 역할을 의도하고 있다고도 할 수 있다.

끝으로 이 책을 이화여자대학교 국어문화원의 여덟 번째 연구총서로서 기획하고 편집하여 출판하기까지 지속적으로 관심을 기울여 주신 역락출판사 이대현 사장님과 박태훈 이사님 그리고 역시 한결같은 모습으로 까다로운 편집 과정을 인내해 주신 권분옥 편집장님께 이 자리를 빌려 심심한 감사의 말씀을 전하고자 한다.

2023년 7월 15일
저자들을 대표하여 최형용 삼가 적음.

차 례

1. 형성의 관점에서 본 전문 용어 —도입을 대신하며

2. 전문 용어의 분류와 품사

3. 파생의 관점에서 본 전문 용어

4. 합성의 관점에서 본 전문 용어

5. 전문 용어와 통사적 결합어

6. 전문 용어와 신어

7. 전문 용어 형성과 유추 —경제, 사회 분야를 중심으로

8. 전문 용어와 의미 관계

9. 전문 용어와 순화어

10. 공공 언어로서의 전문 용어

11. 전문 용어의 대조 연구 —한중 전문 용어를 중심으로

1. 형성의 관점에서 본 전문 용어

— 도입을 대신하며

1.1. 들어가기

이 책은 전문 용어(term)를 단어 형성의 관점에서 조망하는 것을 목적으로 한다. 전문 용어를 단어 형성의 관점에서 조망한다는 것은 전문 용어에 대해 형태론적 측면에서 관심을 기울인다는 것을 의미한다. 이는 전문 용어가 폭넓은 관점에서 단어와 공유하는 부분이 많다는 것을 시사한다. 그동안의 논의에서도 전문 용어에 대한 형태론적 연구가 없었던 것은 아니지만 이는 주된 관심 대상이라기보다는 부차적인 관심 대상으로서의 의미를 가지고 있다.[1] 이러한 측면에서 본장에서는 이 책 전체의 도입 부분으로 책의 내용 구성상의 특성에 대해 간단히 언급해 보기로 한다.

전문 용어에 대한 형성의 관점을 적용하기 전에 가장 먼저 살펴보아야 할 것은 할 것은 전문 용어의 개념일 것이다. 그리고 그에 따른 전문 용어의

---

1) 조은경(2001), 엄태경(2019)에서 공통으로 표방하고 있는 '어휘형태적 연구'는 전문 용어에 대한 형태론적 연구라고 할 수 있으나 그 출발은 순수한 언어학적 측면에서 형태론적 관심을 전문 용어에 기울이고 있는 것이라기보다는 언어 정책의 관점에서 전문 용어에 대한 관심사를 형태론적으로 살펴보고 있는 것이라고 할 수 있다. 따라서 이 책은 이 두 가지 관점 가운데 앞의 관점을 표방하고 있다는 점에서 기존 논의와 차별점이 있다.

분류와 품사적 특성을 통해 전문 용어의 체계에 대해 개괄할 필요가 있다고 판단된다. 전문 용어의 개념에 대해서는 본장에서 살펴보고 전문 용어의 분류와 품사적 특성은 따로 장을 나누어 살펴보기로 한다.

전문 용어에 대해 형성의 관점을 적용하기 위해 본격적으로 파생어, 합성어, 통사적 결합어로 나누어 그 형성적 측면에 대해 고찰하기로 한다. 또한 전문 용어 가운데는 신어의 자격을 가지는 것들도 있으므로 전문 용어 신어를 대상으로 역시 형성의 관점에서 살펴보기로 한다. 이러한 형성의 관점은 그 기제에 대한 관심 측면에서도 논의할 수 있는데 그 가운데 특히 최근 단어 형성의 주요 기제로 간주되는 유추의 관점에서 형성을 바라볼 수 있는 가능성에 대해 언급하기로 한다. 전문 용어를 의미 관계의 측면에서 바라볼 수도 있는데 이 역시 전문 용어가 가지는 형성의 다양한 측면을 고찰하기 위한 방법론 가운데 하나라고 할 수 있다.

전문 용어는 특히 한국과 같은 상황에서 언어 정책의 대상이 된다는 점에서 특별한 점이 있다. 순화어가 특히 전문 용어를 대상으로 하는 일이 많은 것도 이러한 맥락에서 이해할 수 있다. 순화어는 곧 어려운 전문 용어를 쉬운 말로 바꾼 결과에 해당하는데 이때 '바꾸는 것'은 곧 이전에 없던 것을 '새로 만든 것'이라는 점에서 '형성'의 관점에서 이해할 수 있다. 또한 이러한 순화어가 전문 용어를 공공 언어의 일부로 삼고 있다는 점에서도 관심을 기울일 필요가 있다. 곧 한국에서 전문 용어의 표준화란 공공 언어의 일부로서의 전문 용어를 순화어로 바꾸는 것을 의미한다는 점에서 동일한 개념(concept)을 나타내는 여러 개의 전문 용어 가운데 어느 하나를 선택하는 전문 용어학의 표준화(standardization)와는 구별할 필요가 있는 것이다.

마지막으로는, 아직 본격적이라고 하기는 어렵지만, 전문 용어를 대상으로 한 대조 연구의 측면에서도 관심을 기울여 보기로 한다. 대조 연구는 공통점과 차이점에 관점이 놓이므로 공통점을 통한 보편성의 발견과 함께 차이점을 통한 한국어 전문 용어의 특성을 살펴볼 수 있는 기회를 제공한다고 판단된다.

1.2. 전문 용어의 개념

전문 용어의 개념을 살펴보기 위해 전문 용어를 가리키는 표현으로부터 논의를 시작해 보기로 한다. 국립국어원의 『표준국어대사전』에서는 전문 용어를 다음과 같이 풀이하고 있다.

(1) 전문^용어(專門用語)
　　『언어』 특정한 전문 분야에서 주로 사용하는 용어. ≒전문어.

먼저 (1)을 통해 '전문 용어'와 '전문어'의 관계에 대해 생각해 볼 필요가 있다고 판단된다. (1)에서는 '전문 용어'와 '전문어'를 동의어로 처리하고 있지만 엄태경(2021a : 127)에서 언급한 바와 같이 '전문어'를 '전문 용어'와 동일한 의미를 가지는 것이 아니라 'special language'를 지칭하는 것으로 사용하는 일이 있다. 이현주(2013 : 331)에서도 이러한 입장을 보이고 있고 이는 '일반어'로 번역되는 'general language'의 대립어로 간주한다. 이러한 논의에서의 '전문 용어'는 특히 어휘 수준에 한정되는 의미를 갖는다. 이처럼 '전문어'에 두 가지 의미가 생긴 이유는 접미사 '-어(語)'가 '한국어', '중국어'의 경우에는 '언어'의 의미를 가지고 있고 '한자어', '고유어'의 경우에는 '단어'의 의미를 가지고 있기 때문에 생긴 것으로 판단된다. 본서에서는 이 두 가지 용법 가운데 『표준국어대사전』의 용법을 따라 '전문 용어'와 '전문어'를 동의어로 사용하기로 한다.

다음으로는 '전문 용어'라고 할 때의 '용어'에 대해서도 살펴볼 필요가 있다고 판단된다. 이는 '전문 용어'를 특히 'terminology'의 번역으로 사용하고 '용어'를 'term'의 번역으로 사용하는 일이 있다는 점을 염두에 둔 것이다. 이현주(2013)에서는 '전문 용어'를 'terminology'와 'term'을 모두 지칭하는 것으로 사용하고 있고 엄태경(2021a)에서는 '전문 용어'를 'terminology'에 대

당하는 것으로 사용하고 있음을 볼 수 있다. 이러한 관점에서라면 'term'을
'용어'로만 사용해도 큰 문제가 없을 뿐만 아니라 따라서 이를 '전문 용어'로
사용하게 되면 잉여적이라는 느낌마저 주게 된다. 국립국어원의『표준국어
대사전』에서는 '용어'에 대해 다음과 같은 뜻풀이를 제시하고 있다.

> (2) 용어2(用語)
>   「명사」 일정한 분야에서 주로 사용하는 말.
>   경제 용어. 문학 용어. 용어 사전.

(2)의 뜻풀이에 제시된 '분야'는 이러한 측면에서 음미할 만하다. 그러나
(1)에서 살펴볼 수 있는 바와 같이 '전문 용어'는 '분야'이기는 하되 '전문
분야'에서 쓰이는 말이라는 점에서 '용어'와는 차이가 있다고 볼 수 있다.
이러한 측면에서 국립국어원의『표준국어대사전』에서 '일반 용어'를 표제어
로 싣고 그 뜻풀이를 다음과 같이 제시하고 있음을 참고할 필요가 있다.

> (3) 일반^용어(一般用語)
>   『언어』 일반 사람들이 일상생활에 널리 쓰는 말. =보통어.

(3)의 뜻풀이를 참조한다면 이제 '용어'만으로는 '전문 용어'라는 의미를
대신하기에는 문제가 있다고 판단된다. 이는 '문학 용어'에서의 '용어'는 전
문성을 띤다고 할 수 있지만 '일반 용어'에서의 '용어'는 이러한 전문성을
가진다고 보기는 어렵기 때문이다.2)
 한편 '일반 용어'는 (3)에서 보는 바와 같이 '보통어'와 동의어로 처리되고
있으나 (1)에서 '전문 용어'가 '전문어'와 동의어라면 '일반 용어'는 '일반어'

---

2) 즉 '문학 용어'에서 '용어'가 가지던 특수한 의미가 '일반 용어'에서의 '용어'에 이르러서는
  일반화하고 있다고 해석할 수 있다. 이처럼 처음에는 특정한 의미를 가지던 말이 그 쓰임
  의 확대와 맞물려 일반적인 의미로 추상화하는 것은 매우 흔한 일이다.

와 동의어로 처리되는 것이 자연스럽다는 것을 알 수 있다.『표준국어대사전』
에서는 '일반어'에 대해 다음과 같은 뜻풀이를 제시하고 있다.

> (4) 일반-어(一般語)
> 「명사」『언어』 일반 사람들이 일상생활에 널리 쓰는 말. =보통어.

간접적이기는 하지만 '일반어'가 '보통어'와 동의어로 처리되어 있으므로
'전문 용어'를 '전문어'라고 할 수 있다면 '일반 용어'는 '일반어'로 줄여 부르
는 것이 좋다고 생각된다.[3] 엄태경(2021a)를 포함하여 '일반어'의 의미로 '일
상어'를 사용하는 일도 적지 않은 듯하다.[4] 따라서 이상의 논의를 바탕으로
한다면 본서에서 '전문 용어'와 관련된 개념어는 다음과 같이 정리할 수 있다
고 판단된다.

> (5) 개념어 '전문 용어', '전문어'와 '일반 용어', '일반어(일상어)'의 관계
> '전문 용어' = '전문어'
>   ↕   ↕
> '일반 용어' = '일반어(일상어)'

그런데 (5)와 같은 개념어 체계와 (1)에 제시한 뜻풀이만으로 '전문 용어'
혹은 '전문어'의 정의가 분명해졌다고 말하기는 아직 충분하지 않다. 이러한
관점에서 '솜방망이'라는 단어에 대한 다음 뜻풀이들을 검토해 보기로 한다.

---

[3] 앞서 언급한 이현주(2013)에서의 '전문어'는 'term'이 아니라 'special language'를 지칭하
고 있으므로 이현주(2013)에서 '전문어'의 상대가 되는 의미로 사용되는 '일반어'는
'general language'를 지칭하고 있다는 점에 유의할 필요가 있다.

[4] 그러나 '일상어'는 아직『표준국어대사전』은 물론『우리말샘』에도 아직 등재되어 있지
않다. 엄태경(2021a)에서 '일상어'를 '전문어'의 상대가 되는 말로 사용하고 있는 것은『우
리말샘』의 통계 자료에 쓰인 용례를 수용한 것인데 표제어로는 이를 등재하고 있지 않다
는 것은 모순에 가깝다고 판단된다. 참고로 국립국어연구원(2002)에서는 전문어의 상대어
로 '일반어'를 사용한 바 있다.

(6) 가. 솜-방망이1 「명사」

「1」 막대기나 꼬챙이의 끝에 솜뭉치를 묶어 붙여 만든 방망이. 주로
기름을 묻히고 불을 붙여 횃불로 쓴다.
그는 석유를 뿌린 솜방망이에 불을 댕겼다.≪최인호, 지구인≫
기다란 장대에 솜방망이를 단 것을 석유를 찍어 가며 넓은 마당을
밝히고 섰는데….≪심훈, 상록수≫

「2」 일정한 규칙이나 관습을 위반한 것에 대하여 너무 가볍게 또는
형식적으로 제한하거나 금지하는 것을 비유적으로 이르는 말.
솜방망이 처벌.
솜방망이 징계를 비난하다.

「3」 『의학』 소독한 솜, 거즈 따위를 원통(圓筒)이나 공 모양으로 만든
것. 국부(局部)에 넣어서 피를 멈추게 하거나 분비액을 흡수하는
데 쓴다.

나. 솜-방망이2 「명사」

『식물』 국화과의 여러해살이풀. 높이는 20~65cm이며, 잎은 어긋나
고 근생엽과 밑의 잎은 잎자루가 길다. 5~6월에 누런색 꽃이 줄기
끝에 피고, 열매는 수과(瘦果)이다. 어린잎은 식용하고 꽃 부분은
거담제로 쓴다. 한국, 일본, 중국, 대만 등지에 분포한다. (Senecio
integrifolius var. spathulatus)

(6가)와 (6나)에 제시된 '솜방망이'는 표면적으로는 동음이의어 관계에 놓
여 있다. 한편 (6가)의 '솜방망이1'은 세 가지 뜻풀이를 가지고 있으므로 역시
표면적으로는 다의어에 해당한다.[5] (6가)의 세 가지 뜻풀이 가운데 세 번째
뜻풀이만 전문 용어 혹은 전문어에 해당하고 첫 번째 뜻풀이와 두 번째 뜻풀

---

5) 그러나 전문 용어와 일반 용어의 관점에서 살펴보면 그 관계가 이렇게 단순하지는 않은데
이에 대해서는 다시 후술하기로 한다. 다만 여기에서 우선 언급할 필요가 있는 것은 (6)의
예들을 통해 '전문 용어'와 '일반 용어'가 의미의 측면에서는 배타적이지만 실제 사용에서
는 서로 배타적이지 않다는 사실이다. 이는 전문 언어와 일반 언어도 마찬가지이다.
Cabré(1999 : 66)에서는 이를 다음과 같이 도식화한 바 있다(그림에서 'SL'이 전문 언어에
해당한다).

이는 일반 용어 혹은 일반어에 해당한다. (1)에서 말한 '특정 전문 분야'는 각각 전문 용어로 쓰인 '『의학』', '『식물』'을 의미한다. (6나) '솜방망이2'의 경우 이러한 전문 분야를 가지는 전문 용어만으로의 쓰임만 보이지만 (6가)의 경우에는 전문 용어와 일반 용어의 두 가지 용법을 모두 보이므로 전문 분야를 따로 나타낸 것은 결과로서의 '표시'에 불과하다. 그렇다면 전문 용어와 일반 용어를 구별 짓는 것은 무엇인가 하는 질문이 생길 수 있다. (1)의 정의로는 이에 대해 명확하게 대답하기 어렵다.

따라서 전문 용어를 전문 용어이게 하는 본질적인 것에 대해 생각해 볼 필요가 있다. 이현주(2013 : 331)에서는 전문 용어를 "전문적 개념을 지칭하는 어휘 또는 어휘의 집합"으로 정의하고 있다는 점에 우선 관심을 기울여 보기로 한다. 이 정의에는 (1)에서 제시한 '전문 분야'란 말은 아예 찾아보기 어렵고 그 대신 '전문적 개념'을 '전문 용어'의 정의적 특성으로 제시하고 있음을 알 수 있다. 보다 중요한 것은 '전문적 개념'은 (1)에서는 제시되어 있지 않다는 점이다. 이러한 관점에서 김한샘(2015 : 131)에서 전문 용어를 "특정 전문 분야에 종사하는 전문가들이 사용하는 전문적 개념을 지칭하는 어휘"라고 정의한 것이나 Kageura(2002 : 3)에서 전문 용어를 "어떤 영역에서 하나의 개념을 표시하는 한 단어 혹은 두 단어 이상으로 이루어진 '어휘 단위(lexical unit)'"로 정의한 것을 함께 참고할 필요가 있다. 이들에는 (1)에서 제시한 '전문 분야'가 포함되어 있지만 전술한 이현주(2013)과 마찬가지로 '전문적 개념'이 제시되어 있음을 살펴볼 수 있다. 이는 곧 '전문 용어'를 정의 내릴 때

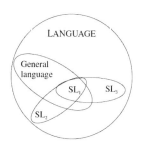

'전문 분야'보다 중요한 것은 '전문적 개념(special concept)'이라는 것을 알 수 있고 이것이 바로 전문 용어를 전문 용어이게 하는 것이라고 결론짓게 한다.[6] 즉 '전문 용어'가 '일반 용어'와 다른 것은 '전문 용어'가 '전문적 개념'을 나타내기 위한 것이고 이때 '전문적 개념'은 '전문 분야'를 전제로 하고 있기 때문에 『의학』, '『식물』'과 같은 분야를 표시하는 것이라고 말할 수 있다.

따라서 '전문 용어'를 '전문 분야에서 사용하는 용어'로 규정지은 (1)은 결과론적 관점에서 '전문 용어'를 바라본 것이고 '전문 용어'를 '전문적 개념을 나타내는 용어'라고 보는 것이 '전문 용어'의 정의적 속성을 보다 정확히 반영한 것이라고 할 수 있다. Cabré(1999 : 32)에서는 전문용어학을 "전문적 주제에 대한 개념들을 명명하고 그 언어적 실현을 다루는 학제적 분야"로 정의한 바 있는데 이는 전문 용어가 '개념'으로부터 출발한다는 것을 명시한 것이다. 그리고 Cabré(1999)에서는 이러한 '전문 용어'와 '개념'이 가지는 관계를 보다 분명하게 나타내기 위해, 다음에 제시하는 바와 같이 사전학이 단어에서 출발하여 그 의미를 파악한다는 점에서 해석론적 과정(semasiological process)을 거치는 것이라면 전문용어학은 개념에서 출발하여 전문 용어를 도출한다는 점에서 표현론적 과정(onomasiologic precess)을 거친다고 보았다.

(7) 사전학과 전문용어학의 관계(Cabré 1999 : 38)

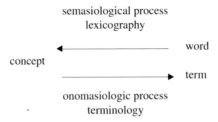

----

6) 전문용어학(terminology)에서 '개념'이 가지고 있는 중요성에 대해서는 이현주(2015)에서 천착한 바 있다.

이러한 관점에서 보면 (6가)의 첫 번째와 두 번째 뜻풀이는 '솜방망이'의 일반 용어로서의 쓰임을 나타내는 것으로서 '솜방망이'가 가지는 의미를 제시한 것이고 (6가)의 세 번째 뜻풀이와 (6나)의 뜻풀이는 전문 용어로서의 쓰임을 나타내는 것으로서 각각 '의학'과 '식물'이라는 전문 분야에서 나타내고자 하는 '개념'을 '솜방망이'로 명명한 것이 되어 서로 정반대의 과정을 보여 주는 것으로 해석하게 된다. 따라서 '개념'이 출발점인 전문 용어에서는 (6가)의 두 번째 뜻풀이에서 나타나는 바와 같은 실제 쓰임을 통한 '비유적 의미'는 찾아보기 어려운 특성이 된다는 점을 예측할 수 있다.[7] 또한 전문 분야를 표시한 '솜방망이(의학)'과 '솜방망이(식물)'은 '개념'의 차이까지를 반영하고 있으므로 엄밀한 의미에서 동음이의어의 틀을 벗어나게 된다.[8]

---

7) 이에 대해서는 Felber(1987 : 82)의 "언어학에서는 단어의 함축 의미를 다루지만 전문 용어에는 함축 의미가 존재하지 않는다."는 언급을 참고할 필요가 있다. 따라서 비유적 의미로 쓰이는 전문 용어는 더 이상 전문 용어의 지위를 갖지 않게 되고 일반 용어화한 것이라 할 수 있다. 가령 '무리수'는 『표준국어대사전』에서 다음과 같은 뜻풀이를 가지고 있다.

　　무리-수1(無理手)
　　「명사」
　　「1」『체육』 바둑에서, 과욕을 부려 두는 수.
　　「2」 도리나 이치에 맞지 않거나 정도에 지나치게 벗어나는 방식을 비유적으로 이르는 말.

여기에서 두 번째 뜻풀이는 첫 번째 뜻풀이로 쓰인 전문 용어 '무리수'가 비유적 의미를 가져 일반 용어화한 것이다. 이를 (6가)와 비교해 보면 '솜방망이'에도 비유적 의미가 존재하지만 이는 전문 용어가 일반 용어화한 것이 아님을 알 수 있다. 즉 이러한 차이를 나타내기 위해 『표준국어대사전』이 취하고 있는 방법은 뜻풀이의 순서를 달리하여 비유적 의미가 전문 용어의 일반 용어화인지 아니면 일반 용어의 다의화에 기인한 것인지를 구별하고 있는 것이다. 물론 이것이 전문 용어에서는 비유적 의미가 전혀 사용되지 않는다는 것을 의미하는 것은 아닌데 특히 '식물' 분야에서 '꿩의다리'처럼 비유적 의미를 통해 개념을 나타내는 일이 있기 때문이다. 이에 대해서는 §4.3.1.2에서 다시 언급하기로 한다.

8) 이러한 점을 중시하여 이 책에서는 앞으로 전문 용어를 제시할 때는 가급적 전문 분야를 괄호 안에 함께 제시하고자 한다.

1.3. 전문 용어의 분류와 품사

전문 용어를 분류하는 방법은 여러 가지가 있을 수 있다. 이 책에서 주목하고자 하는 단어 형성의 측면도 전문 용어를 분류하는 기준이 될 수 있다. 이에 따르면 단어 구조에 따라 전문 용어를 분류할 수 있기 때문이다.

이미 앞서 언급한 바 있는 '전문 분야'도 전문 용어를 '분야'를 기준으로 분류한 것이다. '전문 분야'는 전문 용어의 개념적 정의의 일부분으로서 매우 중요한 의미를 갖는다. 그러나 이러한 '전문 분야'는 과거에는 없었거나 미분화되었거나 하는 영향으로 시간의 흐름에 따라 변화를 보인다는 점에서 흥미로운 사실을 보여 준다. 이러한 측면에서 다음의 전문 분야 분류를 살펴보기로 한다.

(8) 국립국어연구원(2002)의 전문 분야
가톨릭, 건설, 경제, 고유 명사, 고적, 공업, 광업, 교육, 교통, 군사, 기계, 기독교, 논리, 농업, 동물, 문학, 물리, 미술, 민속, 법률, 불교, 사회, 생물, 수공, 수산, 수학, 식물, 심리, 약학, 언론, 언어, 역사, 연영, 예술, 운동, 음악, 의학, 인명, 전기, 정치, 종교, 지리, 지명, 책명, 천문, 철학, 출판, 컴퓨터, 통신, 한의, 항공, 해양, 화학

(9) 웹사전으로서의 『표준국어대사전』의 전문 분야
가톨릭, 건설, 경영, 경제, 고유명 일반, 공업, 공예, 공학 일반, 광업, 교육, 교통, 군사, 기계, 기독교, 농업, 동물, 매체, 무용, 문학, 물리, 미술, 민속, 법률, 보건 일반, 복식, 복지, 불교, 사회 일반, 산업 일반, 생명, 서비스업, 수산업, 수의, 수학, 식물, 식품, 심리, 약학, 언어, 역사, 연기, 영상, 예체능 일반, 음악, 의학, 인명, 인문 일반, 임업, 자연 일반, 재료, 전기·전자, 정보·통신, 정치, 종교 일반, 지구, 지리, 지명, 책명, 천문, 천연자원, 철학, 체육, 한의, 해양, 행정, 화학, 환경

(8)의 국립국어연구원(2002)는, 주지하는 바와 같이, 1999년 종이로 편찬된 『표준국어대사전』에 대한 보고서이다. 여기에는 (8)에 제시된 바와 같이 전문 분야가 모두 53개로 제시되어 있다. 반면 (9)는 현재 웹사전의 자격을 가지는 『표준국어대사전』의 전문 분야로 모두 67개로 변화의 폭이 작지 않다는 사실을 알 수 있다.

우선 (8)의 전문 분야 가운데 '고적', '논리', '수공', '언론', '출판', '컴퓨터'는 (9)에서는 찾아보기 힘들고 (9)의 전문 분야 가운데 '경영', '공예', '공학 일반', '매체', '무용', '보건 일반', '복식', '복지', '산업 일반', '서비스업', '수의', '식품', '인문 일반', '임업', '자연 일반', '재료', '정보·통신', '지구', '천연자원', '체육', '행정', '환경'은 (8)에서는 없던 것들이다. (8)의 '연영'이 (9)에서는 '연기', '영상'으로 분화된 것을 볼 때 (8)의 '컴퓨터'와 '통신'은 (9)에서 '정보·통신'으로 한데 묶인 것으로 보인다. (8)의 '예술', '운동'이 (9)에서 '예체능 일반'으로 변한 것도 마찬가지 맥락으로 이해될 수 있으며 (8)의 '전기'가 (9)에서 '전기·전자'로 변한 것도 동일한 맥락에서 이해가 가능해 보인다.

이는 분류 체제가 언어 정책적인 측면에서 체계적으로 정비된 데도 이유가 있겠지만 사회가 변화함에 따라 해당 분야가 세분화 혹은 통합된 것을 반영한 것도 일정 부분 영향을 미친 것이라 할 수 있다. 따라서 앞으로도 전문 분야는 사회의 변화상에 따라 변동 가능성이 없지 않다는 것을 알 수 있다.

전문 분야에 따른 전문 용어의 분류에서 흥미로운 점은 (8)이나 (9)에 따른 전문 용어 수의 합이 전체 전문 용어의 합보다 많다는 점이다. 가령 국립국어연구원(2002 : 39)에 따르면 (8)에서 제시한 전문 용어 수의 합은 229,129개인데 전체 전문 용어 수의 합은 219,044개로 10,085개가 적다. 이는 전문 용어 가운데 10,085개는 둘 이상의 전문 분야에 속한다는 것을 의미한다. 이러한 관점에서 다음을 살펴보기로 한다.

(10) 가. 주체2(主體)

「참고 어휘」 객체(客體) 「명사」

「1」 어떤 단체나 물건의 주가 되는 부분.

검찰 내부에서는 그 사건의 수사 주체를 놓고 신경전이 벌어졌다.

국가의 주체는 국민이다.

「2」 사물의 작용이나 어떤 행동의 주가 되는 것.

역사의 주체.

가계는 중요한 경제 활동의 주체 가운데 하나이다.

우리들 학생은 학교의 학생인 동시에 한편으로는 학교 경영의 주체

라고도 할 수가 있는 것이다.≪채만식, 돼지≫

내 행동의 주체가 나 아닌 생판 남인 것 같은 고약한 도착을 맛보기

도 했다.≪박완서, 도시의 흉년≫

「3」『언어』 문장 내에서 술어의 동작을 나타내는 대상이나 술어의 상태

를 나타내는 대상.

「4」『철학』 실재하는 객관에 대립하는, 의식하는 주관.

「5」『법률』 다른 쪽에 대하여 의사나 행위를 미치는 쪽.

「6」 북한의 김일성이 1967년 12월 최고 인민 회의에서 발표한 내외

정책의 기본 방침. 정치 면에서의 자주, 경제 면에서의 자립, 국방

면에서의 자위(自衛)를 중심 내용으로 하는데, 이를 통하여 김일성

의 지배 체제가 한층 강화되었다.=주체사상.

공산주의자의 궁극의 목표는 세계의 공산화에 있잖나. 그렇게 되면

조국이니 나라니 민족이니 독립이니 주체니 주권이니 하는 건 전

시대의 유물이 되고 말 것 아닌가.≪이병주, 지리산≫

나. 객체2(客體)

「참고 어휘」 주체(主體) 「명사」

「1」『철학』 의사나 행위가 미치는 대상. ≒물격.

묘지 침해죄는 침해의 객체에 따라 묘소와 시설물의 절취, 훼손과

시체에 대한 침해로 구분된다.

「2」『언어』 문장 내에서 동사의 행위가 미치는 대상.

피동문 '선생님이 술래에게 잡히셨다.'에서 '술래'가 주체이면 '선생

님'은 객체이다.

　「3」『철학』작용의 대상이 되는 쪽. ≒교체.
　　　유럽에서 시작된 과학적 세계관은 인간을 사유하는 주체로 파악한
　　　반면 자연 세계는 사유하는 주체의 객체나 대상으로 사물화했다.

　(10가)는 '주체'가 일반 용어뿐만이 아니라 전문 용어로서 '언어', '철학', '법률'의 세 가지 전문 분야에서 쓰임을 보여 주고 있고 (10나)는 '객체'가 일반 용어로서의 용법은 보이고 있지 않지만 '철학'과 '언어'의 전문 분야에서 쓰이고 있음을 보여 주고 있다. 이들은 각각 다의어에 해당한다는 점에서 앞서 (6)에서 살펴본 동음이의어 전문 용어와는 구분된다. 그러나 다의어라도 전문 분야가 구분자가 된다는 점에서 전문 분야를 통해 동음이의어가 구분되는 경우와 흡사하다. 다의어는 한 단어를 전제하고 있다는 점에서, 다양한 품사를 가지는 것을 '품사 통용'이라고 한다면 다양한 전문 분야를 가지는 것은 '전문 분야 통용'이라고 부를 만하다.

　한편 전문 용어는 품사에 따른 분류도 가능하다. 전문 분야는 의미적 기준을 반영한 것이라고 할 수 있다는 점에서 단어 형성과 직접적으로 관련되는 부분이 많지 않지만[9] 품사는 단어를 일정한 특성에 따라 나눈 부류이기 때문에 단어 형성과의 관련성이 보다 직접적으로 나타난다는 점에서 관심을 기울일 필요가 있다. 가령 전문 용어가 '개념'을 중시하는 것이므로 절대 다수가 명사에 해당할 것임을 예측할 수 있는데 이는 새로운 단어 형성에서도 그 결과가 명사 형성의 방법을 따른다는 것을 의미하게 된다. 또한 동사, 형용사, 관형사 전문 용어는 명사 전문 용어를 기반으로 접사가 결합하여 생성된 것들이 많다는 점에서 역시 전문 용어의 품사가 단어 형성과 직접적으로 관련되는 양상을 보여 줄 것으로 예측할 수 있다. 대신 대명사, 수사, 감탄사,

---

9) 그러나 가령 어떤 전문 분야가 어떤 단어 형성 과정을 특징적으로 보여 준다고 한다면 이는 전문 분야가 단어 형성과 관련될 수 있다는 것을 보여 주는 것이라 할 수 있다. 다만 이는 전문 분야 자체의 특성에 따른 결과라고 볼 수 없기 때문에 직접적이라기보다는 간접적인 관계라고 말할 수 있다.

부사 등의 품사는 전문 용어 형성과의 관련성이 크지 않고 조사의 경우는
아예 전문 용어와의 관련성을 찾기 힘들다.[10]

　명사라고 하더라도 세부적인 명사 부류에 관심을 기울여야 할 필요성을
제기하는 것도 전문 용어의 특성이라고 할 수 있다. 이러한 측면에서 전문
용어 의존 명사가 많은 것도 하나의 특성인데 이때 의존 명사는 내부 구조가
복잡한 경우가 드물다는 점에서 단어 형성과 직접적인 관련을 맺기는 힘들
다. 그러나 의존 명사 가운데도 내부 구조를 가지는 것이 없지 않다. 또한
명사의 부류 가운데 고유 명사가 전문 용어에 많다는 사실은 단어 형성의
측면에서 특히 관심을 기울여야 할 부분이라고 할 수 있다. 이를 다음의 예를
통해 살펴보기로 한다.

> (11)　가.　와트1(Watt, James)
> 　　　　「명사」『인명』영국의 기계 기술자(1736~1819). 증기 기관을 발명·
> 　　　　제조하여 산업 혁명의 기술적 원인을 조성하였다.
> 　　　나.　와트2(watt)
> 　　　　「의존 명사」『전기·전자』일률의 국제단위. 주로 전력의 단위로
> 　　　　쓴다. 1와트는 1초에 1줄(joule)의 일을 하는 것으로, 1볼트의 전압으
> 　　　　로 1암페어의 전류가 흐를 때의 전력의 크기이다. 영국의 기계 기술
> 　　　　자 와트의 이름에서 유래한다. 기호는 W.
> 　　　다.　와트-계(watt計)
> 　　　　「명사」『전기·전자』전등, 동력 따위에 사용되는 전력을 재는 계기.
> 　　　　자기장 안에서 가동 코일을 회전하여 순간의 값을 지시하는 지시
> 　　　　전력계와, 맴돌이류를 이용하여 전력을 적산(積算)하여 지시하는
> 　　　　전력량계가 있다.=전력계.
> 　　　다'.　와트-시(watt時)

10) 물론 일반 용어의 경우에도 조사는 단어 형성의 관점을 적용하기 힘들다는 것은 동일하
　　다. 따라서 단어 형성은 어휘적 단어(lexical words)에 국한하여 언급하는 것이 일반적
　　이다.

「의존 명사」『전기·전자』전기 에너지의 실용 단위. 1와트시는 1와트의 전력으로써 한 시간에 하는 일의 양이다. 기호는 Wh.

(11가)의 고유 명사 '와트'는 (11나)에서 의존 명사의 자격을 가진 것으로 간주되고 있고 (11다)의 '와트계'는 이 고유 명사가 접미사 '-계'와 결합하여 단어 형성에 참여하고 있음을 보이고 있다. (11다')은 이 고유 명사가 형태소 어근 '-시'와 결합하여 단어 형성에 참여하고 있음을 보인다. 이들은 모두 전문 용어의 분야 표지를 달고 있으므로 전문 용어 형성에서 고유 명사가 일정한 역할을 담당하고 있음을 단적으로 보여 주는 예라고 할 수 있다.

이상에서 살펴본 것처럼 전문 용어의 분류와 품사는 전문 용어를 형성의 관점에서 살펴보려는 이 책의 목적을 달성하기 위한 출발점으로서의 의미를 갖는다는 점에서 의의가 있다. 이에 대해서는 바로 2장에서 보다 자세히 살펴보기로 한다.

1.4. 전문 용어와 파생어

파생(derivation)은 일반 용어뿐만 아니라 전문 용어를 형성하는 데도 매우 생산적인 과정에 해당한다. 중요한 것은 전문 용어를 형성하는 데 주로 참여하는 접사 즉 접두사나 접미사를 한정할 수 있을까 하는 점이다. 만약 전문 용어를 형성하는 데 일반 용어보다 더 생산적으로 참여하는 접두사나 접미사를 특정할 수 있다면 앞으로 형성될 것으로 기대할 수 있는 전문 용어를 위해 이들을 일종의 형성 요소로 명명할 수도 있을 것이다.

이러한 점에서 우선적으로 참고할 필요가 있는 것은 배선미·시정곤(2004)의 논의가 아닐까 한다. 배선미·시정곤(2004)는 '물리', '화학', '생물', '의학'의 네 전문 분야의 전문 용어에 대해 단어 형성의 측면에서 통계적 처리를 시도

한 초기의 연구인데 먼저 이들 전문 분야에서 고빈도로 나타나는 조어 단위를 제시한 다음의 표에 관심을 기울일 필요가 있어 보인다.

(12) 분야별 고빈도 조어 단위(배선미·시정곤 2004 : 205)

순위	물리	화학	생물	의학
1	의/조사 +고(418)	성/접미 +한(578)	과/보명 +한(1833)	증/접미 +한(870)
2	성/접미 +한(303)	산/보명 +한(509)	성/접미 +한(522)	염/접미 +한(433)
3	선/보명 +한(287)	화/접미 +한(432)	세포/보명 +한(397)	술/접미 +한(372)
4	수/보명 +한(285)	기/접미 +한(349)	체/접미 +한(388)	신경/보명 +한(303)
5	열/보명 +한(257)	물/접미 +한(314)	의/조사 +고(365)	세포/보명 +한(293)
6	기/접미 +한(231)	법/접미 +한(300)	적/접미 +한(219)	종/보명 +한(238)
7	빛/보명 +고(216)	반응/보명 +한(287)	유전/보명 +한(217)	성/접미 +한(223)
8	자기/보명 +고(176)	이온/보명 +외(271)	벌레/보명 +고(215)	학/접미 +한(194)
9	에너지/보명 +외(173)	제/접미 +한(245)	자/접미 +한(191)	기/접미 +한(182)
10	전자/보명 +한(173)	체/접미 +한(227)	생물/보명 +한(191)	샘/보명 +고(180)
11	핵/보명 +한(164)	전자/보명 +한(224)	목/보명 +한(179)	체/접미 +한(170)
12	계/접미 +한(163)	도/접미 +한(218)	학/접미 +한(168)	막/보명 +한(164)
13	전기/보명 +한(156)	비/접두 +한(197)	효소/보명 +한(168)	동맥/보명 +한(163)
14	함수/보명 +한(148)	산화/보명 +한(197)	식물/보명 +한(167)	병/보명 +한(158)
15	점/보명 +한(144)	열/보명 +한(189)	신경/보명 +한(161)	제/접미 +한(155)
총 유형 수	3,870	5,428	7,464	5,585

우선 배선미·시정곤(2004)에서는 약호를 사용하여 조어 단위를 표시하고 있는데 본장에서는 이를 풀어 제시하였다. 따라서 (12)에서 'ㅓ'를 중심으로 앞의 것은 범주 정보이고 뒤의 것은 어종 정보인데 가령 '핵/보명+한'은 '핵'이라는 조어 단위가 범주로는 보통 명사이고 어종으로는 한자어임을 나타낸다.

파생어에 관심이 있는 본장에서는 이들 고빈도 조어 단위 가운데 접사에 초점을 맞추기로 한다. (12)에서는 이를 음영 처리하여 두었는데 우선 화학 분야의 13위에 놓인 접두사 '비-'를 제외하고는 접사가 모두 접미사에 해당한다는 사실이 눈에 띈다. 그리고 전반적으로 보아 조어 단위로서의 접사가 상당히 순위가 높다는 사실도 주목된다. 접사의 종류는 전문 분야에 따라 차이가 있지만 '-성'의 경우 물리에서 2위, 화학에서 1위, 생물에서 2위로 가장 높은 순위를 차지하고 있는 접미사에 해당하고 의학 분야에서도 7위에 해당하여 그 순위가 낮지 않다. 배선미·시정곤(2004 : 206)에서는 네 분야에서 공통으로 사용되어 활발한 생산성을 보이는 접사로 '-성(性), -체(體), -기(器), -법(法), -화(化), -자(子), -학(學), -적(的), -계(界)' 등을 제시하고 있다는 점도 참고할 수 있다.

그런데 이러한 접사들은 전체 전문 분야를 망라한 것은 아니지만[11] 전문 용어의 특성을 반영하고 있다는 점에서 관심을 기울일 필요가 있다. 가령 국립국어원(2019 : 36)을 보면 2019년 신어에서 사용된 접두사, 접미사의 목록은 다음과 같다.

---

[11] 엄태경(2019 : 130-131)에서는 '문법, 문학, 물리, 생물, 수학, 역사'의 여섯 개 전문 분야를 대상으로 구성 요소의 빈도를 조사한 바 있는데 '-성(性)'의 경우 문학, 물리, 생물의 경우에서만 빈도가 30위 안에 제시되어 있고 문법, 수학, 역사 분야에서는 30위 밖으로 조사되었다. 그럼에도 '-법(法), -적(的), -체(體), -성(性)' 등이 고빈도 목록에 자리하고 있다는 언급을 통해 이들이 전문 용어에서 높은 생산성을 보이고 있음을 확인한 바 있다.

(13) 가. 2019년 신어의 접두사 목록

분류	접두사	수(개)	예
한자어	찐(眞▽)-	2	찐-사랑, 찐-우정
	공(空)-	1	공-송장
	무(無)-	1	무-정찰제
	반(半)-	1	반-프리
	초(超)-	1	초-인싸
계		6	

나. 2019년 신어의 접미사 목록

분류	접미사	수(개)	예
고유어	-님	2	스앵님, 쓰앵님
한자어	-족(族)	19	공홈족, 미포족, 편디족, 혼카족
	-권(圈)	6	군세권, 놀세권, 마세권, 붕세권
	-력(力)	4	돼지력, 셀카력, 인싸력, 코딩력
	-어(語)	2	수평어, 인싸어
	-곡(曲)	1	등용곡
	-인(人)	1	연반인
	-제(制)	1	오탈제
	-체(體)	1	한다요체
외래어	-어(er)	3	나나랜더, 놀앎러, 다꾸러
	-이스트(ist)	1	무나니스트
	-이안(ian)	1	컴포터리안
계		42	

　　신어의 경우에도 한자어 접사가 지배적이라는 사실은 공통적이라고 할 수 있지만 전체적으로 보아 전문 용어의 경우와 겹치는 접두사나 접미사를 찾기 어렵다는 점은 특기할 만하다.[12]

　　이상에서 단편적으로 살펴본 바와 같이 전문 용어가 파생과 관련하여 가지는 특성은 형성의 측면에서도 주목할 만하다. 물론 이러한 특성은 단어

---

12) 물론 신어 가운데도 전문 용어가 적지 않다. 이에 대해서는 다시 후술하기로 한다.

형성 과정의 차이가 아니라 단어 형성에 참여하는 요소가 가지는 차이가 일차적이라는 사실에 유의할 필요가 있다. 이를 염두에 두고 전문 용어가 파생과 관련하여 가지는 특성에 대해서는 3장에서 자세히 살펴보기로 한다.

1.5. 전문 용어와 합성어

합성(compounding)은 전문 용어를 형성하는 데 있어 가장 널리 사용되는 방법이다. 합성이 어근과 어근의 결합으로 이루어지고 단어도 어근의 자격을 가질 수 있으므로 '개념'을 중시하는 전문 용어가 다소 문법적인 특성을 가지는 접사를 이용하기보다 그 자체로 '개념'을 나타내는 단어를 결합시키는 합성의 방식을 취한다는 것은 매우 자연스럽기 때문이다. 이러한 측면에서 전술한 배선미·시정곤(2004 : 199)에서 제시된 조어 유형 분석에 대해 살펴보기로 한다. 역시 약호를 사용하는 대신 (12)의 방식을 취하기로 한다.

(14) 물리, 화학, 생물 의학 분야 전문 용어의 조어 유형

순위	물리	화학	생물	의학
1	보명-보명 (28.7%)	보명-보명 (32.5%)	보명-보명 (28.5%)	보명-보명 (28.5%)
2	보명 (10.3%)	보명 (13.27%)	보명 (21.3%)	보명 (23.6%)
3	보명-보명-보명 (7.16%)	보명-보명-보명 (8.25%)	보명-보명-보명 (8.97%)	보명-접미 (9.2%)
4	보명-접미 (4.6%)	보명-접미 (5.89%)	보명-접미 (8.48%)	보명-보명-접미 (8.55%)
5	보명-보명-접미 (3.76%)	보명-보명-접미 (5.19%)	보명-보명-접미 (4.16%)	보명-보명-보명 (8.14%)
6	보명-명형 (2.74%)	보명-접미-보명 (2.66%)	보명-접미-보명 (2.83%)	보명-보명-보명- 접미(2.4%)

순위	물리	화학	생물	의학
7	고명-보명 (2.50%)	접두-보명-보명 (1.19%)	보명-보명-보명- 보명(2.79%)	보명-보명-보명- 보명(1.62%)
8	명형-보명 (2.47%)	보명-보명-보명- 보명(1.19%)	접두-보명 (1.61%)	접두-보명 (1.37%)
9	명형 (1.36%)	보명-보명-보명- 접미(1.08%)	접두-보명-보명 (0.93%)	보명-접미-보명 (1.15%)
10	접두-보명 (1.09%)	접두-보명 (1.05%)	보명-조사 (0.88%)	접두-보명-보명 (1.04%)
총 유형 수	703	494	500	294

(14)는 '물리', '화학', '생물', '의학' 분야에서 상위 10개의 조어 유형을 통계로 제시한 것인데 우선 여기에서 '명형'은 '명사형'을 의미하고 '고명'은 '고유 명사'를 의미한다. (14)에서 가장 특징적인 것은 네 분야 모두 압도적인 수치로 '보통 명사+보통 명사'로 이루어진 전문 용어가 많다는 점이다. '보통 명사+보통 명사'는 이를 어근으로 바꾸면 '단어 어근+단어 어근'으로 이루어진 합성어를 의미한다. 이 외에도 (14)에서 음영으로 처리한 것들은 모두 그 결과가 합성어의 자격을 가지는 것들인데[13] 이들을 포함한다면 전체 전문 용어에서 합성어가 차지하는 비율이 압도적으로 높다는 것을 알 수 있다. 그리고 앞서 전문 용어의 품사에서 살펴본 바와 같이 합성어는 절대 다수가 합성 명사라는 사실도 쉽게 예측할 수 있다.

그런데 전문 용어 가운데 단어가 아닌 것들, 즉 구 전문 용어에 대해서도

---

13) (14)에서 '보명-보명-접미'는 음영 처리하지 않았는데 이는 직접 성분 분석에 따라 '[[보명-보명]접미]'의 가능성이 존재하기 때문이다. 만약 이 가운데 직접 성분 분석이 '[보명[보명-접미]]'으로 분석되는 것들이 있다면 이들도 모두 합성어로 처리될 수 있다. '보명-보명-보명-접미'의 경우도 마찬가지이다. '명형-보명'의 경우 학교 문법에서는 이를 합성어로 처리하고 있지만 이 책에서는 문법 요소가 결합한 것들은 통사적 결합어로 따로 다루고 있으므로 역시 합성어에 포함시키지 않았다. 만약 이들도 학교 문법의 처리에 따라 합성어로 처리한다면 합성어 전문 용어의 비중은 더 늘어날 것임을 예측할 수 있다.

합성의 관점에서 관심을 기울일 필요가 있다고 판단된다. 국립국어연구원 (2002 : 37-38)에 따르면 1999년 종이로 편찬된 『표준국어대사전』에 실려 있는 전체 전문 용어 225,779개 가운데 58,156개 즉 25.8%가 구에 해당하는 것으로 조사된 바 있다. 이 수치는 전문 용어 가운데 명사에 비견될 정도는 아니지만 그 다음으로 많은 수에 해당하고 명사 다음으로 많은 동사 전문 용어가 6,746 개임을 참고로 한다면 그 비중이 매우 크다는 점을 알 수 있게 한다. 그리고 구 전문 용어 가운데는 '수요 공급의 원칙(경제)'[14]과 같이 조사나 어미가 참여한 문장형보다는 '수요 곡선(경제)'[15]처럼 명사구 형식을 지니는 것이 압 도적으로 많다. 이들은 형태론적 지위에서는 합성어와 구별되지만 그 방식은 '합성'으로 볼 수 있다. 사실 일반 용어 가운데 구의 형식을 가지는 것은 사전의 표제어 자격을 가지는 일이 거의 없다는 사실을 고려할 때 이는 합성 의 관점에서 조명할 수 있는 전문 용어의 특성이라고 할 수 있다.

합성어 전문 용어의 특성은 그 유형과 밀접한 관련을 맺고 있다. 따라서 그동안 제시된 일반 용어 합성어의 유형 분류와 관련하여 그 특성을 살펴보 는 방식을 취할 필요가 있다고 판단된다. 앞서 (14)에서 '보통 명사+보통 명 사'의 경우를 '단어 어근+단어 어근'으로 환원하여 살펴볼 수 있다고 한 것도 이러한 관점의 하나이다. 어근은 그 지위가 '독서'의 '독-'과 '-서'처럼 형태소 일 경우도 존재하는데 전문 용어의 경우 '단어 어근+단어 어근'의 경우가 지배적이라는 사실은 그 자체로 전문 용어 합성어의 특성이 될 수 있기 때문 이다. 구성 요소 사이의 비중에 따라 '대등', '종속'을 살펴보는 것이라든가 어근의 어종에 관심을 기울인다든가 하는 것도 역시 전문 용어의 특성을 살펴보는 데 큰 도움이 될 것으로 판단된다. '대등'보다는 '종속' 합성어가 전문 용어에 더 많을 것으로 예상되며 앞서 직간접으로 언급한 바와 같이 구성 요소가 한자어인 경우가 많다는 사실도 역시 전문 용어가 합성어로서

---

14) 수요와 공급의 변화에 따른 가격의 결정과 변화를 설명한 법칙.
15) 가격의 변화에 따른 수요량의 변화를 보여 주는 곡선.

가지는 특징이라고 할 수 있기 때문이다. 또한 앞서 품사의 경우에서 언급한 바와 같이 구성 요소 가운데 고유 명사가 포함되어 있는가 하는 점을 기준으로 전문 용어 합성어를 살펴보는 것도 매우 흥미로운 부분이라고 할 수 있다. (14)의 '물리' 분야에서 '고명-보명' 유형이 7위에 자리 잡고 있다는 사실이 이를 방증한다. 한편 전문 용어의 구성 요소로서의 보통 명사는 전문 용어일 수도 있고 그렇지 않을 수도 있으므로 어근 가운데 전문 용어가 포함되어 있는 경우에 대해 살펴보는 것도 전문 용어 합성어에서 다룰 필요가 있을 것으로 판단된다. 이른바 통사적 합성어와 비통사적 합성어의 관점에서 전문 용어를 살펴보는 것은 순화어를 제시하는 데도 일정한 방향성을 시사할 수 있다는 점에서 역시 관심 대상이 될 것으로 보인다.

이상과 같이 가장 높은 비중을 가지는 전문 용어 합성어에 대한 관심은 전문 용어를 형성의 관점에서 조명하려는 이 책에서 매우 중요하다고 할 수 있다. 따라서 전문 용어 합성어에 대한 특성을 부각하기 위해 기존의 관점과는 구별되는 전망도 필요할 듯하다. 이를 포함하여 전문 용어 합성어의 특성에 대해서는 4장에서 다루기로 한다.

1.6. 전문 용어와 통사적 결합어

통사적 결합어(syntactically combined words)란 단어 내부에 조사나 어미와 같은 문법 형태소가 포함된 어휘적 단어들(lexical words)을 일컫는다(최형용 2003 : 34). 따라서 통사적 결합어는 다시 조사 결합어와 어미 결합어로 나뉜다.

파생어나 합성어와 달리 통사적 결합어를 별도로 설정하려는 이유는 크게 두 가지이다. 하나는 한국어와 같은 교착어에서 문법적 기능을 담당하는 조사나 어미가 결과적으로 어휘적 단어 형성에 참여하고 있다는 것은 예외적인 현상이 아니라는 점이다. 인구어 중심적 언어관에서는 파생과 굴절이 비교적 분명하게 구분되어 있어 접사가 문장 형성에 참여하거나 반대로 굴절 요소가 단어 형성에 참여하는 일이 매우 드물기 때문에 한국어처럼 문법 요소인 조사나 어미가 단어 형성에 참여하는 경우 이를 예외적인 현상으로 치부하게 된다. 그러나 한국어만 보더라도 어휘적 단어 형성에 참여하고 있는 조사나 어미는 그 수가 적지 않으므로 예외적인 현상이라고 보기 어렵게 된다.16) 다른 하나는 파생과 합성과는 구분되는 단어 형성 과정을 설정함으로써 단어 형성의 다양성에 주목하게 된다는 이점이 있다는 점이다. 전술한 바와 같이 (14)에서 '명형'과 '조사'는 바로 이 통사적 결합어를 의미하는데 이들은 그 자체로 파생이나 합성과 구분되는 단어 형성 과정으로 포착할 수 있으며 따라서 전문 용어 형성의 다양성을 포착할 수 있게 된다.

최형용 외(2022)의 5장에서는 신어 형성에서 나타나는 통사적 결합어에 대해 주목한 바 있다. 이는 신어 형성에서도 조사 결합어와 어미 결합어를 포함한 통사적 결합어가 발견된다는 사실을 의미하는 것으로 통사적 결합이 파생이나 합성과 마찬가지로 단어 형성의 한 방법이 된다는 것을 여실히 보여 주고 있다는 점에서 매우 중요한 의의를 갖는다.

그렇다면 전문 용어에서는 어떤 통사적 결합어가 존재하고 또 전문 용어 통사적 결합어는 어떤 특성을 보일지 생각해 볼 필요가 있다. 우선 중요한 것은 전문 용어 통사적 결합어의 유형을 정리하는 일이 아닐까 한다. 이를 위해서도 전문 용어의 품사가 매우 중요한 역할을 담당한다. 전문 용어는 절대 다수가 명사에 한정된다고 하였으므로 순수하게 조사나 어미가 후행 요소로 참여한 경우를 찾기는 어려울 것으로 판단된다. 조사나 어미가 후행할 경우 전체 구성이 명사로 판정되는 경우가 많지 않기 때문이다. 조사의

---

16) 이는 곧 단어 형성에 참여한 한국어의 조사와 어미를 접사로 간주하기는 어렵다는 것을 의미한다. 이러한 관점에서 최형용(2022)에서는 Plungian(2001)에서 제시된 교착과 굴절의 차이에 기반하여 한국어의 조사와 어미의 접사성에 대해 천착한 바 있다.

경우는 더욱 더 그러할 것으로 판단되지만 어미의 경우에는 명사성을 가지게 하는 요소 즉 명사형 어미 '-(으)ㅁ', '-기' 정도가 후행 요소로 가능할 것으로 판단된다.[17] 전술한 바와 같이 (14)에서 '물리' 분야의 '보명-명형', '명형-보명' 유형이 이에 해당한다.

그렇다면 전문 용어 통사적 결합어는 후행 요소의 일부분으로 참여하는 명사형 어미를 제외한다면 조사나 어미가 선행 요소의 일부분으로 참여하는 경우가 전문 용어 통사적 결합어의 전체적인 특징이라고 할 수 있다. 최형용 (2003)에서는 일반 용어와 전문 용어를 구별하지 않은 채 통사적 결합어에 대해 천착한 바 있는데 최형용(2003)에서 제시된 전문 용어 통사적 결합어를 유형별로 몇 가지만 제시하면 다음과 같다.

(15) 가. 전문 용어 조사 결합어
① 갈미꿩의다리(식물),[18] 곰의말채나무(식물),[19] 꿩의밥(식물),[20] 꿩의다리(식물),[21] 닭의난초(식물),[22] 닭의장풀(식물)[23] …
② 나도개감채(식물),[24] 나도개미자리(식물),[25] 나도개피(식물),[26] … ; 너도개미자리(식물),[27] 너도고랭이(식물),[28] 너도바람꽃(식물),[29] …
나. 전문 용어 어미 결합어
① 가냘픈말발도리(식물),[30] 가는가래(식물),[31] 가는갈퀴(식물),[32] …

---

17) '싸구려'처럼 감탄형 종결 어미 결합형이 명사가 되는 일도 있기는 하지만 전문 용어에서는 이러한 구성을 찾기가 쉽지 않은 듯하다.
18) 미나리아재빗과의 여러해살이풀.
19) 층층나뭇과의 낙엽 활엽 교목.
20) 골풀과의 여러해살이풀.
21) 미나리아재빗과의 여러해살이풀.
22) 난초과의 여러해살이풀.
23) 닭의장풀과의 한해살이풀.
24) 백합과의 여러해살이풀.
25) 석죽과의 여러해살이풀.
26) 볏과의 여러해살이풀.
27) 석죽과의 여러해살이풀.
28) 사초과의 여러해살이풀.
29) 미나리아재빗과의 여러해살이풀.

② 걸그물(수산업),[33] 꽂을대(군사),[34] 꿸중방(건설),[35] …

②' 거꿀가랑이표(매체),[36] 거꿀날름쇠(기계),[37] 거꿀수(수학),[38] …

③ 가귀대기(민속),[39] 가로누르기(체육),[40] 가로뜨기(공예),[41] 가로
짜기(매체),[42] …

③' 가려막기(물리),[43] 가려베기(임업),[44] 갈라치기(체육),[45] …

④ 가려움증(의학),[46] 가름막(화학),[47] 가림법(언어),[48] …

(15가)는 최형용(2003)에서 제시한 통사적 결합어 가운데 전문 용어 조사 결합어의 일부를 제시한 것이고 (15나)는 통사적 결합어 가운데 전문 용어 어미 결합어의 일부를 제시한 것이다. 앞서 예측한 바와 같이 전체적으로 볼 때 전문 용어 조사 결합어보다 전문 용어 어미 결합어가 보다 다양한 양상을 보여 주고 있음을 확인할 수 있고 또한 모두 명사로 귀결되고 있다는 사실도 알 수 있다.

---

30) 범의귓과의 낙엽 관목.
31) 가랫과의 여러해살이풀.
32) 가는살갈퀴의 변종.
33) 바다에서 물고기 떼가 지나다니는 길목에 쳐 놓아 고기를 잡는 데 쓰는 그물.
34) 총포에 화약을 재거나 총열 안을 청소할 때 쓰는 쇠꼬챙이.
35) 마룻귀틀의 촉을 끼는 하인방(下引枋).
36) 인쇄 기호 '>'를 이르는 말.
37) 증기나 수력 기계 따위에서, 일정한 방향으로 흐르는 유체가 역류하는 것을 막는 밸브.
38) 곱하여서 1이 되는 두 수의 각각을 다른 수에 대하여 이르는 말.
39) 투전에서, 열다섯 끗 뽑기로 내기하는 노름.
40) 유도에서, 넘어져 드러누워 있는 상대편을 옆에서 덮쳐서 양팔로 상대편의 어깨와 다리를 끼고 누르는 기술.
41) 뜨개질에서, 올의 방향을 가로로 하여 뜨는 일.
42) 조판에서, 각 행의 활자를 가로로 읽도록 짜는 방식.
43) 어떤 공간을 외부 힘이 장으로부터 차단하거나 내부 힘의 장을 외부와 차단하는 일.
44) 나무를 골라서 벌채함.
45) 바둑에서, 상대편의 돌이 두 귀에 있는 경우 변(邊)의 중앙 부분에 돌을 놓아 아래위 또는 좌우의 벌림을 꾀하는 일.
46) 발진은 없이 몹시 가려운 만성 피부병.
47) 전기 분해에서 양극(兩極)의 반응물과 생성물의 혼합을 막기 위하여 두 극 사이를 가르는 구실을 하는 막.
48) 둘 또는 그 이상의 사실에서 하나의 선택을 보이는 연결법.

전문 용어 조사 결합어의 경우 (15가①)은 격 조사 '의'가 참여한 전문 용어 조사 결합어에 해당하고 (15가②)는 보조사 '도'가 참여한 전문 용어 조사 결합어에 해당한다. (15나)의 전문 용어 어미 결합어의 경우에는 (15나①, ②, ②')이 관형사형 어미 결합 전문 용어에 해당하며 (15나③, ④)는 명사형 어미 결합 전문 용어에 해당한다. (15나②)와 (15나②')은 관형사형 어미 '-(으)ㄹ'이 참여한 경우인데 (15나②')은 관형사형 어미와 결합하고 있는 어간이 공시적으로 존재하지 않는 경우이다. (15나③')은 연결 어미와 명사형 어미가 함께 보인다는 점에서 명사형 어미만 보이는 (15나③)과 차이가 있다. 따라서 조사나 어미가 복합적으로 참여해 전문 용어를 만드는 경우도 있을 수 있음을 예측할 수 있다.

전술한 바와 같이 한국어에서 통사적 결합어의 규모가 작지 않지만 그 가운데서도 (15)와 같이 전문 용어에서도 통사적 결합어가 적지 않다는 사실은 전문 용어의 형성에서도 통사적 결합이 일정한 역할을 담당하고 있다는 사실을 단적으로 보여 준다. 물론 (15)는 전문 용어 통사적 결합어를 초점으로 한 것이 아니므로 이번에는 전문 용어를 중심에 두고 그 가운데서 통사적 결합어가 어떤 특성을 갖는지 천착할 필요가 있는 것이다. 이에 대해서는 5장에서 살펴보기로 한다.

1.7. 전문 용어와 신어

전문 용어는 신어(new words)에서도 적지 않은 비중을 차지하고 있다. 가령 2016년 신어 보고서는 신어 보고서 가운데 가장 많은 전문 용어를 싣고 있는데 전체 신어 625개 가운데 274개 즉 43.8%가 전문 용어 신어에 해당한다. 그리고 단어의 지위를 가지는 것보다 구의 지위를 가지는 것이 월등히 많은 것도 전문 용어 신어의 특징 가운데 하나라고 할 수 있다.

특히 이 책에서 전문 용어 신어에 대해 관심을 기울이려는 이유는 신어가 파생어, 합성어, 통사적 결합어 등 전형적인 단어 형성은 물론 이른바 두음절어(acronym)나 혼성어(blended words)와 같이 전형적인 단어 형성 이외의 과정을 풍부하게 보여 주기 때문이다. 이를 2016년 신어 보고서를 대상으로 살펴보기로 한다.

> (16) 가. 기활법(경제)[49]
>
> 가'. 야노족(사회),[50] 월판선(교통)[51]
>
> 나. 깃발라시코(운동),[52] 디파르투갈(경제),[53] 브렉소더스(경제),[54] 브롭티미즘(경제),[55] 브리메인(경제),[56] 브릴랙스(사회),[57] 블랙바이트(사회),[58] 애데릴라(사회),[59] 옥시트(경제),[60] 이탈리브(경제),[61]

---

49) '기업 활력 제고를 위한 특별법'을 줄여 이르는 말.

50) 야외에서 노출을 즐기는 사람. 또는 그런 무리.

51) 월곶과 판교 사이를 잇는 전철.

52) 프로 축구 팀인 성남과 수원의 경기를 스페인 리그의 '엘 클라시코(el cláico)'에 빗대어 이르는 말. 전통적인 경기라는 뜻으로, 스페인 프로 축구 팀인 레알 마드리드와 에프시(FC) 바르셀로나의 경기를 뜻하는 '엘 클라시코(el cláico)'와 '깃발'을 결합하여 만든 말이다.

53) 포르투갈이 유럽 연합을 탈퇴함. 또는 그런 상태. 'departure'와 'Portugal'을 결합하여 만든 말이다.

54) 영국이 유럽 연합을 탈퇴함에 따라 외국 기업들이 영국을 빠져나가는 현상을 이르는 말. '영국의 유럽 연합탈퇴'를 뜻하는 '브렉시트(Brexit)'와 '탈출'을 뜻하는 '엑소더스(exodus)'를 결합하여 만든 말이다.

55) 영국이 유럽 연합을 탈퇴함에 따라 발생할 수 있는 미래를 희망적으로 생각하는 견해. '영국의 유럽 연합 탈퇴'를 뜻하는 '브렉시트(Brexit)'와 '낙관론'을 뜻하는 '옵티미즘(optimism)'을 결합하여 만든 말이다.

56) 영국 유럽 연합에 잔류할 것을 주장하는 것. 'Britain'과 'remain'을 결합하여 만든 말이다.

57) 영국의 유럽 연합 탈퇴로 인한 부정적인 결과에 대해 경계할 필요가 없음을 이르는 말. 'Brexit'와 'relax'를 결합하여 만든 말이다.

58) 젊은 노동자를 고용하여 노동력을 착취하는 악덕 아르바이트 환경을 이르는 말. 'black'과 'Arbeit'를 결합하여 만든 말이다.

59) 정해진 시간이 되면 보육을 맡긴 아이를 데리러 가는 어머니를 비유적으로 이르는 말. '애'와 'Cinderella'를 결합하여 만든 말이다.

60) 오스트리아의 유럽 연합 탈퇴를 이르는 말. 'Austria'와 'exit'를 결합하여 만든 말이다.

61) 이탈리아의 유럽 연합 탈퇴를 이르는 말. 영국에 이어 이탈리아도 유럽 연합을 떠날 수 있음을 시사하는 말로, '이탈리아(Italy)'와 '떠나다'라는 뜻의 '리브(leave)'를 결합하여

커멕시트(경제),[62] 코스모크라시(정치),[63] 페이크슈머(경제),[64] 프렉시트(경제)[65]

(16가)는, '특별법'이 '법'으로 줄어든 경우가 문제이기는 하지만 '기활'은 전형적인 두음절어의 양상을 보여 주고 있다는 점에서 두음절어 전문 용어라 할 수 있다. (16가)의 '야노'와 '월판'도 두음절어의 방식을 보여 주고 있지만 '-족'과 '-선'이 접미사의 자격을 가지고 있으므로 이들은 두음절어와 파생이 한데 나타나고 있다는 점에서 (16가)와 차이를 갖는다.[66]

(16나)는 혼성어 전문 용어에 해당한다. 두음절어 전문 용어에 비해 그 수가 압도적으로 많지만 거의 모든 경우가 외래어 혹은 외국어의 자격을 가지고 있다는 점에서 특징이 있다. 이러한 차이는 (16가)의 '기활법'이 『우리말샘』에서 표제어의 자격을 가지고 있는 것에 비해[67] (16나)의 것들은 모두 표제어의 자격을 가지고 있지 않다는 차이를 가져오고 있다. 이는 혼성의 방식이 한국어의 고유한 단어 형성 방식은 아니라는 사실과도 관련이 있어 보인다. 따라서 이러한 두 가지 사실은 이들 혼성어들을 순화어의 대상으로 삼게 되는 이유가 되기도 한다.

국립국어원의 신어 보고서는 2019년까지 작성된 바 있는데 신어 형성의 시기를 추적할 수 있다는 점에서 특히 유추에 의한 신어 형성을 살펴볼 수

만든 말이다.

62) 영국이 유럽 연합을 탈퇴함에 따라 영국 내에 있던 다국적 기업들이 다른 국가로 본사를 이전하는 현상을 이르는 말. '회사'를 뜻하는 '컴퍼니(company)'와 '출구'를 뜻하는 '엑시트(exit)'를 결합하여 만든 말이다.

63) 공통된 국제적인 사안이나 문제를 해결하기 위해 전 세계 시민 사회가 협력하는 형태의 정치 체제. 'cosmos'와 'democracy'를 결합하여 만든 말이다.

64) 값비싼 상품을 구매하는 대신 그와 비슷한 저렴한 상품을 구매함으로써 만족을 얻고자 하는 소비자. 'fake'와 'consumer'가 결합한 말이다.

65) 프랑스의 유럽 연합 탈퇴를 이르는 말. 'France'와 'exit'가 결합한 말이다.

66) (16가)의 '법'은 접미사가 아니므로 이러한 측면에서 (16가')과 구별된다.

67) 같은 두음절어의 방식을 취하고 있는 (16가')의 전문 용어들은 아직 『우리말샘』에 등재되어 있지 않다.

있는 좋은 자료가 된다. Mattiello(2017)에서는 신어를 중심으로 유추(analogy)가 규칙(rule)보다 그 형성에 대해 설명의 우위성을 보이는 기제로 언급한 바 있다. 이는 특히 신어를 포함하여 전문 용어 가운데 파생과 합성처럼 규칙으로 그 형성을 설명할 수 있는 문법 내적인 경우 이외에 혼성어나 두음절어와 같이 규칙으로 그 형성을 설명하기 어려운 문법 외적인 경우에서 빛을 발한다고 강조한 바 있다. 이러한 관점에서 (16나)의 '프렉시트'는 '브렉시트'를 기반으로 형성된 것이라는 점에서 유추에 의한 단어 형성의 예를 보여 준다. '커멕시트'도 '브렉시트'와 관련이 있지만 '시트'의 선행 요소가 국가명이 아니라는 점에서 차이가 있다. '프렉시트'의 경우도 규칙으로 설명하기 쉽지 않지만 '커멕시트'의 경우 그 정도가 훨씬 심하다. 유추는 이처럼 개별 단어에 기반하여, 규칙성을 찾기가 쉽지 않은 단어 형성을 설명하는 데 규칙보다 큰 힘을 발휘한다고 판단된다.

이상에서와 같이 신어 속의 전문 용어는 전문 용어가 지속적으로 형성되고 있는 사정을 포착할 수 있게 해 줄 뿐만 아니라 그 특성과 형성 기제에까지 관심을 기울이게 한다. 이에 대해서는 6장에서 살펴보기로 한다.

1.8. 전문 용어와 유추

김혜지(2022)에서는 Mattiello(2017)의 논의를 바탕으로 한국어 신어에 나타나는 유추의 유형과 특성에 대해 천착한 바 있다. 그러나 그 관심이 오롯이 '신어'에 놓여 있어, 전문 용어를 다루고 있기는 하지만 이에 초점을 두고 있지는 못하다. 이는 마치 (15)에서 살펴본 바와 같이 최형용(2003)에서 통사적 결합어를 다룰 때 전문 용어도 다루고 있기는 하지만 전문 용어를 중심에 둔 통사적 결합어의 특성에 주목하지 못한 것과 사정이 같다.

이에 비하면 Mattiello(2017)에서는 신어 형성에서의 유추를 살펴보기 위해

장르 기반 접근법을 취하고 있는데 4장에서 특히 전문 용어 신어를 관심
대상으로 삼고 있음에 주목할 필요가 있다. 전문 용어 가운데는 과학, 경제학,
정보 공학, 정치학, 법에 특히 주목하였는데 유추 유형, 모형 단어의 유형과
그 관계, 유추에 의해 생성된 전문 용어의 기능과 분포로 나누어 이를 살펴보
고 있다.[68] 그러나 최형용(2021)에서 언급한 바와 같이 이러한 전문 용어는
물론 신어의 형성 양상을 장르에 기반하여 접근한 국내 논의는 찾아보기
어렵다.

이러한 맥락에서 최형용(2021 : 208-212)에서는 2019년 신어 보고서를 대상
으로 '비거노믹스(경제)',[69] '슬로벌라이제이션(경제)',[70] '내각 패싱(정치)'[71]의
세 단어를 대상으로 유추의 적용 가능성에 대해 살펴본 바 있다. 유추의 적용
가능성을 살펴보기 위해서는 고정 요소의 확인이 중요하고 한국어에서 고정
요소는 전형적으로 선행 요소보다 후행 요소에 해당한다는 특성이 있어 이를
염두에 두고 『우리말샘』을 대상으로 이들 세 단어의 후행 요소가 발견되는
표제어를 정리해 다음과 같이 제시한 바 있다(최형용 2021 : 210).

(17) 가. 베지노믹스(경제),[72] 슬리포노믹스(경제),[73] 우머노믹스(경제),[74] 위
          미노믹스(경제),[75] 위키노믹스(경제)[76]

---

68) 이에 대한 보다 자세한 논의는 최형용(2021 : 185-186)을 참고할 것.
69) 식물성 음식으로만 식사하는 채식주의 인구가 증가하면서 채식 시장과 관련하여 경제적
    이익을 창출하는 일. '채식주의자'를 뜻하는 '비건(vegan)'과 '경제'를 뜻하는 '이코노믹
    스(economics)'를 결합하여 만든 말이다.
70) 세계화 속도가 느려지는 현상. 보호 무역주의, 자국 우선주의 등으로 국가 간의 교역,
    대출 등이 크게 감소하면서 세계 경제의 유기성이 약화된 데에서 비롯된 말이다. '느리
    다'를 뜻하는 '슬로(slow)'와 '세계화'를 뜻하는 '글로벌라이제이션(globalization)'을 결
    합하여 만든 말이다.
71) 국가의 행정권을 담당하는 최고 합의 기관인 내각이 외교나 행정 따위와 관련된 사안을
    논의하거나 결정하는 과정에서 소외되거나 배제되는 현상.
72) 점차 커지고 있는 채식 시장과 관련된 경제 현상.
73) 점차 커지고 있는 숙면 시장과 관련된 경제 현상.
74) 여성의 지위가 향상되고 소득이 늘어나면서 여성이 소비의 주체가 되는 경제 현상.
75) 여성의 지위가 향상되고 소득이 늘어나면서 여성이 소비의 주체가 되는 경제 현상.

가'. 그린노믹스(경제),[77] 네코노믹스(경제),[78] 베이비노믹스(경제),[79]
 스타노믹스(경제),[80] 시니어노믹스(경제),[81] 시티노믹스(경제),[82]
 컬처노믹스(경제)[83]

나. 코벌라이제이션[84]

나'. 싱글라이제이션(사회 일반)[85]

다. 코리아＾패싱(정치)[86]

(17가, 가')은 2019 신어 '비거노믹스'와 비교하여 전형적인 혼성을 보이는 경우와 그렇지 않은 경우를 나눈 것이다. (17가)는 선행 요소의 뒤 부분이 절단되고 후행 요소의 앞 부분이 절단된 것이라는 점에서 전형적인 혼성이라고 할 수 있지만 (17가')은 '노믹스'의 선행 요소가 절단을 보이고 있지 않다는 측면에서 혼성어의 선행 요소로서의 모습을 보이고 있지 않다고 할 수 있다. 따라서 최형용(2021)에서는 이때의 '노믹스'는 파편소(splinter)에서 결합형(combining form)으로 자격이 바뀐 것으로 분석한 바 있다. 그러나 그 단어들의 수가 적지 않다는 점에서 이 경우 Mattiello(2017)의 관점에 따르면 틀에 의한 유추로 간주될 수 있다는 점에는 변화가 없음도 강조한 바 있다.[87]

---

76) 대중의 지혜와 지성으로 지배되는 경제 방식. 뛰어난 소수에 의해 좌지우지되었던 기존의 구조와 상반된 개념으로, 기업이 독점했던 정보를 공개하고 외부의 아이디어를 활용하는 협업 경제.
77) 자연 환경을 파괴시키지 않으면서 경제 성장을 이루어 가는 경제 개발 정책.
78) 반려동물로 고양이를 키우는 인구가 증가하면서 생기는 경제적 효과.
79) 2013년 영국 왕실에서 왕세손 부부의 아기가 탄생함에 따라 발생할 것으로 예상되는 경제 효과.
80) 스타를 이용하여 경제적 이익을 창출하는 일.
81) 노령 인구의 경제 활동으로 파생되는 경제 효과.
82) 경제성·문화성·예술성·친환경성 등 다양한 측면에서 경쟁력을 고루 갖추어야 도시가 성장할 수 있음을 강조하는 도시 경제학.
83) 문화가 갖는 경제적 가치.
84) 한국적인 것의 세계화 현상.
85) 전 세계적으로 혼자 사는 사람이 늘어나는 현상.
86) 주요 이해 당사자인 한국이 국제 문제에서 소외되거나 배제되는 현상.
87) Mattiello(2017)의 유추 유형과 그 특성에 대해서는 최형용(2021 : 181-183)을 참고할 것.

(17나, 나')의 구별도 (17가, 가')과 동일하지만 모형 단어에 해당하는 예가 하나뿐이므로 Mattiello(2017)에 따르면 표면 유추로 분류할 수 있다. 그럼에도 불구하고 최형용(2021)에서는 '슬로벌라이제이션'의 '라이제이션'은 혼성어의 파편소의 자격을 가지는 '코벌라이제이션'을 거쳐 결합형의 자격을 가지게 된 것이라는 점에 역시 주목한 바 있다.

한편 모형 단어 (17다)는 고정항 '패싱'이 나타나는 예가 한 예에 불과하므로 Mattiello(2017)에 따르면 표면 유추에 해당한다고 할 수 있다는 점에서 '슬로벌라이제이션'과 동일하다. 또한 구 신어의 특성상 혼성이 아니라 전술한 바와 같이 합성의 방법을 사용한 것이라는 점에서 앞의 두 경우와 차이가 있음을 밝힌 바 있다.

그러나 최형용(2021)에서 강조한 바와 같이 Mattiello(2017)에서 전문 용어라는 사용 영역에 주목한 것은 전문 용어 신어가 다른 사용 영역과는 구분되는 독자적인 특성을 보여 주기 위한 것이라는 점에서 신어 보고서의 전문 용어는 그 한계가 적지 않다. 아직까지는 여러 제약에 따라 Mattiello(2017)에서처럼 유추가 사용 영역에 따라 어떤 특성을 보이는지 살펴보기 위해 다양한 텍스트 장르를 대상으로 전조응이나 후조응과 같은 맥락 정보를 중요하게 생각하고 이를 기반으로 모형 단어와 목표 단어와의 거리에 대해서 큰 의미를 부여하고 있는 데까지는 나아가기 어렵다고 판단된다.

그러나 적어도 전문 용어의 예를 신어의 범위를 넘어 폭넓게 확보하고 그에 따른 유추의 유형과 특성에 대해 고찰한다면 일반 용어와는 구별되는 전문 용어의 유추 양상을 살피는 것이 가능하리라 판단된다. 이를 위해 적어도 기존의 유추 유형을 정리하고 이를 전문 용어에 적용해 보는 작업은 그 자체로도 매우 의미 있는 일임에 의문의 여지가 없다고 판단된다. 이에 대해서는 7장에서 살펴보기로 한다.

1.9. 전문 용어와 의미 관계

전통적으로 의미 관계(semantic relation)는 어휘의미론(lexical semantics)의 관심사로 다루어져 왔다. 그러나 최형용(2018)에서 강조한 바와 같이 복합어와 같이 내부 구성 요소가 존재하는 단어들 가운데는 의미 관계가 단어 내부에서도 발견될 수 있고 공통 요소를 중심으로 단어 사이에서도 발견될 수 있다. 이는 의미 관계가 단어 형성의 측면에서 조명될 수 있다는 것을 의미한다. 이러한 관점에서 최형용 외(2022)의 7장에서는 신어 형성과 관련된 의미 관계에 대해 살펴본 바 있다.

한편 전문 용어를 대상으로 한 의미 관계에 대해서는 엄태경(2021a)에서 행해진 바 있다. 특히 엄태경(2021a)에서 주목한 것은 전문 용어의 경우 총칭 관계와 부분 관계이다. 이는 전문 용어가 '개념'을 중심으로 서로 긴밀한 관련을 갖는다는 점에서 형식보다는 의미에 기반한 접근에 해당한다. 또한 엄태경(2021a)에서는 의미의 계열 관계 가운데 동의 관계에 대해서도 관심을 기울이고 있는데 이는 동일한 '개념'을 나타내는 다른 형식에 주목하기 위한 것이며 그 대표적인 경우가 남북의 전문 용어임을 밝히고 있다.

그러나 전문 용어에 대해 단어 형성의 측면에서 접근하고자 하는 이 책의 논의는 '개념'에 의해 형성된 전문 용어를 형식의 측면에서도 관심을 가지려는 것이라는 점에서 초점의 차이가 있다.

(18) 가. '세포'의 총칭 관계, 부분 관계(엄태경 2021a : 149)

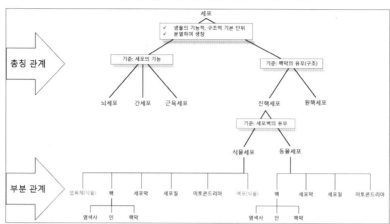

나. 전문 용어의 동의 관계(엄태경 2021a : 150)

① 집합(集合) - 공집합, 부분집합, 여집합, 차집합, 합집합

①' 모임 - 빈모임, 부분모임, 나머지모임, 모임의차, 모임의합

② 역(逆) - 역대입, 역사인, 역탄젠트, 역함수, 역수

②' 거꿀 - 거꿀계산, 거꿀시누스, 거꿀탕겐스, 거꿀함수, 거꿀수

③ 정(正) - 정다면체, 정비례, 정사각형, 정사영

③' 바른 - 바른다면체, 바른비례, 바른사각형, 바른사영

(18가)는 엄태경(2021a)에서 주목한 총칭 관계와 부분 관계를 '세포'를 중심으로 도식화한 것을 가져온 것이다. 총칭 관계는 상하 관계에 해당하는 것으로서 '세포'를 후행 요소로 공유하고 있다. 따라서 이는 전문 용어를 단어 형성의 관점에서 살펴보려는 이 책의 관심사가 되지만 부분 관계는 서로 공유하고 있는 형식 요소가 존재하지 않는 것들이 대부분이다. 따라서 이는 단어 형성의 측면에서 조명할 부분이 존재하지 않는다.

이러한 관점에서 (18나)의 예들에 대해서 살펴볼 필요가 있다. (18나①, ②, ③)은 수학 분야 전문 용어 가운데 남한의 것들을 제시한 것이고 (18나①', ②', ③')은 대응하는 북한의 것들을 제시한 것이다. 이들 가운데는 앞의 관점을 적용한다면 형성의 관점에서 조명할 수 있는 것들도 있고 그렇지 않은 것들도 있다. 우선 단어 내부의 측면에서는 직접 성분을 기준으로 의미 관계를 찾을 수 있는 것은 없다. 의미 관계는 형식의 대등성을 전제로 하는데 (18나)의 예들에서는 이러한 경우를 찾기 어렵기 때문이다. 그렇다면 단어 사이에서 형성의 관점을 적용할 수 있는 것들을 찾아야 하는데 이를 위해서는, 앞서 언급한 바와 같이 형식의 공유가 필수적이다. 따라서 가령 '공집합'과 '빈모임'은 의미 관계의 측면에서는 동의 관계에 해당하지만 공유하는 형식이 존재하지 않는다는 점에서 단어 형성의 측면에서 관심을 기울이기 어렵게 된다. 이러한 관점에서 단어 형성의 관점을 적용할 수 있는 것들을 정리하면 다음과 같이 그 수가 현저히 줄어든다.

(19) 가. 역함수=거꿀함수, 역수=거꿀수
　　　 나. 정다면체=바른다면체, 정비례=바른비례, 정사각형=바른사각형, 정
　　　　　 사영=바른사영

(19가)는 (18나) 가운데 후행 요소 '함수'와 '수'를 공유하는 것들이고 (19나)는 (18나) 가운데 각각 후행 요소 '다면체', '비례', '사각형', '사영'을 공유하는 것들이다.

따라서 전문 용어의 의미 관계를 단어 형성의 관점에서 조명한다는 것은 단어 사이의 경우 형식이 공유되는 것들을 대상으로 해야 하며 단어 내부의 경우 형식이 대등한 것을 대상으로 해야 한다는 전제 조건을 갖는다는 사실을 확인할 수 있다. 전문 용어는 '개념'을 보다 정확히 나타내기 위해 내부 구조를 갖는 경우가 적지 않고 또한 고립적으로 존재하지 않고 서로 하나의 체계를 이루는 일이 적지 않으므로 그 나름대로의 특성을 보일 것으로 예상된다. 무엇보다도 의미 관계가 전문 용어 형성의 기제가 될 수 있는지 확인할 필요가 있다. 이에 대해서는 8장에서 살펴보기로 한다.

1.10. 전문 용어와 순화어

국어기본법 제17조에서는 '전문 용어의 표준화'에 대해 "국가는 국민이 각 분야의 전문 용어를 쉽고 편리하게 사용할 수 있도록 표준화하고 체계화하여 보급하여야 한다."고 명시하고 있다. 이는 전문 용어를 '쉽고 편리하게 사용할 수 있도록' 순화해야 한다는 '정책적 관점'을 드러내고 있다.

그런데 순화어는 결과적으로 기존에 존재하는 전문 용어에 대한 새로운 전문 용어의 '형성'이라는 의미를 가지므로 이에 대해 단어 형성의 측면에서 조명할 필요가 있다. 이러한 측면에서 여기서는 2022년 국립국어원에서 순화하여 제시한 '다듬은 말' 목록에 관심을 기울여 보기로 한다.

(20) 2022년 새말모임[88] 다듬은 말 목록

대상어(원어)	다듬은 말	의미
ESG 경영 (Environmental, Social and Governance 經營)	환경·사회· 투명 경영	환경 보호와 사회적 기여도를 고려하고 법과 윤리를 준수하며 지배 구조를 개선하고자 하는 경영 철학.
디지털 네이티브 (digital native)	디지털 태생	디지털 환경에서 태어나 성장하여 디지털 기기를 자유자재로 활용하는 세대.
임팩트 비즈니스 (impact business)	사회 가치 병행 사업	사회적 영향력을 만들어내는 동시에 경제적 부가 가치를 창출하는 사업.
제로 코로나 (zero corona)	고강도 방역	코로나19 확진자 발생 시 봉쇄 조치를 진행하는 등 강도 높은 규제로 바이러스의 전파를 막는 정책. 주로 호주나 뉴질랜드, 중국 등에서 시행하고 있다.
세이프티 콜 (safety call)	작업 중지 요청	현장 근로자가 위험을 인지했을 때 즉시 작업 중지를 요청하는 것.
코워킹 스페이스 (coworking space)	공유 업무 공간	여러 분야에서 독립적으로 작업하는 사람들이 모여 의견을 서로 공유하며 의견을 나눌 수 있도록 조성한 협업 공간.

---

88) 어려운 외래 용어가 널리 퍼지기 전에 일반 국민이 이해하기 쉬운 다듬은 말을 제공하기 위해 국어 유관 분야 전문가로 구성한 위원회.

대상어(원어)	다듬은 말	의미
아르피에이 (RPA : Robotics Process Automation)	업무 처리 자동화	인간을 대신하여 수행할 수 있는 단순하고 반복적인 업무를 알고리즘화하고 소프트웨어로 자동화하는 기술.
미코노미 (meconomy ← me+economy)	자기중심 소비	자기만족을 위한 소비나 지출 등의 경제 활동.
플라잉 모빌리티 (flying mobility)	근거리 비행 수단	하늘을 나는 이동 수단의 하나. 주로 서너 명 이하가 타며 에어 택시, 드론 택시, 개인용 비행체 등이 있다.
큐레이션 커머스 (curation commerce)	소비자 맞춤 상거래	전시 기획자가 작품을 수집, 전시, 기획하듯이 특정 분야 전문가가 소비자의 성향 등을 고려하여 직접 제품을 고르고 할인한 가격에 파는 전자 상거래.
영 케어러 (young carer)	가족 돌봄 청년	장애, 질병, 약물 중독 등을 겪는 가족을 돌보고 있는 청년.
펫 프렌들리 (pet friendly)	반려동물 친화	반려동물과 밀접하게 관련된 서비스 상품. 반려동물과 함께하는 여행 상품, 호텔이나 카페, 식당 등에 반려동물을 동반할 수 있는 서비스가 해당된다.
클린 뷰티 (clean beauty)	친환경 화장품	유해 성분을 배제하고 환경 보호를 고려하여 만드는 화장품.
로테크 (low tech)	단순 기술	차원이 낮은 단순한 기술이나 기본적인 기술.
에이지리스 (ageless)	나이 무관	어떠한 선택에서 나이에 얽매이지 않는 것.
안테나 숍 (antenna shop)	탐색 매장	제품이나 서비스를 개발하기 전 소비자의 선호나 반응을 파악하여 반영하기 위해 운영하는 점포.
컬처 핏 (culture fit)	조직 문화 적합성	기업의 조직 문화 또는 그 기업이 추구하는 방향과 채용 대상자와의 적합성. 주로 채용 시 지원자를 단순히 정량 평가하지 않고, 조직 구성원과의 교감, 소통, 조직과의 융화 등을 고려한다.
디제라티 (digerati ← digital+literati)	디지털 지식인	정보화 시대를 이끌어가는 새로운 지식 계층.
엔데믹 블루 (endemic blue)	일상 회복 불안	거리두기 완화로 일상에서의 제약이 느슨해지고, 사회적 고립에서 벗어남에 따라 코로나 사태로 익숙해졌던 그간의 일상이 급변하여 우울감을 느끼는 것.

대상어(원어)	다듬은 말	의미
오픈 스페이스 (open space)	열린 쉼터	도시 계획에서 사람들에게 놀이 활동을 하게 하거나 마음의 편안함을 줄 목적으로 마련한 공간.
페일콘 (failcon)	실패 공유 모임	창업가와 투자자 등 기업 관계자들이 모여 자신의 실패 경험을 공유하고 실패 요인과 해법 등을 논의하는 자리.
엔에프티 (nft : non-fungible token)	대체 불가 토큰	고유한 인식값을 부여받아 다른 것으로 대체할 수 없는 특성을 지닌 블록체인상의 디지털 저장물.
에듀테크 (edu tech ← education+ technology)	교육 정보 기술	교육 분야에 접목한 빅 데이터, 인공 지능 등의 정보 통신 기술.
빅 테크 (big tech)	정보 기술 대기업	정보 기술 기업 중 규모가 크고 시장 점유율이 높은 기업. 국내 금융 산업에서는 주로 온라인 플랫폼 제공 사업을 핵심으로 하다가 금융 시장에 진출한 업체를 지칭하는 말로 쓰인다.
도어스테핑 (doorstepping)	출근길 문답, 약식 문답	집 밖이나 건물 입구 등 주로 공개된 장소에서 특정 인물을 기다렸다가 약식으로 하는 기자 회견.
메타 패션 (meta fashion)	가상 세계 패션	확장 가상 세계(가상 융합 세계)에 등장하는 아바타의 피부, 옷, 신발, 장신구 등을 아우르는 디지털 패션. 질감, 색감 등의 제약으로 현실에서 볼 수 없거나 구현이 어려운 것도 디지털 이미지 또는 동영상으로 구현할 수 있다.
로컬 소싱 (local sourcing)	현지 조달	상품을 제작하거나 생산할 때 국내에서 만들어진 물자를 활용하는 전략.
베이비 스텝 (baby step)	소폭 조정	한 나라의 금융과 통화 정책의 주체가 되는 중앙은행이 기준 금리를 0.25퍼센트포인트 인상 또는 인하하는 것.
빅 스텝 (big step)	대폭 조정	한 나라의 금융과 통화 정책의 주체가 되는 중앙은행이 기준 금리를 0.5퍼센트포인트 인상 또는 인하하는 것.
자이언트 스텝 (giant step)	광폭 조정	한 나라의 금융과 통화 정책의 주체가 되는 중앙은행이 기준 금리를 0.75퍼센트포인트 인상 또는 인하하는 것.
네버 코비드 (never COVID19)	코로나 비감염	코로나19에 한 번도 걸리지 않음. 또는 그런 사람.

대상어(원어)	다듬은 말	의미
트래블 룰 (travel rule)	송금 정보 기록제	온라인에서 가상 자산이나 자금을 주고받을 때 자금 세탁 등을 방지하기 위해 주고받는 사람의 정보를 기록하도록 하는 원칙.
뉴 스페이스 (new space)	민간 우주 개발	민간이 주도하는 우주 개발을 이르는 말로 정부가 주도하는 우주 개발인 '올드 스페이스(old space)'와 대비된다.
그루밍 성범죄 (grooming 性犯罪)	환심형 성범죄	피해자의 관심사를 공유하거나 피해자가 원하는 것을 제공하면서 신뢰를 쌓아 심리적으로 지배한 뒤 행하는 성범죄.
노마드 워커 (nomad worker)	유목민형 노동자	근무 시간이나 근무 장소에 제약되지 않고 자유롭게 일하는 사람.
스태그플레이션 (stagflation)	고물가 경기 침체	경기 불황 중에도 물가가 계속 오르는 현상.
디지털 트윈 (digital twin)	가상 모형	가상 공간에 실물과 똑같이 만든 물체, 또는 그러한 것을 만드는 기술. 실물 대신 시험 대상으로 활용하여 미리 여러 가지를 검증하는 데 이용된다.
페이스 리프트 (face lift)	외관 개선	주로 자동차에서 외관이 일부 변경되고 선택 사항이 추가됨으로써 기존 모델과 달라지는 일.
마이크로 투어리즘 (microtourism)	근거리 여행	자신의 근거지와 가까운 지역을 여행하는 것.
듀얼 라이프 (dual life)	두 지역살이	도시와 지방에 주거지를 마련하여 두 곳을 오가며 생활하는 것.
멀티데믹 (multi pandemic)	감염병 복합 유행	여러 가지 감염병이 동시에 유행하는 것.
커리어 하이 (career high)	최고 기록	주로 운동에서 선수가 최고의 기량을 발휘하는 것을 이르는 말. 가수 등 연예인의 활동 성과에도 쓰인다.
헤드라이너 (headliner)	대표 출연자	행사나 공연 등에서 가장 기대되거나 주목받는 출연자. 또는 그 무리.
아쿠아스케이프 (aquascape)	수생 조경	관상어, 수초 등을 활용해 수조를 실제 바다처럼 재현한 것.

(20)에 제시된 44개 순화 대상어는 크게 두 부분으로 나눌 수 있는데 먼저 『우리말샘』의 등재 여부를 기준으로 할 때, 'ESG 경영'을 제외한 나머지 순

화 대상어는 모두 『우리말샘』에 등재되어 있다. 다음으로 전문 용어 여부를 기준으로 할 때, '코워킹 스페이스, 영 케어러, 펫 프렌들리, 클린 뷰티, 로테크, 에이지리스, 페일콘, 노마드 워커, 마이크로 투어리즘, 듀얼 라이프, 헤드라이너, 아쿠아스케이프'는 일반 용어로 등재되어 있고 나머지는 전문 용어에 해당한다. 일반 용어가 12개(27.3%)이고 'ESG 경영'을 포함한 전문 용어가 32개(72.7%)이므로 전문 용어가 압도적임을 알 수 있다.[89] 이 책의 관심사는 물론 전문 용어이므로 32개 순화 대상어를 전문 분야로 나누어 정리하면 다음과 같다.

(21) 가. 미코노미(경제), 큐레이션 커머스(경제), 안테나 숍(경제), 빅 테크(경제), 로컬 소싱(경제), 베이비 스텝(경제), 빅 스텝(경제), 자이언트 스텝(경제), 트래블 룰(경제), 스태그플레이션(경제)
　　　나. 디지털 네이티브(사회 일반), 디제라티(사회 일반)
　　　다. 임팩트 비즈니스(경영), 세이프티 콜(경영), 컬처 핏(경영), ESG 경영
　　　라. 제로 코로나(보건 일반), 네버 코비드(보건 일반), 멀티데믹(보건 일반)
　　　마. 아르피에이(정보·통신), 엔에프티(정보·통신), 디지털 트윈(정보·통신)
　　　바. 플라잉 모빌리티(교통)
　　　사. 엔데믹 블루(심리)
　　　아. 오픈 스페이스(건설)
　　　자. 에듀테크(교육)
　　　차. 도어스테핑(매체)
　　　카. 메타 패션(복식)
　　　타. 뉴 스페이스(천문)
　　　파. 그루밍 성범죄(법률)
　　　하. 페이스 리프트(기계)
　　　거. 커리어 하이(체육)

---

89) 『우리말샘』에 등재되어 있지 않은 'ESG 경영'도 '경영' 분야의 전문 용어로 다루는 데 큰 문제는 없을 듯하다.

예상되는 바와 같이 순화 대상어는 일반 용어보다 전문 용어가 훨씬 많으며 그 분야도 다양한데 이 가운데 '경제', '경영', '보건 일반', '정보·통신' 분야는 특히 사회상을 직접적으로 반영하는 것들이 많다. 단어 형성의 측면에서 볼 때 '두 지역살이'를 제외하면 순화 대상어의 단어 형성법과는 별개로 순화어는 명사 결합형 구에 해당한다는 공통성이 있다.90) 이는 앞서 언급한 바와 같이 순화어도 '개념'의 측면에서 접근한 결과로 해석할 수 있다. 그러나 결과적으로는 기존 전문 용어와 동의어를 생산한다는 점에서 문제가 전혀 없는 것은 아니다.

한편 단어 형성의 관점에서 (20)의 순화어 전문 용어가 보이는 양상은 어디까지나 대상이 되는 순화어 전문 용어가 그리 많지 않은 데 따른 것이므로 순화어 전문 용어가 어떤 단어 형성의 특징을 보이는지 전반적으로 천착할 필요가 있다.91) 또한 이 과정에서 순화의 과정에 적용되는 형성의 원칙에는 어떤 것들이 있는지에 대해서도 관심을 기울일 필요가 있다.92) '순화'가 여러 분야의 전문 용어를 대상으로 하므로 이들 간의 평행성을 고려할 필요가 있기 때문이다. 이에 대해서는 9장에서 살펴보기로 한다.

1.11. 공공 언어로서의 전문 용어

전문 용어가 순화의 측면에서 순화어로 결과되는 양상은 전문 용어가 공

---

90) 그 가운데는 단어로 처리될 만한 것이 없지 않지만 『우리말샘』에 등재하기 전에는 단어의 자격을 부여할 수 없는 사정이 (20)의 순화어를 모두 단어가 아니라 구로 처리한 이유라는 점에 주목할 필요가 있다.
91) 가령 정한데로(2019)에서는 의학 전문 용어 순화어에 대해 단어 형성 측면에서의 특성에 대해 주목하였는데 매우 다양한 단어 형성 방법이 있음을 제시한 바 있다.
92) 이에 대해서는 우선 최형용(2010)에서 제시된 전문 용어 형성 원칙에 대해 참고할 수 있다.

공 언어의 영역에 속한다는 사실을 의미하는 것이기도 하다. 이현주(2021a)에서 언급한 바와 같이 '공공 언어'라는 개념은 학술 용어로는 매우 생소한 것이며 이러한 측면에서 매우 한국적인 것이라고까지 할 만하다.

따라서 전문 용어를 순수하게 단어 형성의 측면에서 벗어나 공공 언어의 측면에서 조명한다는 것은 전문 용어를 언어 정책의 대상으로 삼는 견해를 반영하기 위한 것이다. 따라서 공공 언어로서의 전문 용어는 당위성의 측면에서 평가의 대상이 된다는 것을 뜻하는 것이며 가치 판단의 대상이 된다는 것을 의미하는 것이기도 하다.

이러한 측면에서 전문 용어는 공공 언어의 테두리 내에서 그 쓰임에 주목할 필요가 있다. 따라서 공공 언어로서의 전문 용어는 (20)의 순화 대상어를 포함한다. 그 결과 공공 언어로서의 전문 용어도 단어 형성의 측면에서 조명할 수 있되 앞의 순화어 논의에서 살펴본 바와 같이 동일한 '개념'을 나타내는 동의어 가운데 어떤 것을 '선택'하는 측면에서 이를 바라보게 된다는 특성을 갖는다. 순수하게 표준화가 '개념'의 측면에서 여러 개의 전문 용어 가운데 어떤 것을 선택하는 것을 의미한다면 공공 언어를 대상으로 하는 표준화는 정책의 측면에서 하나의 전문 용어에 대한 대안의 성격을 가지는 전문 용어를 형성하고 그것을 선택하는 것을 의미하게 된다.[93] 이때 선택의 한 기준이 될 수 있는 것이 바로 단어 형성의 측면이다.

이상과 같이 전문 용어는 순수한 언어 이론에서도 접근할 수 있지만 앞의 순화어와 함께 언어 정책의 측면에서도 단어 형성에 관심을 기울일 수 있는 가능성을 함께 지니고 있다는 점에서 매우 흥미로운 존재가 아닐 수 없다. 이에 대해서는 10장에서 살펴보기로 한다.

---

93) 이는 곧 Spolsky(2004)의 1장에서 언급한 바와 같이 언어 정책이 여러 언어 관습 (practice)에 대해 어떤 이데올로기나 신념(belief)에 따라 선택의 문제에서 가지게 되는 통제(management)나 계획(planning)을 필연적인 숙명으로 가지게 된다는 것을 의미한다.

1.12. 전문 용어의 대조 연구

한국에서 신어에 대한 관심은 비교적 최근에 본격화한 것이라고 할 수 있다. 그럼에도 불구하고 최형용 외(2022)의 8장에서 살펴본 것처럼 대조언어학적 관점에서의 연구는 매우 다각적인 측면에서 성과를 쌓고 있다.

그에 비하면 전문 용어의 대조 연구는 한국어와 중국어를 대상으로 한 것이 가장 대표적이고 그나마도 그리 활발하지 않아 초기 단계에 놓여 있다고 할 수 있다. 그러나 그 양상은 단어 형성의 측면에서 살펴볼 가치가 충분하다고 할 수 있다. 따라서 이 책에서 한국어와 중국어를 대상으로 한다는 점에서 범위의 한계가 분명한데도 불구하고 이를 살펴보려는 것은, 신어 연구와 마찬가지로 조만간 확대 가능성이 높은 전문 용어의 대조 연구에 대해 미리 그 가능성을 탐색해 보려는 의미를 갖는다고 할 수 있다.

이러한 측면에서 이 책에서의 전문 용어 대조 연구 부분은 앞으로의 대조 연구 분야가 보다 확대되었으면 하는 바람을 담고 있다. 앞서 살펴본 바와 같이 한국어의 전문 용어는 한자어를 포함한 외래어가 지배적이라는 특성을 가지고 있고 '순화'를 통해 다분히 정책적인 측면에서 '표준화'를 지향하고 있으므로 과연 다른 언어와의 대조를 통해 어떤 공통성과 차이점을 보일지 지속적인 관심이 필요한 부분이라고 할 수 있다. 이러한 측면에서 한국어와 중국어 전문 용어의 대조에 대해 11장에서 살펴보기로 한다.

1.13. 나가기

지금까지 2장부터 본격적으로 전문 용어에 대해 단어 형성의 관점에서 살펴보기 전에 이 책 전체의 내용에 대해 간단하게 살펴보았다. 이를 위해 먼저 전문 용어의 개념에 대해 살펴보았는데 전문 용어가 정의적 특성으로

'개념'을 가장 우선한다는 점에서 이를 나타내는 형식과의 관계에 대해 주목할 필요가 있음을 강조하였다.

　전문 용어의 분류와 품사는 전문 용어를 단어 형성의 관점에서 살펴보기 위한 출발점으로서의 의미를 갖는다. 단어 형성, 전문 분야, 품사 등이 모두 전문 용어의 분류 기준이 될 수 있으며 이를 통해 보다 구체적인 단어 형성의 특성이 부각될 수 있다는 점에서 중요성을 간과할 수 없음에 대해 언급하였다.

　전문 용어를 파생어와 합성어, 통사적 결합어로 나누어 살펴보려는 것은 전문 용어도 일반 용어와 마찬가지 단어 형성 과정을 거친다는 것을 전제한다. 그러나 그 안에서 전문 용어가 가지는 유형과 특성을 포착함으로써 일반 용어와 구별되는 측면에 관심을 기울일 필요가 있음을 살펴보았다.

　신어 전문 용어는 전문 용어가 계속하여 형성되는 실체임을 포착하는 동시에 두음절어와 혼성어와 같은 방법을 통해서도 전문 용어가 형성된다는 사실에 주목하게 만든다. 또한 이들이 구체적으로 유추를 통해 형성될 수 있는 가능성을 탐색해 보는 것은 신어 보고서가 시간의 흐름에 따른 양상을 관찰할 수 있는 자료로서의 성격을 가지기에 가능한 일이다.

　신어 전문 용어를 유추의 관점에서 조망할 수 있다는 것은 전문 용어 전체를 대상으로 할 때도 형성 기제로서의 유추에 관심을 기울일 수 있다는 것을 의미한다. 이를 위해서는 유추의 유형에 대한 논의 과정이 필요한데 이는 신어에 대한 기존 연구에서 그 방법론을 취할 수 있음을 강조하였다.

　전문 용어는 '개념'의 명확한 전달을 위해 내적 구조를 가지는 일이 적지 않고 또 다른 전문 용어와도 일정한 관계를 가지기 때문에 의미 관계의 측면에서도 이를 조명할 수 있다. 이는 곧 의미 관계가 전문 용어 형성에 일정한 역할을 할 수 있다는 것을 의미하는 것이기도 하다.

　순화어와 공공 언어는 전문 용어에 대한 언어 정책 측면에서의 관심을 반영하기 위한 것이다. 이미 존재하는 전문 용어를 '쉽게' 순화하는 작업 결과로서의 순화어를 포함하여 이를 공공 언어의 한 부분으로 생각할 수 있다는 것은 전문 용어가 순수하게 개인적인 영역에 국한되는 것이 아니라 사회 공동의 산물임을 직시하기 위한 것이기도 하다.

신어에 대한 대조 연구가 활발히 전개된 데 비해 전문 용어의 대조 작업은 아직 시작 단계에 있다고 보아 좋을 것이다. 따라서 전문 용어의 대조에 대한 관심은 중국어와 한국어의 전문 용어 대조에 한정된다는 한계는 있지만 그만큼 앞으로의 연구가 기대되는 분야라 할 수 있다.

이제 이상의 논의를 도입으로 삼아 본격적으로 전문 용어에 대한 단어 형성 측면에서의 논의를 시작해 보기로 한다.

참고문헌

‖논저류‖

강미영(2020), 「언어의 공공성과 공공 용어 관리」, 『우리말글』 87, 우리말글학회, 1-29.

강현화(2000), 「외래어 전문용어의 표준화에 관한 국어학적 분석」, 『어문연구』 108, 한국어문
          교육연구회, 43-55.

국립국어연구원(2002), 『『표준국어대사전』의 연구 분석』.

국립국어원(2007), 『전문 용어 연구-정리 현황과 과제』, 태학사.

국립국어원(2016), 『2016년 신어 조사 및 사용 주기 조사』.

국립국어원(2019), 『2019년 신어 조사』.

김령령·신중진(2022), 「남북 음악 전문용어 유형과 어종 분석 — 중·고등학교 교과서를 중심으
          로」, 『민족문화연구』 95, 고려대학교 민족문화연구원, 403-433.

김미형(2019), 「전문용어 표준화 연구 — 대상어 선정과 순화 기법을 중심으로」, 『사회언어학』
          27-4, 한국사회언어학회, 37-64.

김선혜(2013), 「<연세 현대한국어사전>의 전문용어 표제어에 대한 연구」, 『한국사전학』 22,
          한국사전학회, 7-31.

김수업(2007), 「전문용어의 순화 방안」, 『새국어생활』 17-1, 국립국어원, 89-101.

김유진·신중진(2016), 「남북 수학·과학 교과서에 나타나는 전문용어 분석」, 『동아시아문화연
          구』 64, 한양대학교 동아시아문화연구소, 131-159.

_____(2019), 「남북 교과 분야별 전문용어 어종 분석」, 『동아시아문화연구』 77, 한양
          대학교 동아시아문화연구소, 13-29.

_____(2020), 「남북 미술 전문용어의 형태적, 의미적 분석」, 『한국언어문학』 71, 한국
          언어문화학회, 35-57.

_____(2022), 「교과 전문용어에 나타나는 분야 정보에 대한 연구」, 『한국언어문학』
          77, 한국언어문화학회, 29-47.

김한샘(2008), 「전문용어 정비의 현황과 과제」, 『한말연구』 23, 한말연구학회, 94-120.

김혜지(2022), 「유추에 의한 신어 형성 연구」, 이화여자대학교 박사학위논문.

리수락(2005), 「전문용어 표준화의 원칙과 평가기준」, 『한국어정보학』 7-2, 한국어정보학회,
          1-11.

박주원·김숙정·도원영(2021), 「남북 의료 용어 데이터베이스 구축의 쟁점과 실제」, 『한국사전학』 38, 한국사전학회, 136-166.

배선미·시정곤(2004), 「한국어 전문·용어 조어분석에 대한 통계적 연구 ― 물리, 화학, 생물, 의학 용어를 중심으로」, 『한국어학』 25, 한국어학회, 191-219.

백경미·육영주·김태경(2022), 「정부 공공기관의 전문용어 사용 실태 및 개선 방안 연구」, 『한국언어문학』 77, 한국언어문화학회, 103-142.

송영빈(2007), 「한·영·일 의학 전문용어의 특징」, 『일본학보』 72, 한국일본학회, 85-96.

_____(2009), 「한일 의학용어의 변화」, 『일본연구』 40, 한국외국어대학교 일본연구소, 521-540.

_____(2012), 「의학 논문을 통해 본 전문용어 사용 양상」, 『한국사전학』 20, 한국사전학회, 211-233.

신중진·엄태경(2016), 「심화 전문용어의 조어분석과 그 실제 ― 물리 분야를 중심으로」, 『한국언어문화』 60, 한국언어문화학회, 165-190.

엄태경(2019), 「한국어 전문·용어의 어휘·형태적 연구」, 한양대학교 박사학위논문.

_____(2021a), 「전문·용어의 체계와 관계에 대한 탐색」, 『우리말글』 91, 우리말글학회, 125-156.

_____(2021b), 「남북한 '문법' 전문용어의 개념 조화」, 『한국언어문화』 75, 한국언어문화학회, 87-117.

엄태경·신중진(2017), 「남북 전문용어의 조어분석과 통합 ― 수학, 물리 분야를 중심으로」, 『국어학』 82, 국어학회, 181-212.

오규환(2021), 「『표준국어대사전』의 '형태론' 관련 전문용어의 사전 기술에 대한 단견」, 『언어와 정보 사회』 42, 서강대학교 언어정보연구소, 39-60.

오현아(2019), 「통일 대비 남북 교과 전문 용어 비교 분석 연구에 대한 시론 ― 고등학교 문법 교과서를 중심으로」, 『우리말글』 82, 우리말글학회, 59-96.

윤상한(2020), 「일본어계 외래어의 위상에 관한 비교 연구 ― 건설 전문용어를 중심으로」, 『일본학』 51, 동국대학교 일본학연구소, 103-129.

은희철·송영빈·정인혁(2013), 『아름다운 우리말 의학 전문용어 만들기』, 커뮤니케이션북스.

이성우·신중진(2016), 「심화 전문용어의 개념 확립을 위한 시론」, 『동아시아문화연구』 66, 한양대학교 동아시아문화연구소, 89-112.

_____(2021), 「남북 국어 교과 전문용어의 개념 통합을 위한 쟁점과 방향」, 『동아시아문화연구』 86, 한양대학교 동아시아문화연구소, 85-105.

이순동(2021), 「법률 용어의 개선」, 『법학논고』 73, 경북대학교 법학연구원, 25-65.

이현주(2007), 『외래 전문용어 번역 및 조어법 연구』, 국립국어원.

_____(2013), 「전문용어 조어 및 번역 방법론에 대한 시론」, 『비교문화연구』 31, 경희대학교 비교문화연구소, 331-370.

_____(2015), 「전문용어학의 이론적 토대를 위한 개념 연구」, 『한국사전학』 26, 한국사전학회,

40-67.

_____(2021a), 「공공언어의 전문성, 전문용어의 공공성」, 『한국사전학』 37, 한국사전학회, 7-51.

_____(2021b), 「전문용어의 의미 파생과 그 사전적 표상에 대하여 — 용어화, 탈용어화, 재용어화 개념을 중심으로」, 『프랑스어문교육』 74, 한국프랑스어문교육학회, 73-104.

이현주·조동성(2011), 「학술 전문용어 정비 및 표준화의 특징 및 과제」, 『한국어 의미학』 35, 한국어의미학회, 245-283.

전은진·신중진(2017), 「남북 국어 교과 전문용어의 조어 분석 — 문학 용어를 중심으로」, 『동아시아문화연구』 71, 한양대학교 동아시아문화연구소, 13-31.

_____(2020), 「남북 역사 분야 전문용어의 이질화 양상」, 『동아시아문화연구』 80, 한양대학교 동아시아문화연구소, 115-141.

_____(2022), 「남북 전문용어 연구의 성과와 방향」, 『한국어의미학』 75, 한국어의미학회, 29-56.

정영란(2014), 「의학전문용어의 어휘론적 연구」, 충북대학교 박사학위논문.

정한데로(2019), 「의학 전문용어의 말 다듬기와 단어 형성」, 『언어와 정보 사회』 42, 서강대학교 언어정보연구소, 1-37.

조남호(2005), 「국어정책에서 본 전문용어 정비와 문제점」, 『수의학용어 표준화 2차 공청회 자료집』, 17-23.

조은경(2001), 「전문용어의 어휘형태적 특성 연구」, 연세대학교 석사학위논문.

조태린(2010), 「언어 정책이란 무엇인가」, 『새국어생활』 20-2, 국립국어원, 117-131.

_____(2017), 「통일 시기 남북 전문용어 표준화 정책에 대한 소고」, 『사회언어학』 25-3, 한국사회언어학회, 299-326.

주지연(2016), 「전문용어에 사용된 한자 형태소의 분포와 전문 분야별 한자교육 — 화학, 의학 전문용어에 사용된 차사를 중심으로」, 『어문연구』 44-1, 한국어문교육연구회, 373-401.

최순희·임규홍·김여숙(2021), 「기능경기대회과제 의상디자인 분야 전문용어 어휘 분석 연구」, 『동남어문논집』 52, 동남어문학회, 37-63.

최창원·정유남(2020), 「자연언어처리를 위한 지명어 연구 — 〈우리말샘〉 지명 전문용어의 유형 분류를 중심으로」, 『지명학』 33, 한국지명학회, 475-504.

최형용(2003), 『국어 단어의 형태와 통사 — 통사적 결합어를 중심으로』, 태학사.

_____(2010), 「전문 용어의 형태론 — 지침으로서의 전문 용어 형성 원칙을 중심으로」, 『한중인문학』 31, 한중인문학회, 293-323.

_____(2016), 『한국어 형태론』, 역락.

_____(2018), 『한국어 의미 관계 형태론』, 역락.

_____(2021), 「신어 형성에서 유추의 역할은 무엇인가 — 마티엘로(2017), *Analogy in Word-formation*을 중심으로」, 『형태론』 23-2, 형태론연구회, 171-215.

_____(2022), 「유형론적 관점에서 본 한국어의 접사 — 한국어의 조사와 어미는 접사인가」, 『한국어학』 97, 한국어학회, 1-63.

최형용 외(2022), 『한국어 신어 형성 연구』, 역락.

황 건(2007), 「의학 용어의 순화와 미래」, 『새국어생활』 17-1, 국립국어원, 25-39.

Cabré, M. T.(1999), *Terminology : Theory, methods and applications*, Amsterdam : John Benjamins Publishing Company.

Felber, H.(1987), *Manuel de la terminologie*, Inforterm, Paris.

Kageura, K.(2002), *The Dynamics of Terminology-A descriptive theory of term formation and terminological growth*, Amsterdam : John Benjamins Publishing Co.

Mattiello, E.(2017), *Analogy in Word-Formation : A Study of English Neologisms and Occasionalisms*, Berlin : De Gruyter Mouton.

Plungian, V. A.(2001), Agglutination and flection, In Haspelmath, M. & König, E. & Oesterreicher, W. & W. Raible(eds.), *Language Typology and Language Universals*, Berlin, New York : Walter de Gruyter. 669-678.

Spolsky, B.(2004), *Language Policy*, Cambridge : Cambridge University Press.

Spolsky, B.(ed.)(2012), *The Cambridge Handbook of Language Policy*, Cambridge : Cambridge University Press.

‖사전류‖

국립국어원, 표준국어대사전(https://stdict.korean.go.kr/main/main.do)

국립국어원, 우리말샘(https://opendict.korean.go.kr/main)

2. 전문 용어의 분류와 품사

2.1. 들어가기

이 장에서는 전문 용어의 분류와 품사적 특성에 대해서 구체적으로 다루고자 한다. 1장에서 이미 밝힌 바와 같이 이 책의 주된 목적은 전문 용어를 단어 형성의 관점에서 살펴보는 것이나 본격적인 논의를 전개하기에 앞서 전문 용어의 분류와 품사적 특성을 다루는 것은 전문 용어의 체계를 우선 개괄할 필요가 있다고 판단되기 때문이다.

전문 용어에 대해서 논의할 때 우선 어떠한 유형의 전문 용어가 있는지, 바꾸어 생각하면 기존의 전문 용어에 대해서 어떠한 방식으로 나누어 살펴볼 수 있는지에 대해서 규명할 필요가 있다. 우리가 살고 있는 이 세상에서 수많은 분류의 작업이 이루어져 왔고 지금도 앞으로도 분류의 작업이 멈추지 않을 듯하다. 철학적으로 '분류'를 '유개념(類槪念)[1]의 외연에 포함된 종개념(種槪念)[2]을 명확히 구분히어 체계적으로 정리히는 것'으로 해석하고 있다.

---

1) 『철학』 어떤 개념의 외연(外延)이 다른 개념의 외연보다 크고 그것을 포괄할 경우, 전자를 후자에 대하여 이르는 말. 예를 들면, 소나무·매화나무 따위의 종개념(種槪念)에 대하여 식물이 이에 해당한다.

2) 『철학』 하나의 개념 속에 포함되어 있는 여러 개의 개별 개념. 포함 관계에 따라 상대적이다. 이를테면 '동물'은 '생물'에 대하여, 또 '사람'은 '동물'에 대하여 이것이 된다.

이와 같은 사고의 맥락을 염두에 두었을 때 적어도 세상만물을 보다 명확히 이해하려고 하면 그들에 대한 체계 구축을 우선적으로 필요로 하고, 이러한 체계 구축을 위한 정리 작업에 있어 '분류'의 역할을 찾을 수 있다. 전문 용어의 분류도 같은 맥락이다.

분류의 대상은 셀 수 없을 정도로 많지만 분류의 출발점은 분류의 기준 설정이라는 데에 있어 모두 일맥상통하다. 1장에서 이미 언급했듯이, 국립국어원 『표준국어대사전』에서는 전문 용어를 '특정한 전문 분야에서 주로 사용하는 용어'라고 정의하고 있다. 이와 같은 정의를 전문 용어의 분류 기준과 연관시켜 생각해 봤을 때 전문 용어는 기본적으로 '전문 분야'에 따라 분류될 수 있음을 알 수 있다.3) 이외에 다른 기준에 따라 전문 용어를 나누는 경우도 생각해 볼 수 있다. '전문 분야'에 따라 전문 용어를 나누는 것은 개념적, 의미적 측면에서 전문 용어를 바라보는 것으로 볼 수 있는가 하면 형태적, 통사적 측면에서 전문 용어를 나누는 등, 다양한 분류 방식이 예상될 수도 있다. 이 장에서는 우선 이와 같은 사고의 맥락을 바탕으로 2절에서 전문 용어에 대한 분류 방식과 이에 따른 전문 용어의 하위유형들을 구체적으로 살펴보기로 한다.

한편, 품사적 특성에 초점을 두어 전문 용어를 살펴볼 필요도 있다. 물론 품사 유형 상 전문 용어의 대부분이 명사임은 예상될 수 있는 바이다. 그러나 후술하는 바와 같이, 명사 이외에 대명사, 동사, 형용사, 관형사, 부사, 감탄사 등 많은 품사 유형에서 전문 용어의 모습을 찾아볼 수 있다. 주지하는 바와 같이, 품사란 단어를 나누는 갈래이며 단어를 나눔으로서 단어들의 형식 (form), 기능(function), 의미(meaning) 특징을 조명할 수 있는 데에 품사 논의의 역할을 확인할 수 있다. 전문 용어에 대한 품사적 검토도 이와 같은 역할을

---

3) 그런데 앞서 언급했듯이, '전문 용어'를 정의 내릴 때 '전문 분야'보다 중요한 것은 '전문적 개념(special concept)'이므로 '전문 분야'에 따른 분류는 '전문적 개념'을 보다 정확히 이해하기 위한 것으로 인식될 수 있다.

부여받을 수 있다. 이와 같은 맥락으로 3절에서 전문 용어에는 어떠한 품사 유형이 있는지, 각 품사 유형에 속하는 전문 용어들은 어떠한 품사적 특성을 지니는지에 대해서 구체적으로 살펴보기로 한다.

2.2. 전문 용어의 분류

앞서 언급했듯이, 언어학적 측면에서 생각해 봤을 때 전문 용어는 형태론, 통사론, 의미론 등 다양한 세부 영역에서 다룰 수 있으며 이러한 연구 분야에 각각 해당되는 전문 용어의 분류가 이루어질 수 있다. Cabré(1999 : 85)에서 전문 용어는 일반적으로 형식(form), 기능(function), 의미(meaning), 그리고 기원(origin) 등의 기준에 따라 나눌 수 있다고 제시하였다.

Cabré(1999)에서 '형식'에 따른 분류는 다음과 같은 상호 배타적이지 않은 기준에 따라 분류할 수 있다고 하였다.

(1) 가. 구성 형태소(constituent morphemes)의 수에 따른 분류 :
　　　단일어(예 : acid, molecule), 복합어(예 : acidification, intramolecular)
　　나. 복합어 형성을 위한 형태소의 유형에 따른 분류 :
　　　합성어(예 : afterburner, microfilm), 파생어(예 : illness, receiver)
　　다. 통사적 구성(syntactic structure) (예 : batch processing)
　　라. 두문자어(initialisms) (예 : MIT, WHO)
　　　두음절어(acronyms) (예 : Amex=American stock exchange, bit= binary digit)
　　　약어(abbreviations) (예 : vol, 3rd)
　　　절단어(short forms/clippings) (예 : hyper, macro)

(1)을 통해 알 수 있듯이, Cabré(1999)에서 말하는 '형식'4)에 따른 분류는

전문 용어의 형성 방식에 초점을 두는 것이다. (1가, 나)는 기본적인 조어 방식으로서 우리가 흔히 단어를 단일어와 복합어로 나누고 복합어를 다시 합성어와 파생어로 나누는 것에 해당된다. 복합어에 속하는 (2나)의 경우, 단어 형성 과정에서 형식적 증가가 이루어진다. (1다)는 구적 형식으로 이해될 수 있다. 이들은 표면적으로 봤을 때 단어보다 더 큰 단위로 간주되지만 전문 용어에 초점을 두었을 때 '개념'이 출발점이므로 단어와 단어가 결합한 구도 전체적으로 하나의 전문 개념을 나타낸다면 어근과 어근이 결합한 합성어와 큰 차이가 없는 것으로 이해될 수 있다.[5] (1라)는 단어 형성 과정에서 형식적 감소가 포함되는 전문 용어들이다.[6]

또한, Cabré(1999)에서 '기능'[7]에 따르면 전문 용어는 명사(noun), 형용사 (adjective), 동사(verb), 부사(adverb)로 나누어질 수 있다고 하였으며 전문 용어 가운데 형용사나 동사 등에 비해 명사가 큰 비중을 차지하고 있는 데에 불균형을 보여주고 있다고 하였다. Cabré(1999)에서 '기능'에 따라 품사 유형이 도출되는 점을 봤을 때 이는 단어의 문법적 특성, 다시 말해 품사적 특성에 따라 분류하는 방식으로 이해될 수 있다.

---

4) 주지하는 바와 같이, 품사 분류 기준으로서 '형식'(form)이 흔히 제시되어 왔다. 그러나 품사 분류 기준으로서의 '형식'은 단어의 굴절성에 초점을 두는 것이며 한국어의 경우, 품사 분류 기준으로서의 '형식'에 따라 단어를 '가변어'와 '불변어'로 나눈다. 이 경우에 사용되는 '형식'(form)은 품사론에서의 개념으로 이해될 수 있고 Cabré(1999)에서 말하는 '형식'(form)은 조어론에서의 개념으로 이해될 수 있으며 양자를 구별할 필요가 있다.
5) 어근과 어근이 결합한 합성 전문 용어와 단어와 단어가 결합한 구 전문 용어에 대한 구체적인 논의는 4장 참고할 것.
6) 최형용(2016)에서 두음절어와 혼성어를 결합에 의하여 형성된 단어로 보고, 다만 그 결합이 형식의 감소를 통하여 구현되는 것이라고 하였다.
7) Cabré(1999)에서 말하는 '기능'(function)도 '형식'의 경우와 마찬가지로 흔히 말하는 품사 분류 기준으로서의 '기능'(function)과 구별해서 볼 필요가 있다. 품사 분류 기준으로서의 '기능'은 단어가 문장에서의 문법적 역할을 말하는 점에서 Cabré(1999)에서 말하는 '기능'(function)과 큰 차이가 없어 보이지만 품사론에서는 품사 유형 도출을 위한 기준에는 '기능' 외에 '형식', '의미', 내지는 '분포' 등 여러 기준이 같이 적용되어야 하기 때문에 같은 개념 범주로 보기 어려운 면이 있다.

Cabré(1999)에서 '의미'에 따른 분류는 전문 용어가 나타나는 개념(concept)에 따른 분류라고 하였다. 이에 따라 Cabré(1999)에서 우선 다음과 같은 네 가지 개념적 유형(conceptual classes)이 확인될 수 있다고 하였다.

  (2) 가. 사물(objects) 또는 존재(entities)
      나. 과정(processes), 작용(operations), 행동(actions)
      다. 특성(properties), 상태(states), 성질(qualities)
      라. 관계(relationships)

  (2)에서 제시된 사항들은 단어의 품사적 의미, 즉 같은 품사로 묶이는 단어들이 공통적으로 가지는 추상적 의미와 연관시킬 수 있다. 품사론에서 말하는 '의미'(meaning)는 명사는 사물의 이름, 동사는 사물의 움직임, 형용사는 사물의 상태나 속성을 가리키는 등 (2)의 내용과 일맥상통하다. 그러나 '의미'의 개념 범주를 확대시킬 때 품사론에서 말하는 단어의 '추상적 의미' 이외에 전문 용어와 관련되는 '전문 분야'도 일종의 '의미' 범주로 볼 수 있다. 이와 같은 사고의 맥락을 염두에 두었을 때 Cabré(1999)에서 말하는 '기능'과 '의미'는 품사에 따른 분류로 같이 묶을 수 있고, '전문 분야'에 따른 분류 방식을 따로 설정해서 다룰 필요도 있다.

  한편, Cabré(1999)에서 '기원'(origin)에 따른 분류는 각각의 언어의 기원과 변화에 초점을 두어 전문 용어를 통시적으로 바라보는 접근 방식이다. 예컨대 '차용'(borrowing)이 이와 관련된 부분이다.

  위와 같은 내용을 염두에 두었을 때 다음과 같은 세 가지 측면에서 한국어의 전분 용어의 분류를 다룰 수 있다.

  (3) 가. 단어 형성 방법에 따른 전문 용어의 분류
      나. 품사에 따른 전문 용어의 분류
      다. 전문 분야에 따른 전문 용어의 분류

(3가)는 Cabré(1999)에서 언급된 '형식'과 연관시킬 수 있으며 한국어 전문 용어를 단어 형성의 측면에서 분류하는 경우이다. (3나)는 Cabré(1999)에서 언급된 '기능' 및 '의미'와 연관시킬 수 있으며 문법적 특성에 초점을 두어 한국어 전문 용어를 분류하는 경우이다. (3다)는 품사적 의미 개념이 아닌 전문적 개념에 초점을 두는 경우인데 이는 전문 분야에 따라 한국어 전문 용어를 분류하는 경우이다.

이 장에서 (3)을 바탕으로 한국어 전문 용어의 분류에 대해서 '단어 형성 방법', '품사', '전문 분야'의 세 가지 측면에서 분류의 양상을 구체적으로 살펴보기로 한다. 물론, Cabré(1999)를 참고했을 때 어원에 따른 분류도 이룰 수 있지만 이 책은 통시적이 아닌 공시적인 입장에서 전문 용어를 다루는 것이기 때문에 여기서 이에 관련된 검토를 제외하기로 한다.

2.2.1. 단어 형성 방법에 따른 전문 용어의 분류

주지하는 바와 같이 한국 학교 문법에서 단어는 조어 방식에 따라 단일어와 복합어로 나누어지고 복합어는 다시 합성어와 파생어로 나누어진다. 그러나 최형용(2003 : 34)에서는 조사와 어미가 단어 형성에 참여한 단어들을 통사적 결합어로 처리하여 조사나 어미가 단어 형성에 참여하는 일이 적지 않음을 보이고 다음과 같은 단어의 체계를 제시하였다.

(4)

앞서 이미 언급했듯이, (4) 가운데 단일어의 경우를 제외한 나머지 경우는 모두 '결합'에 의해 형성된 경우이다. 그런데 단어의 형성에는 결합 이외에도 대치, 절단, 축약 등 다양한 방식이 활용될 수 있다. 결합에 의한 단어 형성은 대체로 형식의 증가를 수반하며 절단, 축약 등에 의한 단어 형성은 형식적 감소를 수반한다. 이와 같은 사고의 맥락을 바탕으로 앞서 언급된 (1)의 분류를 같이 참고했을 때 단어 형성 방식에 따른 한국어 전문 용어의 유형은 다음과 같이 정리될 수 있다.

(5) 단어 형성 방식에 따른 한국어 전문 용어의 유형

전문 용어 유형	예시
단일어	가기(음악), 거리(민속), 민(民)(역사)
파생어	대가극(음악), 대간첩(군사), 간빙기(해양), 가산기(정보·통신)
합성어	감음정(음악), 감속동(물리), 가감승제(수학)
통사적 결합어	삼각형의^오심(수학), 검은고니(동물), 밀어^던지기(체육)
혼성어	레깅진(복식), 필록싱(운동), 비거노믹스(경제), 옥시트(경제)
두음절어	공쓰재(예체능), 럭싱남(사회), 교복특(복지)
축약어	스밍(정보·통신), 딥디(연영)

이 책에서는 전문 용어의 형성을 주된 논의 대상으로 삼으며 이는 곧 전문 용어를 단어 형성 방법의 입장에서 살펴본 것이다. 이와 관련해서 다른 장에서 구체적으로 다루고자 한다.

2.2.2. 품사에 따른 전문 용어의 분류

품사란 단어를 문법적 성질의 공통성에 따라 몇 갈래로 묶어 놓은 것이다. 따라서 품사에 따른 전문 용어의 분류는 전문 용어가 문장에서의 역할에

초점을 두어 분류한 것으로 이해될 수 있다. 각 전문 용어에 대해서 그의 문법적 성질에 따른 품사 판정을 할 수 있고 이와 같은 작업은 주로 사전 편찬 시 많이 이루어져 왔다.

주지하는 바와 같이 한국 학교 문법에서 형식, 기능, 의미를 품사 분류 기준으로 삼으며 이에 따라 아홉 품사 체계가 만들어진다. 그러나 국립국어원『표준국어대사전』에서 단어의 품사 유형을 제시하는 데에 학교 문법과는 다소 차이가 있다. 여기서 우선 학교 문법의 품사 체계와『표준국어대사전』의 품사 유형을 다음과 같이 정리한다.

(6) 학교 문법과『표준국어대사전』의 품사 유형 비교

학교 문법의 품사 체계	『표준국어대사전』의 품사 유형
명사	명사
	의존명사
대명사	대명사
수사	수사
동사	동사
	보조동사
형용사	형용사
	보조형용사
관형사	관형사
부사	부사
감탄사	감탄사
조사	조사
/	어미
/	접사
/	품사 없음

(6)에서 보듯이, 학교 문법에서의 품사 체계와 비교했을 때『표준국어대사전』에서는 우선 명사, 동사, 형용사의 하위부류인 의존명사, 보조동사, 보조

형용사를 별도로 유형 설정하는 점에서 특징적이다. 의존명사, 보조동사, 보조형용사는 모두 자립성이 없는 부류로서 공통점을 지닌다. 또한, 학교 문법에서 '단어'보다 더 작은 단위로 간주되는 '어미'와 '접사'에 대해서도 품사 유형을 제시하는 데에 명시하고 있다. 한편, 단어보다 더 큰 단위인 구적 형식의 일부도 표제어로서 등재되어 있으며 이들에 대한 품사 유형을 따로 명시하지 않고 '품사 없음'으로 처리하고 있음을 볼 수 있다.[8]

한국어 전문 용어와 연관시켜 봤을 때 『표준국어대사전』에서 '명사'(자립 명사), '의존 명사', '대명사', '동사', '형용사', '관형사', '부사', '감탄사', '접사', 그리고 '품사 없음' 등 10개의 유형에서 전문 용어를 찾을 수 있다. 이 중에 명사(자립 명사)에는 약 13만개가 넘는 전문 용어가 사전에 등재되어 있으며 양적으로도 압도적으로 많다. 또한, '품사 없음', 즉 구적 형식으로서 사전에 등재되는 전문 용어는 약 6만개가 넘는 양으로 두 번째로 많이 차지하고 있는 부류이다.

전문 용어는 전문적 개념을 지칭하는 것으로서 명사(자립 명사) 부류에서 가장 많이 나타나는 것은 이미 예상된 결과로 볼 수 있다. 그러나 '품사 없음'이라는 유형에서 전문 용어가 많이 포함되어 있는 것에 대해서 따로 설명할 필요가 있다.

『표준국어대사전』을 비롯해 많은 사전에서 일부 표제어의 품사 유형을 명시하지 않는 주요 원인은 이들이 우선 '단어'로 간주되지 않기 때문이다. 품사란 단어를 대상으로 나누는 갈래이기 때문에 단어보다 더 작은 단위인 '접사'나 '어미'는 사전 상 '접사' 또는 '어미'로 표시되는 반면, 단어보다 더 큰 단위인 구적 형식에 대해서 따로 표시하지 않고 있다. 한국어의 경우, 특정한 전문 분야에서 전문적 개념을 지칭하면서 표기 상 띄어쓰기가 포함되어 있는 것은 적지 않은데 이러한 경우는 사전 상 '품사 없음', 다시 말해

---

8) 사전에서 품사 유형에 '어미', '접사', 내지는 구(句) 등 품사 유형에 해당되지 않는 것들도 포함되어 있는 것은 사전이 '표제어'를 중심으로 하고 있기 때문이라 할 수 있다.

구 구성으로 처리된다.[9]

그러나 최형용(2010), 이현주(2013), 김한샘(2015) 등에서 제시하였듯이, 이와 같은 구적 형식들은 형식적으로 단어보다 더 큰 단위처럼 보일지라도 의미적인 측면에서 봤을 때 구를 구성하는 각 구성요소는 각자의 의미를 따로 나타내기보다는 구성요소들이 서로 결합함으로서 전체적으로 하나의 개념을 나타내는 점에서 단어와 동등한 자격을 부여받을 수 있다. 형식적으로 띄어쓰기가 있는지의 여부로 단어인지 구 구성인지를 판단하게 되면 문제를 초래할 수도 있다. 예컨대 '인명' 분야에 속하는 다음과 같은 경우들을 들 수 있다.

(7) 가. 가가와 도요히코(Kagawa Toyohiko[賀川豊彦])
『인명』 일본의 목사·사회사업가(1888~1960). 가난을 기독교적 사랑의 힘으로 해결하고자 노력하였으며, 문필에도 능하였다. 자신의 체험기인 ≪사선(死線)을 넘어서≫ 따위를 남겼다.

나. 가넷(Garnett, David) 「명사」
『인명』 영국의 소설가(1892~1981). 이상한 상황에 처한 인간의 심리와 행동을 환상적으로 그린 작품들을 썼다. 작품에 <동물원에 들어간 사나이>, <수부(水夫)의 귀환> 따위가 있다.

다. 가등-청정(加藤清正) 「명사」
『인명』 → 가토 기요마사.

(7가)는 일본인 인명을 표기하는 원칙에 따라 성 'Kagawa'와 이름 'Toyohiko' 사이에 띄어쓰기가 들어가 있다. 『한글맞춤법』에서 문장의 각 단어는 띄어 씀을 원칙으로 하므로 (7가)는 단어보다 큰 단위로 보게 되는 것이다. 이에 비해 (7나)에서 성 'Garnett'만 표시되고 이름 'David'는 생략되기 때문에 띄어쓰기가 포함되어 있지 않아 단어로 간주되며 이로 인해 품사

---

9) 이와 관련해서 Cabré(1999)에서 언급된 'batch processing'(자료의 일괄 처리(컴퓨터))과 같은 통사적 구성(syntactic structure)을 같이 생각해 보면 한국어뿐만 아니라 다른 언어에서도 전문 용어 가운데 구적 형식이 보편적으로 존재하고 있음을 확인할 수 있다.

상 '명사'로 표시됨을 볼 수 있다. 그러나 (7다)의 경우를 보면 상황이 더 복잡해진다. (7다)는 (7가)와 마찬가지로 일본인 인명을 나타내는 전문 용어이면서 한자음 '가등청정'으로 읽을 때 띄어쓰기가 포함되어 있지 않아 명사로 처리되는 반면, 이를 '가토 기요마사'라는 일본어 히라가나의 발음대로 표기하면 또 구 구성으로 처리되는 모순이 생긴다.

'명사'(자립 명사)와 '품사 없음'의 두 가지 유형 이외에도 많은 품사 유형에서 전문 용어의 모습을 찾아볼 수 있다. 전문 용어 가운데 비중 상 큰 유형부터 작은 유형으로는 동사, 의존명사, 관형사, 감탄사, 형용사, 대명사, 접사, 부사의 순서로 나열할 수 있다.

2.2.3. 전문 분야에 따른 전문 용어의 분류

1장에서 언급했듯이, '전문 용어'가 '일반 용어'와 다른 것은 '전문 용어'가 '전문적 개념'을 나타내기 위한 것이고 이때 '전문적 개념'은 '전문 분야'를 전제로 하고 있다. 전문 분야란 우리가 사전에서도 흔히 보게 되는 『의학』, 『식물』 등과 같이 표시되는 것이고 전문 용어와 관련된 연구에서도 이와 같이 하나 또는 몇 가지 특정 전문 분야를 대상으로 전문 용어를 논의하는 경우가 많다. 이러한 상황을 염두에 두어 전문 용어의 분류에 대해서 논의할 때 전문 분야에 따른 분류를 구체적으로 살펴볼 필요가 있다고 판단될 수 있다.

국립국어원(2020)을 재인용하자면 『우리말샘』에서 전문 용어에 대해서 '대분류'와 '중분류'의 두 절차를 거쳐 전문 분야 분류 체계를 만들었다. '대분류'를 걸쳐 전문 분야를 크게 '인문', '사회', '자연', '산업', '보건', '공학', '예체능', '종교', '명칭'의 9가지로 나누었으며 이에 대해서 다시 '중분류'를 거쳐 다음과 같이 총 67개의 분야로 세분화하였다.

(8) 『우리말샘』 전문 분야 분류 체계(국립국어원, 2020 : 66-67 재인용)

대분류		중분류		대분류		중분류	
1	인문	1	교육	4	산업	35	수산업
		2	문학			36	임업
		3	민속			37	산업 일반
		4	언어	5	보건	38	수의
		5	역사			39	식품
		6	철학			40	약학
		7	인문 일반			41	의학
2	사회	8	경영			42	한의
		9	경제			43	보건 일반
		10	군사	6	공학	44	건설
		11	매체			45	교통
		12	법률			46	기계
		13	복지			47	재료
		14	심리			48	전기·전자
		15	정치			49	정보·통신
		16	행정			50	공학 일반
		17	사회 일반	7	예체능	51	체육
3	자연	18	동물			52	연기
		19	물리			53	영상
		20	생명			54	무용
		21	수학			55	음악
		22	식물			56	미술
		23	지구			57	복식
		24	지리			58	공예
		25	천문			59	예체능
		26	천연자원	8	종교	60	가톨릭
		27	해양			61	기독교
		28	화학			62	불교
		29	환경			63	종교 일반
		30	자연 일반	9	명칭	64	인명
4	산업	31	공업			65	지명
		32	광업			66	책명
		33	농업			67	고유명 일반
		34	서비스업				

『표준국어대사전』을 확인한 결과, 앞서 언급한 『우리말샘』과 동일하게 전문 용어에 대해서 총 67개의 세부 분야로 나누었음을 볼 수 있다.

한편, 국립국어원『전문 용어 표준화 안내서(2020)』에서 전문 용어 표준화 목록을 만들 때 각 용어의 유형을 분야별로 표시한 바가 있다. 이때『우리말샘』이외에 과학기술정보통신부에서 설정된 '국가 과학 기술 표준 분류 체계'도 참고한 바가 있다. 국가 과학 기술 분야에 초점을 두었을 때 이를 다음과 같이 총 33개의 유형으로 나누었다.

(9) 수학, 물리학, 화학, 지구화학, 생명과학, 농림수산식품, 보건의료, 기계, 재료, 화공, 전기/전자, 전보/통신, 에너지/자원, 원자력, 환경, 건설/교통, 역사/고고학, 철학/종교, 언어, 문학, 문화/예술/체육, 법, 정치/행정, 경제/경영, 사회/인류/복지/여성, 생활, 지리/지역/관광, 심리, 교육, 미디어/커뮤니케이션/문헌정보, 뇌과학, 인지/감성과학, 과학기술과 인문사회

또한, 국립국어원『전문 용어 표준화 안내서(2020)』에서 전문 분야를 분류하는 데에 '정부 기능 분류 체계'도 같이 참고하였다. 정부 기능 분류 체계에서 '기관명', '정책 분야', '정책 영역'을 기준으로 분류 체계를 만들었는데 이때 '기관명'을 '경찰청', '세관청', '교육부' 등 총 46개의 기관으로 나누었다. 이러한 기관들에 대해서 또 정책 영역에 따라 나누는데 예컨대 교육부의 경우 정책 영역에 따라 '교육', '사회복지', '산업·통상·중소기업'의 세 가지로 나누고 '교육'에 대해서 다시 '고등교육', '교육일반', '유아 및 초·중등교육', '평생·직업교육' 등 네 가지 하위유형으로 나누었다.

위와 같은 분류의 양상을 통해 알 수 있듯이, 전문 분야에 따라 전문 용어를 나누는 경우, 논의 간의 분야 상의 공통점도 없지 않지만 연구나 통계 등의 구체적 필요성에 따라 분야 유형 상 개인차가 크며 분류 기준을 통일시키기 어려운 면이 있다. 이 책에서는『표준국어대사전』에 실려 있는 전문

용어를 검토의 주된 대상으로 삼기 때문에 전문 분야와 관련된 언급에서는
『표준국어대사전』의 분야 분류 방식을 준하기로 한다.

2.3. 전문 용어의 품사적 특성

2절에서 보듯이, 전문 용어는 조어법, 품사, 그리고 분야 등 다양한 기준에
따라 나눌 수 있다. 앞서 1장에서 밝힌 바와 같이, 이 책은 전문 용어를 단어
형성의 관점에서 조망하는 것을 주된 목적으로 하며 이에 대한 논의는 3장부
터 전개하고자 한다. 이와 같은 구체적인 논의를 전개하기 전에 이 장에서는
전문 용어의 체계를 개괄하고자 하는 의미에서 우선 품사에 초점을 두어
전문 용어의 특성을 살펴보고자 한다. 이와 같은 논의는 물론 앞서 언급된
전문 분야에 따른 분류와도 연관 지을 수 있는데 전문 분야에 대해서 언급하
는 경우, 다음과 같이 『표준국어대사전』에서 제시된 전문 분야 유형을 참고
하기로 한다.

> (10) 가톨릭, 건설, 경영, 경제, 고유명 일반, 공업, 공예, 공학 일반, 광업, 교육,
> 교통, 군사, 기계, 기독교, 농업, 동물, 매체, 무용, 문학, 물리, 미술, 민속,
> 법률, 보건 일반, 복식, 복지, 불교, 사회 일반, 산업 일반, 생명, 서비스업,
> 수산업, 수의, 수학, 식물, 식품, 심리, 약학, 언어, 역사, 연기, 영상, 예체능
> 일반, 음악, 의학, 인명, 인문 일반, 임업, 자연 일반, 재료, 전기·전자,
> 정보·통신, 정치, 종교 일반, 지구, 지리, 지명, 책명, 천문, 천연자원, 철학,
> 체육, 한의, 해양, 행정, 화학, 환경

이 절에서는 품사를 논의의 대상으로 삼기 때문에 사전에 실린 전문 용어
가운데 '접사'와 '품사 없음'의 두 가지 유형에 대해서 우선 다음과 같이 각각
의 예시만 제시하고 넘어가기로 한다.

(11) 가. 접사

접두사 : 성-(聖)(기독교), 정-(正)(역사)…

접미사 : -유(油)(천연자원), -가(價)(화학)…

나. 품사 없음(구(句)) :

가가와 도요히코(Kagawa Toyohiko[賀川豊彦])(인명), 가감^소거법 (加減消去法)(수학), 가감^순서(加減順序)(법률), 가감^저항기(加減抵 抗器)(전기·전자)…

본장에서는 명사, 대명사, 동사, 형용사, 관형사. 부사, 감탄사 전문 용어에 대해서 이들 각각의 품사적 특성을 구체적으로 살펴보기로 한다. 논의 구성 상 이들의 상위 유형인 '체언', '용언', '수식언', '독립언'에 착안해서 명사와 대명사, 동사와 형용사, 관형사와 부사, 그리고 감탄사를 각각 묶어서 다루기 로 한다.

2.3.1. 명사, 대명사 전문 용어의 특성

한국어의 경우, 명사는 여러 가지 방식으로 분류될 수 있으나 기본적으로 자립성의 유무에 따라 자립 명사와 의존 명사로 나누어질 수 있다. 앞서 언급 하였듯이 『표준국어대사전』을 대상으로 살펴봤을 때 전문 용어 가운데 자립 명사인 경우가 가장 큰 비중을 차지하고 있다. 이 절에서는 한국어 명사 전문 용어를 대상으로 다루지만 우선 명사 가운데 보다 특수성을 띠는 의존 명사 전문 용어의 경우를 주로 살펴보기로 한다.

한국어의 의존 명사 가운데 가장 특징적인 부류 중 하나가 단위성 의존명 사라고 할 수 있다. 단위성 의존명사란 수효나 분량 따위의 단위를 나타내는 의존 명사이며 이를 분류사(classifier)로 보기도 한다. 전문 용어 가운데 의존 명사가 적지 않게 존재하고 있는 것도 전문 용어 가운데 수효나 분량 따위의 단위를 나타내는 단위성 의존명사가 적지 않기 때문이다.

『표준국어대사전』에 따르면 전문 용어 가운데 의존 명사는 총 305개가 있으며 다양한 전문 분야에서 널리 분포되어 있다. 이들을 분야별로 정리하면 다음과 같다.

(12) 『표준국어대사전』 의존 명사 전문 용어 목록

분야	표제어 수	예시
건설	2	재(才), 사이(sai[才])
공학 일반	1	수주미터(水柱meter)
교통	3	노트(knot), 뢴트겐(Röntgen), 중량톤(重量ton)
기독교	1	세겔(← Sheqel)
농업	1	령(齡)
매체	4	급(級), 포(← point), 포인트(point), 피치(pitch)
물리	118	가우스(gauss), 갈(gal), 감마(gamma), 국제옴(國際ohm)
민속	5	거리, 동, 동무니
복식	3	데니어(denier), 번수(番手), 텍스(← texture)
불교	1	하(夏)
생명	2	모건단위(Morgan單位), 지도거리(地圖距離)
수학	6	그레이드(grade), 분(分), 차(次)
언어	1	모라(mora)
역사	20	결(結), 대곡(大斛), 동
연기	3	막(幕), 액트(act)
음악	6	거리, 도(度), 옥타브(octave)
의학	1	렘(rem)
전기·전자	57	게브(Gev), 국제볼트(國際volt), 기가전자볼트(giga電子volt)
정보·통신	17	기가(giga), 기가바이트(gigabyte), 나노세컨드(nanosecond)
지구	11	도(度), 도브슨단위(Dobson單位), 도일(度日)
천문	11	광년(光年), 등급(等級), 등성(等星)
체육	6	국(局), 쿼터(quarter), 피리어드(period)
한의	3	자(字), 제(劑)
화학	21	그램당량(gram當量), 기가헤르츠(gigahertz), 노르말(Normal)
해양	1	파운달(poundal)

(12)에서 보듯이, 전문 분야에 초점을 두어 봤을 때 의존 명사 전문 용어가 많이 차지하는 분야로서 '물리', '전기·전자', '화학' 등을 들 수 있다. 이 가운데 '물리'와 관련된 의존 명사가 압도적으로 많음을 볼 수 있다.[10] 또한, 하나의 의존 명사가 여러 분야에서 두루 사용되기도 한다. 이 가운데 '도(度)'는 물리, 수학, 음악, 지구, 화학 등 여러 분야에서 널리 사용되는 대표적인 예시이다.

그런데 주의해야 하는 것은 의존 명사와 관련해서 『표준국어대사전』에서 전문 용어에 대한 품사 판정에 있어서 문제가 없는 것은 아니다. 예컨대 의존 명사 가운데 사전 상 다음 (13)과 같이 처리되는 경우가 있다.

> (13) 주(株)
> (명사)『경제』((수량을 나타내는 말 뒤에 쓰여)) 주권이나 주식을 세는 단위.
> 국민주 50주를 샀다.

(13)에서 보듯이 '주(株)'는 사전에서 '경제' 분야 전문 용어로 간주되면서 품사 상 명사로 간주되고 있다. 그러나 이는 자립 명사보다는 의존 명사의 특성에 더 가깝다고 본다. 이와 같은 처리 방식으로 인해 사전 상 의존 명사 가운데 '경제' 분야에 속하는 경우가 없다는 결과가 초래되기도 한다.

또한, 주지하는 바와 같이 한국어의 경우, 명사는 자립 명사와 의존 명사로

---

10) 유형론적으로 Aikhenvald(2000)을 비롯해 분류사를 '명사류 또는 성', '명사 분류사', '수 분류사', '소유 분류사', '관계 분류사', '동사 분류사', '처소 분류사', '화시 분류사' 등으로 나누어 제시하고 있다. 한국어의 단위성 의존명사와 연관시킬 수 있는 부류는 '수 분류사'이다. Gil(2005)에서는 '수 분류사'를 '도량 수 분류사(mensural numeral classifier)'와 '종류 수 분류사(sortal numeral classifier)'로 구분한 바가 있다. 이 가운데 도량 수 분류사에 대해서 채완(1999 : 170-171)에서 이를 사물의 길이, 부피, 무게, 양 따위의 단위를 재는 법으로 해석하는데 한국어의 전문 용어 가운데 '물리' 등 분야에서 단위성 의존명사가 많이 나타나는 것은 도량 수 분류사에 해당되는 국제 계량 단위에 관한 표현이 많이 포함되는 결과로 보인다.

양분할 수 있을 뿐만 아니라 보통 명사와 고유 명사로 나누기도 한다. 고유 명사란 낱낱의 특정한 사물이나 사람을 다른 것들과 구별하여 부르기 위하여 고유의 기호를 붙인 이름이다. 명사 전문 용어 가운데 고유 명사가 많이 존재 하고 있으며 사전 상 특히 '지명', '인명' 등 전문 분야에 속하는 전문 용어의 경우가 이에 해당된다.[11][12]

> (14) 가. 지명 : 가고시마(Kagoshima[鹿兒島]), 가나(Ghana), 가라지봉(加羅 支峯)…
> 나. 인명 : 가도(賈島), 가드너(Gardiner, Alfred George), 가등청정(加藤 淸正)…
> 다. 책명 : 가곡선(歌曲選), 가곡원류(歌曲源流), 가락국기(駕洛國記)…

한편, 『표준국어대사전』에 실린 전문 용어 가운데 대명사의 경우는 총 12개가 있다. 이들은 모두 '기독교', '불교', '역사' 등의 세 가지 전문 분야에 집중적으로 분포되어 있음을 볼 수 있다. 이와 관련된 예시는 다음과 같다.

> (15) 가. 기독교 : 교제(敎弟)…
> 나. 불교 : 납승(衲僧), 납자(衲子), 미납(迷衲), 병납(病衲)…
> 다. 역사 : 민(民), 배신(陪臣), 하생(下生)…

(15)에서 보듯이 이러한 대명사는 모두 일인칭 대명사이며 자기를 낮추어 이르는 경우가 대부분임이 특징적이다.

---

11) 『표준국어대사전』의 '자세히 찾기'를 이용해서 '명사'에 해당되면서 전문 분야인 '인명', '지명', '책명'에 속하는 표제어는 총 17,977개로 적지 않은 검색 결과가 나왔다.
12) 명사 가운데 내부 구조상으로 봤을 때도 고유명사가 포함되어 있는 합성어도 적지 않게 존재하고 있다. 이와 관련된 구체적인 논의는 4장 참고할 것.

2.3.2. 동사, 형용사 전문 용어의 특성

앞서 언급했듯이 전문 용어 가운데 동사에 속하는 것은 약 6천 개가 넘으며 '명사', '품사 없음'의 두 유형에 이어 세 번째로 큰 비중을 차지하고 있는 부류이다. 또한, 분야 상 『표준국어대사전』에서 설정된 전문 분야 가운데 고유명 일반, 산업 일반, 인명, 인문 일반, 지명, 책명, 환경 등의 유형을 제외한 나머지 60개의 분야 유형들에 모두 분포되어 있다. 비중 상으로 봤을 때 '역사', '불교', '법률'의 세 가지 분야에 집중적으로 분포되어 있으며 '농업', '민속', '체육', '화학', '한의' 등 분야에 속하는 것도 적지 않다. 이들 전문 분야와 관련된 예시는 다음과 같이 정리할 수 있다.

(16) 가. 역사 : 가결되다(加結되다), 가계하다(加階하다), 가관하다(加冠하다)…

나. 불교 : 가부좌하다(跏趺坐하다), 가좌하다(跏坐하다), 가지하다(加持하다)…

다. 법률 : 가결의되다(假決議되다), 가계약하다(假契約하다), 가공하다(加功하다)…

라. 농업 : 가다리하다, 가래질하다, 가지치기되다…

마. 민속 : 가귀노름하다, 가귀대기하다, 가수하다(嫁樹하다)…

바. 체육 : 각생하다(各生하다), 강슛하다(強shoot하다), 같지다…

사. 화학 : 가류하다(加硫하다), 가성화하다(苛性化하다), 가소화되다(可塑化되다)…

아. 한의 : 가미되다(加味되다), 가미하다(加味하다), 간병하다(癎病하다)…

(16)에서 볼 수 있듯이, 동사 전문 용어는 대부분 '-되다', '-하다'의 형식으로 출현되며 '되다'나 '하다'와 같이 결합되는 선행 요소 가운데 한자어의 경우가 큰 비중을 차지하고 있으나 외래어, 내지는 혼종어의 형식으로 나타나는 경우도 있다. 혼종어의 경우, 한자어와 고유어, 한자어와 외래어, 고유어

와 외래어가 서로 결합하는 경우로 나눌 수 있는데 이와 관련해서 다음과 같이 정리할 수 있다.

> (17) 가. 한자어+고유어 : 개상질하다(개床질하다)(농업), 개판하다(改판하
> 다)(체육), 거북점하다(거북占하다)(민속), 건비빔
> 하다(乾비빔하다)(건설) …
>
> 나. 한자어+외래어 : 강슛하다(強shoot하다)(체육), 겔화하다(Gel化하
> 다)(화학)…
>
> 다. 고유어+외래어 : 가보잡기하다(← kabu잡기하다)(민속)…

한편, 『표준국어대사전』에서 형용사로서 등재되는 전문 용어는 총 49개가 있으며 다음과 같이 정리할 수 있다.

> (18) 『표준국어대사전』 형용사 전문 용어 목록

전문 분야	표제어 수	예시
가톨릭	1	순령하다(純靈하다)
광업	2	괄다, 설가다
군사	1	허즉실하다(虛則實하다)
동물	2	다족하다(多足하다), 측편하다(側偏하다)
문학	1	몰이상하다(沒理想하다)
물리	2	투명하다(透明하다), 희다
미술	1	경건하다(勁健하다)
법률	4	무능력하다(無能力하다), 무죄하다(無罪하다)
불교	27	공공적적하다(空空寂寂하다), 공공하다(空空하다), 과만하다(過慢하다)
생명	1	저장하다(低張하다)
수학	1	평행하다(平行하다)
심리	1	의지박약하다(意志薄弱하다)
역사	1	만장하다(滿贓하다)
의학	3	광범위하다(廣範圍하다), 치매하다(癡呆하다), 허탈하다(虛脫하다)

전문 분야	표제어 수	예시
전기·전자	1	평형하다(平衡하다)
철학	3	균등하다(均等하다), 애매하다(曖昧하다), 합리하다(合理하다)
체육	1	수부족하다(手不足하다)
한의	20	내허하다(內虛하다), 냉하다(冷하다), 덥다

(18)에서 보듯이, 분야 상 형용사 전문 용어는 다양한 분야에서 찾아볼 수 있지만 '불교'와 '한의'의 두 가지 부류에 집중적으로 분포되어 있음을 볼 수 있다. 조어 상 형용사도 동사의 경우와 유사하게 '-하다'의 형식으로 출현되는 경우가 상당히 큰 비중을 차지하고 있음을 볼 수 있다. 그러나 동사의 경우와 달리, 형용사 전문 용어 중 '-하다'와 결합되는 선행 요소는 대부분 한자어이며 고유어, 외래어, 내지는 혼종어의 경우는 거의 없다.

한편, 주의해야 하는 것은 동사 또는 형용사 전문 용어 가운데 '-하다' 또는 '-되다'의 형식을 지닌 단어의 경우, '-하다' 또는 '되다'와 결합하는 선행 요소도 사전에서 따로 등재되어 있음을 볼 수 있다. 이들은 품사 상 명사로 처리되며 관련된 '-하다', '-되다'형 동사나 형용사와 전문 분야에 동일한 분야로 표시되어 있음을 볼 수 있다. 그런데 선행 요소가 명사로서 사전에서 등재되어 있지만 후행 요소인 '-하다', '-되다'가 접미사로 간주된다면 동사 전문 용어와 형용사 전문 용어의 대부분은 파생어로 간주될 수 있다.

2.3.3. 관형사, 부사 전문 용어의 특성

『표준국어대사전』에서 관형사로서 등재되는 전문 용어는 총 88개가 있으며 이에 대해서 다음과 같이 정리할 수 있다.

(19) 『표준국어대사전』 관형사 전문 용어 목록

전문 분야	표제어 수	예시
가톨릭	1	성(聖)
교육	1	통합적(統合的)
물리	4	불가역적(不可逆的), 비가역적(非可逆的), 역학적(力學的)
문학	4	비극적(悲劇的), 운율적(韻律的), 은유적(隱喩的)
불교	2	대승적(大乘的), 유심적(唯心的)
사회 일반	2	계급적(階級的), 국가주의적(國家主義的)
생명	6	계통학적(系統學的), 기생적(寄生的), 기형적(畸形的)
수학	2	고차원적(高次元的), 대수적(代數的)
식물	1	상향적(上向的), 하향적(下向的)
심리	8	내벌적(內罰的), 무벌적(無罰的), 성격적(性格的)
언어	5	무표적(無標的), 어학적(語學的), 유표적(有標的)
예체능	2	전위적(前衛的), 정극적(靜劇的)
의학	3	내과적(內科的), 만성적(慢性的), 외과적(外科的)
인물 일반	1	구성적(構成的)
자연 일반	1	역학적(疫學的)
전기·전자	1	준정적(準靜的)
정치	2	외교적(外交的), 제국주의적(帝國主義的)
철학	42	가언적(假言的), 간주관적(間主觀的), 단언적(斷言的)
해양	1	대양적(大洋的)

(19)에서 보듯이, 우선 분야에 초점을 두어 봤을 때 '철학' 분야에 속하는 관형사 전문 용어가 압도적으로 많음을 볼 수 있다. 또한, 단어 형성 방법의 측면에서 봤을 때 이들은 대부분 '-적(的)'의 형식을 지니는 점에서 특징적이다. '-적'이 접미사로 간주될 수 있는 점에 감안했을 때 관형사 전문 용어의 대부분은 파생어임을 파악할 수 있다.

그러나 주의할 필요가 있는 것은 '-적'의 형식을 지닌 관형사 전문 용어는 다른 형식의 관형사 전문 용어와 달리, 품사 상 일반적으로 관형사와 명사의 두 가지 품사 유형을 지닌 품사 통용어로 처리되고 있다. 이는 한국어에서 일반적으로 '-적'이 붙은 말은 그대로 쓰이면 관형사로 처리되고 조사가 붙을 수 있으면 명사로 처리되는 방식이 그대로 반영되는 바이다. 이와 같은 단어들을 관형사로 보든 명사로 보든 사전 상 모두 전문 용어로 처리되어 있음을 볼 수 있으나 다음과 같은 예외의 경우도 사전에서 찾아볼 수 있다.

(20) 도착적(倒錯的)
　　　[Ⅰ]「명사」
　　　　　「1」 뒤바뀌어 거꾸로 된 것.
　　　　　「2」『심리』 본능이나 감정 또는 덕성의 이상(異常)으로 사회나 도덕에 어그러진 행동을 나타내는 것.
　　　　　　　도착적인 충동.
　　　[Ⅱ]「관형사」
　　　　　「1」 뒤바뀌어 거꾸로 된.
　　　　　「2」 본능이나 감정 또는 덕성의 이상(異常)으로 사회나 도덕에 어그러진 행동을 나타내는.
　　　　　　　도착적 행위.

(20)에서 보듯이, '도착적'은 사전 상 명사로 간주되는 경우, '심리' 분야의 전문 용어로 처리되는 반면, 관형사로 간주되는 경우, 전문 용어로 처리되지 않음을 볼 수 있다. 그러나 의미적으로 봤을 때 명사의 경우와 관형사의 경우는 밀접한 연관성이 있으며 이와 같은 처리 방식은 설득력이 없어 보인다.

한편, 『표준국어대사전』에서 부사로서 등재되는 전문 용어는 총 4개가 있으며 이에 대해서 다음과 같이 정리할 수 있다.

(21) 『표준국어대사전』 부사 전문 용어 목록

전문 분야	표제어 수	예시
미술	1	경건히(勁健히)
불교	1	공공적적히(空空寂寂히)
철학	2	균등히(均等히), 애매히(曖昧히)

부사 전문 용어는 전문 용어 가운데 가장 적게 차지하는 품사 유형이다. 이들은 조어 상 '한자어+히'의 형식을 지닌 점에서 공통적이다. 또한, 이와 같은 부사와 관련되는 '경건하다', '공공적적하다' 등도 사전에서 형용사 전 문 용어로 처리되어 있음을 볼 수 있다.

2.3.4. 감탄사 전문 용어의 특성

『표준국어대사전』에서 감탄사로서 등재되는 전문 용어는 총 80개가 있으며 분야별로 정리하면 다음과 같다.

(22) 『표준국어대사전』 감탄사 전문 용어 목록

전문 분야	표제어 수	예시
군사	48	경례(敬禮), 서, 뒤로돌아, 뛰어가
기독교	2	아멘, 아민
민속	3	고시례, 꼬시례, 복(復)
불교	1	나무아미타불(南無阿彌陀佛)
역사	12	게으쭈루, 도시위(都侍衛), 안가시위(安駕侍衛)
영상	3	레디고(ready go), 액션(action), 컷(cut)
음악	6	덕, 드오, 상사뒤야
체육	5	멍군, 복스, 장군(將軍)

(22)에서 보듯이, 감탄사 전문 용어 가운데 '군사' 분야에 속하는 것이 큰 비중을 차지하고 있다. 이는 군사 훈련 등에 있어 명령, 욕구, 의식(儀式)과 관련된 표현이 많이 사용되는 것과 관련이 있다.[13] 조어 상으로 봤을 때 구적

---

13) 감탄사는 의미적인 측면에서 봤을 때 다른 품사 유형의 경우와 달리, 일종의 형식적 의미로 해석하기 어렵고 담화에서의 의미에 초점을 두고 보아야 한다. 남기심 외(2006 : 416)에서는 감탄사에는 화자의 내부 상태나 정신 작용을 표출하는 것, 어떤 대상으로부터 어떤 행동이 일어나기를 바라는 욕구와 같은 의지적인 정신 작용을 나타내는 것, 대화적 상황에서의 부름, 응답, 인사 등 고정 표현, 그리고 비대화적 상황에서의 알림, 의식(儀式)

형식이나 두 개 이상의 단어가 나열되어 형성되는 경우가 적지 않게 존재하고 있다. 예컨대, '바른걸음으로가', '뒤로돌아' 등은 '바른 걸음으로 가', '뒤로 돌아'라는 문장에서 띄어쓰기가 없어짐으로 하나의 단어로 본 것이고, '어깨 총', '세워총'과 같이 두 개의 단어가 나열되어 하나의 단어로 본 것이다. 이들은 전체적으로 하나의 군사 구령 표현으로 볼 수 있기 때문에 감탄사의 자격을 부여받는 것이다. 한편, 감탄사 전문 용어 가운데 감탄사로 간주되는 동시에 명사로도 간주되는 품사 통용어의 경우가 많음을 볼 수 있다.

2.4. 나가기

본장에서는 전문 용어의 분류와 품사적 특성에 대해서 구체적으로 살펴보았다. 전문 용어는 형태적, 통사적, 의미적 측면에서 다양한 방식으로 분류될 수 있다. 이 장에서는 이와 같은 언어학적 세부 영역을 바탕으로 전문 용어의 분류에 대해서 '단어 형성 방법에 따른 분류', '품사에 따른 분류', 그리고 '전문 분야에 따른 분류' 등 세 가지 측면에서 구체적으로 살펴보았다. 단어 형성 방법에 초점을 두었을 때 전문 용어는 단일어, 파생어, 합성어, 통사적 결합어, 두음절어, 혼성어, 축약어 등 다양한 하위유형으로 나눌 수 있다. 품사에 초점을 두었을 때 전문 용어는 명사, 대명사, 동사, 형용사, 관형사, 부사, 감탄사의 7 유형으로 나눌 수 있다. 또한, 전문 분야에 따라 전문 용어를 나눌 수도 있는데 연구의 목적 등에 따라 분류 방식에 있어 다소의 개인차가 있을 수 있지만 사전 상, 대체로 가톨릭, 건설, 경영, 경제, 고유명 일반, 공업, 공예, 공학 일반 등 67개의 분야로 나눈다.

또한, 품사적 특성에 주목했을 때 전문 용어에는 명사가 압도적으로 큰

등 하위유형이 있다고 제시하였다.

비중을 차지하고 있다. 명사의 하위유형으로서 의존 명사(주로 단위성 의존 명사임), 또는 고유 명사에서 전문 용어를 적지 않게 찾을 수 있는 것이 특징적이다. 대명사에 속하는 전문 용어가 많지 않으며 대체로 종교(기독교 또는 불교)나 역사 분야에 속한다. 이들은 주로 일인칭 대명사이며 자기를 낮추어 이르는 경우가 대부분임이 특징적이다. 동사 전문 용어는 '명사', '품사 없음'(구적 형식)의 두 유형에 이어 품사 유형 중 세 번째로 큰 비중을 차지하고 있는 부류이며 '역사', '불교', '법률'의 세 가지 분야에 집중적으로 분포되어 있으며 '농업', '민속', '체육', '화학', '한의' 등 분야에 속하는 것도 적지 않다. 또한, '-하다', '-되다' 형식을 지니는 경우가 대다수이다. 형용사 전문 용어를 다양한 분야에서 찾아볼 수 있지만 '불교'와 '한의'의 두 가지 부류에 집중적으로 분포되어 있음을 볼 수 있다. 조어 상 형용사도 동사의 경우와 유사하게 '-하다'의 형식으로 출현되는 경우가 상당히 큰 비중을 차지하고 있음을 볼 수 있다. 관형사 전문 용어에는 '철학' 분야에 속하는 경우가 압도적으로 많으며 단어 형성 방법의 측면에서 봤을 때 이들은 대부분 '-적(的)'의 형식을 지니는 점에서 특징적이다. 부사 전문 용어는 전문 용어 가운데 가장 적게 차지하는 품사 유형으로서 모두 '한자어+히'의 형식을 지닌 점에서 공통적이다. 감탄사 전문 용어 가운데 '군사' 분야에 속하는 것이 큰 비중을 차지하고 있으며 조어 상 구적 형식이나 두 개 이상의 단어가 나열되어 형성되는 경우가 적지 않게 존재하고 있다.

전체적으로 봤을 때 전문 용어는 명사에 치우쳐 있을 뿐만 아니라 단어 형성의 관점에서 조명하기 어려운 감탄사를 제외하면 명사 이외에는 대체로 파생어가 지배적이라는 일반화를 도출할 수 있다.

참고문헌

‖논저류‖

국립국어원(2007), 『전문 용어 연구-정리 현황과 과제』, 태학사.

국립국어원(2020), 『2020 전문용어 표준화 안내서』.

김선혜(2013), 「〈연세 현대한국어사전〉의 전문용어 표제어에 대한 연구」, 『한국사전학』 22, 한국사전학회, 7-31.

김한샘(2015), 「전문용어의 일반어화에 대한 소고」, 『한민족어문학』 71, 한민족어문학회, 129-154.

남기심·고영근·유현경·최형용(2019), 『(전면개정판) 표준 국어문법론』, 한국문화사.

남기심 외(2006), 『왜 다시 품사론인가』, 커뮤니케이션북스.

배선미·시정곤(2004), 「한국어 전문용어 조어분석에 대한 통계적 연구 ─ 물리, 화학, 생물, 의학 용어를 중심으로」, 『한국어학』 25, 한국어학회, 191-219.

백경미·육영주·김태경(2022), 「정부 공공기관의 전문용어 사용 실태 및 개선 방안 연구」, 『한국언어문학』 77, 한국언어문화학회, 103-142.

신중진·엄태경(2016), 「심화 전문용어의 조어분석과 그 실제 ─ 물리 분야를 중심으로」, 『한국언어문화』 60, 한국언어문화학회, 165-190.

엄태경(2019), 「한국어 전문용어의 어휘·형태적 연구」, 한양대학교 박사학위논문.

엄태경(2021가), 「전문용어의 체계와 관계에 대한 탐색」, 『우리말글』 91, 우리말글학회, 125-156.

엄태경(2021나), 「남북한 '문법' 전문용어의 개념 조화」, 『한국언어문화』 75, 한국언어문화학회, 87-117.

엄태경·신중진(2017), 「남북 전문용어의 조어분석과 통합 ─ 수학, 물리 분야를 중심으로」, 『국어학』 82, 국어학회, 181-212.

오규환(2021), 「『표준국어대사전』의 '형태론' 관련 전문용어의 사전 기술에 대한 단견」, 『언어와 정보 사회』 42, 서강대학교 언어정보연구소, 39-60.

이현주(2007), 『외래 전문용어 번역 및 조어법 연구』, 국립국어원.

이현주(2013), 「전문용어 조어 및 번역 방법론에 대한 시론」, 『비교문화연구』 31, 경희대학교 비교문화연구소, 331-370.

조남호(2005), 「국어정책에서 본 전문용어 정비와 문제점」, 『수의학용어 표준화 2차 공청회

　　　　　자료집』, 17-23.

조은경(2001), 「전문용어의 어휘형태적 특성 연구」, 연세대학교 석사학위논문.

채　완(1999), 「국어 분류사의 기능과 의미」, 『진단학보』 70, 진단학회, 167-180.

최형용(2003), 『국어 단어의 형태와 통사』, 태학사.

최형용(2010), 「전문 용어의 형태론 — 지침으로서의 전문 용어 형성 원칙을 중심으로」, 『한중 인문학』 31, 한중인문학회, 293-323.

최형용(2016), 『한국어 형태론』, 역락.

최형용 외(2017), 『한국어 분류사 연구』, 역락.

최형용 외(2022), 『한국어 신어 형성 연구』, 역락.

Aikhenvald, A. Y.(2000), *Classifiers : A typology of Noun Categorization Devices*, New York : Oxford University Press.

Cabré, M. T.(1999), *Terminology : Theory, methods and applications*, Amsterdam : John Benjamins Publishing Company.

Spolsky, B.(2004), *Language Policy*, Cambridge : Cambridge University Press.

Spolsky, B.(ed.)(2012), *The Cambridge Handbook of Language Policy*, Cambridge : Cambridge University Press.

‖사전류‖

국립국어원, 표준국어대사전(https://stdict.korean.go.kr/main/main.do)

국립국어원, 우리말샘(https://opendict.korean.go.kr/main)

3. 파생의 관점에서 본 전문 용어

3.1. 들어가기

본장에서는 전문 용어에서 나타나는 파생어를 형태·의미적으로 파악함으로써 전문 용어 속 한자어 일음절의 특성과 그 양상을 보다 명확히 규명하는 데 목적이 있다.

    (1) 가. 대-명사[1], 대-분수,[2] 대-대감[3]
          나. 강국-기,[4] 격투-기[5]

    (2) <표준국어대사전>
          가. 대(大)-, 대(對)-; -기(氣), -기(記), -기(期), -기(器), -기(機)
          나. 성(聖)-, 정(正)-, 종(從)-, 함(含)-; -가(價), -유(油)

(1)은 전문 용어에서 나타나는 파생어를, (2)는 <표준국어대사전>(이하 <표

---

1) 사람이나 사물의 이름을 대신 나타내는 말. 또는 그런 말들을 지칭하는 품사.
2) 정수와 진분수의 합으로 이루어진 수.
3) 신라 때에 둔, 각 군영을 지휘하던 무관 벼슬.
4) 중국 수나라·당나라 때에, 지금의 사마르칸트 지방에 있던 강국의 춤곡.
5) 두 사람이 맞서 격투를 벌여 승패를 가리는 경기.

준>)에 등재되어 있는 접사의 목록이다. 그중 (2가)는 접두사 '대-'와 접미사 '-기'에 한하여 <표준>에 등재된 접사이고, (2나)는 전문 분야에서 쓰이는 접사이다. 그런데 (2)의 등재된 접사 목록만으로는 (1)과 같은 현상을 설명하기 어렵다는 문제가 있다. (1가)는 접두사 '대-'를 포함한 파생어인데, 이에 대당되는 한자어 '대'는 (2가)에서 찾을 수 없으며, (1나)의 접미사 역시 마찬가지이다. (2나)의 접사 목록을 추가한다고 하여도 그 수가 매우 한정적이므로, 사전의 접사 기술에 한정하지 않고 전문 분야에서 나타나는 접두사와 접미사의 출현 빈도와 양상을 전수 조사할 필요성이 생기는 것이다.

이를 위해서는 우선 전문 용어에 대한 정의와 조사 대상이 되는 용어의 범위를 기술하고자 한다. 그간 선행 논의를 통해 다양한 정의가 이루어져 왔는데, 그중 강현화(2000), 조은경(2001), 엄태경(2019)에서 다루어진 정의를 중심으로 살펴볼 것이다. 우선 강현화(2000)은 전문어를 전문 분야의 개념을 나타내는 단어로 파악하였다. 여기서 전문어를 단순히 일반어와 대립되는 개념으로 보는 것이 아니라, 전문 분야에서도 쓰이는 개념을 나타내는 단어로서 전문어를 이해해야 한다는 것이다. 조은경(2001)은 전문 용어를 (특정 분야의) 의미적 특수성, 개념 세분화, 표현의 경제성을 갖는 어휘 결합으로 보았고, 관습화된 표현의 형태를 갖는 개념 표현의 단위로 보았다. 이처럼 전문 용어는 일반어와 유리되는 개념이 아닌, 어느 정도 연관되는 부분이 있으면서도 '의미적 특수성, 개념 세분화, 표현의 경제성'과 같이 보다 특수화된 특징을 갖는 용어로 파악할 수 있다. 마지막으로 엄태경(2019)에서는 전문 용어를 특수한 의사소통 상황에서 전문적인 개념을 지시하고 전달하는 언어 단위의 집합으로 보았다. 세 논의에서 기술하는 전문 용어의 의미는 하나로 일관될 수 있다. 즉 '특정 분야에서 전문적인 개념을 표상하는 언어 내지는 개념 표현 단위의 집합'을 전문 용어로 볼 수 있는데, 일반어와 완전히 대립되기보다는 일부 공통 분야를 가지는 것이다.

본고에서 다루는 전문 용어의 대상은 다음과 같이 한정하여 다루었다.

(3) 가. 범위 : <표준>의 전문 분야 용어 전체(137,748개)
　　나. 구분 : '단어'로 한정
　　다. 조사 대상 : 복합어의 최종 분석 단위의 경계 표시('-')가 단어 첫음
　　　　절이나 끝의 일음절에 있는 단어(예 : 대-명사, 격투-기)
　　라. 빈도수 : 200회 이상 출현한 단어

　(3)에서 '조사 대상'을 단어 첫음절과 끝의 일음절로 한정한 것은 접두사와 접미사를 보다 용이하게 수집하기 위해서이다. 첫음절와 끝의 일음절을 분석한다고 해서 이들이 반드시 접사가 되지는 않는다. 개중에는 일음절 명사이거나 어미인 경우도 존재하기 때문이다. 따라서 이러한 일음절 요소가 200회 이상 출현한다고 해서 이에 포함되는 접두사나 접미사의 생산성이 반드시 상관관계에 있다고는 결론 지을 수 없다. 그러나 이들 속에 나타나는 파생어의 출현 정도나 규모를 통해 경향성을 파악해 볼 수 있으므로 조사 대상을 (3다)와 같이 한정할 것이다.

　전문 용어의 단어 형성과 관련하여 특히 파생의 측면에서 본 논의로는 대표적으로 이현주(2013), 정한데로(2019)가 있다. 이현주(2013)에서는 유사한 접사 및 일음절 한자어에 대해 특정한 의미 중 각 분야별로 생산성이 높은 비자립적 요소들에 대한 개념 정리가 필수적이라고 보았다. ISO의 규범집에서는 전문 용어가 일반어에서의 파생법과 동일한 규칙을 따른다고 하였는데, 해당 논의에서 살펴본 한국어 전문 용어 역시 '한자어 접사 첨가, 고유어 접사 첨가, 명사형 어미'와 같은 방식으로 대다수가 일반어의 파생법을 따른다는 것을 파악하였다. 또한 전문 용어에서 접사 '-기'의 문제나 일음절 한자어 '비'와 '율/률'이 혼재되어 쓰인나는 섬을 지적하였는데, 이를 통해 각 분야별로 생산성이 높은 비자립적 요소들에 대한 개념 정리가 필수적이라고 보았다. 본고에서도 이러한 관점을 받아들여 특히 일음절 한자어와 고유어 중 접사 내지는 접사화된 요소의 양상에 대해 살펴볼 것이다.

정한데로(2019)는 의학 전문 용어에서의 단어 형성을 중심으로 살펴본 논의인데, 이때 접사가 결합한 파생어 중 고유어 접사보다는 한자 접사가 대부분을 차지한다고 하였다. 본고에서는 이러한 관점이 전문 분야 전체에서도 유지되는지 조사 대상을 분석하여 결론을 제시하고자 한다.

3.2. '파생'과 구 전문 용어

파생은 합성(compounding)과 함께 단어 형성 과정을 대표한다. 본장에서는 파생과 관련하여 접사를 중요하게 다루는 만큼 접사의 '생산성'이라는 개념 또한 중요하게 다루어지며, 후술하듯 특정 접사의 생산성이 어느 정도 되는지도 판별할 것이다.

생산성에 대한 기본적인 개념은 Aronoff(1976)의 연구로부터 출발한 바 있다. 접사의 생산성 문제에서 생산성은 단어 형성 규칙의 실제 대상이 되는 어휘들의 수와 원칙으로 적용이 가능한 어휘들의 수의 비율로서 그 개념이 기술된다. 생산성의 일반적인 정의는 Schultink(1961)과 Aronoff(1976)을 통해 파악할 수 있다. 생산성은 '언어 사용자가 단어 형성 규칙을 이용하여 무의식적으로 새로운 단어들을 만들어 낼 가능성'으로 정의된 바 있다(Schultink 1961 : 113). Aronoff(1976)은 단어 형성 규칙(WFR)에서의 생산성 측정 방식을 다음 두 가지 방식으로 제시한다.

   (4) 단어 형성 과정에서 생산성을 측정하는 두 가지 방식(Aronoff 1976 : 36)
        가. 형성된 단어 목록 수를 세는 방식
        나. 실재어(actual word)와 잠재어(possible word)의 비율을 계산하는
            방식

(4가)는 두 단어 형성 규칙을 비교할 때 형성된 단어 목록의 개수만으로 각 생산성을 측정하는 방식이다. 여기서는 단순히 단어 목록의 수로 생산성을 측정하므로 특정 단어 형성 규칙에서 만들어지는 단어 목록이 길수록 생산성은 더 높아진다. 일반적으로 생산성을 다루는 다수의 논의에서도 생산성을 특정 단어나 형태소의 단순 유형 빈도(type frequency) 혹은 토큰 빈도(token frequency)의 수로 한정하여 생산성의 높고 낮음을 기술한 바 있다.6) 그러나 Aronoff(1976)은 이러한 방식이 단어 형성 규칙을 기반으로 만들어지는 단어 유형에 대한 형태론적 제한을 간과한다는 점에서 즉각적인 반대에 부딪칠 수 있다고 지적하였다. 예를 들어 영어 접미사 -ment와 -ion은 각각 detachment, inversion과 같이 모두 동사를 명사로 만들 수 있지만 후자(-ion)는 라틴어에서 온 동사로 제한된다는 점에서 위의 두 접미사는 (4가)의 방식만으로는 적절한 생산성 비교가 불가능하다.

Aronoff(1976)은 이러한 제약 조건을 고려할 수 있는 방식으로서 (4나)를 기술한다. (4나)는 실제로 등재된 단어에 대한 잠재어의 비율을 나타내는 생산성 지표(index)이다. 주어진 단어 형성 규칙으로 발생 가능한 단어들을 최대로 계산한 수와, 해당 규칙에 의해 형성되어 실제로 발생한 단어들의 개수를 취한 비율이 한 단어 형성 규칙의 생산성을 나타내는 지표이다. 이러한 값을 다른 단어 형성 규칙에서 마찬가지로 계산한 비율과 비교하는 방식이 (4나)에 해당한다.

결국 Schultink(1961)의 생산성의 정의에 있어 만들어진 단어가 실제로 실현되었는지 여부보다는, 새로운 단어를 무의식적으로 만들어 내는 '가능성'

---

6) 유형 빈도에서 '유형'은 서로 형태가 다른 단어형을 나타내므로 유형 빈도는 특정 단어 형성 규칙이 어느 정도 폭넓게 적용되었는지 판단하는 지표로 활용된다. 토큰 빈도는 분석 대상의 코퍼스 규모 혹은 특정 단어 형성 규칙에 의해 형성되는 단어의 규모를 직접적으로 보여 주는 자료로 활용될 수 있다(권민재 2019 : 345-346). 본고는 권민재(2019)에서 사용하는 용어인 '어형', '어형성' 및 '타입'을 논의에 맞게 각각 '단어형', '단어 형성', '유형'으로 변환하였다.

의 여부가 형태론적 생산성에서 중요한 판단 기준이 된다는 점을 확인할 수 있다. Bauer(2001 : 143-161)에서 지적한 것처럼 유형의 단순 빈도수만을 계산하게 된다면 특정 형태론적 요소의 '과거 생산성'만을 알 수 있을 뿐 새로운 형태를 형성할 수 있는 가능성은 알기 어렵게 된다. 생산성이라는 개념에서 잠재어의 수보다 '새로운 형태에 대한 형성 가능성'에 더 집중하고 있다는 사실은 생산성의 정도를 단순히 유형 빈도만을 통해 파악할 수 없으며 단어의 결합력과 형성 가능성이 생산성의 개념에 포함되어야 함을 시사한다.

그러나 (4나)에 대해서도 선행 연구들에서 계산의 과정과 결과값에 한계가 있음이 여러 논의들을 통해 지적된 바 있다(Baayen 1989, 1992, Bauer 2001, Haspelmath 2002; 이광호 2009, 최정도·김민국 2010, 차준경 2011). 우선 앞서 (4나)에서 기술된 방식을 등호로 나타내면 다음과 같다.

    (2) 형태론적 생산성 = (특정 단어 형성 규칙에서의 실재어)
                / (특정 단어 형성 규칙에서의 잠재어)

이러한 생산성의 세부적인 기준을 고찰하기 위해서는 Corbin(1985)의 기술을 살펴볼 필요가 있다. Corbin(1985 : 176-178)은 생산성을 '수익가능성(profitability)', '이용가능성(availability)', '규칙성(regularity)'의 세 가지 속성으로 분석하였다. 먼저 수익가능성은 '규칙이 실제로 새로운 단어를 형성하는 데 사용되는 정도'를 나타낸다. 이용가능성은 '새로운 단어를 형성하는 데 적용될 수 있는 규칙의 속성'을 의미한다. 마지막으로 규칙성은 '단어 형성 과정의 결과 형태와 의미의 예측 가능성'을 나타낸다. 이때 이용가능성은 0과 1의 이진법으로만 표시할 수 있는 반면 수익가능성과 규칙성은 0에서 1까지의 척도로 표시할 수 있다.

Hacken(2013 : 33)은 이러한 Corbin(1985)의 기준에서 가장 중요한 것은 이용가능성이며, 다른 두 속성보다 더 근본적이라고 보았다. 수익가능성은 사용 가능한 규칙에 대해서만 이야기할 수 있고 규칙성은 규칙 자체가 아니라 개별 규칙의 적용과 관련된 속성이지만, 이러한 규칙을 적용하려면 우선 이용이 가능해야 하기 때문이다.

결론적으로 생산성에서 가장 중요한 개념인 '새로운 단어를 생산할 수 있는 능력'은 Corbin의 관점을 통해 본다면 가장 근본적인 생산성의 속성인 '이용 가능성'과 관련된다. 이러한 이용가능성을 파악하기 위해 본장에서는 특정 접사가 공시적으로 단어를 계속 생산하고 이용 가능하게 만드는 능력이 있는지, 아니면 더 이상 현대 국어에서 그러지 못하는지 여부를 판별할 것이다.

3.3. 파생어 전문 용어의 유형과 특성

3.3.1. 접사 위치에 따른 파생어 전문 용어의 유형과 특성

3.3.1.1. 접두사의 유형과 특성

접두사는 단어 첫음절의 빈도수를 통해 그 생산성을 파악해 볼 수 있다. 우선 단어 첫음절의 경우 200회 이상 출현하는 빈도수를 제시하면 다음과 같다.

단어 첫음절	빈도수	단어 첫음절	빈도수
이-	513	산-	222
김-	472	큰-	212
대-	318	신-	209
정-	285	소-	204

이 중 자주 출현하는 '이', '김', '대', '정', '신'은 인명에서 성씨로 나타나는

경우가 포함된다. 이(李), 김(金), 대(戴), 정(鄭), 신(申)과 같은 성씨의 경우 접두사로 볼 수 없으므로 위 표의 빈도 수가 접두사의 생산성을 정확히 반영하지는 않는다. 특히 '이'와 '김'은 첫음절에 나타날 경우 주로 성씨로 사용된다. 그렇다면 '이'와 '김' 다음으로 자주 출현하는 '대'의 경우 어떠한 접사가 나타나는지 분류를 통해 살펴볼 수 있다.

> (5)   <표준>
>   가. 대(大)- 18 : [접사] '큰, 위대한, 훌륭한, 범위가 넓은'의 뜻을 더하는 접두사.
>   나. 대(對)- 21 : [접사] '그것을 상대로 한' 또는 '그것에 대항하는'의 뜻을 더하는 접두사.

> (6)   가. 대(大)- : 대가극,[7) 대가섭,[8) 대가야,[9) 대가야국,[10) 대가족[11) …
>   나. 대(對)- : 대간첩,[12) 대마비,[13) 대선율,[14) 대음극,[15) 대잠수함[16) …
>   다. 대(代)- : 대경주인,[17) 대그림씨,[18) 대동사,[19) 대명사,[20) 대집행[21) …
>   라. 대(帶)- : 대강판,[22) 대그래프,[23) 대금구,[24) 대민어,[25) 대분수[26) …

---

7) 9세기에 프랑스에서 크게 발달한 오페라 양식.
8) 석가모니의 10대 제자의 한 사람(?~?).
9) 육 가야 가운데 지금의 경상북도 고령 지방에 있던 부족 국가(42~562).
10) 육 가야 가운데 지금의 경상북도 고령 지방에 있던 부족 국가(42~562).
11) 직계나 방계의 친족 및 노비 따위로 이루어진 가족.
12) 적의 간첩 활동을 막기 위한 활동.
13) '하반신 마비'의 전 용어.
14) 대위법에서, 정선율에 따르는 선율.
15) 이극 진공관에서 음극의 반대쪽인 양극을 이르는 말.
16) 적의 잠수함을 상대하는 일.
17) 고려·조선 시대에, 경주인을 대신하여 매를 맞던 사람.
18) 보조 형용사의 하나. 형용사 어간과 결합한 명사화 접미사 '-기'에 보조사가 붙은 말 뒤에 쓴다. '색이 곱기는 하다.', '얼굴이 예쁘기는 하다.'의 '하다' 따위이다.
19) 동사의 반복을 피하기 위하여 대신 쓰는 동사.
20) 사람이나 사물의 이름을 대신 나타내는 말.
21) 행정법에서의 강제 집행의 하나.
22) 띠 모양으로 만든 강판.
23) '띠그래프'의 전 용어.

　　마. 대(隊)- : 대대감[27]

　　바. 대(待)- : 대사객[28]

　　사. 대(臺)- : 대갑석[29]

　　(5)는 <표준>에 수록된 접사의 목록으로, '대(大)-'와 '대(對)-'의 두 가지만을 제시하고 있다. 그러나 전문 용어에서 실제로 출현하는 한자 접사 '대'의 목록은 (6)과 같이 더 많은 것으로 보인다. (6가~라)의 '대(大)-', '대(對)-', '대(代)-', '대(帶)-'는 생산성을 보이는 접사이다. <표준>에 제시되지 않은 접사인 '대(代)-'와 '대(帶)-' 역시도 그 사용례가 빈번하며 분야 또한 『공업』, 『수학』, 『법률』 등 다양하게 나타나는 것을 확인할 수 있다.

　　반면 (6마~사)의 경우 접사 '대(隊)-', '대(待)-', '대(臺)-' 모두 사용례가 각각 하나만 나타나는 생산성이 낮은 접사이다. 흥미로운 점은 이 '대(隊)-', '대(待)-', '대(臺)-'가 모두 한정된 분야에서만 출현한다는 것이다. (6마, 바)의 '대대감'과 '대사객'은 『역사』, (6사)의 '대갑석'은 『불교』로, 각각은 '인문'과 '종교'의 대분류에 속하지만 대체로 우리나라의 중세, 근대의 생활상과 관련된 용어라는 점에서 현대국어에서는 더 이상 이러한 접사의 쓰임이 나타나지 않는다. 단어 첫음절이 한자 '대-'로 나타나는 경우는 위의 (6)뿐만 아니라 '대(戴)-'도 있는데(예 : 대동원,[30] 대안도,[31] 대진(09), 대진(10), 대천구[32]), 이때의 '대'는 성씨로 쓰여 모두 인명을 나타낸다. 따라서 이 경우의 '대(戴)-'는 접사로 볼 수 없다.

---

24) 띠의 겉에 달아 꾸미는 쇠붙이.
25) 민어과의 바닷물고기.
26) 정수와 진분수의 합으로 이루어진 수.
27) 신라 때에 둔, 각 군영을 지휘하던 무관 벼슬.
28) 중국, 일본, 여진 등지에서 오는 사신(使臣)과 객인(客人)을 접대하던 일.
29) 탑의 기단, 중앙 부분을 이루는 돌 위에 덮는 돌.
30) '대진'의 성과 자를 함께 이르는 말.
31) 중국 진나라의 학자(?~?). 본명은 규(逵). 안도는 자(字)이다.
32) 중국의 정치가(1882~1949). 본명은 다이촨셴(戴傳賢). 자는 지타오(季陶).

(7) 대(고유어) : 대-가닥,33) 대-가래,34) 대-게,35) 대-고동,36) 대-광대,37) 대-
    까지,38) 대-나물,39) 대-나방,40) 대-내리다,41) 대-넘이,42) 대-농갱이,43)
    대-벌레,44) 대-송이풀,45) 대-잡이,46) 대-패랭이47)

(7)은 고유어 첫음절 '대'의 사용례이다. 고유어는 별도의 표기 정보가 없
으므로 표기만을 기준으로는 세분할 수 없다. 따라서 이러한 (7)은 의미 정보
까지 파악해야 그 단어 형성법을 알 수 있다(아래 밑줄은 필자 표시).

고유어 명사	최초 출현형	전문 분야	뜻풀이	관련 어휘
대(01)	<두시-초>	[Ⅰ]「5」『음악』	[Ⅰ]「1」초본 <u>식물의 줄기</u>. [Ⅰ]「2」가늘고 긴 <u>막대</u>. [Ⅰ]「3」마음씀씀이나 의지. [Ⅰ]「4」담배를 피우는 데 쓰는기구. 담배통, 담배설대, 물부리로 이루어져 있다. [Ⅰ]「5」음표의 머리에서 위아래로 붙는 <u>수직선.</u>	동의어(1) : [Ⅰ]「4」담뱃대 비슷한말(1) : [Ⅰ]「3」줏대02「2」(主대)

---

33) 판소리에서, 사자상승(師資相承)에 의하여 전승된 창법의 갈래.
34) 가랫과의 여러해살이풀.
35) 물맞이겟과의 하나.
36) 논에 김을 맬 때에, 손가락에 끼우는 도구.
37) 판소리에서, 소리를 잘하는 광대를 이르는 말./고려 시대에, 가면을 쓰고 탈놀음 따위를
    하던 광대.
38) 대벌렛과의 곤충.
39) 석죽과의 여러해살이풀.
40) 솔나방과의 곤충.
41) 귀신이 내림대에 내리다.
42) 땅재주에서, 한 발 남짓 되는 왕대를 손에 쥐고 달음박질치며 넘다가 땅을 짚고 배를
    대어 올라타고 앞으로 껑충껑충 뛰어 나가다가 다시 앞으로 넘으면서 대를 짚고 일어서
    는 동작.
43) 동자갯과의 민물고기.
44) 대벌렛과의 곤충.
45) 현삼과의 여러해살이풀.
46) 무당이 신탁을 받을 때 대를 잡는 사람./꼭두각시놀음에서, 으뜸 조종자를 이르는 말.
47) 대나무로 만든 패랭이.

고유어 명사	최초 출현형	전문 분야	뜻풀이	관련 어휘
			[Ⅱ]「1」화살 따위와 같이 가늘고 긴 물건을 세는 단위. [Ⅱ]「2」갈비를 세는 단위. [Ⅱ]「3」담배통에 채워 넣는 담배의 분량이나 담배를 피우는 횟수를 세는 단위. [Ⅱ]「4」때리는 횟수를 세는 단위. [Ⅱ]「5」주사를 놓는 횟수를 세는 단위.	
대(02)	<석상>	『식물』	볏과의 대나무속(屬) 식물을 통틀어 이르는 말. 높이는 30미터 정도로 볏과에서 가장 큰데 줄기는 꼿꼿하고 속이 비었으며 두드러진 마디가 있다. 드물게 황록색의 꽃이 피기도 하는데 꽃이 핀 후에는 말라 죽는다. 어린싹은 식용하고 줄기는 건축재, 가구재, 낚싯대 따위로 쓴다. 왕대, 솜대 따위가 있으며 아시아의 열대 지방에서 많이 자란다.	비슷한말(1) : 생죽(生竹)

위의 표는 <표준>에서 제공하는 전문 분야 중 고유어 명사 '대(01)', '대(02)'에 대한 정보이다. 우선 고유어 명사 '대(01)'은 다의어인데, 크게는 '줄기/막대/의지/기구/수직선/세는 단위' 따위의 의미로 사용된다. '대(02)'는 식물의 일종을 의미하는 것으로, 종합하자면 고유어 명사 '대'는 주로 전문 분야에서는 『음악』, 『식물』의 분야에서 쓰이고 '담뱃대', '담배설대'와 같이 일상용어에서도 사용되나 주로 그 분포가 한정되어 있다. 그렇다면 (3)의 '대-' 중 위의 표의 의미를 포괄하는 단어는 '대'가 접사가 아닌 명사로 쓰인 것이므로 파생어가 아닌 합성어이다. (3)에서 식물의 종 내지는 '막대/기구/담배설대' 능의 의미를 포함한 단어를 제외하면 아래 표에 제시된 용례가 남는다.[48]

---

48) 위의 (3)의 단어 중 그 의미가 명확히 드러나지 않는 단어는 『동물』 분야의 '대게', '대농갱이'가 있다. 여기서 '대게'는 '다리가 대나무 같은 게'라는 뜻으로 대나무를 뜻하는 고유어 '대'에서 의미추상화가 일어났을 가능성을 생각해 볼 수 있다. 대농갱이의 '대'는 형태 정보를 명확히 나타낸 곳은 없어 '대게'의 경우보다도 더 문제가 된다. 이와 관련해서는

어휘	전문 분야	뜻풀이
대게	『동물』	물맞이겟과의 하나. 등딱지의 길이는 22cm 정도이며, 갑각의 가장자리에 작은 가시가 있고 등면에는 돌기가 있다. 우리나라에서 나는 게 가운데 가장 크며 맛이 좋다. 한국 동해안과 일본, 알래스카 등지에 분포한다.
대-농갱이	『동물』	동자갯과의 민물고기. 몸의 길이는 30cm 정도이며, 어두운 갈색 바탕에 얼룩무늬가 있다. 주둥이 가장자리에 네 쌍의 수염이 있다. 모래와 진흙 바닥에서 사는데 대동강, 압록강, 한강 등지에 분포한다.

위의 표와 같이, 고유어 명사 '대(01)'과 '대(02)'가 들어간 단어를 제하고 남는 단어는 '대게'와 '대농갱이'뿐이다. '대게'는 '대나무'를 표상하는 고유어 '대'로, 고유어 명사 '대(02)'로부터 출발했다고 볼 수 있으나 현재는 은유적 의미로 접사화가 되었을 가능성을 생각해 볼 수 있다. '대농갱이'는 몸이 길쭉한 민물고기로, 고유어 명사 '대(01)'의 '[I]「2」가늘고 긴 막대'로부터 의미추상화가 일어났다고 볼 수 있으나 이러한 '대'의 의미 설명에 대해서는 다음과 같이 보다 면밀한 검토가 필요하다. 우선 인터넷 어휘사전 중 하나인 위키낱말사전(Wiktionary)에서는 '대농갱이'를 '대농-갱이'로, 어근 '대농-'과 지소 접미사(diminutive suffix) '-갱이'로 분석하고 있다. 결국 '대농갱이'는 '대-[농[-갱이]]'처럼 분석할 수 있고, 이는 '대'의 의미와 '갱이'의 성분 분석의 문제로 귀결된다고 할 수 있다. 검토를 위해 <고려대 한국어사전>(이하 <고려대>)과 <우리말샘>, <표준>을 비롯한 사전 정보를 통해 각 요소의 의미와 형태를 파악해 보자(아래 밑줄은 필자 표시).

    (8) 대농갱이(학명 : Leiocassis ussuriensis, 영명 : <u>ussurian bullhead</u>)
      가. <고려대> 농갱이 : '대농갱이'의 방언(평북).
      나. <우리말샘> <u>그령채</u>, <u>쇠채</u> : '대농갱이'의 방언(평북).

    본문에서 보다 자세히 후술하도록 한다.

(9) 가. <표준> 그령 : 볏과의 여러해살이풀. 높이는 30~80cm이고, 잎은 선
형(線形)이고 8~9월에 붉은 갈색 꽃이 원추(圓錐) 화서를 이룬다.
잎은 새끼의 대용으로 쓰며 한국, 중국 등지에 분포한다.
쇄채2 : 국화과의 여러해살이풀. 높이는 30~50cm이며 잎은 긴 버
들잎 모양이고 끝이 뾰족하다. 여름에 노란 꽃이 줄기 끝에 피고
열매는 수과(瘦果)를 맺는다. 어린잎은 식용한다. 한국, 중국, 시베
리아, 아무르, 우수리강 등지에 분포한다.
나. <우리말샘> 불^헤드(bull head) :『식물』기형으로 자란 장미의
꽃눈. 꽃잎 수는 정상보다 많지만 꽃잎이 짧고 폭이 넓으며 안쪽
으로 굽어 소의 머리 모양처럼 생긴다. 고온기와 저온기에 주로
발생한다.

우선 '대'와 관련한 문제에서, 고유어 명사 '대(02)'에서 출발하여 의미추상
화를 겪고 접사화된 요소임을 생각해 볼 수 있다. 이는 (8나)에서 '그령채'나
'쇄채'가 대농갱이의 방언이라고 하였는데, <표준>에서는 (9가)와 같이 '그
령'과 '쇄채'를 모두 식물의 일종으로 등재하였기 때문이다. '그령채'는 경기,
충북, 강원에서는 '그렁치'로도 사용되는데, 이때 '-치'를 생선의 일종인 '날
치'와 같이 [접미사] 일정한 모양이나 형태, 속성 따위를 나타내는 일부 명사
혹은 서술어의 어간 뒤에 붙어, 그러한 모양이나 형태, 속성 따위를 띠는
물고기임을 나타내는 말<고려대>'로 분석한다면 '그렁치, 그령채'는 '볏과의
여러해살이풀처럼 기다란 물고기' 정도의 의미로 해석이 가능하다. 그렇다면
이때의 '대'는 고유어 명사 '대(02)'에서 출발한 요소임을 알 수 있고, '길쭉한,
기다란'으로 은유화되었다고 본다면 '대게'와 같은 고유어 접사화 요소로
파악할 수 있다.

반면 '대농갱이'의 영명인 'ussurian bullhead'는 '우수리 지방에 사는 머리
가 큰 물고기'라는 의미이다. 그렇다면 이때의 '대'는 한자어 접사 '대(大)-'로
도 분석할 수 있다. 영어 'bullhead'는 '메기' 혹은 '머리가 큰 물고기'라는

의미이나, (9나)에서처럼 한국어에서는 '꽃잎 수가 기형적으로 많은 식물'의 뜻을 가지는 외래어로 쓰인다는 점을 고려하면 '큰, 많은'의 의미를 가진 한자어 접두사 '대(大)-'로도 파악할 수 있다.49) 요약하자면, '대-[농[-갱이]]'에서 '-갱이'는 '-치'를 고려했을 때 접미사로 보는 것은 타당해 보인다.50) 또한 '대-'는 두 가지 가능성을 제시할 수 있는데, 첫 번째는 고유어 명사 '대(02)'에서 '기다란'으로의 의미추상화가 일어난 접사화 요소이고, 두 번째는 생물의 생김새를 고려했을 때 '커다란'이라는 의미를 가진 한자어 접사 '대(大)-'의 가능성이다.

지금까지의 내용을 정리하여 '대-'의 접사 목록을 제시하면 다음과 같다.

> (10) 가. 한자어 접사 : 대(大)-, 대(對)-, 대(代)-, 대(帶)-, 대(隊)-, 대(待), 대(臺)
>   나. 고유어 접사화 요소 : 고유어 '대(02)'에서 접사화
>   (예 : 대게, 대농갱이)

3.3.1.2. 접미사의 유형과 특성

접미사의 경우 단어 끝 일음절의 빈도 수를 통해 그 생산성을 파악할 수 있다. 200회 이상 출현하는 일음절 빈도 수를 제시하면 다음과 같다.

---

49) 그러나 (9나)에서처럼 '불 헤드'가 한국어에서는 식물의 일종을 나타낸다는 점에서, (8)과 (9)의 의미적 연관성을 고려했을 때는 고유어 접사화 요소로서의 가능성이 더 큰 것으로 보인다.

50) '-갱이'의 '지소 접미사'의 가능성은 재고의 여지가 있다. 우선 '전갱이'나 '새갱이('새우'의 평안 방언)' 등을 고려했을 때 이들에는 '어린'이나 '작은'의 의미가 있지 않다. 또한 대농갱이의 경기, 충북, 강원 방언인 '빠가사리'의 경우 '사리'는 '국수, 새끼, 실 따위의 뭉치를 세는 단위'의 명사인데, 이때에도 지소의 의미보다는 '길쭉한, 기다란'으로의 의미추상화가 일어난 것으로 보인다. 종합하자면 '-갱이'의 지소사로서의 쓰임은 가능성이 낮다고 판단되나 '갱이'가 자립적으로 쓰이지는 않으므로 접미사로 판단할 수 있는 것이다.

단어 끝 일음절	빈도 수	단어 끝 일음절	빈도 수
-법	1204	-전	473
-기	1169	-군	393
-과	842	-대	389
-산	783	-화	371
-사	769	-강	369
-성	739	-병	367
-제	706	-어	275
-선	625	-장	272
-도	614	-자	256
-관	594	-학	256
-증	594	-주	255
-계	529	-가	229

이 중 빈도 수가 가장 높은 '법'은 모든 출현 단어의 대당 한자어가 '法'인 점이 흥미롭다. 그러나 이 경우 '-법'의 의미 차이가 뚜렷하게 나타나지 않으므로 본고는 그 다음으로 높은 빈도 수를 보이는 '기'를 중심으로 접미사의 양상을 살펴보고자 한다. 이현주(2013)에서는 유사한 접사 및 일음절 한자어에 대해 특정한 의미 중 각 분야별로 생산성이 높은 비자립적 요소들에 대한 개념 정리가 필수적이라고 보았다. 특히 접사 '-기'에 대한 예시를 들며, 기계공학에서 접사 '-기'의 경우 두 가지로 나뉘어 쓰이는데, 주로 '그릇 기(器)'와 '틀 기(機)'로 나뉜다고 하였다. 본 절에서는 전체 전문 용어 중 이러한 접미사 '-기'의 의미 차이가 어떻게 나타나는지를 살펴볼 것이다.

(11) <표준>이 접미사 '-기'의 유형
　　가. -기(氣) 40 : [접사] '기운', '느낌', '성분'의 뜻을 더하는 접미사.
　　나. -기(記) 41 : [접사] '기록'의 뜻을 더하는 접미사.
　　다. -기(期) 42 : [접사] '기운', '느낌', '성분'의 뜻을 더하는 접미사.
　　라. -기(器) 43 : [접사] '도구' 또는 '기구'의 뜻을 더하는 접미사, '그러

한 활동을 위한 기관'의 뜻을 더하는 접미사.

마. -기(機) 44 : [접사] '그런 기능을 하는 기계 장비'의 뜻을 더하는
접미사.

<표준>에서 제시하는 접미사 '-기'의 경우 다섯 가지로 앞선 장에서 살펴
본 접두사 '대-'에 비하여 그 수가 많다. 그러나 다음과 같이 실제 출현하는
접미사 '-기'의 양상은 더 다양하게 세분화되어 있다. 그 양상이 매우 다양하
므로 다음의 (12)와 (13)으로 나누어 생산성이 있는 한자어 접미사와 그렇지
않은 접미사로 구분하여 살펴볼 것이다.

(12) 가. -기(期) : 간빙기,51) 감광기,52) 감소기,53) 감수기,54) 감온기55) …

나. -기(記) : 가락국기,56) 감합기,57) 계성기,58) 고공기,59) 고사기60) …

다. -기(器) : 가산기,61) 가속기,62) 가옥기,63) 각화문기,64) 간견기65) …

---

51) 빙하 시대에, 저위도 지방에 있던 빙하는 녹아 없어지고, 고위도 지방에만 빙하가 존재하
였던 시기. 빙기(氷期)와 빙기 사이의 시기로 비교적 기후가 따뜻했다.
52) 시험이나 분석 따위에 쓰는 작은 물질이나 생물에 광선을 집중시키기 위한 분광 광도계의
부속 장치.
53) 열을 비롯한 병의 기본 증상들이 없어져 가는 시기.
54) 연중에 비, 눈 따위가 거의 안 와 물이 줄어드는 시기.
55) 생물의 발육 과정에서 일정한 온도가 필요한 시기. 보리나 밀 따위는 저온이 필요하고,
벼나 옥수수 따위는 고온이 필요하다.
56) 고려 문종 때 성명 미상의 금관 지주사(金官知州事)가 지은 가락국의 역사책.
57) 조선 시대에, 발송할 문서의 한끝을 원본에 겹쳐 대고 그 위에 도장을 찍던 일.
58) 조선 시대에, 병조(兵曹)의 숙직 당상관이 매일 초저녁에 모든 숙위(宿衛) 순찰인(巡察人),
각 문 파수인(把守人), 각 경수소(警守所)의 숙직인의 이름을 군호(軍號)와 함께 적어서
밀봉하여 상신하던 기록.
59) 중국 제나라 사람이 지은 공예 기술서.
60) '고지키'를 우리 한자음으로 읽은 이름.
61) 두 개 이상의 수를 입력하여 이들의 합을 출력으로 나타내는 회로.
62) 전자, 양성자, 알파 입자 따위의 하전 입자를 높은 전압이나 자기 유도에 의하여 가속하여
이들 입자의 운동 에너지를 크게 하는 장치.
63) 중국 당나라 고조 때에, 창남진(昌南鎭)의 도옥(陶玉)이라는 사람이 처음 구운 희고 고운
자기.
64) 꽃무늬를 새겨 만든 도자기.

라. -기(機) : 가넷기,[66) 감응기,[67) 개면기,[68) 개모기,[69) 견절기[70) …

마. -기(旗) : 가귀선인기,[71) 가전기,[72) 가후기,[73) 가전패두기,[74) 각단기[75) …

바. -기(伎) : 강국기,[76) 고구려기,[77) 고려기(01),[78) 고차기,[79) 고창기[80) …

(민속, 음악, 무용, 예체능 일반, 인명)

사. -기(基) : 관능기,[81) 기능기,[82) 니트로기,[83) 다이아조기,[84) 배위기[85) …

아. -기(紀) : 고틀란드기,[86) 권기,[87) 데본기,[88) 삼첩기,[89) 석탄기[90) …

---

65) '건견기'의 원말.
66) 모직물이나 솜, 털실의 지스러기를 처리하여 원모 상태로 만드는 기계.
67) 일차 코일과 이차 코일이 서로 자기적으로 결합하여 전기 에너지를 전달함으로써 작동되는 교류 전기 기계를 통틀어 이르는 말.
68) 목화의 섬유를 펴서 짧은 섬유와 티끌을 떨어 내는 기계.
69) 방적 공정에서, 엉킨 원모(原毛)를 풀고 흙이나 불순물을 제거하는 기계.
70) 실 따위를 잡아 늘이면서 자르는 기계.
71) 조선 시대에, 도관(道冠)을 쓰고 노란 저고리와 빨간 치마를 입은 신선이 거북을 타고 있는 모양이 그려진 의장기.
72) 조선 시대에, 어가 행렬에서 어가 앞의 별초군(別抄軍)을 지휘하는 데 쓰던 의장기.
73) 조선 시대에, 어가 행렬에서 어가 뒤를 따르는 금군(禁軍)을 지휘하는 데에 쓰던 의장기.
74) 조선 시대에, 어가 행렬에서 가전의 우두머리가 상부에 호응하고 하부에 명령하던 데에 쓰던 의장기.
75) 조선 시대에, 각단(角端)과 구름이 그려진 의장기.
76) 중국 수나라·당나라 때에, 지금의 사마르칸트 지방에 있던 강국의 춤곡.
77) 고구려의 춤곡. 41종의 악기와 18명의 악사로 이루어졌으며, 당시 수나라와 당나라에도 그 우수성이 알려질 만큼 뛰어난 음악이었다.
78) 고구려의 춤곡. 41종의 악기와 18명의 악사로 이루어졌으며, 당시 수나라와 당나라에도 그 우수성이 알려질 만큼 뛰어난 음악이었다.
79) 중국 수나라·당나라 때에, 지금의 중앙아시아 타클라마칸 사막 북쪽에 있던 구자의 춤곡.
80) 중국 당나라 태종 때에, 지금의 투루판 지방에 있던 고창의 춤곡.
81) 같은 화학적 특성을 지니는 한 무리의 유기 화합물에서, 그 특성의 원인이 되는 공통된 원자단. 또는 그런 결합 양식.
82) 같은 화학적 특성을 지니는 한 무리의 유기 화합물에서, 그 특성의 원인이 되는 공통된 원자단.
83) $-NO_2$기, 즉 한 개의 질소 원자와 두 개의 산소 원자가 결합한 일가(一價)의 원자단.
84) $-N_2$기, 즉 질소 원자가 두 개 결합한 원자단.
85) 착화합물에서 중심 금속 원자에 전자쌍을 제공하면서 배위 결합을 형성하는 원자나 원자단.
86) 고생대의 캄브리아기·오르도비스기에 이어지는 세 번째 시대.

(13)　가. -기(氣) : 거름기,[91) 막외기,[92) 매핵기,[93) 수전기,[94) 폭명기,[95) 현훈
　　　　　　기,[96) 호흡기[97)

　　　나. -기(妓) : 선상기,[98) 수청기,[99) 인무기[100)

　　　다. -기(忌) : 개산기,[101) 보화기[102)

　　　라. -기(技) : 격투기,[103) 고려기(02),[104) 십일기,[105) 이십사기[106)

　　　마. -기(朞) : 부장기[107)

　　　바. -기(棋) : 도전기,[108) 사인기,[109) 상담기[110)

　　(12)는 생산성이 높은 한자어 접미사 '-기'의 목록과 그 사용례이며, (13)은
생산성이 상대적으로 낮은 한자어 접미사 '-기'의 목록과 그 사용례이다. 이

---

87) 조선 중기의 학자(1546~1624). 자는 사립(士立). 호는 용만(龍巒).
88) 고생대를 여섯 개의 기로 구분하였을 때, 오래된 순서로 네 번째의 지질 시대.
89) 중생대의 첫 시대. 약 2억 4500만 년 전부터 약 2억 1000만 년 전까지의 시기이다.
90) 고생대 데본기와 페름기의 중간에 있었던 지질 시대의 하나.
91) 식물에 나타난 거름의 효과.
92) 헛배가 부르고 팔다리가 부어서 누르면 자국이 나는 부종.
93) 목 안에 무엇인가 맺히어 있는 것 같아서 뱉으려 하여도 나오지 아니하고 삼키려 하여도
　　넘어가지 아니하는 증상.
94) 손이 약간 떨리는 기미.
95) 산소 기체와 수소 기체를 1 : 2의 비율로 혼합한 기체.
96) 정신이 아찔아찔하여 어지러운 느낌.
97) 작용을 맡은 기관. 특히 외호흡을 위하여 분화된 기관으로, 고등 동물의 허파, 어류의
　　아가미, 거미류의 책허파, 곤충류의 기관(氣管), 하등 동물의 피부 따위가 있다.
98) 나라의 큰 잔치가 있을 때에 각 지방에서 뽑아 올리던 기녀.
99) 수청을 들던 관기(官妓).
100) 춤을 주도하는 기녀.
101) 절을 처음으로 세운 개산조사의 제삿날. 또는 그날의 법회.
102) 중국 당나라의 승려 보화(普化)의 기일(忌日).
103) 두 사람이 맞서 격투를 벌여 승패를 가리는 경기.
104) 예전에, 중국에서 우리나라의 씨름을 이르던 말.
105) 조선 시대에, 무과(武科)에서 실시하던 무예 과목.
106) 조선 정조 때, 십팔기(十八技)에 기병의 무예 여섯 가지를 더한 무예.
107) 예전에, 상례(喪禮)에서 한 해 동안 지팡이는 짚지 아니하고 상복만 입던 일.
108) 기전에서, 우승자를 가리는 결승 대국.
109) 두 사람이 한편이 되어 네 사람이 두는 바둑.
110) 바둑에서, 한쪽 또는 양쪽이 두 사람 이상으로 편을 짜 의논하여 가면서 두는 바둑.

들의 목록을 살펴보면 흥미로운 점들이 발견되는데, 우선 생산성이 높은 접사 목록에서는 (12바)와 (12아)의 경우는 생산성이 높음에도 그 분야가 주로 한정되어 나타난다. (12바)는 주로 『민속』, 『음악』, 『무용』, 『예체능 일반』에서만 그 용례가 나타나고, (12아)는 주로 『역사』, 『지구』, 『천문』, 『문학』, 『불교』, 『식물』에서만 용례가 나타난다. 이를 제외한 (12)의 용례들은 전문 분야의 분포도 다양하며 단어의 생산성 또한 높다.

반면 (13)은 한정된 전문 분야의 분포와 쓰임을 보이는 접미사이다. 주목할 부분은 (13가)인데, '-기(氣)'는 <표준>에 등재된 접사임에도 전문 분야에서는 그 사용례가 단 일곱 개로 낮은 생산성을 보인다. (13)에서 '거름기, 호흡기, 격투기, 도전기, 상담기' 정도의 단어를 제외하면 현대 국어에서도 그 사용 빈도가 높지 않은 단어들인데, 이를 통해 보았을 때 (13)에 사용된 접사들은 '-기'의 다양한 접사의 유형으로 볼 수도 있겠지만 그 쓰임이 매우 한정되어 있어 생산성은 낮아지는 것으로 보인다.

'-기'는 전문 분야 용어에서 특이한 양상도 포착되는데, '동음이의어'와 '같은 단어의 다른 한자 표기'이다. 우선 (12바)의 '고려기(01)'는 '고구려의 춤곡', (13라)의 '고려기(02)'는 '중국에서 우리나라의 씨름을 이르던 말'이라는 의미로 동음이의 관계에 있다. 반면 위의 '-기'의 사용례에는 나타나지 않지만 '『기계』물체에 있는 물기를 말리는 장치'라는 의미의 '건조기'의 한자 표기는 '乾燥機/乾燥器'로 두 가지이다. 이들은 전문 용어에서도 특수하다고 볼 수 있는데, 일반적으로 전문 용어의 속성이 전술한 바와 같이 "의미적 특수성, 개념 세분화, 표현의 경제성"(조은경 2001)을 기반으로 하기 때문에 개념과 표현은 대체로 일대일대응이 전제된다. 따라서 동음이의어나 일종의 이음동의어는 전문 용어에서 거의 출현하지 않지만, 한자어 접미사 '-기'에서는 그러한 경우가 발견된다.

이러한 한자어 접미사의 양상 역시 <표준>에 등재된 한정된 접사의 문제를 여실히 보여 준다. 생산성이 낮은 접미사를 제외하더라도 전문 분야에서 한자어 접미사 '-기'의 유형은 (12)의 여덟 가지나 되는데, <표준>에 등재된 접미사의 '-기'의 수는 다섯 가지로 (12)의 양상을 충실히 반영하지 못하는 것이다.

한편 정한데로(2019)는 동사 어근과 접미사 '-음'이 결합한 의학 전문 용어의 유형과 그 사용례가 상당히 많다고 기술하였는데, 이는 주로 'V + -음'의 결합 방식으로 일반화할 수 있다. 주목할 점은 해당 논의에서 접미사가 결합한 고유어 방식 중 '-개' 유형이 유일하게 관찰된다고 하였는데, 이 역시도 'V + -개'의 방식으로 결합된다. 그렇다면 본 절에서 다루는 '-기'는 어떠한 양상으로 나타나는지 전문 분야의 분포를 중심으로 살펴보자.

(13) 가로채기,[111] 걸기,[112] 겨루기,[113] 기울이기,[114] 꾸미기,[115] 누르기,[116] 뒤돌기,[117] 뛰어들기,[118] 막기,[119] 맞서기,[120] 맞잡기,[121] 메치기,[122] 무너뜨리기,[123] 물구나무서기,[124] 밀어내기,[125] 안지기,[126] 잡채기,[127] 재치

---

111) 축구·농구·럭비 따위에서, 상대편의 패스를 중간에서 가로챔. 또는 그런 일.
112) 유도에서, 상대를 발로 걸어서 넘어뜨리는 기술을 통틀어 이르는 말.
113) 태권도에서, 기본 기술과 품세로 익힌 기술을 활용하여, 두 사람이 서로 기량을 겨루어 보는 일.
114) 유도에서, 상대편을 메치기 쉬운 자세로 만드는 기술.
115) 두 사람 이상이 협동하여 통일되고 조화된 자세를 취하여 아름다움을 나타내는 운동.
116) 유도에서, 굳히기에 속하는 기술의 하나.
117) 기계 체조에서, 평행봉에 두 팔을 대고 뒤로 도는 기술.
118) 수영에서, 자세를 가다듬어 일정한 위치에서 물에 뛰어드는 동작.
119) 상대편의 타격을 직접 막는 일.
120) 태권도에서, 기본 기술과 품세로 익힌 기술을 활용하여, 두 사람이 서로 기량을 겨루어 보는 일.
121) 유도에서, 오른손으로는 상대편 도복의 깃을 잡고 왼손으로는 소매를 잡는 동작.
122) 유도에서, 상대편의 자세를 무너뜨린 다음 기술을 걸어서 던지거나 쓰러뜨리는 기술을 통틀어 이르는 말.
123) 유도에서, 상대편의 몸의 균형을 깨뜨려 불안정한 자세로 만드는 일.
124) 체조에서, 손으로 바닥을 짚고 발로 땅을 차서 거꾸로 서는 동작.
125) 씨름에서, 상대편을 씨름판 밖으로 밀어 내어 점수를 따내는 일./대기업과 중소기업 또는 본사와 대리점 따위의 관계에서 주도권을 가지고 있는 측이 주도권이 없는 측에게 상품이나 매출에 대한 책임 따위를 떠맡기는 일.
126) 씨름에서, 자신의 오른쪽 다리로 상대편의 왼쪽 다리를 안으로 걸어 당겨 상대편을 뒤로

기,[128] 조르기,[129] 지르기[130] …

이들 역시 동사 어근에 붙는 'V + -기'의 구성을 보이는데, "한자 접사 또는 고유어 명사로 표현되지 않았던 서술 의미를 구체적으로 형식화"(정한데로 2019)하는 데 주로 사용된다. 이들은 전문 용어의 분포도 살펴볼 필요가 있는데, 총 78개 용어 중 『체육』이 29개(약 37%)로 가장 많이 차지한다. 이처럼 '-기'가 결합된 용어는 행위성이 부각되는 명사이므로 『체육』 분야에서 활발히 사용되는 것으로 보인다.

3.4. 나가기

지금까지 '특정 분야에서 전문적인 개념을 표상하는 언어 내지는 개념 표현 단위의 집합'인 전문 용어 중 파생어의 양상을 살펴보았다. <표준국어대사전>의 전문 용어 중 전문 분야를 막론하고 출현 단어의 첫음절와 끝의 일음절을 분석하였는데, 이들이 반드시 접사가 되지는 않으나 이들 속에 나타나는 파생어의 출현 정도나 규모의 경향성을 파악할 수 있어 조사의 용이함을 위해 음절 수를 추출하는 방식을 선택하였다. 또한 생산성이라는 개념을 특정 접사가 공시적으로 단어를 생산하고 이용 가능하게 만드는 능력이 있는지의 여부로 보았다.

넘어뜨리는 기술.
127) 씨름 기술의 하나. 상대편을 들려고 하면 상대편은 넘어지지 않으려고 밑으로 중심을 잡는데, 이때 상대편의 다리 샅바와 허리 샅바를 왼쪽으로 당겨 넘긴다.
128) 씨름에서, 상대편을 들고 한쪽으로 돌려 자기 다리를 건 다음, 반대쪽으로 젖혀 넘어뜨리는 기술.
129) 유도에서, 상대편의 목을 손이나 다리 또는 유도복의 깃으로 압박하여 제압하는 기술.
130) 태권도 기술의 하나. 상대가 자기의 얼굴이나 가슴을 향하여 주먹으로 질러 올 때에, 이를 피하면서 상대편의 얼굴이나 가슴을 주먹으로 지르는 기술이다.

　이를 통해 파악한 결론은 다음과 같다. 우선 접두사와 접미사를 나누고, 접두사는 다시 한자어 접두사와 고유어 접두사로 경우를 나누었다. 이때 빈도수가 높은 일음절 중 '대-'의 경우를 살펴보았는데, 한자어 접두사는 '대(大)-, 대(對)-, 대(代)-, 대(帶)-, 대(隊)-, 대(待), 대(臺)'가 있었으며, 고유어 접두사는 그 표기 정보가 따로 존재하지 않아 규명하기 어려우나 사용례에서의 의미 추적을 통해 고유어 명사에서 의미추상화 내지는 은유화를 겪고 접사화 요소로 변하고 있다는 점을 제시하였다.

　접미사의 경우 '-기'를 중심으로 살펴보면서 마찬가지로 생산성이 있는 경우와 없는 한자어 접미사를 먼저 따져보았는데, 이때 드물게 의미적 특수성, 개념 세분화, 표현의 경제성을 기반으로 하는 전문 용어에서 동음이의어나 일종의 이음동의어가 출현하는 사용례도 분석하였다. 이는 '-기'가 이미 다양한 접미사로 나타나고 여러 전문 분야에 걸쳐 사용되면서 이러한 활용도 보이는 것으로 파악하였다. 한자어가 아닌 '-기'의 경우 주로 동사 어근에 붙는 'V + -기'의 구성을 보이는데, 이는 행위성이 부각되는 의미를 구체적으로 형식화하는 데 '-기'가 사용되며 특히 체육 분야에서 생산성이 높은 것으로 보았다.

참고문헌

‖논저류‖

강현화(2000), 「외래어 전문용어의 표준화에 관한 국어학적 분석」, 『어문연구』 108, 한국어문교육연구회, 43-55.

권민재(2019), 「독일어 명사 어형성 규칙의 형태론적 생산성에 대한 코퍼스 — 계량언어학적 연구」, 『독일어문학』 27, 한국독일어문학회, 341-365.

어용에르덴(2019), 「신어 형성에서의 접사화에 대한 연구」, 『한중인문학연구』 65, 한중인문학회, 51-77.

엄태경(2019), 「한국어 전문용어의 어휘·형태적 연구」, 한양대학교 박사학위논문.

이광호(2009), 『국어 파생 접사의 생산성과 저지에 대한 계량적 연구』, 태학사.

이현주(2013), 「전문용어 조어 및 번역 방법론에 대한 시론」, 『비교문화연구』 31, 331-370.

정한데로(2019), 「의학 전문용어의 말 다듬기와 단어 형성」, 『언어와 정보 사회』 42, 서강대학교 언어정보연구소, 1-37.

조은경(2001), 「전문용어의 어휘형태적 특성 연구」, 연세대학교 석사학위논문.

차준경(2011), 「형태적 생산성과 저지 현상」, 『형태론』 13, 125-145.

Aronoff, M. (1976), *Word Formation in Generative Grammar*, MIT Press.

Bauer, L. (2001), *Morphological Productivity*, Cambridge : Cambridge University Press.

Cabré, M. T. (1999), *Terminology : Theory, methods and applications*, Amsterdam : John Benjamins Publishing Company.

Corbin, D. (1987), *Morphologie dérivationelle et structuration du lexique*, Tübingen : Max Niemeyer.

Hacken, P. ten. (2013), *The Semantics of Word Formation and Lexicalization*, Edinburgh University Press.

Haspelmath, M. (2002/2010), *Understanding Morphology(4th ed.)*, London : Arnold.

Schultink, H. (1961), Produktiviteit als morfologisch fenomeen. -In : *Forum der Letteren 2*, 110-125.

‖사전류‖

국립국어원, 표준국어대사전(https://stdict.korean.go.kr).
국립국어원, 우리말샘(https://opendict.korean.go.kr/main).
고려대학교 민족문화연구원, 고려대 한국어사전.

4. 합성의 관점에서 본 전문 용어

4.1. 들어가기

본장에서는 '합성(compounding)'의 관점에서 전문 용어 형성에 관련된 몇 가지 특성에 대해 살펴보는 것을 목적으로 한다. 먼저 '합성'의 관점에서 구(句) 전문 용어에 대해 살펴보고 이어 합성어 전문 용어의 특성을 구체적 유형으로 나누어 언급해 보기로 한다.

전문 용어 가운데는 특히 단어가 아니라 구인 경우가 매우 많은데 이는 1장에서 언급한 바와 같이 전문 용어가 '개념'에서부터 출발하고 있으므로 이를 언어 형식으로 실현하는 방식을 단어에만 국한하지 않기 때문에 나타나는 현상이다.[1] 따라서 이는 전문 용어 형성의 특성 가운데 대표적인 것의 하나로 간주할 만하다.

합성어로서의 전문 용어는 일반 용어와 형성의 측면에서 본질적인 차이가 있다고 보기는 어렵다[2] 따라서 일반 용어 합성어를 살펴볼 때 적용되는 유형을 바탕으로 그 가운데 나타나는 몇 가지 전문 용어 합성어의 특성에

---

[1] 이는 마치 구나 문장의 형식을 가지지만 의미의 측면에서는 단어와 흡사하다고 언급되는 관용 표현을 떠올리게 한다.
[2] 따라서 그동안의 단어 형성 연구에서는 굳이 전문 용어를 일반 용어와 구별하여 다루고 있지 않았다고 말하는 것이 보다 정확할 듯하다.

대해 주목하는 방식을 취하기로 한다. 다만 전문 용어 가운데 절대 다수가
명사에 해당되고 합성어 전문 용어도 거의 전부가 명사에 해당하므로 이를
품사로 나누어 살펴보지는 않기로 한다.[3] 자료가 되는 전문 용어는 1차적으
로는 『표준국어대사전』에 실린 것들을 대상으로 하기로 한다.

4.2. '합성'과 구 전문 용어

합성은 파생(derivation)과 함께 단어 형성 과정을 대표한다. 주지하는 바와
같이 단어 형성 과정으로서의 합성을 통해 형성된 단어를 합성어(compound
words)라고 한다. 인구어의 경우 합성어를 이루는 전형적인 요소는 단어이지
만 한국어의 경우 특히 한자를 중심으로 어휘적 의미를 지니는 의존 형태소
도 적지 않으므로 합성어의 구성 요소가 단어보다 작은 경우가 적지 않다.
따라서 단어 형성 요소를 어근과 접사로 나눈다고 할 때 어근을 단어 자격을
가지는 '단어 어근'과 형태소 자격을 가지는 '형태소 어근'으로 나누는 것은
매우 유용하다(최형용 2016 : 336-344).[4] 따라서 합성어는 먼저 어근의 자격을
기준으로 할 때 다음과 같은 경우의 수를 가지게 된다.

---

3) 『우리말샘』의 통계 자료를 기준으로 할 때 전문 용어의 품사 가운데 명사가 96.686%로
  절대 다수이고 그 다음 동사가 2.901%, 형용사는 0.029%이며 의존 명사는 0.175%에 해당
  한다. 사실 의존 명사는 명사임에도 그 특성을 고려하여 별도로 통계를 작성한 것임을
  고려할 때 명사의 비중은 더 높다고 할 수 있다. 한편 두 번째로 많은 전문 용어 동사는
  대체로 파생어이고 이에 대해 의존 명사는 단일어가 절대 다수이다. 따라서 이들은 합성어
  전문 용어를 대상으로 삼는 본장의 직접적인 관심사가 되기는 어렵다. 여기에 신어 가운데
  구 전문 용어를 제외한 단어 전문 용어는 모두 명사에 해당한다는 §6.3.1의 논의도 참고할
  필요가 있어 보인다.
4) 『표준국어대사전』에서는 합성어를 '둘 이상의 실질 형태소가 결합하여 하나의 단어가 된
  말'로 정의하고 있는데 이때 실질 형태소는 단어를 전제하는 것이 아니라는 사실을 감안할
  필요가 있다. 그러나 실제로는 직접 성분(immediate constituent, IC) 분석에 따라 실질
  형태소보다 큰 것들도 합성어에 포함될 수 있으므로 이 정의가 충분한 것은 물론 아니다.

(1) 가. 단어 어근 + 단어 어근
     나. 단어 어근 + 형태소 어근
     다. 형태소 어근 + 단어 어근
     라. 형태소 어근 + 형태소 어근

(1나, 다, 라)의 경우에는 내부 구성 요소로 형태소 어근이 하나 이상 존재하므로 전체 구성은 필연적으로 단어의 자격을 가지게 된다. 그러나 (1가)의 경우는 내부 구성 요소가 모두 단어 어근이므로 필연적으로 단어의 자격을 가지게 되는 것이 아니라 구의 자격을 가지는 일도 있게 된다. 합성어를 언급할 때 구와의 구별을 빠짐없이 언급하는 것도 이러한 사정에 기인한다.

그러나 전문 용어의 경우에는 전술한 바와 같이 '개념'이 출발점이므로 단어와 단어가 결합한 구와, 단어 어근과 단어 어근이 결합한 합성어와의 구별이 큰 의미를 가지지 않는다. 이는 달리 말하자면 구인 전문 용어와 합성어인 전문 용어가 방식의 측면에서 공유하는 부분이 있음을 의미한다.

이러한 관점에서 1장에서 살펴본 바와 같이 전문 용어를 이현주(2013 : 331)에서 "전문적 개념을 지칭하는 어휘 또는 어휘의 집합"으로, Kageura(2002 : 3)에서 "어떤 영역에서 하나의 개념을 표시하는 한 단어 혹은 두 단어 이상으로 이루어진 어휘 단위(lexical unit)"로 정의 내리고 있는 것에 보다 자세히 관심을 기울일 필요가 있다. 이때 '어휘의 집합'이나 '어휘 단위'는 단어가 아닌 전문 용어 즉 구인 전문 용어를 의미하기 위한 것이기 때문이다. 그런데 이때 구인 전문 용어 가운데는 (1가)처럼 단어와 단어의 결합으로 이루어진 것이 적지 않고 이들 단어는 합성어 내부에서는 어근의 자격을 가지므로 단어와 구라는 결과가 큰 의미를 가지지 않는 전문 용어에서는 방식의 측면에서 '합성'이라는 공통점을 갖는다고 말할 수 있다.

1장에서 언급한 바와 같이 국립국어연구원(2002 : 37-38)에 따르면 1999년 종이로 편찬된 『표준국어대사전』에 실려 있는 전체 전문 용어 225,779개 가운데 58,156개 즉 25.8%가 구에 해당하는 것으로 조사된 바 있다. 물론 이들 구 전문 용어가 모두 (1가)와 같은 '합성'의 방식을 취하고 있는 것은 아니다.

> (2) 가. 가격 우선의 원칙(경제),[5] 강원도 엮음 아리랑(음악),[6] 북 없는 직기 (복식),[7] 인식 있는 과실(법률),[8] 꽃을 위한 서시(문학),[9] 예술을 위한 예술(예체능 일반),[10] 죽음에 이르는 병(책명),[11] 털 없는 날(민속),[12] 하자 있는 의사 표시(법률)[13] …
> 나. 잃어버린 시간을 찾아서(문학),[14] 태양을 향하여(문학),[15] 고도를 기다리며(문학),[16] 누구를 위하여 종은 울리나(문학),[17] 모란이 피기까지는(문학),[18] 껍데기는 가라(문학)[19] …

(2가)는 구 전문 용어 가운데 명사로 끝나는 것들이 중간에 조사 '의', '을', '에'나 어미 '-음', '-ㄴ', '-는' 등을 가져 합성으로 보기 어려운 것들이다.[20]

---

5) 증권 거래소에서, 매매 주문의 순서를 가격에 따라 정하는 원칙.
6) 강원도 정선 지방 민요의 하나.
7) 북이 없이 공기의 힘이나 북을 대신할 다른 장치를 이용하여 씨실을 넣어 주어 천을 짜는 기계.
8) 행위자가 결과의 발생을 예견하였으나 그 결과의 발생을 바라거나 인정하지 아니하는 과실.
9) 김춘수가 지은 시.
10) 예술의 목적은 예술 그 자체에 있고 자신만의 독립된 가치가 있다고 주장하는 입장.
11) 덴마크의 철학자 키르케고르가 지은 책.
12) 설날에서 열이틀까지의 날들 가운데, 일진(日辰)이 털 없는 짐승에 속하는 용·뱀에 해당하는 날을 이르는 말.
13) 사기, 강박 따위와 같은 타인의 부당한 간섭으로 이루어진 의사 표시.
14) 프랑스의 작가 프루스트가 지은 장편 소설.
15) 차범석(車凡錫)이 지은 희곡.
16) 프랑스의 극작가 베케트가 지은 희곡.
17) 미국의 작가 헤밍웨이가 지은 장편 소설.
18) 김영랑이 지은 시.
19) 신동엽이 지은 시.
20) 이 책에서는 '어린이'와 같이 문법 요소가 개재하여 단어화한 것들은 통사적 결합어로 처리하고 학교 문법에서와 같이 합성어로 처리하고 있지는 않다는 사실에 주목할 필요가 있다. 전문 용어에 나타나는 통사적 결합어에 대해서는 5장을 참고할 것.

이에 대해 (2나)는 조사와 어미가 포함된 것뿐만이 아니라 아예 명사로 끝나지 않아 역시 합성으로 보기 어려운 전문 용어들이다. 따라서 전문 용어는 결과적으로 긴 음절 수를 가진 것들이 적지 않은데『표준국어대사전』에 등재된 가장 긴 표제어 '프로테스탄티즘의 윤리와 자본주의의 정신(책명)'도 전문 용어에 해당한다는 사실은 우연이라고 보기 힘들다.

그러나 이들을 제외하더라도 (1가)와 같이 순수 합성의 방식으로 형성된 구 전문 용어를 찾는 것은 그리 어렵지 않다.[21]

(3) 가. 가감 소거법(수학),[22] 가로 좌표(수학)[23] …

나. 가감 순서(법률),[24] 가격 분할(법률)[25] …

다. 가감 저항기(전기·전자),[26] 가감 축전기(전기·전자)[27] …

라. 가격 결정론(경제),[28] 가격 경쟁(경제),[29] 가격 변동 준비금(경제)[30] …

마. 가격 혁명(역사),[31] 가공 정원(역사)[32] …

---

21) ISO 704(2009 : 51-55)에서는 합성 유형에 '복합어 전문 용어(complex terms)'라는 동일한 명칭 아래 'composer-conductor'(붙임표를 넣는 경우), 'downsizing'(붙여 적는 경우), 'member country'(띄어 적는 경우)의 세 가지 경우를 제시한 바 있는데 이는 띄어 적더라도 이를 합성의 방식이 작용한 것으로 본다는 점에서 본고의 입장과 동일하다고 할 수 있다. 사실『표준국어대사전』에서는 (3)의 예들을 가령 '가감^소거법'처럼 표시하고 있고 이때 '^' 표시는 붙여 적는 것을 허용한다는 의미이므로 구이기는 하지만 합성의 관점을 어느 정도 수용하고 있다고 해석할 수 있다.

22) 두 개 이상의 미지수를 가진 연립 방정식에서 한 미지수의 계수를 곱셈이나 나눗셈을 써서 같게 만든 후, 더하거나 빼어 그 미지수를 없애는 방법.

23) 좌표를 구성하는 수들 가운데에서 가로 방향으로 어떤 점의 위치를 지시하는 좌표.

24) 범죄의 정상(情狀)에 따라 형벌을 더하거나 덜어 줄 사유가 여럿이 있을 경우에, 그것을 적용하는 순서.

25) 공유물 분할 방법의 하나.

26) 저항값을 일정한 범위 안에서 변화하게 하는 저항기.

27) 전극(電極)을 움직여 용량의 크기를 변화하게 할 수 있는 축전기.

28) 개별적인 가격의 결정에 관한 이론.

29) 기업들끼리 서로 가격을 낮추는 경쟁.

30) 재고 자산, 유가 증권 따위의 가격이 떨어질 것을 예상하고 그 손실에 대비하여 설정하는 준비금.

31) 15세기 말부터 17세기 초에 유럽 여러 나라에서 물가가 급격히 오르던 현상.

바. 가계 분석(생명),[33] 가수 분해 효소(생명)[34] …

사. 가계 선발법(농업),[35] 가을 작물(농업)[36] …

아. 가공 생산(공업),[37] 가공 열처리(공업)[38] …

자. 가곡 형식(음악),[39] 가난 타령(음악)[40] …

차. 가공 수지(화학),[41] 가교 결합(화학)[42] …

카. 가공 의치(의학),[43] 가동 관절(의학)[44] …

타. 가공 철도(교통),[45] 가변 차로(교통)[46] …

⋮

   (3)은 그 가운데 일부의 전문 분야에서 일부의 전문 용어를 예로 제시한 것이다. 그 수로 따지면 (2)와 같은 문장형 전문 용어보다 압도적이라고 할 수 있다. 또한 주지하는 바와 같이 거의 전부가 명사구에 해당하는데 이는 합성어 전문 용어가 대부분 명사라는 사실과도 일관되는 것이다. 사전에서는 적어도 일반 용어의 경우 (3)과 같이 합성의 방식을 취한 경우를 포함하여 구인 표제어가 거의 존재하지 않는다는 점에서 이는 확실히 전문 용어가

---

32) 메소포타미아 문명의 유적으로, 높은 벼랑 위에 마치 허공에 걸려 있는 것처럼 만든 정원.
33) 인간 형질의 유전성을 연구하는 방법.
34) 생물체 안에서 가수 분해 반응의 촉매로 작용하는 효소를 통틀어 이르는 말.
35) 골라낸 이삭을 수정한 뒤 다시 그 가운데서 좋은 이삭을 골라내어 품종을 개량하는 방법.
36) 가을에 심는 농작물.
37) 원자재나 반제품을 처리하여 질을 바꾸거나 새로운 제품을 만들어 내는 일.
38) 기계 가공과 담금질·뜨임·풀림 따위의 열처리를 함께 하여 금속을 세게 하거나 질기게 하는 일.
39) 기악곡 형식의 하나.
40) 판소리 흥부가에서, 흥부의 아내가 부르는 노래 가운데 한 대목.
41) 천연수지를 화학적으로 처리하여 품질을 향상한 수지.
42) 한 원자 또는 몇 개의 원자가 두 원자 또는 두 개의 고분자 사슬 사이를 연결하는 다리 모양으로 이루어진 화학 결합.
43) 빠진 이의 양옆에 있는 이를 버팀목으로 삼아 다리를 걸듯이 해 넣는 인공 치아.
44) 움직임이 비교적 자유롭게 일어날 수 있는 관절.
45) 도시 교통의 혼잡을 덜고 교통 소통을 원활히 하기 위하여, 땅 위에 높은 구조물을 만들어 그 위에 가설한 철도.
46) 양방향 교통량에 따라 시간별·요일별로 진행 방향을 바꾸어 사용할 수 있는 찻길.

가지는 구성상의 특징이라 할 만하다. 즉 '합성'의 방식을 취하면서 합성어의 자격을 갖지 않는 경우가 구 전문 용어의 가장 큰 특징 가운데 하나인 것이다.[47]

그리고 이렇게 구 전문 용어의 비중이 압도적으로 높은 것은 전술해 온 바와 같이 전문 용어가 '개념'을 지향한 때문인데 최형용(2010)에서는 이러한 구 전문 용어를 어휘 고도 제약(lexical island constraint)과 관련하여 높은 단어성(wordhood)을 보이는 것으로 해석한 바 있다(최형용 2010 : 302-303).

(4) 가. [그 [만유인력의 법칙]]은 뉴턴이 1687년에 발견하였다.
　　나. *[[그 만유인력]의 법칙], *[만유인력의 그 법칙]
　　다. *[[만유인력과 운동]의 법칙]은 뉴턴의 대표적인 업적이다.

(4)에서 제시한 '만유인력의 법칙'은 비록 (2)에서 제시한 문장형이지만 그 성격은 (3)의 명사구와 차이가 없다고 할 수 있다. '만유인력의 법칙'과 마찬가지로 내부에 다른 요소가 개입되기 어렵고 외부에서 구성 요소의 일부만 참조하기 어렵다는 점에서 대체로 어휘 고도 제약을 준수하기 때문이다. 구는, 접사나 상대적으로 의미의 투명성이 낮은 형태소 어근이 결합한 파생어나 합성어와는 달리 의미를 보다 투명하고 직접적으로 제시하는 데 유리한 전략이므로 그 결과 합성을 이용한 구 전문 용어의 비중도 매우 높아진 것이라고 할 수 있다.[48]

---

47) 엄태경(2021a)에서도 (3)의 전문 용어들을 합성어와 함께 '합성 관계'로 다루고 (2)의 전문 용어들은 '통사 구성 관계'로 보아 구별하고 있음을 참고할 필요가 있다.

48) Cabré(1999 : 206)에서는 일반 용어에서의 신어 형성(lexical neologisms)과 전문 용어에서의 신어 형성(terminological neologisms)의 차이를 모두 다섯 가지로 정리하여 제시한 바 있는데 그 가운데 세 번째로 제시한 것이 일반 용어에서의 신어는 형식적 간결함(formal conciseness)을 추구하는 데 비해 전문 용어에서의 신어는 많은 부분이 구에 해당한다고 본 것을 참조할 필요가 있다. 이러한 사정은 한국의 신어에도 그대로 적용할 수 있다. 신어 형성에서도 구 전문 용어의 형성이 단어 전문 용어의 형성을 압도하기 때문이다. 이에 대해서는 §6.2의 논의를 참고할 것.

4.3. 합성어 전문 용어의 유형과 특성

4.3.1. 어근에 따른 합성어 전문 용어의 유형과 특성

4.3.1.1 어근의 지위에 따른 합성어 전문 용어의 유형과 특성

이제 관심을 구가 아니라 단어 전문 용어 즉 합성어 전문 용어에 초점을 맞추어 먼저 (1)의 체계에 따라 이를 살펴보기로 한다. 다만 내부 구조에 관심을 기울이기 위해 형태소 어근부터 제시하여 그 순서를 조금 조정하고 전문 용어의 예를 함께 제시하면 다음과 같다.

> (5) 가. 형태소 어근 + 형태소 어근 : 가감(수학)[49]
> 나. 형태소 어근 + 단어 어근 : 감-음정(음악)[50]
> 다. 단어 어근 + 형태소 어근 : 감속동(물리)[51]
> 라. 단어 어근 + 단어 어근 : 가감-승제(수학)[52]

(5)에 제시한 각 유형의 합성어 전문 용어의 예들은 붙임표('-')를 이용하여 직접 성분을 표시해 두었다.[53] 형태소 어근은 대체적으로 내부 구조를 가질 수 없지만[54] 단어 어근은 내부 구조를 가지는 일이 적지 않다. 따라서 단어 어근은 단일어, 복합어로 다시 경우의 수를 나눌 수 있고 복합어는 또한 파생어, 합성어로 더 세분이 가능하다. 이들 각각을 해당 전문 용어의 예와 함께

---

49) 덧셈과 뺄셈을 아울러 이르는 말.
50) 완전 어울림 음정이나 단음정을 반음 낮춘 음정.
51) 시간이 지남에 따라 속도가 점점 느려지는 물체의 운동.
52) 덧셈, 뺄셈, 곱셈, 나눗셈을 아울러 이르는 말.
53) 이는 어디까지나 본장에서의 논의의 편의를 위한 것이므로 책의 말미에 전문 용어의 목록을 부록으로 제시할 때는 붙임표를 삭제하고 제시하기로 한다.
54) '대체적으로'라는 말을 사용한 것은 최형용(2016 : 342)에서 제시한 바와 같이 형태소 어근 가운데는 '공손(恭遜)스럽다, 과감(果敢)스럽다, 군색(窘塞)스럽다, 늠름(凜凜)스럽다'의 '공손-, 과감-, 군색-, 늠름-'처럼 단일 어근이 아니라 복합 어근에 해당하는 것들도 존재하기 때문이다.

제시해 보면 다음과 같다.

  (6) 가. 단일어 어근 + 단일어 어근 : 감-나무(식물)[55]
      나. 단일어 어근 + 복합어 어근
        ① 단일어 어근 + 합성어 어근 : 가로-압력(물리)[56]
        ② 단일어 어근 + 파생어 어근 : 가로-잡이(공예)[57]
      다. 복합어 어근 + 단일어 어근
        ① 합성어 어근 + 단일어 어근 : 가게거밋-과(동물)[58]
        ② 파생어 어근 + 단일어 어근 : 가로닫이-창(건설)[59]
      라. 복합어 어근 + 복합어 어근
        ① 합성어 어근 + 합성어 어근 : 가감-승제(수학), 가랑잎-꼬마거미
          (동물)[60]
        ② 합성어 어근 + 파생어 어근 : 공사-부담금(경제),[61] 과대-망상증
          (심리)[62]
        ③ 파생어 어근 + 합성어 어근 : 도토리-밤바구미(동물)[63]
        ④ 파생어 어근 + 파생어 어근 : 별박이-왕잠자리(동물),[64] 참나무-
          겨우살이(식물)[65]

  우선 내부 구조를 가지는 전문 용어의 경우 이의 정체성이 문제가 될 수
있다. 가령 (6나②)의 '가로-잡이(공예)'의 후행 요소 '잡이'는 '손잡이'의 의미

---

55) 감나뭇과의 낙엽 교목.
56) 용기(容器)나 물체의 내부 측면에 작용하는 압력.
57) 그릇 표면에 가로로 붙은 손잡이.
58) 절지동물문 거미강 거미목의 한 과.
59) 가로로 여닫게 된 창.
60) 꼬마거밋과의 하나.
61) 여러 사람들의 편의를 위한 시설을 설치하고자, 그 시설로 인하여 편익을 받는 사람들로
    부터 거두어들이는 돈이나 자산.
62) 사실보다 과장하여 터무니없는 헛된 생각을 하는 증상.
63) 바구밋과의 곤충.
64) 왕잠자릿과의 곤충.
65) 겨우살잇과의 상록 관목.

를 가져 명사의 자격을 가지는 것과 '고기잡이'의 '-잡이'처럼 '무엇을 잡는 일'을 의미하거나 '총잡이'의 '-잡이'처럼 '무엇을 다루는 사람'을 의미하는 파생 접사의 자격을 가지는 것으로 나눌 수 있다. 그런데 '가로-잡이'의 '잡이' 는 '손잡이'의 의미이므로 명사로 간주하는 것이 타당할 것으로 판정된다. 따라서 '잡이'는 명사 가운데서도 파생어 명사라 할 수 있다. (6다②)의 '가로 닫이-창'의 선행 요소 '가로닫이'도 이와 흡사한 문제를 제기한다. '가로닫이' 는 직접 성분 분석의 가능성이 '[[가로닫-]-이]'와 '[가로[닫이]]'의 두 가지라 고 할 수 있기 때문이다. 그러나 '가로닫다'가 존재한다는 점에서 두 가지 가능성 가운데 앞의 분석을 채택하여 파생어로 처리하는 것이 합리적이라고 판단된다.

한편 내부 구성 요소에 복합어 어근이 포함될 때 해당 복합어가 이미 단어 의 자격을 가지는 실재어(actual word)가 아니라 아직 단어의 자격을 가지지 못하는 잠재어(potential word)의 자격을 가지는 일이 적지 않다는 특성도 언급 할 필요가 있을 듯하다. (6)에서의 복합어 어근은 모두 실재어로 한정하였지 만 이들 외에 가령 '늘보-주머니쥐(동물)'66)의 후행 요소 '주머니쥐'는 실재어 가 아니라 잠재어의 자격을 가지고 있다. 그러나 '주머니쥐'는 잠재어의 자격 을 가지고 있기는 하지만 실재어라면 합성어의 자격을 가질 수 있다. 선행 요소 '늘보'는 파생어에 해당하므로 결과적으로 '늘보-주머니쥐(동물)'은 (6라 ③) 유형에 포함시킬 수 있다. 마찬가지 맥락에서 '가슴안-보개(의학)'67)의 경 우 '보개'가 잠재어의 자격을 가지고 있지만 이때의 '-개'는 '지우개'의 '-개' 에 해당하는 접미사이므로 잠재적 파생어의 자격을 가진다고 할 수 있다. 따라서 '합성어 어근 + 파생어 어근'의 구조를 가지는 (6라②)의 유형이라고 할 수 있다. 반면 '가슴점박이-먼지벌레(동물)'68)의 경우 선행 요소 '가슴점박

---

66) 유대목 주머니쥣과의 포유류.
67) 갈비 사이 공간의 피부를 째고 가슴안으로 넣어 속을 들여다보며 진단을 하거나 간단한 수술 따위를 하는 데에 쓰는 내시경.

이'가 잠재어의 자격을 가지고 있다. 그러나 이 역시 합성어의 자격을 가진다
고 할 수 있으므로 그 유형은 (6라①)에 해당한다고 할 수 있다. '가시투성-밤
게(동물)'69)와 같은 전문 용어의 경우도 이와 마찬가지이다.

내부 구성 요소가 복합어 어근 가운데 파생어 어근에 해당하는 경우는
접사의 위치에 따라 접두 파생어 어근과 접미 파생어 어근으로 더 세분할
수도 있다. 이를 (6라④)에 한정하여 살펴보면 '별박이-왕잠자리(동물)'의 선
행 요소 '별박이'는 접미 파생어 어근이고 후행 요소 '왕잠자리'는 접두 파생
어 어근에 해당하는 반면 '참나무-겨우살이(식물)'의 선행 요소 '참나무'는 접
두 파생어 어근이고 후행 요소 '겨우살이'는 접미 파생어 어근에 해당한다는
점에서 서로 구별이 된다.

4.3.1.2. 어근의 비중에 따른 합성어 전문 용어의 유형과 특성

주지하는 바와 같이 합성어의 경우 어근의 비중에 따라 대등 합성어, 종속
합성어로 이를 나눌 수 있다. 또한 그 의미가 구성 요소와 전혀 다른 합성어
로 융합 합성어를 더 설정하기도 한다. 이를 외심 합성어라고 부르기도 하는
데 이는 그 의미나 분포의 중심이 단어 내부에 존재하지 않는다는 점을 강조
한 것이라 할 수 있다(최형용 2016 : 427).

우선 이를 전문 용어에도 적용하여 그 예와 함께 제시하면 다음과 같다.

(7) 가. 대등 합성어 : 가-감(수학), 가감-승제(수학) …
　　　나. 종속 합성어 : 가래-소리(음악),70) 광대-소리(음악),71) 달구-소리(음

---

68) 먼지벌렛과의 곤충.
69) 밤겟과의 하나.
70) 좌수영 어방놀이에서, 그물로 잡은 고기를 풀어 놓을 때 가래질을 하면서 부르는 노래.
71) 광대 한 사람이 고수(鼓手)의 북장단에 맞추어 서사적(敍事的)인 이야기를 소리와 아니리
　　로 엮어 발림을 곁들이며 구연(口演)하는 우리 고유의 민속악.

　　　악)72) …

　　다. 융합 합성어 : 꼬마-돌쩌귀(식물),73) 노루-오줌(식물),74) 거북-꼬리
　　　(식물)75) …

　　(7가)의 대등 합성어의 예로 제시된 '가-감(수학)'의 경우 구성 요소 어근
'가-'와 '-감'이 반의 관계에 놓여 있다. 이처럼 반의 관계는 서로 대등성을
전제하고 있다는 점에서 전문 용어에서도 대등 합성어의 많은 부분이 이처럼
일정한 의미 관계를 보인다.76) '가감-승제(수학)'는 (6라①)에서 제시한 바와
같이 합성어 어근과 합성어 어근이 결합한 것인데 그 구성 요소인 '가감'과
'승제'는 각각 반의 관계에 놓인 것이 다시 대등한 관계를 이루고 있다는
점에서 다층적인 양상을 보여 준다.

　　(7나)는 종속 합성어의 예를 제시한 것인데 전문 용어의 경우에도 합성어
가운데 종속 합성어가 가장 많다는 데는 이견이 없을 듯하다. 이는 종속 합성
어의 방식이 하의어를 만드는 가장 보편적인 방식이므로 새로운 단어 형성에
서 가장 흔하게 사용되는 방식인 데도 이유가 있다.77) 전술한 (6라)의 예들
가운데도 '가감-승제(수학)'를 제외한 나머지 전문 용어들이 내부 구성 요소의
복잡성과 이질성에도 불구하고 모두 종속 합성어라는 것을 알 수 있다. 또한
한국어는 핵-끝(head-final) 언어이므로 후행 요소가 전체 구성의 핵이 된다는
점에도 예외가 없다.

　　(7다)는 전문 용어 가운데 융합 합성어를 제시한 것이다. 먼저 '꼬마-돌쩌

---

72) 시신을 땅에 묻고 흙과 회를 다지며 부르는 경기 민요.
73) 미나리아재빗과의 여러해살이풀.
74) 범의귓과의 여러해살이풀.
75) 쐐기풀과의 여러해살이풀.
76) 전문 용어의 구성 요소 사이의 의미 관계, 전문 용어 사이의 의미 관계에 대해서는 8장을
　　참고할 것.
77) 접두사의 경우도 하의어를 만드는 방식에 해당하지만 여기서는 이에 대해서는 따로 언급
　　하지는 않기로 한다. 전문 용어 파생어에 대해서는 3장을 참고할 것.

귀(식물)'의 후행 요소 '돌쩌귀'는 『표준국어대사전』에서 '문짝을 문설주에 달아 여닫는 데 쓰는 두 개의 쇠붙이'의 의미 명세를 가지고 있지만 전문 용어로서의 '꼬마-돌쩌귀(식물)'는 '미나리아재빗과의 여러해살이풀'의 의미 명세를 가지고 있으므로 '돌쩌귀'의 지시적 의미가 드러나지 않는다. 이는 전문 용어로서의 '꼬마-돌쩌귀(식물)'에서 '돌쩌귀'의 모양이 해당 식물의 모양과 흡사하다는 점에 착안한 것이므로 결과적으로 융합 합성어의 모습을 가지게 된 것으로 해석할 수 있다.[78] '노루-오줌(식물)'도 마찬가지 해석이 가능하다. 이 전문 용어는 '범의귓과의 여러해살이풀'의 의미를 가지므로 후행 요소 '오줌'이 의미나 분포의 핵으로서의 자격을 가지고 있지 못하기 때문이다. '거북-꼬리(식물)'의 경우도 마찬가지이다. 역시 후행 요소 '꼬리'가 의미나 분포의 핵으로서의 자격을 가지고 있지 못하다. 그러나 전문 용어 가운데는 융합 합성어가 상대적으로 많다고 보기는 어렵고 또 전문 분야도 상대적으로 제한적이라고 판단된다. 그 이유는 융합 합성어가 '개념'의 투명성에 도움이 되지 않기 때문이다.[79]

4.3.1.3. 어근의 어종에 따른 합성어 전문 용어의 유형과 특성

일반 용어 합성어도 어근의 어종에 따라 합성어의 유형을 나눌 수 있지만 특히 전문 용어 합성어는 어근의 어종에 보다 큰 관심을 기울여 유형을 나누고 그 특성에 대해 살펴볼 필요가 있다. 따라서 이를 경우의 수로 나누어

---

78) 주지하는 바와 같이 특히 식물의 명칭에 이러한 방식이 많이 사용되고 있음을 알 수 있다. 이 책에서는 통사적 결합어로 처리할 성질의 것이기는 하지만 '꿩의다리(식물)', '꿩의밥(식물)'도 의미의 측면에서만 보자면 융합 합성어로 다룰 성질의 것이다. 이들의 후행 요소 '다리'나 '밥'이 의미나 분포 핵의 자격을 가지고 있지 못한 것은 마찬가지이기 때문이다.

79) 융합 합성어는 비유적인 의미와 관련되는 일이 흔한데 비유적인 의미는 대체로 '개념'을 투명하게 나타내기 어려워 전문 용어 형성에서는 비유적인 의미를 사용하지 않는 것이 원칙이라는 사실도 참고할 필요가 있다. 이에 대해서는 §1.2에서 이미 살펴본 바 있다.

제시하면 다음과 같다.

(8) 가. 고유어 + 고유어 : 가락-바퀴(공예)[80]

나. 고유어 + 한자어 : 가로-압력(壓力)(물리)

다. 한자어 + 고유어 : 책(冊)-허파(동물)[81]

라. 한자어 + 한자어 : 가감(加減)(수학)

마. 고유어 + 외래어 : 가로줄무늬-몽구스(mongoose)(동물)[82]

바. 외래어 + 고유어 : 게이블(gable)-지붕(건설)[83]

사. 한자어 + 외래어 : 가열(加熱)-램프(lamp)(전기·전자)[84]

아. 외래어 + 한자어 : 가솔린(gasoline)-차(車)(기계)[85]

자. 외래어 + 외래어 : 가드(guard)-펜스(fence)(교통)[86]

(8)은 내부 구성 요소를 기준으로 이를 세분한 것이지만 전체 전문 용어를 기준으로 할 때는 (8가)의 경우는 '고유어'로, (8라)는 '한자어'로, (8자)는 '외래어'로, 나머지 (8나, 다, 마, 바, 사, 아)는 '혼종어'로 처리된다.

우선 합성어 전문 용어의 구성 요소가 보여 주는 어종과 관련된 특성은 전문 용어에서 차지하는 비율과 밀접한 관련이 있다. 이와 관련하여 참고가 될 만한 것으로 국립국어원에서 『우리말샘』을 대상으로 제시하고 있는 다음의 통계 자료를 들 수 있지 않을까 한다.[87]

---

80) 물레의 왼쪽에 있는 괴머리의 두 기둥에 가락을 걸기 위하여 고리처럼 만들어 박은 물건.

81) 절지동물문 거미류의 호흡 기관.

82) 사향고양잇과의 포유류.

83) 건물의 모서리에 추녀가 없이 용마루까지 측면 벽이 삼각형으로 된 지붕.

84) 적외선을 내어서 열을 가하는 데에 쓰는 전구.

85) 가솔린 기관으로 움직이는 차량.

86) 차도와 인도 사이, 또는 고속 도로의 중앙 분리대에 설치한 철망 따위의 시설물.

87) 국립국어연구원(2002)에서는 일반 용어와 전문 용어를 합친 전체 어휘의 어종별 분포는 제시되어 있지만 이를 일반 용어와 전문 용어로 나누어 제시하고 있지는 않기 때문에 어종을 나누고 있는 『우리말샘』의 통계 자료를 대신 이용하기로 한다. 그러나 그 양상은 대체로 대동소이할 것으로 판단해도 무방할 듯하다.

(9) 『우리말샘』의 일상어와 전문어의 원어 현황

원어	일상어		전문어	
	표제어 수	비율(%)	표제어 수	비율(%)
고유어	231,771	47.982	22,932	8.467
한자어	160,784	33.286	161,171	59.508
외래어	5,902	1.222	45,504	16.801
한자어+외래어	3,024	0.626	11,489	4.242
한자어+고유어	79,107	16.377	28,011	10.342
외래어+고유어	1,191	0.247	1,255	0.463
한자어+외래어+고유어	1,262	0.261	476	0.176
합계	483,041	100	270,838	100

우선 (9)에는 어종 정보만 제시되어 있어 전문 용어의 단어 구조에 따라 단일어, 합성어, 파생어의 구별은 반영하고 있지 못하다는 한계가 있다.[88]

---

88) 따라서 '고유어'에는 단일어 고유어, 파생어 고유어, 합성어 고유어가 모두 포함되어 있고 마찬가지로 '한자어+외래어'도 파생어, 합성어를 모두 포함하고 있다. 또한 '한자어+외래어'는 보다 세부적으로는 '한자어+외래어'와 '외래어+한자어'의 경우처럼 선행 요소와 후행 요소의 선후 차이도 구별하고 있지 않다는 점에 주의할 필요가 있다. 한편 김유진·신중진(2019)에서는 (9)의 체계에 따라 남과 북의 교과 분야인 수학, 과학, 체육, 국어, 역사 분야를 대상으로 어종 분석을 진행한 바 있는데 분야별 분석 결과 남북 모두 한자어가 가장 높은 빈도로 나타난다는 것을 확인한 바 있다. 참고로 남측의 경우만 전체적인 결과를 제시하면 다음과 같다(김유진·신중진 2019 : 16).

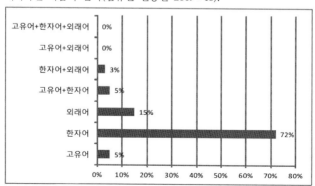

(9)와 비교할 때 한자어의 비중이 더 높아 외래어나 고유어의 비중이 상대적으로 낮아지기

그러나 이를 합성어로 한정하더라도 전체적인 경향에서는 큰 차이가 없다고 판단된다.[89]

(9)를 통해 어종의 측면에서 일반 용어와 달리 전문 용어의 특성으로 들 수 있는 가장 두드러진 특성은 전문 용어의 한자어 비중이 월등하게 높다는 점이다. 그리고 한자어 전문 용어의 경우 단일어는 매우 드물기 때문에 이러한 결과를 가져온 이유는 한자어 파생어 전문 용어와 한자어 합성어 전문 용어가 많기 때문이라고 추론할 수 있다. 또한 전문 용어의 외래어 비중이 일반 용어에 비해 압도적으로 높은 비중을 차지하고 있는 것에도 주목할 필요가 있다. 이는 전문 용어가 외래어에서 기원한 경우가 절대적으로 많다는 사실과 관련되어 있다.[90] 따라서 합성어 전문 용어 외래어도 합성어 일반 용어 외래어보다 많을 것임을 예측하는 것은 매우 자연스럽다고 할 수 있다.

이에 비하면 일반 용어는 전문 용어에 비해 고유어의 비중이 높으므로 (9)에서 고유어가 포함된 '고유어, 한자어+고유어, 외래어+고유어, 한자어+외래어+고유어'의 경우에 전문 용어보다 더 큰 비중을 보이거나 비슷한 비중을 보인다는 것을 알 수 있다. 이점 역시 합성어 전문 용어의 경우에도 마찬

는 하였으나 전체 순위는 일치한다는 것을 알 수 있다. 한편 김유진·신중진(2019)에서는 빈도별 분석을 통해 남측은 전문 용어의 일관성이 잘 지켜지고 있는 데 반해 북측은 전문 용어에서 다양한 어종이 나타나고 있다는 점을 함께 보고한 바 있다. 이는 북측의 전문 용어에 정책적 고려가 일정 부분 작용한 영향이 크다.

89) 『우리말샘』에서는 품사별, 전문 분야별로는 통계 정보를 제시하고 있지만 단어의 내부 구조에 따라서는 통계 정보를 제시하고 있지 않다. 따라서 본장의 논의는 어디까지나 추정에 근거한 것이므로 향후 이에 대한 보다 정밀한 논의가 필요하다고 할 수 있다. 엄태경(2021a : 132)에서는 전문 용어의 주요 분야별 비중에 대해 역사, 경제 분야와 같이 오랜 역사를 가진 분야일수록 한자어의 비율이 높고 비교적 최근에 발달하기 시작한 정보·통신, 체육(스포츠) 분야는 혼종어 및 외래어의 비율이 상대적으로 높은데 이는 한자어가 담당했던 전문 용어의 역할을 새로운 분야일수록 외래어와 외국어가 대체하고 있음을 보여 준다고 분석한 바 있다.

90) 이는 자연스럽게 순화 작업이 전문 용어를 대상으로 하는 경우가 많다는 사실과 연관된다. 순화어는 원래 전문 용어를 출발점으로 하기는 하지만 결과적으로 새로운 단어를 만드는 과정을 포함한다는 점에서 이 책의 관심 사항이 된다. 전문 용어와 순화어의 관계에 대해서는 9장을 참고할 것.

가지 양상을 보일 것으로 판단된다.

다음으로 전문 용어 합성어가 어종과 관련하여 흥미로운 부분은 최형용 (2018 : 95-98)에서 언급한 것처럼 구성 요소의 어종이 서로 대응을 이루면서 일종의 동의어 쌍을 보이는 경우가 존재한다는 것이다.[91] 이는 전문 용어에 만 한정 짓더라도 마찬가지 양상을 보이고 있음을 알 수 있다. 여기서는 이를 전문 용어 합성어의 후행 구성 요소 '무늬'와 '문(紋)'의 대응을 중심으로 살펴 보기로 한다.[92]

    (10) 가. 가요-무늬(역사)[93] = 가요-문(역사), 곡두-무늬(건설)[94] = 곡두-문 (건설), 도철-무늬(공예)[95] = 도철-문(공예), …

           나. 거북등-무늬(공예)[96] = 귀갑-문(공예), 번개-무늬(공예)[97] = 뇌-문 (공예)

먼저 고유어 '무늬'와 한자어 '문(紋)'은 같은 의미를 지니면서 모두 단어 어근에 해당한다는 공통점이 있다.[98] (10가)의 경우 대응 합성어의 선행 요

---

91) 따라서 이들은 의미 관계의 측면에서도 물론 관심사가 될 수 있다. 최형용(2018)은 바로 이러한 의미 관계에 초점을 둔 것이지만 여기에서는 이를 전문 용어 합성어의 대응 양상 에 한정하여 살펴보기로 한다.

92) (10)에서 '='은 동의 관계를 나타낸다. 아래도 마찬가지이다.

93) 잘게 갈라진 것같이 보이는 도자기의 무늬.

94) 단청에서 쓰는 번개무늬.

95) 중국 은나라·주나라 때에 도철이라는 상상 속의 동물 모양을 본떠 종이나 솥 따위의 동기(銅器)에 새긴 무늬.

96) 거북의 등 모양으로 여섯 모 꼴이 가로세로로 잇달아 있는 무늬.

97) 발이나 돗자리, 그 밖의 기물 따위의 가장자리에 직선을 이리저리 꺾어서 번개 모양을 나타낸 무늬.

98) 그러나 전형적으로는 고유어는 단어 어근에 해당하고 한자는 접사의 자격을 가지는 일이 더 많다. 따라서 이 경우는 합성어와 파생어의 대응을 보이게 되는데 이는 전문 용어도 역시 마찬가지이다.

    가. 열값(물리) = 열가(물리), 원잣값(화학) = 원자가(화학)

    나. 가중값(경제) = 가중치(경제), 가측값(수학) = 가측치(수학), 계급값(수학) = 계급치 (수학), 고윳값(수학) = 고유치(수학), 극값(수학) = 극치(수학), 극댓값(수학) = 극

소가 동일하기 때문에 선행 요소가 가령 '가요(哥窯)-무늬(역사)'의 경우 '한자어+고유어'의 혼종어 합성어에 해당하지만 이의 대응쌍 '가요(哥窯)-문(역사)'의 경우 '한자어+한자어'의 한자어 합성어에 해당한다는 차이가 있다.

이에 대해 (10나)는 고유어 '무늬'와 한자어 '문(紋)'뿐만이 아니라 선행 요소도 고유어와 한자어의 대응을 보이고 있다는 점에서 (10가)와 차이가 있다. 따라서 가령 '거북등-무늬(공예)'는 '고유어+고유어'의 고유어 합성어에 해당하지만 대응하는 '귀갑-문(공예)'은 '한자어+한자어'의 한자어 합성어에 해당한다는 점에서 특징이 있다.

(10)의 예들이 결과적으로 후행 요소가 달라지면서 동의어 대응을 보이는 예들이라면 다음 예들은 선행 요소가 달라지면서 동의어 대응을 보이는 전문 용어 합성어에 해당한다.

(11) 가. 귀갑-무늬(공예) = 거북등-무늬(공예)
나. 넝쿨-무늬(공예)[99] = 덩굴-무늬(공예)

(11가)는 한자어 '귀갑'을 고유어 '거북등'으로 바꾸어 결과적으로 동의어 쌍이 된 경우인데 따라서 '귀갑-무늬(공예)'는 '한자어+고유어'의 혼종어, '거

대치(수학), 극솟값(수학) = 극소치(수학), 극한값(수학) = 극한치(수학), 근삿값(수학) = 근사치(수학), 기댓값(수학) = 기대치(수학), 대푯값(수학) = 대표치(수학), 숫값(수학) = 수치(수학), 어림값(수학) = 어림치(수학), 절댓값(수학) = 절대치(수학), 정격값(기계) = 정격치(기계), 중앙값(수학) = 중앙치(수학), 최댓값(수학) = 최대치(수학), 최빈값(수학) = 최빈치(수학), 최솟값(수학) = 최소치(수학), 충격값(물리) = 충격치(물리), 평년값(지구) = 평년치(지구), 혈당값(의학) = 혈당치(의학) (가)는 전문 용어 가운데 후행 요소인 단어 어근 '값'이 한자 접미사 '-가(價)'와 대응을 보이는 경우에 해당하고 (나)는 전문 용어 가운데 후행 요소인 단어 어근 '값'이 한자 접미사 '-치'와 대응을 보이는 경우를 제시한 것이다. 물론 이들 외에도 전문 용어 가운데 '방전-빛(물리) = 방전-광(물리), 방패-춤(무용) = 방패-무(무용), 변광-별(천문) = 변광-성(천문), 삼림-띠(지구) = 삼림-대(지구), 충격-힘(물리) = 충격-력(물리)' 등도 마찬가지 양상을 보여 준다.

99) 여러 가지 덩굴이 꼬이며 벋어 나가는 모양의 무늬.

북등-무늬(공예)'는 '고유어+고유어'의 고유어 합성어에 해당한다. (11나)는 선행 요소 '넝쿨'이 '덩굴'과 동의어이기 때문에 동의어 쌍을 보이는 예인데 두 경우 모두 '고유어+고유어'의 고유어 합성어에 해당한다.

(10)과 (11)을 함께 관찰하면 '귀갑-무늬(공예)'의 경우 다음과 같이 세 가지 동의어 쌍을 보이는 전문 용어 합성어라는 것을 알 수 있다.[100]

(12) 귀갑-무늬(공예) = 거북등-무늬(공예) = 귀갑-문(공예)

전문 용어에서 (10), (11), (12)와 같은 결과가 생긴 것은 대체로 한자어를 고유어로 바꾼 데 따른 것이다. 이는 전문 용어를 공공 언어로 간주하고 순화의 대상으로 삼은 정책적 고려의 소산이다.[101] 그러나 결과적으로는 동일한 '개념'이 서로 다른 전문 용어로 결과된 것이므로 우선 전문 용어의 경제성 측면에서는 바람직하다고 보기 어려울 것이다.[102] Cabré(1999 : 206)에서 일

---

100) 최형용(2018 : 95-96)에서는 '보호-색(동물) = 가림-빛(동물) = 가림-색(동물)'의 예를 제시한 바 있는데 이때 '가림-빛(동물), 가림-색(동물)'이 통사적 결합으로 분류된다는 점에서 모두 합성어인 (13)의 경우와 차이가 있다.

101) 정책적 고려 양상을 단적으로 살펴볼 수 있는 것은 국어기본법의 다음 조항을 통해서이다.

제17조(전문용어의 표준화 등)
① 국가는 국민이 각 분야의 전문용어를 쉽고 편리하게 사용할 수 있도록 표준화하고 체계화하여 보급하여야 한다. [개정 2017.3.21] [[시행일 2017.9.22]]
② 제1항에 따른 전문용어의 표준화 및 체계화를 위하여 중앙행정기관에 전문용어 표준화협의회를 둔다. [신설 2017.3.21] [[시행일 2017.9.22]]
③ 전문용어의 표준화 및 체계화 절차, 전문용어 표준화협의회 구성 및 운영 등에 필요한 사항은 대통령령으로 정한다. [신설 2017.3.21] [[시행일 2017.9.22]]

즉 제1항에 '표준화'와 '체계화'의 목적을 '국민이 각 분야의 전문 용어를 쉽고 편리하게 사용할 수 있도록'에 두었기 때문에 그 결과 어려운 한자어는 쉬운 고유어로 바꾼다는 정책이 적용된 것이다. 정한데로(2019)에서는 특히 의학 분야에서의 순화 정책에 따른 순화어에 대해 단어 형성의 측면에서 조명한 바 있다.

102) 이현주(2021a)에서는 이러한 관점에서 전문 용어의 '정보성' 추구와 공공 언어의 '용이성' 추구가 가지는 갈등 양상을 조명하고 공공 언어가 지향해야 할 '용이성'은 '쉬운'보다는 '명확하고 이해 가능한'으로 개념이 재정립되어야 한다고 주장한 바 있다. 즉 공공

반 용어는 문체적 효과 등을 위해 동의어의 존재가 허락되지만 전문 용어의
경우 의사소통의 효율성을 뒤틀기 때문에 동의어는 거부된다고 언급하고
있음도 참고할 필요가 있다.[103]

4.3.1.4. 어근의 고유 명사 여부에 따른 합성어 전문 용어의 유형과 특성

합성어 전문 용어를 이루는 단어 어근의 세부 품사적 특징 가운데 하나는
일반 용어에 비해 고유 명사가 참여하는 일이 적지 않다는 사실이다. 이는

언어로서의 '쉬운' 전문 용어는 접근도와 수용도의 관점에서 어휘의 대중화가 아니라
지식의 대중화를 통해 달성될 수 있다고 본 것이다. 사실 전문 용어학에서의 '표준화
(standardization)'란 이미 언급한 바와 같이 가령 '자동 제세동기, 심장 세동 제거기,
자동 심장 충격기'처럼 동일한 '개념'을 지시하는 여러 전문 용어를 어느 하나로 단일화
하는 것을 지칭한다는 관점에서 보면 결과적으로 '순화(purification)'에 따른 여러 전문
용어의 존재는, 비록 과도기적 과정이라고 보더라도 표면적으로는 '표준화'에 역행하는
것이라 할 수 있다. 이현주(2021a : 43)에서는 이러한 문제를 해결하기 위해 영국과 프랑
스의 공공 언어 정책과 한국의 공공 언어 정책을 비교한 바 있음을 참고할 필요가 있다.
즉 프랑스의 경우 한국과 마찬가지로 외국어 전문 용어에 대해 자국어 용어를 제시하는
일은 있지만 자국어 전문 용어에 대해 자국어 대체어를 만들기도 하는 것은 세 나라
가운데 한국만 해당한다는 것이다.

103) (10), (11), (12)와 같은 현상은 남한과 북한을 대상으로도 그대로 적용할 수 있다. 엄태경
(2021a : 150)에서는 수학 분야를 대상으로 남한과 북한의 동의어 대응 양상을 다음과
같이 정리한 바 있다.
　가. 집합(集合) : 공집합, 부분집합, 여집합, 차집합, 합집합
　가'. 모임 : 빈모임, 부분모임, 나머지모임, 모임의차, 모임의합
　나. 역(逆) : 역대입, 역사인, 역탄젠트, 역함수, 역수
　나'. 거꿀 : 거꿀계산, 거꿀시누스, 거꿀탕겐스, 거꿀함수, 거꿀수
　다. 정(正) : 정다면체, 정비례, 정사각형, 정사영
　다'. 바른 : 바른다면체, 바른비례, 바른사각형, 바른사영
(가, 나, 다)는 남한의 수학 전문 용어이고 (가', 나', 다')은 북한의 대응 수학 전문 용어에
해당한다. 엄태경(2021a)에서는 단어 구조에 대해서는 관심을 기울이고 있지 않아 이들
모두가 합성어 대응이라고 보기는 어렵지만 이들 가운데 (나, 나')의 경우는 모두 합성어
대응을 보이고 있다고 할 수 있다. '빈', '모임', '바른' 등도 단어 어근이라고 간주한다면
합성어 대응 양상이 전체적으로 확대될 수 있지만 이 책에서는 이들을 모두 통사적
결합이라고 보고 있다는 점에서 합성어 대응이라고 보기는 어렵다는 점을 감안할 필요
가 있다.

곧 일반 용어 합성어의 경우에는 어근이 고유 명사인지의 여부에 따라 그 유형을 나누는 일이 거의 없는 데 비해 전문 용어 합성어의 경우에는 어근이 고유 명사인지의 여부가 하나의 유형 분류 기준이 될 수 있음을 의미한다. 이에 대해 살펴보기 위해 보통 명사와 고유 명사가 결합하여 합성어 전문 용어를 형성하는 경우를 다음과 같이 경우의 수로 나누어 제시해 보기로 한다.

(13) 가. 보통 명사 + 보통 명사 : 가격-시점(법률),104) 가락-고리(공예),105) 가로-다리(건설),106) 가로-압력(물리), 가로-회전(군사),107) 가슴-소리(음악),108) 가시-고기(동물)109) …

나. 보통 명사 + 고유 명사 : 구법-고승전(책명)110)

다. 고유 명사 + 보통 명사 : 가네시히말-산(지명),111) 영랑-호(지명),112) 가베스-만(지명),113) 간다크-강(지명),114) 갈라파고스-펭귄(동물),115) 경국대전-주해(책명),116) 경민편-언해(책명),117) 광해군-일기(책명),118) 크세논-램프(물리),119) 가례원류-시말(역사),120) 강계읍-성

---

104) 재산의 감정이나 평가에서, 대상의 가격 조사를 끝낸 날짜.
105) 물레의 왼쪽에 있는 괴머리의 두 기둥에 가락을 걸기 위하여 고리처럼 만들어 박은 물건.
106) 철로를 건너갈 수 있도록 그 위에 건너질러 놓은 다리.
107) 목표물을 겨냥하기 위하여 받침대 위에 놓인 포(砲)를 좌우로 돌리는 일.
108) 가슴 속에서 울려 나오는, 비교적 낮은 음역의 소리.
109) 큰가시고깃과의 민물고기.
110) 중국 당나라 때에, 의정(義淨)이 편찬한 고승들에 관한 전기.
111) 히말라야산맥의 한 봉우리.
112) 강원도 속초시 교외에 있는 호수.
113) 아프리카 북부, 튀니지 동쪽에 있는 만.
114) 네팔 남부와 인도 북부를 흐르는 강.
115) 펭귄과의 새.
116) 『경국대전』 가운데 어려운 조항을 뽑아 풀이한 책.
117) 『경민편』을 한글로 풀이한 책.
118) 조선 인조 2년(1624)에 실록청에서 펴낸 광해군 재위 15년 동안의 실록.
119) 고압의 제논 가스를 봉입한 방전관.
120) 조선 숙종 41년(1715)에, 『가례원류』의 발문(跋文)으로 말미암아 일어난 소론과 노론 사이의 논쟁.

(역사)121) …

　라. 고유 명사 + 고유 명사 : 구황촬요-벽온방(책명),122) 노자-도덕경(책
　　　명)123)

　(13)의 네 가지 유형 가운데 가장 높은 비중을 지니는 것은 (13가)의 경우라
고 할 수 있다. 이는 전문 용어 합성어가 일반 용어 합성어의 결합으로 이루
어지는 것이 가장 보편적인 것과 관련이 깊다. 그 다음으로 많은 것은 (13다)
의 경우이다. 선행 요소가 비록 고유 명사라고 하더라도 후행 요소가 보통
명사인 경우 이를 이용한 하의어 전문 용어가 매우 생산적으로 형성될 수
있기 때문이다. 이들에 비하면 (13나, 라)처럼 후행 요소가 고유 명사인 경우
이를 통한 전문 용어 형성은 현저하게 줄어든다. 후행 요소가 전체 구성의
핵으로 작용하는 한국어의 특성상 후행 요소가 고유 명사로 한정되는 경우
그만큼 새로운 전문 용어 형성에 제약을 가지기 때문이다. 따라서 (13)의
네 가지 가운데 가장 비중이 작을 것으로 예측되는 것은 (13라)의 경우라고
할 수 있다. 이는 (13가, 나)에서 후행 요소가 고유 명사에 해당하는 (13나)가
(13가)에 비해 그 비중이 현저하게 줄어들고 (13다)의 경우처럼 선행 요소가
고유 명사에 해당하는 경우도 (13가)에 비하면 그 수가 많지 않다는 사실을
감안할 때 선행 요소와 후행 요소가 모두 고유 명사에 해당하는 (13라)의
경우는 가장 큰 제약을 가진 것이기 때문이다.
　그럼에도 불구하고 전문 용어 합성어에서 구성 요소가 고유 명사인 경우
에 주목하고자 하는 것은, 전술한 바와 같이 일반 용어의 경우는 구성 요소가
고유 명사인 경우가 그나마 거의 존재하지 않기 때문이다.124) 이러한 관점에

---

121) 평안북도 강계읍의 중심부에 있는 조선 시대의 돌성.
122) 조선 인조 17년(1639)에, 『구황촬요(救荒撮要)』와 『벽온방(辟瘟方)』을 합본하여 간행한 책.
123) 중국의 도가서.
124) 신어 형성에서도 고유 명사가 참여한 것이 적지 않다. 그러나 이들 가운데는 정착어가
　　되는 것이 거의 없다는 공통성이 있다. 이는 신어 가운데 전문 용어가 아닌 것은 고유
　　명사의 참여를 통해 정착어가 되기 어렵다는 사실을 말해 주는 것으로 해석할 수 있다.

서 전문 용어 구성 요소의 품사별 빈도에 대해 관심을 기울인 바 있는 엄태경 (2019)에 대해 살펴볼 필요가 있다고 판단된다.

엄태경(2019 : 120-121)에서는 '문법, 문학, 물리', '생물, 수학, 역사'의 여섯 개 전문 분야를 대상으로 전문 용어의 구성 요소가 가지는 품사의 빈도를 조사한 바 있다.[125)]

(14) '문법, 문학, 물리' 분야의 전문 용어 구성 요소의 품사별 빈도

순위	문법(1,760개)	빈도	문학(926개)	빈도	물리(960개)	빈도
1	보통 명사	2,645	보통 명사	1,289	보통 명사	1,614
2	접미사	499	접미사	238	접미사	156
3	용어의 명사형	152	고유명사	19	고유명사	94
4	어근 형태소	99	어근 형태소	18	접두사	62
5	접두사	94	접두사	11	조사	45
6	용어의 관형형	83	조사	8	의존 명사	37
7	조사	48	용어의 관형형	6	어근 형태소	14
8	고유 명사	43	관형사	5	용어의 명사형	13
9	표지 보류	23	용어의 명사형	4	용어의 관형형	11
10	관형사	21	의존 명사	3	관형사	7
11	용어의 연결형	12	수사	2	부사	4
12	부사	12	용어의 연결형	1	기타, 숫자	3
13	수사	7	약어	1	약어	1
14	의존 명사	2				
15	대명사	1				
합계	결합 길이 : 2.1	3,741	결합 길이 : 1.7	1,605	결합 길이 : 2.1	2,061

신어에 나타나는 고유 명사의 유형과 특성에 대해서는 이수진(2018)을 참고하고 '고유 명사+하다' 구성을 보이는 신어의 유형과 특성에 대해서는 강현주(2020)을 참고할 것.
125) 엄태경(2019)에는 약호도 괄호 안에 제시하고 있지만 여기에서는 이를 따로 표시하지 않았다. 약호는 전문 용어에 대해 단어 형성의 관점에서 본격적으로 통계 분석을 시작한 배선미·시정곤(1994 : 197)에 제시된 것과 동일하다. 대신 본절에서의 관심사인 고유 명사는 논의의 편의를 위해 음영 처리를 해 두었다.

(15) '생물, 수학, 역사' 분야의 전문 용어 구성 요소의 품사별 빈도

순위	생물(833개)	빈도	수학(1,247개)	빈도	역사(2,412개)	빈도
1	보통 명사	1,347	보통 명사	2,400	보통 명사	2,510
2	접미사	135	접미사	173	고유 명사	1,125
3	접두사	37	조사	164	접미사	206
4	어근 형태소	30	고유 명사	99	어근 형태소	129
5	용어의 명사형	13	용어의 관형형	97	관형사	68
6	관형사	12	접두사	72	접두사	41
7	용어의 관형형	9	어근 형태소	62	조사	39
8	부사	8	용어의 명사형	34	성어	18
9	고유 명사	5	관형사	31	기타, 숫자	16
10	기타, 숫자	4	부사	27	고유 명사 준말	14
11	약어	4	기타, 숫자	10	용어의 관형형	13
12	조사	3	수사	7	의존 명사	8
13	용어의 연결형	1	용어의 기본형	5	용어의 명사형	6
14	대명사	1	의존 명사	3	표지 보류	5
15			용어의 연결형	2	용어의 연결형	3
16			표지 보류	1	부사	3
17					용어의 기본형	3
18					보통 명사 복합 준말	1
19					보통 명사 단일 준말	1
20					약어	1
합계	결합 길이 : 1.9	1,609	결합 길이 : 2.6	3,187	결합 길이 : 1.7	4,208

우선 (14), (15)에서 '결합 길이'에 대해 먼저 주목할 필요가 있다. (14), (15)에서의 품사들은[126] 그 자체로 전문 용어가 되는 일도 있지만 품사들이 결합

---

[126] (14), (15)에는 품사가 아닌 것들도 들어 있어 보다 정확하게는 '전문 용어 구성 요소'라고 부르는 것이 합당할 것으로 판단된다.

하여 하나의 전문 용어가 되는 일도 있기 때문에 이를 '결합 길이'라는 말로
표시하고 있다. 따라서 가령 생물 분야에는 대상이 되는 전문 용어가 833개
인데 품사 수는 모두 1,609개이므로 평균적으로 하나의 전문 용어에 1.9개의
품사가 들어 있다는 것을 의미하게 된다. 이에 따르면 앞서 제시한 (13)의
경우들은 고유 명사와 보통 명사를 불문하고 모두 결합 길이는 2 이상이
된다는 것을 알 수 있다.[127]

엄태경(2019)에서 (14), (15)를 통해 가장 강조한 것은 여섯 개 모든 분야에
서 보통 명사가 이러한 구성 요소가 되는 일이 압도적으로 많다는 점이다.
그러나 이는 일반 용어에도 그대로 적용되는 사실이다. 반면 일반 용어와의
차이점을 염두에 둘 때 전문 용어의 구성 요소로 고유 명사가 참여하는 일이
많다고 한 점을 참조하면 (14), (15)에서 음영 처리한 고유 명사의 참여 양상
에 주목할 필요가 있다. 물론 그 수는 보통 명사에 비하면 현저히 적은 수이
지만 모든 분야에서 10위 이내에 고유 명사가 포진하고 있고 특히 (15)의
역사 분야에서는 고유 명사가 보통 명사 바로 다음에 위치하고 있다는 점이
관심을 끈다. 그리고 그 수도 고유 명사의 거의 절반에 육박할 만하고 다른
분야를 포함하여 2위를 차지한 요소들보다도 압도적으로 많다는 사실은 앞
서 전문 용어 합성어에 고유 명사의 참여 양상에 주목해야 한다고 한 주장을
뒷받침하고 있음을 알 수 있다. 엄태경(2019 : 124-126)에서도 물리와 역사 분야
에서 특히 고유 명사의 참여가 높다는 점에 주목한 바 있으나 이를 일반
용어 형성과는 다른 전문 용어 형성의 특성으로 부각하지는 못하고 있다.

---

127) 본장에서는 특히 합성어 전문 용어에만 관심을 기울이고 있지만 결합 길이는 파생어나
　　 구도 염두에 두고 있음에 주의할 필요가 있다. 여섯 개 전문 분야만 대상으로 하더라도
　　 결합 길이의 평균은 2가 넘는다는 것을 알 수 있는데 이는 전문 용어가 기본적으로 두
　　 개 이상의 요소를 결합시켜 만들어진다는 것을 의미한다. 따라서 전문 용어를 형성의
　　 관점에서 살펴보려는 이 책의 내용은 이러한 전문 용어의 구성상의 특징을 조망하는
　　 데 적지 않은 도움이 되리라 판단된다.

4.3.1.5. 어근의 전문 용어 여부에 따른 합성어 전문 용어의 유형과 특성

합성어 전문 용어의 어근과 관련하여 마지막으로 살펴볼 것은 구성 요소가 단어 어근일 경우 이것이 전문 용어인지 여부를 따져 유형화하고 그 특성을 살펴보는 것이다. 이 경우도 역시 일반 용어에서는 유형 분류의 기준이 되기 어렵다는 점에서 고유 명사의 참여 여부를 문제 삼은 바로 앞의 §4.3.1.4의 논의와 일맥상통하는 부분이 있다. 더욱이 고유 명사의 경우 그 자체로 전문 용어에 해당하기 때문에 전문 용어 여부와 중복되는 부분이 존재한다. 그러나 보통 명사의 경우 전문 용어일 수도 있고 그렇지 않을 수도 있으므로 보통 명사가 곧 일반 용어라고 볼 수 없으며 전문 용어라도 고유 명사가 아닌 경우가 적지 않다. 즉 고유 명사는 전문 용어에 포함될 뿐 전문 용어가 모두 고유 명사는 아니다.

따라서 합성어 전문 용어를 구성 요소가 일반 용어인지 아니면 전문 용어인지 여부를 따지는 것은 §4.3.1.4의 논의와는 별도로 이루어질 필요가 있다. 이 역시 경우의 수를 나누면 다음과 같다.

> (16) 가. 일반 용어 + 일반 용어 : 가로-회전(군사) …
>
> 　　 나. 일반 용어 + 전문 용어 : 나무-고사리[식물](식물),[128] 가백작약[식물](한의),[129] 가스-경유[화학](화학),[130] 각방-서리[역사](역사)[131] …
>
> 　　 다. 전문 용어 + 일반 용어 : 갈이[농업]-흙(농업),[132] 가물칫[동물]-과(동물),[133] 가톨릭[가톨릭]-교도(가톨릭)[134] …

---

128) 기가 나무 모양을 이룬 고사리를 통틀어 이르는 말.
129) 집에서 재배한 백작약.
130) 석유의 원유를 증류할 때, 등유 다음으로 250~350℃ 사이에서 얻는 기름.
131) 조선 시대에, 상궁이나 나인의 방에 속하여 잡역에 종사하던 여자 종.
132) 경작하기에 적당한 땅.
133) 조기강 농어목의 한 과.
134) 가톨릭교를 믿는 사람.

라. 전문 용어 + 전문 용어 : 가리맛[동물]-조개[동물](동물),[135] 가래[농
　　업]-소리[음악](음악), 가문비[식물]-하늘소[동물](동물),[136] 간도[지
　　명]-제비꽃[식물](식물)[137] …

　(16)에서는 합성어 전문 용어의 구성 요소가 전문 용어인 경우 이를 전체
구성의 전문 분야를 표시하는 '( )'와 구별하기 위해 '[ ]'를 활용하여 그 속에
전문 분야를 표시해 두었다. 따라서 가령 (16다)의 '갈이[농업]-흙(농업)'은 합
성어 전문 용어의 선행 요소 '갈이'가 농업 분야의 전문 용어이고 전체 전문
용어 '갈이-흙'이 농업 분야의 전문 용어임을 나타낸다.

　우선 (16가)를 제외하면 (16나, 다)의 경우 선행 요소나 후행 요소 가운데
하나가 전문 용어에 해당하고 (16라)의 경우 선행 요소와 후행 요소 모두가
전문 용어에 해당한다. 흥미로운 것은 (16나, 다)의 '나무-고사리(식물), 가스-
경유(화학), 각방-서리(역사)', '갈이-흙(농업), 가물칫-과(동물), 가톨릭-교도(가톨
릭)'에서 보는 바와 같이 전문 용어가 선행 요소나 후행 요소인 경우 전체
전문 용어의 전문 분야가 그 위치에 상관없이 해당 전문 분야의 전문 용어가
되는 경향이 강하고 (16라)의 '가래-소리(음악)', '가문비-하늘소(동물)', '간도-
제비꽃(식물)'에서 보는 바와 같이 전문 용어가 선행 요소와 후행 요소 모두에
해당하고 그 전문 분야가 서로 다를 경우 전체 전문 용어의 전문 분야는
후행 요소인 전문 용어의 전문 분야를 따르는 일이 많다는 점이다. 전술한
바와 같이 이러한 특성은 우선 한국어가 핵-끝 언어이므로 전체 분포를 결정
짓는 것이 후행 요소라는 사실을 감안할 때 (16나, 라)는 특이할 것이 없다고
할 수 있다. 그러나 (16다)의 경우 전체 전문 분야를 결정짓는 것은 선행
요소라는 섬에서 주목을 요한다. 이는 전문 분야를 결정할 때 전문 용어가
핵-끝머리라는 성질에 우선하는 것으로 해석할 수 있게 한다. 따라서 이는

135) 작두콩가리맛조갯과의 하나.
136) 하늘솟과의 곤충.
137) 제비꽃과의 여러해살이풀.

합성어 전문 용어의 특성을 보여 주는 것으로 간주할 수 있게 한다.

합성어 전문 용어의 구성 요소가 전문 용어인지 여부와 관련하여서는 국립국어원(2015 : 11), 국립국어원(2016 : 2)에서 제안된 '기초 전문 용어'와 '심화 전문 용어'의 구별에도 관심을 기울일 필요가 있어 보인다. 이때 '기초 전문 용어'는 특정 분야의 기초적인 사물이나 개념을 치칭하기 위해 주로 사용하는 전문 용어를 뜻하고 '심화 전문 용어'는 특정 분야의 깊이 있는 사물이나 개념을 지칭하기 위해 사용하는 용어로 주로 고등 교육 과정에서 쓰인다는 특성이 있다.[138]

이는 '기초'와 '심화'에서 알 수 있듯이 난이(難易)의 관점이 반영된 것이어서 단일어 '기초 전문 용어'는 물론 단일어 '심화 전문 용어'도 존재하지만 일반 용어나 일반 용어가 포함된 전문 용어는 '기초'에, 전문 용어나 전문 용어가 포함된 전문 용어는 '심화'에 가깝다는 속성도 반영할 수 있다. 따라서 합성어 전문 용어라면 (16가)의 경우가 '기초 전문 용어'에 속할 가능성이 높고 (16라)의 경우가 '심화 전문 용어'에 속할 가능성이 높다고 추론할 수 있다. 한편 신중진·엄태경(2016), 엄태경·신중진(2017) 등에서는 '기초 전문 용어'의 조어 단위의 결합 길이가 '심화 전문 용어'의 조어 단위의 결합 길이보다 짧다고 하였는데 이는 결합 길이가 길수록 일반 용어 구성 요소보다 전문 용어 구성 요소의 참여 양상이 보다 적극적일 것임을 예측하게 한다. 그러나 이들에 대해서는 아직 본격적인 논의가 제시된 바 없으므로 앞으로의 연구가 기대되는 분야라 할 수 있을 듯하다. 따라서 그 성격이 보다 자세히 논의된다면 이 역시 합성어 전문 용어를 비롯하여 일반 용어와는 구별되는 전문 용어의 특성을 밝히는 일이 될 것으로 판단된다.

---

138) 엄태경·신중진(2017)에서는 '기초 전문 용어'와 '심화 전문 용어'의 개념적 특성과 수학, 물리 분야를 대상으로 이의 적용을 검토한 바 있다.

4.3.2. 통사적 합성어 전문 용어와 비통사적 합성어 전문 용어

국내의 논의에서는 합성어를 언급할 때 그 하위 부류로 '통사적 합성어'와 '비통사적 합성어'를 언급하는 일이 적지 않다. 전문 용어도 역시 이와 같은 하위 부류가 물론 가능하다. 다만 최형용(2016 : 431-437)에서 언급한 바와 같이 이러한 하위 유형 부류는 단어 형성을, 문장을 중심으로 바라본 결과이므로 '비통사적 합성어'를 적어도 '형태론적 합성어'로 부를 수 있다거나 문숙영 (2021)에서 언급한 바와 같이 합성어를 통사적 합성어와 비통사적 합성어로 나누는 것이 큰 효용을 가지지 못한다고 언급한 사정을 염두에 둘 필요가 있다.

사실 '비통사적 합성어'의 범위에 대해서도 합의가 되어 있지 않은 상황인데 문장의 구조에서 찾아볼 수 없는 배열 방식을 '비통사적 합성어'라고 부른다면 앞서 §4.3.1.1의 (5)에서 제시한 어근의 지위에 따른 네 가지 분류 가운데 '형태소 어근'이 포함된 (5가, 나, 다)는 '비통사적 합성어'의 예라고 할 수 있다. 그러나 이들을 '비통사적 합성어'의 범위에 넣어 논의한 경우는 찾아보기 쉽지 않고 (5라) 즉 '단어 어근 + 단어 어근'을 대상으로 이의 배열 방식이 통사적인지 아니면 비통사적인지를 따지는 경우가 일반적이었던 듯하다.

이러한 사정을 고려할 때 여기에서 전문 용어 합성어와 관련하여 관심을 가지고자 하는 것은 전형적인 '비통사적 합성어' 즉 '덮밥'과 같은 합성 명사에서 선행 단어 어근이 용언의 어간에 해당하는 경우이다. 여기서는 선행 단어 어근이 형용사 어간 '검-'인 경우를 예로 들어 이에 대해 살펴보기로 한다.

(17) 가. 검-노린재나무(식물),[139] 검-바늘골(식물),[140] 검-종덩굴(식물),[141]

139) 노린재나뭇과의 낙엽 활엽 관목.
140) 사초과의 여러해살이풀.
141) 미나리아재빗과의 낙엽 활엽 관목.

검-팽나무(식물)[142]

가'. 검은-개선갈퀴(식물),[143] 검은-개수염(식물),[144] 검은-겨이삭(식물),[145] 검은-낭아초(식물),[146] 검은-도루바기(식물),[147] 검은-딸기(식물),[148] 검은-솜아마존(식물),[149] 검은-이끼(식물),[150] 검은-재나무(식물),[151] 검은-종덩굴(식물)[152]

나. 검-독수리(동물),[153] 검-물벼룩(동물),[154] 검-물잠자리(동물),[155] 검-붕장어(동물)[156]

나'. 검은-가뢰(동물),[157] 검은-가시잎벌레(동물),[158] 검은-고니(동물),[159] 검은-뇌조(동물),[160] 검은-담비(동물),[161] 검은-딱새(동물),[162] 검은-멧새(동물),[163] 검은-무소(동물),[164] 검은-물잠자리(동물),[165] 검은-반날개베짱이(동물),[166] 검은-쥐(동물),[167] 검은-지빠귀(동물),[168]

---

142) 느릅나뭇과의 낙엽 활엽 교목.
143) 꼭두서닛과의 여러해살이풀.
144) 곡정초과의 한해살이풀.
145) 볏과의 여러해살이풀.
146) 장미과의 여러해살이풀.
147) 사초과의 여러해살이풀.
148) 장미과의 낙엽 활엽 관목.
149) 솜아마존 품종의 하나.
150) 검은이낏과의 하나.
151) 노린재나뭇과의 상록 활엽 소교목.
152) 미나리아재빗과의 낙엽 활엽 관목.
153) 수릿과의 새.
154) 갑각강 검물벼룩목의 요각류를 통틀어 이르는 말.
155) 물잠자릿과의 곤충.
156) 먹붕장어과의 바닷물고기.
157) 가룃과의 곤충.
158) 잎벌렛과의 곤충.
159) 오릿과의 새.
160) 들꿩과의 새.
161) 족제빗과의 하나.
162) 딱샛과의 새.
163) 되샛과의 새.
164) 코뿔솟과의 하나.
165) 물잠자릿과의 곤충.
166) 여칫과의 곤충.
167) 쥣과의 하나.
168) 지빠귓과의 새.

　　　검은-칠면조(동물),[169]　검은-코뿔소(동물),[170]　검은-토끼(동물),[171]

　　　검은-티티(동물),[172]　검은-호랑나비(동물)[173]

다.

다'. 검은-곰팡이(생명),[174]　검은-누룩곰팡이(생명),[175]　검은-비늘버섯

　　　(생명),[176]　검은-서실(생명)[177]

라.

라'. 검은-그루(농업)[178]

마.

마'. 검은-돌비늘(광업),[179]　검은-혈암(광업)[180]

바.

바'. 검은-아프리카(지명)[181]

사.

사'. 검은-흙(지구)[182]

　　(17가, 나, 다, 라, 마, 바, 사)는 『표준국어대사전』을 대상으로 비통사적 합성어 가운데 용언 어간 '검-'으로 시작되는 전문 용어들을 전문 분야에 따라 정리한 것이고 (17가', 나', 다', 라', 마', 바', 사')은 이에 대한 통사적 합성어 '검은'으로 시작되는 전문 용어들을 위한 자리를 역시 각각의 전문

---

169) 온몸이 검고 광택이 있는 칠면조의 한 품종.
170) 코뿔솟과의 하나.
171) 토끼 품종의 하나.
172) 지빠귓과의 새.
173) 호랑나빗과의 곤충.
174) 흰선균과의 불완전균류.
175) 흰선균과의 불완전균류.
176) 독청버섯과의 식용 버섯.
177) 빨간검둥잇과의 해조(海藻).
178) 지난겨울에 아무 곡식도 심지 않았던 땅.
179) 고토분(苦土分)이 많으며, 철·칼리(kali)·반토(礬土)·물 따위가 결합한 복잡한 규산염으로 이루어진 운모.
180) 역청 따위의 유기물이 많으며 검은빛을 띠고 있는 혈암.
181) 사하라 사막 이남의 아프리카를 이르는 말.
182) 부식질이 많이 들어 있는 검은색 또는 검은 갈색의 기름진 토양.

분야에 대응하여 정리한 것이다.[183]

우선 여기에서 흥미로운 점은 '검-'으로 시작되는 비통사적 합성어가 그리 많지는 않더라도 무시할 정도는 아니라는 사실이다. 한국어에서 전문 용어는 그리 긴 연원을 가지는 것은 아니라는 점을 감안할 때 이처럼 문법 요소를 결여하고 있는 용언 어간이 그대로 단어 형성에 참여한 것이 존재한다는 점은 현대 국어에서도 비통사적 합성어가 단어 형성 과정 가운데 하나의 지위를 가진다는 사실을 부정하기 어렵게 만들기에 충분하다.

그러나 (17)의 자료들을 보면 비통사적 합성어를 위한 자리인 (17다, 라, 마, 바, 사)는 빈칸으로 존재한다는 점에 주목할 필요가 있다. 이것이 시사하는 바는 비록 비통사적 합성어의 존재가 부정될 정도는 아니지만 그 지위가 통사적 합성어 정도는 아니라는 점이다.[184]

---

183) '검은'으로 시작하더라도 '검은가슴-물떼새'처럼 '검은'이 직접 성분이 아닌 것은 제외하였다. '검은가슴-물떼새'는 '검은가슴'과 '물떼새'가 직접 성분이므로 '명사+명사'와 동일한 결합으로 간주되어 그 성격이 다르기 때문이다. 한편 '검은'은 관형사형 어미를 포함하고 있으므로 이 책에서는 이를 합성어가 아니라 통사적 결합어로 간주하고 있지만 여기서는 일반적으로 비통사적 합성어에 대응이 되는 통사적 합성어로 간주되는 사정을 반영한 것임에 주의할 필요가 있다.

184) '붉-'의 경우도 이와 사정이 크게 다르지 않은데 (17)처럼 『표준국어대사전』을 대상으로 이를 정리해 보이면 다음과 같다.
　　가. 붉-감펭(동물), 붉-돔(동물), 붉-바리(동물), 붉-벤자리(동물)
　　가'. 붉은-거북(동물), 붉은-깔깔매미(동물), 붉은-매미나방(동물), 붉은-메기(동물), 붉은-바다거북(동물), 붉은-박쥐(동물), 붉은-왜가리(동물), 붉은-줄푸른자나방(동물)
　　나. 붉-나무(식물), 붉-신나무(식물), 붉-오동(식물)
　　나'. 붉은-가시딸기(식물), 붉은-강낭콩(식물), 붉은-개구리밥(식물), 붉은-고로쇠(식물), 붉은-골풀아재비(식물), 붉은-기나나무(식물), 붉은-노루삼(식물), 붉은-대동여뀌(식물), 붉은-물푸레나무(식물), 붉은-병꽃나무(식물), 붉은-사철난(식물), 붉은-서나물(식물), 붉은-완두(식물), 붉은-인가목(식물), 붉은-제충국(식물), 붉은-참반디(식물), 붉은-키버들(식물), 붉은-터리(식물), 붉은-터리풀(식물), 붉은-토끼풀(식물), 붉은-톱풀(식물)
　　다.
　　다'. 붉은-곰팡이(생명), 붉은-말(생명), 붉은-빵곰팡이(생명)
　　라.

문법 요소의 존재는 '개념'이 가장 중시되는 전문 용어의 측면에서 볼 때 경제성보다는 중요하게 간주될 가능성이 있다는 점에서 그 의미를 부여할 필요가 있다고 판단된다. 이러한 관점에서 최형용(2010 : 316-318)에서 전문 용어 형성 원칙으로서의 '언어적 정확성' 측면에서 '곧창자' 대신 '곧은창자'를 제안한 맥락을 다시 생각해 볼 필요가 있다.[185] 이는 곧 단어 형성의 측면에서 순화어를 제안한다고 할 때 어떤 것을 선호할 것인지를 판단하게 해 주기 때문이다.[186] 그러나 현재 『표준국어대사전』에서는 '곧창자'[187]와 '곧은창자'가 같은 의미로 함께 제시되어 있다. 이는 비통사적 합성어와 통사적 합성

　　라'. 붉은-녹병(농업)
　　마.
　　마'. 붉은-보라(미술)
　　바.
　　바'. 붉은-오름(지명)
　　사.
　　사'. 붉은-옷(불교)
　　아.
　　아'. 붉은-인(화학)
　　자.
　　자'. 붉은-조롱뿌리(한의)
　　차.
　　차'. 붉은-차돌(광업)
　　카.
　　카'. 붉은-피톨(의학)
　전문 분야의 경우는 (17)보다 다양하지만 (17)과 마찬가지로 '붉'과 '붉은'이 공존하는 분야는 있어도 '붉은'은 존재하지 않는데 '붉'만 존재하는 분야는 보이지 않는다.

185) '곧은창자'처럼 의학 용어에서의 순화에서 나타나는 통사적 합성어의 양상은 정한데로(2019 : 22-27)에서 자세하게 정리한 바 있다.

186) 전술한 바와 같이 남북 전문 용어의 이질화에도 이러한 논리가 그대로 적용된다. 남북 전문 용어의 이질화를 극복하기 위한 본격적인 연구인 국립국어원(2015, 2016)을 시작으로 김유진·신중진(2016), 엄태경·신중진(2017), 전은진·신중진(2017), 김유진·신중진(2019), 김유진·신중진(2020), 전은진·신중진(2020), 엄태경(2021b), 이성우·신중진(2021), 김령령·신중진(2022), 전은진·신중진(2022) 등의 일련의 논의에서 이에 대한 고민을 엿볼 수 있다.

187) 큰창자 가운데 구불잘록창자와 항문 사이 부분.

어의 문제를 떠나 동의어의 존재를 의미한다는 점에서 앞에서 언급한 바와
같이 '개념'을 중시하는 전문 용어의 측면에서는 바람직한 결과라고 보기
어려울 것이다.

4.4. 나가기

지금까지 전문 용어 합성어에 대해 크게 두 가지 측면에서 살펴보았다.
첫째, 합성의 관점에서 보면 '구' 전문 용어에 대해서도 관심을 기울일 필요
가 있음을 언급하였다. 특히 전문 용어는 '개념'을 출발점으로 삼기 때문에
그 결과물은 단어여야 한다는 제약을 받지 않는다. 그 결과 의미를 명세하는
데 도움이 되는 '구' 전문 용어가 매우 많다는 것이 전문 용어의 한 특징이
될 수 있다는 점을 언급하였다. 다만 같은 자격을 가지는 '구'라도 문법 요소
가 나타나는 '구' 전문 용어와 문법 요소가 나타나지 않는 '구' 전문 용어를
구별해야 할 필요가 있었는데 문법 요소가 나타나지 않는 '구' 전문 용어는
합성의 관점에서 조명할 수 있어 그렇지 않은 문법 요소 외현 '구' 전문 용어
와 차이가 있기 때문이다. 그 비중에 있어서도 문법 요소가 나타나지 않는
'구' 전문 용어 즉 합성에 의한 '구' 전문 용어가 전체 '구' 전문 용어 가운데
압도적인 비중을 차지한다는 점을 강조하였다.

둘째, 일반 용어 합성어의 유형 분류에 근거하여 전문 용어 합성어의 특성
에 대해 살펴보았다. 이는 다시 크게 두 가지로 나누었는데 첫 번째는 일반
용어 합성어를 구성 요소에 따라 유형을 나눈 것에 기반하여 전문 용어 합성
어도 구성 요소에 초점을 두어 유형을 분류하고 그 특성을 살펴본 것이고
두 번째는 합성어를 통사적 합성어와 비통사적 합성어로 나누는 분류에 기반
하여 전문 용어도 통사적 합성어 전문 용어와 비통사적 합성어 전문 용어로
나누어 그 특성을 살펴본 것이다.

이 가운데 구성 요소에 초점을 두어 유형을 나눈 것은 다시 다섯 가지로 하위 부류를 설정하였다. 먼저 어근의 지위에 따른 합성어 전문 용어의 유형과 특성을 살펴보았는데 어근의 지위는 '형태소 어근'과 '단어 어근'으로 대별하고 '단어 어근'은 다시 내부 구조를 가질 수 있으므로 이를 더 세분하여 살펴보았다. 가령 '복합어 어근 + 복합어 어근'이 가장 복잡한 내부 구조를 가지는 경우라고 할 수 있는데 전문 용어의 경우 이처럼 복잡한 내부 구조를 가지는 일이 적지 않다는 특성을 보인다. 다음으로 어근의 비중에 따른 합성어 전문 용어의 유형과 특성에 대해 살펴보았다. 합성어 전문 용어 가운데 가장 많은 경우는 종속 합성어이고 대등 합성어도 존재하지만 융합 합성어는 가장 적다는 점이 특징이라 할 수 있다. 이는 융합 합성어가 의미의 불투명성을 전제로 한다는 점에서 유사성에 기반한 식물 분야 등에 한정하여 융합 합성어의 존재를 허용한다는 특성에 기인한다. 한편 어근의 어종에 따른 합성어 전문 용어의 유형과 특성에서는 한자어와 외래어가 전문 용어 합성어에서 큰 비중을 보인다는 사실과 함께 정책적인 측면에서 한자어의 고유어화에 따른 동의어의 존재 양상에 대해서도 관심을 기울여 보았다. 이들 세 가지는 일반 용어 합성어의 분류를 전문 용어 합성어에도 그대로 적용한 것이라고 할 수 있는 데 비해 어근의 고유 명사 여부와 전문 용어 여부에 따른 합성어 전문 용어의 유형과 특성은 일반 용어 합성어에는 적용하기 힘든 전문 용어 합성어를 위한 것이라고 할 수 있다. 먼저 어근의 고유 명사 여부에 따른 전문 용어 합성어의 유형과 특성에서는 합성어 전문 용어에서 일반 용어와는 달리 고유 명사의 참여가 활발히 일어난다는 점에 초점을 맞추었다. 다음으로 어근의 전문 용어 여부에 따른 합성어 전문 용어의 유형과 특성에서는 합성어 전문 용어의 구성 요소에 다시 전문 용어가 포함될 때 전체 합성어 전문 용어의 전문 분야 결정에 일정한 영향을 미치는 경향에 대해 주목하였다.

전문 용어를 통사적 합성어와 비통사적 합성어로 나누어 살펴본 이유는 두 가지이다. 이른바 비통사적 합성어가 전문 용어 형성에서도 일정한 비중을 보인다는 사실을 확인하기 위한 것이 그 하나이고 단어 형성 측면에서의 순화어를 위해서는 통사적 합성어의 방식이 언어적 정확성을 위해 보다 바람직하다는 측면을 강조하기 위한 것이 다른 하나이다.

　이상의 내용이 전문 용어 합성어의 모든 특성을 망라한 것은 물론 아니다. 이러한 측면에서 논의 가운데 앞으로의 전문 용어 합성어 연구를 위해 제안한 것에 주목할 필요가 있을 듯하다. '기초 전문 용어'와 '심화 전문 용어'에 대한 단어 형성 측면에서의 접근이 필요하다는 것이 그것인데 이를 포함하여 전문 용어 가운데 그 비중이 가장 높은 합성어 전문 용어를 대상으로 또 어떤 과제가 있을지에 대해 앞으로도 지속적인 관심이 필요하다는 점을 강조할 필요가 있다고 판단되기 때문이다.

참고문헌

‖논저류‖

강미영(2020), 「언어의 공공성과 공공 용어 관리」, 『우리말글』 87, 우리말글학회, 1-29.

강현주(2020), 「고유 명사+하다'류 신어의 인지의미론적 해석」, 『우리말연구』 62, 우리말학회, 5-36.

강현화(2000), 「외래어 전문용어의 표준화에 관한 국어학적 분석」, 『어문연구』 108, 한국어문교육연구회, 43-55.

국립국어연구원(2002), 『『표준국어대사전』의 연구 분석』.

국립국어원(2007), 『전문 용어 연구-정리 현황과 과제』, 태학사.

국립국어원(2015), 『2015년 남북 기초 전문 용어 분석』.

국립국어원(2016), 『2016년 남북 전문 용어 구축』.

김령령·신중진(2022), 「남북 음악 전문용어 유형과 어종 분석 — 중·고등학교 교과서를 중심으로」, 『민족문화연구』 95, 고려대학교 민족문화연구원, 403-433.

김미형(2019), 「전문용어 표준화 연구 — 대상어 선정과 순화 기법을 중심으로」, 『사회언어학』 27-4, 한국사회언어학회, 37-64.

김선혜(2013), 「〈연세 현대한국어사전〉의 전문용어 표제어에 대한 연구」, 『한국사전학』 22, 한국사전학회, 7-31.

김수업(2007), 「전문용어의 순화 방안」, 『새국어생활』 17-1, 국립국어원, 89-101.

김유진·신중진(2016), 「남북 수학·과학 교과서에 나타나는 전문용어 분석」, 『동아시아문화연구』 64, 한양대학교 동아시아문화연구소, 131-159.

_____(2019), 「남북 교과 분야별 전문용어 어종 분석」, 『동아시아문화연구』 77, 한양대학교 동아시아문화연구소, 13-29.

_____(2020), 「남북 미술 선분용어의 형태적, 의미적 분석」, 『한국언어문학』 71, 한국언어문화학회, 35-57.

_____(2022), 「교과 전문용어에 나타나는 분야 정보에 대한 연구」, 『한국언어문학』 77, 한국언어문화학회, 29-47.

김한샘(2008), 「전문용어 정비의 현황과 과제」, 『한말연구』 23, 한말연구학회, 94-120.

리수락(2005), 「전문용어 표준화의 원칙과 평가기준」, 『한국어정보학』 7-2, 한국어정보학회,

1-11.

문숙영(2021), 「통사적/비통사적 합성어 구분의 위상에 대한 문제제기」, 『국어학』 100, 국어학회, 57-97.

박주원·김숙정·도원영(2021), 「남북 의료 용어 데이터베이스 구축의 쟁점과 실제」, 『한국사전학』 38, 한국사전학회, 136-166.

배선미·시정곤(2004), 「한국어 전문용어 조어분석에 대한 통계적 연구 ─ 물리, 화학, 생물, 의학 용어를 중심으로」, 『한국어학』 25, 한국어학회, 191-219.

백경미·육영주·김태경(2022), 「정부 공공기관의 전문용어 사용 실태 및 개선 방안 연구」, 『한국언어문학』 77, 한국언어문화학회, 103-142.

송영빈(2007), 「한·영·일 의학 전문용어의 특징」, 『일본학보』 72, 한국일본학회, 85-96.

_____(2009), 「한일 의학용어의 변화」, 『일본연구』 40, 한국외국어대학교 일본연구소, 521-540.

_____(2012), 「의학 논문을 통해 본 전문용어 사용 양상」, 『한국사전학』 20, 한국사전학회, 211-233.

신중진·엄태경(2016), 「심화 전문용어의 조어분석과 그 실제 ─ 물리 분야를 중심으로」, 『한국언어문화』 60, 한국언어문화학회, 165-190.

엄태경(2019), 「한국어 전문용어의 어휘·형태적 연구」, 한양대학교 박사학위논문.

_____(2021a), 「전문용어의 체계와 관계에 대한 탐색」, 『우리말글』 91, 우리말글학회, 125-156.

_____(2021b), 「남북한 '문법' 전문용어의 개념 조화」, 『한국언어문화』 75, 한국언어문화학회, 87-117.

엄태경·신중진(2017), 「남북 전문용어의 조어분석과 통합 ─ 수학, 물리 분야를 중심으로」, 『국어학』 82, 국어학회, 181-212.

오규환(2021), 「『표준국어대사전』의 '형태론' 관련 전문용어의 사전 기술에 대한 단견」, 『언어와 정보 사회』 42, 서강대학교 언어정보연구소, 39-60.

오현아(2019), 「통일 대비 남북 교과 전문 용어 비교 분석 연구에 대한 시론 ─ 고등학교 문법 교과서를 중심으로」, 『우리말글』 82, 우리말글학회, 59-96.

윤상한(2020), 「일본어계 외래어의 위상에 관한 비교 연구 ─ 건설 전문용어를 중심으로」, 『일본학』 51, 동국대학교 일본학연구소, 103-129.

은희철·송영빈·정인혁(2013), 『아름다운 우리말 의학 전문용어 만들기』, 커뮤니케이션북스.

이성우·신중진(2016), 「심화 전문용어의 개념 확립을 위한 시론」, 『동아시아문화연구』 66, 한양대학교 동아시아문화연구소, 89-112.

_____(2021), 「남북 국어 교과 전문용어의 개념 통합을 위한 쟁점과 방향」, 『동아시아문화연구』 86, 한양대학교 동아시아문화연구소, 85-105.

이수진(2018), 「고유 명사와 관련된 신어의 유형과 특징」, 『동남어문논집』 46, 동남어문학회,

63-94.

이순동(2021), 「법률 용어의 개선」, 『법학논고』 73, 경북대학교 법학연구원, 25-65.

이현주(2007), 『외래 전문용어 번역 및 조어법 연구』, 국립국어원.

_____(2013), 「전문용어 조어 및 번역 방법론에 대한 시론」, 『비교문화연구』 31, 경희대학교 비교문화연구소, 331-370.

_____(2015), 「전문용어학의 이론적 토대를 위한 개념 연구」, 『한국사전학』 26, 한국사전학회, 40-67.

_____(2021a), 「공공언어의 전문성, 전문용어의 공공성」, 『한국사전학』 37, 한국사전학회, 7-51.

_____(2021b), 「전문용어의 의미 파생과 그 사전적 표상에 대하여 — 용어화, 탈용어화, 재용어화 개념을 중심으로」, 『프랑스어문교육』 74, 한국프랑스어문교육학회, 73-104.

이현주·조동성(2011), 「학술 전문용어 정비 및 표준화의 특징 및 과제」, 『한국어 의미학』 35, 한국어의미학회, 245-283.

전은진·신중진(2017), 「남북 국어 교과 전문용어의 조어 분석 — 문학 용어를 중심으로」, 『동아시아문화연구』 71, 한양대학교 동아시아문화연구소, 13-31.

_____(2020), 「남북 역사 분야 전문용어의 이질화 양상」, 『동아시아문화연구』 80, 한양대학교 동아시아문화연구소, 115-141.

_____(2022), 「남북 전문용어 연구의 성과와 방향」, 『한국어의미학』 75, 한국어의미학회, 29-56.

정영란(2014), 「의학전문용어의 어휘론적 연구」, 충북대학교 박사학위논문.

정한데로(2019), 「의학 전문용어의 말 다듬기와 단어 형성」, 『언어와 정보 사회』 42, 서강대학교 언어정보연구소, 1-37.

조남호(2005), 「국어정책에서 본 전문용어 정비와 문제점」, 『수의학용어 표준화 2차 공청회 자료집』, 17-23.

조은경(2001), 「전문용어의 어휘형태적 특성 연구」, 연세대학교 석사학위논문.

조태린(2010), 「언어 정책이란 무엇인가」, 『새국어생활』 20-2, 국립국어원, 117-131.

_____(2017), 「통일 시기 남북 전문용어 표준화 정책에 대한 소고」, 『사회언어학』 25-3, 한국사회언어학회, 299-326.

수지연(2016), 「전문용어에 사용된 한자 형태소의 분포와 전문 분야별 한자교육 — 화학, 의학 전문용어에 사용된 차사를 중심으로」, 『어문연구』 44-1, 한국어문교육연구회, 373-401.

최순희·임규홍·김여숙(2021), 「기능경기대회과제 의상디자인 분야 전문용어 어휘 분석 연구」, 『동남어문논집』 52, 동남어문학회, 37-63.

최창원·정유남(2020), 「자연언어처리를 위한 지명어 연구 — 〈우리말샘〉 지명 전문용어의 유형 분류를 중심으로」, 『지명학』 33, 한국지명학회, 475-504.

최형용(2010), 「전문 용어의 형태론 ― 지침으로서의 전문 용어 형성 원칙을 중심으로」, 『한중인문학』 31, 한중인문학회, 293-323.

_____(2016), 『한국어 형태론』, 역락.

_____(2018), 『한국어 의미 관계 형태론』, 역락.

황건(2007), 「의학 용어의 순화와 미래」, 『새국어생활』 17-1, 국립국어원, 25-39.

Cabré, M. T.(1999), *Terminology : Theory, methods and applications*, Amsterdam : John Benjamins Publishing Company.

Felber, H.(1987), *Manuel de la terminologie*, Inforterm, Paris.

ISO 704(2009), *Terminology work - Principles and methods*.

Kageura, K.(2002), *The Dynamics of Terminology-A descriptive theory of term formation and terminological growth*, Amsterdam : John Benjamins Publishing Co.

Spolsky, B.(2004), *Language Policy*, Cambridge : Cambridge University Press.

Spolsky, B.(ed.)(2012), *The Cambridge Handbook of Language Policy*, Cambridge : Cambridge University Press.

‖사전류‖

국립국어원, 표준국어대사전(https://stdict.korean.go.kr/main/main.do)

국립국어원, 우리말샘(https://opendict.korean.go.kr/main)

5. 전문 용어와 통사적 결합어

5.1. 들어가기

본장은 전문 용어에서 나타나는 통사적 결합어를 고찰해 보는 것을 목적으로 한다. 통사적 결합어란 조사나 어미가 단어 형성에 참여한 경우를 말한다. 전문 용어에서는 일반 용어에 비해 통사적 결합어를 다수 찾아볼 수 있다. 1장에서 밝혔듯이 전문 용어의 형성은 '개념'에서 출발하여 용어를 도출하는 표현론적 과정을 거친다. 어떠한 개념에서 단어를 도출한 결과인 전문 용어에 통사적 결합어가 드러난다는 것은, 한국어의 단어 형성에 조사나 어미가 참여하는 일이 활발히 일어나고 있음을 의미한다.

이 장에서는 전문 용어 통사적 결합어의 개념을 설정한 후, 전문 용어 조사 결합어와 전문 용어 어미 결합어로 나누어 특성을 살펴보도록 한다.

5.2. 전문 용어 통사적 결합어의 개념

통사적 결합어는 기존의 논의에서 흔히 주변적이거나 예외적인 것으로 다루어졌다. 이익섭(1986 : 3장)에서는 단어를 단일어와 합성어로 나누고, 합성어를 복합어와 파생어로 나눈 것을 단어 체계로 제시하였다. 조사나 어미가 단어 내부에 나타나는 경우는 이 체계 안에서 설명될 수 없었다. 이익섭(1986 : 118-119)은 '알아보다', '돌아가시다'와 같은 단어들에 대해 '어미를 뺀 부분이 두 개의 어기들로 이루어져 훌륭한 복합어에 해당한다'고 설명하여 단어 사이에 등장한 어미를 배제적으로 처리함을 알 수 있다. 최형용(2003 : 34)에서는 조사와 어미가 단어 형성에 참여한 단어들을 통사적 결합어로 처리하여 조사나 어미가 단어 형성에 참여하는 일이 적지 않음을 보이고 다음과 같은 체계를 제시하였다.

(1)
어휘적 단어 ─┬─ 단일어
            └─ 복합어 ─┬─ 합성어
                      ├─ 파생어
                      └─ 통사적 결합어

　전통적으로 파생어와 합성어로 구분되던 체계와 달리 이 체계 안에서는 통사적 결합어가 파생어나 합성어와 대등한 지위를 가진다. 본장에서도 조사나 어미와 같은 문법 요소가 단어 형성에 참여한 경우를 통사적 결합어로 처리하여 다루도록 한다. 한편 정한데로(2018)에서는 통사적 결합어의 공시적인 형성을 주장한 바 있는데, 통시적인 관점을 취하기 어려운 전문 용어 형성 과정의 특성상, 전문 용어 통사적 결합어는 공시적으로 형성된 통사적 결합어로 판단할 수 있다.

　전문 용어 중에는 구 단위의 형태가 다수 나타난다. 이는 4장에서 언급된 것과 같이, '개념'이 중심인 전문 용어의 형성에서 구가 의미를 보다 확실하게 제시할 수 있는 전략임과 관련이 있다. 어떤 통사적 구성이 구인지 단어인지를 구별하는 것은 일반 용어에서도 쉽지 않으나, 전문 용어에서는 구별이 더욱 어렵다. 다음과 같은 경우를 주목해 보자.

> (2) 가. 꺾은선 그래프[1](수학), 사각형 그래프[2](수학)
>   나. 막대그래프[3](수학), 면적그래프[4](수학)

(2)의 단어는 모두 그래프의 종류를 나타내는 전문 용어이다. 뜻풀이를 참고하였을 때 이들이 나타내는 것은 그래프의 종류로, 같은 층위의 개념임을 확인할 수 있다. 한편『표준국어대사전』에서는 (2가)를 구로, (2나)는 단어로 처리하여 달리 제시하고 있다. 즉 어떤 전문 용어가 구인지 단어인지의 차이는 그것이 가리키는 개념의 차이로 인한 것이 아니다. 이러한 경우를 통해 전문 용어가 구인지 단어인지를 구분하는 것이 논의에 유의미한 도움을 준다고 보기 어렵다는 것을 알 수 있다. 어떠한 개념을 나타내기 위해 형성되는 전문 용어의 특성상 전문 용어가 구와 단어의 경계를 넘나드는 것은 오히려 자연스럽다고 할 수 있으며, 어떤 용어를 구성하기 위해 조사나 어미가 사용되는 현상 자체에 초점을 맞출 필요가 있다. 본장에서 다루는 전문 용어 통사적 결합어에 구 단위를 제외하는 것은 쉽지 않은 한편 다음과 같은 경우는 전문 용어 통사적 결합어로 다루기 어렵다.

> (3) 두 개의 우주 체계에 관한 대화[5](책명), 알리바바와 사십 인의 도적[6]
>   (문학)

---

1) 막대그래프의 끝을 꺾은선으로 연결한 그래프. 시간의 흐름에 따른 양의 변화를 나타내는 데 편리하다.
2) 한 사각형의 기로세로를 10등분히여 100개의 작은 사각형을 만들고 한 개를 1%로 셈히여 각각의 양을 표시하는 그래프. 전체와 부분, 부분과 부분의 상대적인 비중을 쉽게 알 수 있다.
3) 비교할 양이나 수치의 분포를 막대 모양의 도형으로 나타낸 그래프.
4) 수량의 비율을 면적으로 나타내는 그래프. 원그래프와 띠그래프 따위가 있다.
5) 1632년 이탈리아의 물리학자이자 천문학자인 갈릴레이가 코페르니쿠스 체계의 기초를 해명하고 새로운 과학 방법론을 서술한 책.
6) 아라비안나이트에 나오는 이야기.

(3)은 『책명』, 『문학』 분야에서 찾을 수 있는 조사나 어미를 포함한 전문 용어이나, 책의 제목을 어떠한 전문 개념을 표현한 용어로 보기는 어렵고 통사적 결합어와 관련하여 용어의 형성 과정을 살펴보는 것도 유의미하지 않다.

한편 전문 용어 통사적 결합어는 순화어7)와 관련하여서도 살펴볼 필요가 있다. 원어를 고유어로 순화하는 과정에서 통사적 결합어의 형태가 많이 드러나는데, 국립국어원(2020)에서 제시한 전문 용어 표준화 사례에는 다음과 같은 용어들이 포함된다.

(4) 가. 구배(句配)8)(에너지 및 자원 개발) → 기울기
　　　　월파(鉞波)9)(기상관측) → 파도 넘침
　　나. 개로(開路)10)(에너지 및 자원 개발) → 열린회로
　　　　폐로(閉路)11)(에너지 및 자원 개발) → 닫힌회로

(4가)는 명사인 원어를 고유어로 옮기면서 명사형 전성 어미가 사용된 유형이다. '구배'는 명사형 전성 어미 '-기'가 사용된 '기울기'로, '월파'는 명사형 전성 어미 '-(으)ㅁ'이 사용된 '파도 넘침'으로 순화되어 명사였던 원어를 나타내는 것을 확인할 수 있다. 또 (4나)는 원어의 개념을 표현하기 위해 관형사형 전성 어미가 사용된 유형이다. '개로'와 '폐로' 모두 관형사형 전성 어미가 쓰여 '열린회로', '닫힌회로'로 순화되었다. 각 유형을 대표하는 이들 단어 외에도 전문 용어 순화어에는 조사나 어미가 많이 나타나는데, 이는 세분화되고 복잡한 개념을 나타내는 데에 조사나 어미가 사용된 통사적 결합어가 효과적인 것과 관련이 있다. 이처럼 순화어로서의 전문 용어에도 조사

---

7) 전문 용어에 나타나는 순화어와 관련해서는 9장을 참고할 것.
8) 비탈길, 지붕 등 경사면의 기운 정도를 말함.
9) 강한 바람이나 너울 등의 영향으로 파도가 제방 따위를 넘어서 흐름. 또는 그런 파도.
10) 전류의 통로가 끊겨 있는 상태.
11) 전류의 통로가 연결되어 있는 상태.

나 어미가 적극적으로 사용되는바, 전문 용어 통사적 결합어는 그 수를 늘려 갈 것을 예측할 수 있다.

본장에서는 전문 용어 통사적 결합어를 '조사나 어미가 포함된 단어나 구의 전문 용어'로 설정하고 논의를 진행하고자 한다. 『표준국어대사전』에 제시된 전문 용어 분야 중 통사적 결합어가 특히 많이 나타나는 『동물』, 『식물』, 『수학』, 『체육』, 『경제』 분야를 중심으로 전문 용어를 살펴보기로 한다. 『동물』, 『식물』 분야에서는 가령 '검은가슴물떼새[12](동물)', '나도개감채(식물)[13]'와 같이 동물의 특징을 이름에 반영하는 데에서 통사적 결합어가 많이 드러난다. 『수학』 분야에서는 '중간값의 정리[14](수학)'와 같이 조사 '의'가 포함된 수학적 개념의 명칭, 『체육』 분야에서는 '안아치다[15](체육)'와 같이 연결 어미가 사용된 기술의 명칭 등이 두드러지며 『경제』 분야에서는 다양한 유형의 전문 용어 통사적 결합어가 나타나기 때문에 통사적 결합어와 관련하여 살펴볼 만한 전문 분야라고 할 수 있다. 이제 통사적 결합어를 어미 결합어와 조사 결합어로 나누어 각각의 유형과 특성을 살펴보도록 한다.

5.3. 전문 용어 통사적 결합어의 유형과 특성

5.3.1. 전문 용어 조사 결합어

전문 용어 조사 결합어는 전문 용어 어미 결합어에 비해 그 수가 매우 적다. 그중에서도 관형격 조사 '의'나 보조사 '도'가 참여한 것이 대부분의 경우를

---

12) 물떼샛과의 새. 등쪽은 검은 바탕에 희고 노란 반점이 있으며, 배 쪽은 검은색이나 겨울에 어두운 갈색으로 변한다.
13) 백합과의 여러해살이풀. 개감채와 비슷하며 산에서 자란다.
14) 함수 f(x)가 구간 a≤x≤b에서 연속이면, f(a)와 f(b) 사이에 있는 모든 값 a에 대하여서도 f(k)=a가 되는 k가 a와 b 사이에 존재한다는 정리.
15) 씨름에서, 상대편의 몸통을 안고 메어치다.

차지하였다. 최형용 외(2022 : 192-194)에서는 2000년부터 2019년까지의 국립국 어원 신어 보고서에 나타난 조사 결합어의 목록을 제시하고 있다. 신어 조사 결합어 27개 중 관형격 조사 '의'가 사용된 것이 8개[16]로 적지 않은 비율을 차지한다. 그중 5개 단어가 전문 용어에 해당하는데, 분야도 정치, 경제, 컴퓨터, 행정으로 다양하다. 관형격 조사 '의'는 신어 전문 용어를 형성하는 데에도 상대적으로 활발하며, 기존의 전문 용어 조사 결합어에서도 가장 쉽게 찾아볼 수 있다. 다음 (5)는 조사 '의' 결합 전문 용어이다.

(5) 가. 삼각형의 오심(수학)[17]
　　나. 메넬라오스의 정리(수학)[18], 에라토스테네스의 채(수학)[19]
　　다. 양의 항[20](수학), 음의 항[21](수학)
　　라. 평균값의 정리[22](수학), 반전의 정리[23](수학)

(5)의 전문 용어들은 모두 관형격 조사 '의'가 사용된 경우이지만, (5가,

---

16) 최형용 외(2022 : 193)에서 제시된 관형격 조사 '의'가 포함된 신어 조사 결합어는 다음과 같다.
　　가. 악의^축(정치), 아르의^공포(경제), 아이의^공포(경제), 엔분의^일^잡, 메모리의^벽 (컴퓨터), 플랜다스의^계(행정)
　　나. 내시피, 내시피족
　　(가)에서는 '의'가 형태적으로 드러나 있고, (나)에서는 '나의'가 줄어든 '내'의 형태가 사용되었다. 최형용 외(2022)에서는 (가)와 (나) 모두를 '의'가 포함된 신어 조사 결합어로 처리하였다.
17) 삼각형의 외심, 내심, 방심, 무게 중심, 수심을 통틀어 이르는 말.
18) 삼각형 ABC의 변 BC, CA, AB 또는 이들의 연장이 한 직선과 만나는 점을 각각 P, Q, R이라고 할 때, BP/PC·CQ/QA·AR/RB = 1이 성립한다는 정리. 그리스의 수학자 메넬라오스가 발견하였다.
19) 에라토스테네스가 발견한, 소수를 찾아내는 방법.
20) 양의 부호와 음의 부호가 붙은 수 또는 식을 덧셈 부호로 연결하여 얻은 식에서 양의 부호를 갖는 항.
21) 양의 부호와 음의 부호가 붙은 수 또는 식을 덧셈 부호로 연결하여 얻은 식에서 음의 부호를 갖는 항.
22) 어떤 함수가 폐구간 [a, b]에서 연속이고 개구간 (a, b)에서 미분이 가능하면, $f(b)-f(a)/(b-c) = f'(c)$, $a<c<b$를 만족하는 평균값 c가 적어도 하나는 있다는 정리.
23) 두 개의 비 $a : b$와 $c : d$가 서로 같으면, 그 반비인 $b : a$와 $d : c$도 서로 같다는 정리.

나, 다, 라)는 의미에 있어 차이를 보인다. 먼저 조사 '의'의 사전적 정의[24]는 다음과 같다.

(6) 의[10] 「조사」
   가. 「1」 앞 체언이 관형어 구실을 하게 하며, 뒤 체언이 나타내는 대상이
      앞 체언에 소유되거나 소속됨을 나타내는 격 조사.
   나. 「3」 앞 체언이 관형어 구실을 하게 하며, 앞 체언이 뒤 체언이 나타
      내는 대상을 만들거나 이룬 형성자임을 나타내는 격 조사.
   다. 「6」 앞 체언이 관형어 구실을 하게 되며, 뒤 체언이 나타내는 사실이
      나 상태가 앞의 체언에 관한 것임을 나타내는 말.
   라. 「21」 앞 체언이 관형어 구실을 하게 하며, 앞 체언이 뒤에 연결되는
      조사의 의미 특성을 가지고 뒤 체언을 꾸미는 기능을 가짐을 나타내
      는 격 조사.

   (5가, 나, 다, 라)에 제시된 전문 용어는 각각 (6가, 나, 다, 라)에 제시된 '의'의 뜻풀이를 포함한다. 가령 '삼각형의 오심'은 (6가)의 뜻풀이인 '뒤 체언이 나타내는 대상이 앞 체언에 소유되거나 소속됨'과 관련을 가져, 해당 삼각형에 소속되는 오심을 의미한다. '메넬라오스의 정리'는 (6나) '앞 체언이 뒤 체언이 나타내는 대상을 만들거나 이룬 형성자임'이라는 뜻과 관련을 가져, 그 정리를 만든 형성자가 메넬라오스라는 뜻을 가지고 있다. (5다) '양의 항'과 '음의 항'은 뒤 체언인 '항'이 나타내는 사실이나 상태가 '양'이거나 '음'이라는 뜻을 확인할 수 있다. (5)와 (6)을 통하여 문법 요소인 조사가 원래의 다양한 뜻과 기능을 그대로 지닌 채 전문 용어 형성에 활발히 참여한다는 것을 알 수 있다. 엄태경(2021)에서도 이처럼 관형격 조사 '의'가 포함된 전문 용어의 의미 차이에 주목한 바 있다. 예를 들어 (5나)와 같은 용어들은 고유명

---

24) 『표준국어대사전』에 제시된 격조사 '의'의 뜻풀이 중 논의와 관련된 것만 선별적으로
   제시하였다.

으로만 지시 대상을 가리키고 있기 때문에 이 용어는 구성 요소의 합으로는 의미를 파악하기 어렵다. 즉 이 용어들은 의미적으로 매우 불투명하고, 이러한 전문 용어는 고도로 추상화된 개념을 편리하게 지칭하기 위해 해당 분야에서 관습적으로 형성된다고 설명하였다. 이러한 추상적 개념을 지칭하는 데에 문법적 기능을 하는 조사의 역할이 필수적이었다고 판단된다.

보조사 '도'가 사용된 경우는 『식물』 분야에서 두드러진다.

(7) 가. 나도잔디[25](식물), 나도사프란[26](식물), 나도생강[27](식물), 나도바람꽃[28](식물), 나도닭의덩굴[29](식물), 흰꽃나도사프란[30](식물), …

나. 너도개미자리[31](식물), 너도고랭이[32](식물), 너도바람꽃[33](식물), 너도밤나무[34](식물), 너도방동사니[35](식물), 너도양지꽃[36](식물),

---

25) 볏과의 한해살이풀. 줄기는 높이가 5~30cm이고 밑동에서 뭉쳐나며, 잎은 어긋나고 실 모양이다. 8월에 수상화가 핀다. 양지에서 자란다.

26) 수선화과의 여러해살이풀. 사프란과 비슷하나 분홍색 꽃이 핀다. 멕시코가 원산지이다.

27) 닭의장풀과의 여러해살이풀. 높이는 30~80cm이며, 잎은 어긋나고 긴 타원의 피침 모양이다. 7~8월에 흰 꽃이 줄기 끝에 모여 피고 열매는 둥근 남색의 삭과(蒴果)를 맺는다.

28) 미나리아재빗과의 여러해살이풀. 높이는 20~30cm이며, 잎은 세 갈래로 갈라진다. 4~6월에 흰 꽃이 긴 꽃줄기 끝에 각각 한 송이씩 피고, 열매는 타원형의 골돌과(蓇葖果)를 맺는다.

29) 마디풀과의 한해살이 덩굴풀. 높이는 1미터 정도이며, 잎은 어긋나고 심장 모양이다. 5~10월에 엷은 풀색 꽃이 총상(總狀) 화서로 줄기 끝과 잎겨드랑이에서 피고, 열매는 검은색의 세모난 수과(瘦果)를 맺는다.

30) 수선화과의 여러해살이풀. 높이는 60cm 정도이며, 비늘줄기에서 잎이 나온다. 7월에 흰색 또는 연한 붉은색 꽃이 잎 사이에서 나온 꽃줄기 끝에 한 개씩 피고 열매는 삭과(蒴果)로 녹색이며 8월에 익는다.

31) 석죽과의 여러해살이풀. 높이는 10~20cm이며, 잎은 마주나고 좁은 피침 모양이다. 7~10월에 흰 꽃이 줄기 끝에 한두 송이씩 피고 열매는 삭과(蒴果)를 맺는다.

32) 사초과의 여러해살이풀. 높이는 40~50cm이며, 잎은 좁고 길다. 8월에 갈색 꽃이 피고 습지에서 자란다.

33) 미나리아재빗과의 여러해살이풀. 높이는 15cm 정도이며, 잎은 뿌리에서 나고 긴 잎자루가 있고 깊게 세 개로 갈라진다. 4월에 흰 꽃이 꽃줄기 끝에 한 송이 피고 열매는 골돌과(蓇葖果)를 맺는다.

34) 참나뭇과의 낙엽 활엽 교목. 높이는 20미터 정도이며, 잎은 달걀 모양이고 물결무늬 톱니가 있다. 6월에 단성화가 피고 열매는 견과(堅果)로 10월에 익는다.

35) 사초과의 여러해살이풀. 높이는 50~100cm이며, 잎은 실 모양이다. 7~8월에 작은 수상화

너도제비난[37](식물)

　(7가)와 (7나)는 각각 '나도'와 '너도'가 결합한 전문 용어이다. '너도'가
단어 안에 나타나는 것은 (7나)에 제시된 것이 전부이지만, '나도'가 결합한
것은 그 수가 적지 않고 다양한 결합 양상을 보인다. '나도'와 단일어가 결합
한 경우인 '나도잔디', '나도사프란', '나도생강'은 서로 다른 어종과의 결합을
보인다. '나도'는 고유어인 '잔디', 외래어인 '사프란(saffraan)', 한자어인 '생강
(生薑)'과 직접 결합하였고, 이러한 현상은 어렵지 않게 발견된다. '나도'와
합성어인 '바람꽃', 통사적 결합어인 '닭의덩굴'이 결합한 것과 같은 유형
또한 쉽게 찾아볼 수 있으며, '흰꽃나도사프란'은 직접 성분이 '흰꽃'과 '나도
사프란'으로 구분되는데, 그만큼 조사 결합어인 '나도사프란'이 긴밀한 하나
의 단어로 인식됨을 해석할 수 있다. 예문 (7)을 통해 전문 용어 통사적 결합
어가 결합에 큰 제약을 가지지 않고, 다양한 종류의 단어나 어종과 결합하여
형성될 수 있음을 확인하였다.

　유형이 다양하지는 않지만 '의'나 '도'가 아닌 다른 전문 용어 조사 결합어
도 나타난다.

　　(8) 뒤로 돌기[38](체육), 뒤로 차기[39](체육), 몸 앞으로 굽히기[40](체육)

『체육』 분야에서는 격 조사 '로'가 사용된 전문 용어 조사 결합어가 나타

　가 피고 수과(瘦果)를 맺는다.
36) 장미과의 여러해살이풀. 높이는 3cm 정도이며, 잎은 뿌리에서 뭉쳐나고 겹잎이다. 7 8월
　　에 작고 노란 꽃이 줄기 끝에 모여 피고 열매는 수과(瘦果)를 맺는다.
37) 난초과의 여러해살이풀. 높이는 15~30cm이며, 잎은 1~3개가 어긋나고 긴 피침 모양이다.
　　7~8월에 자주색 꽃이 3~8개 핀다.
38) 기계 체조에서, 평행봉에 양팔을 짚고 몸을 앞뒤로 진동하다가 물구나무서기 자세가 되었
　　을 때 양팔의 위치를 바꾸어 놓으며 뒤로 도는 기술.
39) 태권도에서, 뒤에 있는 상대편을 발의 측면이나 뒤꿈치로 차서 공격하는 기술.
40) 체조에서, 다리를 앞뒤로 벌린 자세에서 몸을 앞으로 굽히는 배 운동.

났다. 이들 용어에서 '로'는 방향을 나타내어 '뒤로', '앞으로' 등으로 쓰여, 전문 용어가 뜻하는 개념을 상세히 표현하였다. 문법 요소가 전문 용어에 사용되는 일은, 이처럼 개념을 정확하게 표현하는 데에 도움을 준다.

5.3.2. 전문 용어 어미 결합어

이 절에서는 전문 용어 어미 결합어에서 나타나는 특성을 살펴보도록 한다. 전문 용어 어미 결합어는 조사 결합어보다 다양하게 나타나는데 다음과 같은 형태를 포함한 유형을 특히 많이 찾아볼 수 있다.

(9) 가. 용언+관형사형 전성 어미+명사
나. 용언+명사형 전성 어미
다. 용언+연결 어미+용언(+명사형 전성 어미)

이제 (9)의 유형에 해당하는 전문 용어들의 특성을 예시 단어와 함께 살펴볼 것이다. (9가) '용언+관형사형 전성 어미+명사'에서는 관형사형 전성 어미 중에서도 '-ㄴ'의 단어 형성 참여가 두드러진다.

(10) 가. 검은-고니[41](동물), 붉은-거북[42](동물)
나. 검은가슴-물떼새[43](동물), 붉은가슴-도요[44](동물)
다. 쇠-검은머리쑥새[45](동물), 왕-붉은점모시나비[46](동물)

---

41) 오릿과의 새. 몸의 길이는 1.2m, 편 날개의 길이는 40cm 정도이며, 온몸이 검은색이다.
42) 바다거북과의 하나. 등딱지의 길이는 1m 정도이고 몸무게는 150kg 정도가 보통이나 400kg에 이르는 것도 있다.
43) 물떼샛과의 새. 등 쪽은 검은 바탕에 희고 노란 반점이 있으며, 배 쪽은 검은색이나 겨울에 어두운 갈색으로 변한다.
44) 도욧과의 하나. 몸의 길이는 25cm 정도이다. 등 쪽은 검은색에 붉은 갈색 점무늬가 있고 머리 위와 목에는 연한 붉은색과 흰색의 세로무늬가 있다.
45) 되샛과의 새. 목뒤와 허리, 날개의 가장자리는 붉은 갈색이다. 겨울 깃에는 머리 위에 잿빛 줄무늬가 있다.

(10)은 (9가)의 형태 중 색채를 나타내는 형용사 '검다'와 '붉다'를 포함한 용어들이다. '검다'와 '붉다'가 포함된 전문 용어[47]는 그 수가 적지 않았기 때문에 각각에서 (10가), (10나), (10다) 유형에 해당하는 용어가 모두 발견되었다. (10)의 세 가지 유형은 직접 성분 분석에서 차이를 보이는데 (10가)는 '용언+관형사형 전성 어미+명사' 형의 단어로, 따라서 관형사형 전성 어미가 단어의 직접 성분으로 기능한다. (10나)는 (10가)의 구성 전체가 후행하는 명사와 결합한 것, (10다)는 (10가)의 구성 앞에 다른 요소가 결합한 것이다. (10가)만이 엄밀한 의미에서 직접 성분을 어미로 가지는 통사적 결합어이지만, (10나, 다)를 통해 통사적 결합어가 한 단어로 굳은 채 다른 요소들과 결합하여 전문 용어를 형성하는 모습을 확인할 수 있다.

(11)   더하는수[48](수학), 더해질수[49](수학)

(9가)의 형태를 가진 전문 용어 어미 결합어 중에서 (11)의 경우도 매우 흥미롭다. 이 단어들은 각각 '더하+-는+수', '더하+-어+지+-ㄹ+수'로 구성되어 있다. (11)의 단어들이 가진 어휘적 단어는 '더하다', '수'로 동일한 상태에서, 결합한 어미의 차이로 반대 의미를 가지는 두 전문 용어가 형성된 것이다. 이는 통사적 결합이 단어 형성에 있어 효율적인 방법임을 드러낸다.

(9나) '용언+명사형 전성 어미'에서는 명사형 전성 어미 '기'가 참여한 단어가 특히 많이 나타났다. 이 유형에서는 어미를 직접 성분으로 가지는 형태

---

46) 호랑나빗과의 곤충. 편 날개의 길이는 7.2~9cm이며 무늬와 몸빛의 변화가 많다.

47) 『동물』 분야에서 '검은'을 포함하는 전문 용어는 53개, '붉은'을 포함하는 전문 용어는 43개로 그 수가 적지 않았고 다양한 유형으로 나타났다. '검다', '붉다' 외에도 '흰', '노란'과 같은 색채를 나타내는 관형사형과 '큰', '작은'과 같은 크기를 나타내는 관형사 형태가 포함된 전문 용어 통사적 결합어가 적지 않게 드러났다. 이는 통사적 결합어가 동물의 생김새를 묘사하는 데에 이점을 가진다는 뜻으로 해석될 수 있다.

48) 어떤 수나 식에 다른 수나 식을 더할 때에, 더해지는 수나 식.

49) 어떤 수나 식에 다른 수나 식을 더할 때에, 그 처음의 수나 식.

의 전문 용어를 많이 찾아볼 수 있다. 그중에서도 다음 (12)와 같은 유형을 주목해 보자.

    (12) 가. 끝내기[50](체육), 나누기[51](수학), 더하기[52](수학), 던지기[53](체육),
              빼기[54](수학), 숨쉬기[55](체육)
        나. 가로채기[56](체육), 그리기[57](수학), 덜기[58](수학), 보태기[59](수학)

(12가)와 (12나)는 구성이 동일하지만, (12가)는 '해당 단어+하다' 형태 또한 『표준국어대사전』에 등재되어 있고, (12나)는 그렇지 않다. (12가)와 관련하여 '끝내기하다', '나누기하다', '더하기하다', '던지기하다', '빼기하다', '숨쉬기하다'가 (13)에서 볼 수 있듯이 표제어로 존재한다. 다만, 두 단어의 뜻을 명사와 동사로서 풀이하고 있을 뿐이다.

    (13) 가. 끝내기 「2」 『체육』 바둑에서, 끝마감으로 바둑점을 놓는 일.
        가'. 끝내기하다 「2」 『체육』 바둑에서, 끝마감으로 바둑점을 놓다.
        나. 나누기 『수학』 나눗셈을 함.
        나'. 나누기하다 『수학』 나눗셈을 하다.

이는 경제적이지 않은 언어 현상으로, 예를 들어 '끝내다', '나누다'로 표현할 수 있는 것을 '끝내+-기+하다', '나누+-기+하다'로 잉여적인 표현을 추가

---

50) 바둑에서, 끝마감으로 바둑점을 놓는 일.
51) 나눗셈을 함.
52) 덧셈을 함.
53) 육상 경기에서, 필드 경기의 한 종목. 원반, 포환, 창 따위를 멀리 가도록 던져 그 거리를 잰다.
54) 뺄셈을 함.
55) 맨손 체조에서, 숨을 깊이 들이마시고 내쉬는 운동.
56) 축구·농구·럭비 따위에서, 상대편의 패스를 중간에서 가로챔. 또는 그런 일.
57) 자와 컴퍼스만을 써서 주어진 조건에 알맞은 선이나 도형을 그림.
58) 뺄셈을 함.
59) 덧셈을 함.

한 것이다. 이는 (12가)와 같은 통사적 결합어가 어휘부에서 한 단어로 인식되어 처리된다는 것을 보여준다. 또, (12나)의 '덜기', '보태기'는 '뺄셈'과 '덧셈', '빼기'와 '더하기'와 의미가 같다.

> (14)　가. 덜기『수학』뺄셈을 함.
> 　　　가'. 뺄셈『수학』몇 개의 수나 식 따위를 빼서 계산함. 또는 그런 셈.
> 　　　가". 빼기『수학』뺄셈을 함.
> 　　　나. 보태기『수학』덧셈을 함.
> 　　　나'. 덧셈『수학』몇 개의 수나 식 따위를 합하여 계산함. 또는 그런 셈.
> 　　　나". 더하기『수학』덧셈을 함.

　한편 '덜기하다', '보태기하다'는 사전에서 찾아볼 수 없는데, 어떤 단어가 한 단어로 인식되는 것에 사용 빈도도 영향을 미치기 때문으로 풀이된다.

　(9다)는 '용언+연결 어미+용언' 형태의 전문 용어 어미 결합어를 말한다. 이 형태는 특히 체육 분야에서 많이 드러나고, 마지막에 명사형 전성 어미가 결합된 경우가 많다.

> (15)　가. 밀어 넘어뜨리기[60](체육), 밀어 던지기[61](체육), 밀어올리기[62](체육), 밀어 차기[63](체육)
> 　　　나. 다리 걸어 돌기[64](체육), 다리 굽혀 펴기[65](체육), 다리 모아 뛰기[66]

---

60) 레슬링에서, 일어선 채로 상대편의 다리를 잡아 앞으로 또는 옆으로 밀어서 넘어뜨리는 기술.
61) 씨름에서, 상대편의 두 무릎이 구부러지고 중심이 불안정한 틈을 이용하여 잽싸게 밀어붙이는 기술.
62) 역도 경기 종목의 하나. 바벨을 어깨까지 올린 다음 머리 위로 천천히 들어 올린다.
63) 태권도에서, 상대편의 공격을 막거나 공격하기 위하여 상대편의 몸통이나 얼굴을 발바닥으로 밀어 차는 기술.
64) 기계 체조에서, 철봉에 한쪽 다리를 걸고 매달린 채 다리를 앞뒤로 흔드는 힘을 이용하여 앞이나 뒤로 도는 기술.
65) 맨손 체조에서, 다리 관절을 굽혔다 폈다 하는 동작.
66) 기계 체조에서, 일정한 거리에서 뜀틀을 향해 도움닫기를 한 후 두 손으로 뜀틀을 짚고

(체육), 다리 벌려 내리기[67](체육), 다리 벌려 뛰기[68](체육), 다리 벌리고 내리기[69](체육), 다리 벌리고 빗뛰기[70](체육)

(15가)는 '밀다'로 시작하는 전문 용어 어미 결합어이고, (15나)는 '다리'로 시작하는 전문 용어 어미 결합어이다. 두 경우 모두 통사적 결합어를 통해 다양한 의미가 섬세하게 표현됨을 보여준다. 특히 (15나)에서 '다리 벌려 내리기'와 '다리 벌리고 내리기'는 모두 기계 체조의 용어인데, 연결 어미 '-어'와 '-고'를 통해 '연기를 마치고 내려올 때 두 다리를 곧게 펴서 옆으로 벌린 뒤 내리는 기술'과 '철봉이나 평행봉 위에서 팔을 짚고 매달린 자세에서 두 다리를 벌리고 내리는 기술'의 차이를 표현했다. 또한 (15)의 용어의 개념인 연속된 동작들로 이루어진 복잡한 기술이 통사적 결합어를 통해 잘 표현되었다.

5.4. 나가기

이 장에서는 전문 용어 통사적 결합어의 유형을 나누어 그 특성을 살펴보았다. 먼저 전문 용어 통사적 결합어는 조사가 어미가 나타나는 단어나 구 구성의 전문 용어로 설정하였다. 개념을 언어로 표현하는 전문 용어의 특성상 구와 단어의 구별이 쉽지 않았고, 구별하는 것이 논의에 유의미하지 않았

다리를 모아 뛰어넘는 기술.
67) 기계 체조에서, 연기를 마치고 내려올 때 두 다리를 곧게 펴서 옆으로 벌린 뒤 내리는 기술.
68) 기계 체조에서, 뜀틀 기술의 하나. 일정한 거리에서 뜀틀을 향해 도움닫기를 하다가 구른 다음 뜀틀 위를 두 손으로 반동을 주면서 다리를 벌리고 뛰어넘는다.
69) 기계 체조에서, 철봉이나 평행봉 위에서 팔을 짚고 매달린 자세에서 두 다리를 벌리고 내리는 기술.
70) 기계 체조에서, 뜀틀 기술의 하나. 팔 짚고 다리 벌려 뛰기를 하면서 뜀틀을 넘는 순간 몸을 비스듬히 하여 뛰어넘는다.

기 때문이다. 다음으로는 책명과 같은 문장을 연구 대상에서 제외하였다. 이들은『표준국어대사전』에 전문 용어로 분류되어 있긴 하지만, 어떠한 전문 개념을 용어로 표현한 것이 아니기 때문이다. 표준국어대사전에 제시된 전문 분야 중, 통사적 결합어가 많이 나타나는『동물』,『식물』,『수학』,『체육』,『경제』분야의 전문 용어를 통해 전문 용어 통사적 결합어를 고찰해 보았다.

전문 용어 통사적 결합어는 먼저 조사 결합어와 어미 결합어로 나눌 수 있다. 조사 결합어는 유형이 매우 한정적으로 나타났는데, 관형격 조사 '의'가 대부분의 경우를 차지했다. '의' 결합 전문 용어에서는 그 내부 의미 구조에 조사 '의'의 다양한 의미 기능이 그대로 반영되는 모습을 볼 수 있었다.

어미 결합어에서는 다양한 형태로 전문 용어가 나타났다. 먼저 '용언+관형사형 전성 어미+명사' 형은 가장 흔히 나타난 유형이었다. 어미가 직접 성분인 기본 형태와, '용언+관형사형 전성 어미+ 명사' 형이 한 단어로서 또 다시 다른 요소와 활발하게 결합하는 모습을 볼 수 있었다. 또한 '용언+관형사형 전성 어미+명사' 형에 '하다'가 결합하여 예컨대 '끝내기하다', '나누기하다'와 같이 쓰이는 경우가 있었는데, 이들 단어가 잉여적인 구성을 형성하게 되는 이유는 '용언+관형사형 전성 어미+명사' 형이 긴밀한 한 단어로 빈번하게 사용됨과 큰 관련을 가진다. 마지막으로 '용언+연결 어미+용언(+명사형 전성 어미)'형은 주로 체육 분야의 기술 명칭에 많이 나타났다. 이 경우에서는 어미가 사용되어 복잡한 개념을 정확하게 전달하고, 전체 구성에서 어미만의 변화로 전혀 다른 개념을 표현하는 현상을 관찰할 수 있었다.

이 장에서는 통사적 결합어가 효율적이고 효과적인 방법으로 전문 용어의 복잡하고 추상적인 개념을 표현하는 것을 살펴보았다.

참고문헌

‖ 논저류 ‖

국립국어연구원, 『2002년 신어』.

국립국어원, 『2008년 신어 자료집』.

국립국어원, 『2015년 신어』.

국립국어원, 『2016년 신어 조사 및 사용 주기 조사』.

국립국어원, 『2018년 신어 조사』.

국립국어원, 『2019년 신어 조사』.

국립국어원, 「2020 전문 용어 표준화 안내서」.

김유진·신중진(2016), 「남북 수학·과학 교과서에 나타나는 전문용어 분석」, 『동아시아문화연구』 64, 한양대학교 동아시아문화연구소, 131-159.

김정우·김성원(2012), 「전문용어 조어법 분석의 한 사례」, 『인문사회과학연구』 13-2, 부경대학교 인문사회과학연구소, 99-125.

배선미·시정곤(2004), 「한국어 전문용어 조어분석에 대한 통계적 연구 ― 물리, 화학, 생물, 의학 용어를 중심으로」, 『한국어학』 25, 한국어학회, 191-219.

엄태경(2021), 「전문용어의 체계와 관계에 대한 탐색」, 『우리말글』 91, 우리말글학회, 125-156.

이익섭(1986), 『국어학 개설』, 학연사.

이현주(2015), 「지식의 대중화와 전문용어의 역할」, 『프랑스학회 학술대회』 2, 프랑스학회, 101-115.

이현주·신중진(2017), 「남북 전문용어 통합 방안을 위한 물리 분야 용어 이질성 연구」, 『한국언어문화』 62, 한국언어문화학회, 261-293.

이현주·조동성(2011), 「학술 전문용어 정비 및 표준화의 특징 및 과제」, 『한국어 의미학』 35, 한국어의미학회, 245-283.

장유진·홍희정(2005), 「국어사전의 전문용어에 관한 연구」, 『한글』 270, 한글학회, 197-232.

전은진·신중진(2017), 「남북 국어 교과 전문용어의 조어 분석 ― 문학 용어를 중심으로」, 『동아시아 문화연구』 71, 한양대학교 동아시아문화연구소, 13-31.

정한데로(2018), 「통사론적 구성과 단어 형성 ― '통사론적 합성어'와 '통사론적 구성의 단어화'를 중심으로」, 『어문연구』 46-3, 한국어문교육연구회, 91-123.

최형용 외(2022), 『한국어 신어 형성 연구』, 역락.

최형용(2003), 『국어 단어의 형태와 통사 — 통사적 결합어를 중심으로』, 태학사.

최형용(2014), 「'덧셈', 뺄셈 곱셈 나눗셈의 형태론 — 어휘장 형태론을 제안하며」, 『형태론』 16-1, 1-23.

Cabré, M. T.(1999), *Terminology : Theory, methods and applications*, Amsterdam : John Benjamins Publishing Company.

‖사전류‖

국립국어원, 표준국어대사전(https://stdict.korean.go.kr/main/main.do)

6. 전문 용어와 신어

6.1. 들어가기

　이 장에서는 새로이 형성된 전문 용어에 주목하여 이른바 신어 전문 용어의 형성 양상과 그 특성을 살펴보는 것을 목적으로 한다. 여기에서 말하는 신어는 '새롭게 만들어진 단어'를 가리키는 것으로, 'new words'에 대응하는 의미로 쓰인다.[1] 주지하는 바처럼 새로운 단어의 형성은 새로운 대상에 대한 명명 욕구에서 비롯하는데, 다원화되는 현대사회의 특성과 각 분야의 학문이나 기술의 발전 등에 말미암아 해당 분야에 새롭게 도입되는 개념을 가리키기 위하여 전문 분야에서 신어의 형성이 활발하게 진행되고 있다(남길임 외 2022 : 44). 2010년부터 2019년까지 총 10년간 발간된 국립국어원의 신어 보고서[2]에 실린 일반 용어, 전문 용어의 수와 비율을 살펴보면 다음과 같다.

---

1) 본장의 신어는 기존의 임시어와 신조어를 모두 아우르는 것으로, 이러한 신어의 개념에 대해서는 Mattiello(2017), 김혜지(2022a, 2022b), 최형용 외(2022) 등을 참고할 수 있다.
2) 이 기간 중 2011년은 신어 조사 사업의 미실시로 신어 보고서가 발간되지 않았다.

(1) 2010-2019년 신어의 분포3)

연도	일반 용어	전문 용어	계
2010년	274개(78.1%)	77개(21.9%)	351개(100%)
2012년	364개(91.7%)	33개(8.3%)	397개(100%)
2013년	368개(89.3%)	44개(10.7%)	412개(100%)
2014년	241개(72.2%)	93개(27.8%)	334개(100%)
2015년	204개(73.6%)	73개(26.4%)	277개(100%)
2016년	351개(56.2%)	274개(43.8%)	625개(100%)
2017년	349개(93.6%)	24개(6.4%)	373개(100%)
2018년	355개(81.8%)	79개(18.2%)	434개(100%)
2019년	302개(88.3%)	40개(11.7%)	342개(100%)

(1)에 따르면 신어 자료집에 수록된 전문 용어의 비율은 적게는 6.4%에서 많게는 43.8%의 비율을 차지하며, 한 해 평균 82개의 신어 전문 용어가 형성되고 있는 것으로 확인된다. 이 외에도 본장의 직접적인 대상은 아니나 남길임 외(2021)에서 수집한 2020년 신어 405개 중에서 44.9%에 해당하는 182개 신어가 전문 용어라는 점이나 2014년부터 2022년까지 약 9년간 『표준국어대사전』에 새롭게 추가된 표제어 113개 중 23.9%에 해당하는 27개가 전문 용어라는 점 등을 미루어 볼 때 새로이 형성되는 전문 용어가 적지 않음을 확인할 수 있다.4)

본장은 2010년부터 2019년까지 신어 자료집에서 확인되는 신어 전문 용어

---

3) 신어 보고서에서는 단어와 구를 따로 구분하고 있으나 여기에서는 우선 단어와 구를 구분하지 않고 그 수를 제시한다. 이러한 신어 전문 용어의 형태론적 지위에 대해서는 §6.2에서 살펴보도록 한다. 한편, 『2012년 신어 자료집』과 『2013년 신어 기초 조사 자료』에 따르면 2012년 신어의 수는 500개, 2013년 신어의 수는 476개로 제시되어 있지만 신어 보고서에 수록된 실제 신어의 수는 397개, 412개로 차이를 보인다.

4) 물론 이는 새롭게 형성된 일반 용어에 비하면 비교적 적은 수라고 할 수도 있겠으나 이와 관련하여서는 신어 보고서의 조사 대상이 대체로 일간지나 인터넷 매체 등이라는 점을 고려할 필요가 있다. 일간지나 인터넷 매체는 대개 일반 국민을 대상으로 하는 것이라는 점에서 특정 전문 분야에서 사용하는 전문 용어에 비해서는 일반 용어가 사용될 가능성이 높아 전문 용어 자료를 확보하기가 상대적으로 힘들 것으로 판단되기 때문이다.

의 특성을 형성적 측면에서 살펴보는 것을 목적으로 한다.[5] 전술한 것처럼 전문 분야의 신어가 활발하게 형성되고 있으나 이에 대한 본격적인 논의가 진행되지 않은 점을 고려하면 신어 전문 용어의 형성에 대하여서 살펴볼 필요가 있다고 판단되기 때문이다. 2절에서는 신어 전문 용어의 형태론적 지위를 살펴보도록 한다. 3절에서는 2절의 내용을 바탕으로 신어 전문 용어, 특히 단어 단위 전문 용어의 어휘 부류별 분포 양상을 살펴보기로 한다. 이때 어휘 부류라는 것은 합성어, 파생어, 혼성어, 두음절어, 통사적 결합어와 같은 단어의 구성 요소를 고려한 분류를 가리킨다.[6] 4절에서는 신어 전문 용어의

---

5) 이것은 신어 자료집에서 부여한 범주, 곧 각 단어가 일반 용어인지 전문 용어인지를 구분한 분류법에 따른 것이다. 실제로 신어 자료집에서는 전문 용어의 범주 부여와 관련하여 비대칭성과 비일관성이 확인된다. '비대칭성'이란 전문 용어와 다듬은 말 사이에서 확인되는 것으로, 가령 '노블레스오블리주'와 그의 다듬은 말인 '지도층 의무'의 경우는 모두 사회 분야의 전문 용어로 확인된다. 그러나 이와는 달리 의학 분야의 전문 용어인 '후두 융기'의 다듬은 말 '사과뼈'에는 전문 용어의 범주가 부여되지 않는데, 두 단어가 전문 용어와 다듬은 말로서 같은 대상을 가리키면서 서로 대응한다는 점을 고려한다면 이러한 처리 방식에는 재고의 여지가 있다. '비일관성'이란 신어 자료집 내부에서 확인되는데, 예를 들어 2017년 신어인 '베지노믹스'는 경제 분야의 전문 용어로 분류되는 데 반하여 '시니어노믹스'는 전문 용어로 분류되지 않아 전문 용어와 일반 용어의 범주 표시에서 비일관성을 보인다고 할 수 있다. 이러한 비일관성은 같은 연도의 신어 자료집 내부뿐만 아니라 연도별 신어 자료집 간에서도 확인되는데, 이를 고려한다면 전문 용어의 수에는 변동이 있을 것으로 판단된다. 다만 '시니어노믹스'는 현재 『우리말샘』에서는 경제 분야의 전문 용어로 분류하고 있는 것을 볼 때 이는 신어 자료집에서 확인되는 문제인 것으로 판단되는바, 신어 보고서의 경우 전문 용어의 수집이나 분류 기준을 확인하기 어려워 수록된 신어 자료를 전반적으로 살펴볼 필요가 있을 것으로 보인다. 다만 이는 본서의 주된 관심에서 벗어나므로 후고를 기약하도록 한다. 한편 본장에서 2010년부터의 자료를 대상으로 하는 것은, 본장의 관심 대상이 신어라는 점을 고려한 것이다. 본장의 주된 관심은 아니나 최근 신어를 대상으로 하는 연구들에서는 그 형성만큼이나 정착 역시 중요한 논의의 대상이 되고 있는데, 신어의 정착에는 신어의 출현 빈도, 연도별 분포 등이 크게 관여하는 것으로 보인다. 기존 논의에서는 신어의 형성 이후 5~10년 정도의 신어 사용 추이를 기준으로 삼고 있는 것으로 확인되는데(김일환 2014, 남길임 2015, 김지혜 2018 등), 이를 고려하면 현재를 기준으로 대략 10년 전 자료인 2010년부터 약 10년간의 자료를 살펴보는 것이 유의미한 작업이 될 것으로 판단된다.

6) 본장에서 특히 주목되는 것은 혼성과 두음절어화의 과정을 거쳐 형성된 신어 전문 용어이다. 1장에서도 언급한 것처럼 전문용어학(terminology)은 전문적인 주제에 대한 개념을 명명하고 그 언어적인 실현을 다루는 학문 분야로, 각 지식 분야 내에서 수행되는 활동과

형성적 특성을 확인할 것인데, 특히 유추와 관련하여 그를 살펴보도록 한다.

6.2. 신어 전문 용어의 형태론적 지위

2010년부터 2019년까지 신어 자료집에 실린 신어 전문 용어는 총 737개로, 이를 형태론적 지위에 따라 구분하면 다음과 같다.

(2) 2010-2019년 신어 전문 용어의 형태론적 지위

형태론적 지위	단어	구 구성	계
개수(비율)	165개(22.4%)	572개(77.6%)	737개(100%)

(2)에서 볼 수 있는 것처럼 신어 전문 용어 총 737개 중에서 단어 단위의 전문 용어는 165개, 구 구성의 전문 용어는 572개로 구 구성 전문 용어의

밀접한 연관성을 갖고 있다(Cabré 1999). 이에 따라 전문용어학의 대상이 되는 전문 용어는 보다 분명하고 명확한 개념을 전달할 수 있어야 할 것인데, 이러한 전문 용어의 특성에도 불구하고 기존 언어 형식의 일부를 줄여서 새로운 단어를 형성하는 과정인 혼성이나 두음절어화가 전문 용어의 형성에 관여하는 것은 자못 특이하기 때문이다. 특히 최근에 형성되는 두음절어는 그 형성에 참여하는 단어가 한자어에 국한되지 않고 고유어, 외래어 등으로 다양하게 확인되는데, 이 때문에 절단된 형식의 원형식을 알기 어려워 해당 단어가 사용된 문맥이나 원형식에 대한 정보 없이는 그 의미 역시 알기 어렵다. 본서에서 혼성어나 두음절어 전문 용어를 따로 다루지 않은 것도 이러한 점에 기인한 것인데, 이런 점을 고려한다면 신어에서 혼성어 또는 두음절어 전문 용어가 형성되어 쓰이는 것은 흥미로운 현상이다. 한편 신어 전문 용어에서 이러한 혼성이나 두음절어가 확인되는 것은 '신어'의 특성이 전문 용어에도 반영된 결과로 보인다. 최형용 외(2022 : 38-44)에서도 지적한 것처럼 신어 자료집에서는 혼성어와 두음절어의 비율이 상당히 높게 나타나며, 특히 2018, 2019년 신어 자료집에서는 혼성어의 비율이 각각 31.5%, 32.7%로 나타나 단어 형성법에 따른 신어의 유형 중 가장 높은 비율을 차지하는 것을 확인할 수 있다. 이러한 점을 참고로 한다면 본장의 대상이 되는 신어 전문 용어는 전문 용어보다는 신어의 특성에 조금 더 직접적으로 영향을 받는다고 해석해 볼 수 있을 것이다. 신어의 유형 분류에 대한 내용은 최형용 외(2022)를 참고할 것.

수가 현저히 많은 것을 확인할 수 있다. 이때 구 구성은 '네오폴리탄 세대7)(사회)', '메모리의 벽8)(컴퓨터)'의 두 용어를 제외하고는 모두 단어와 마찬가지로 붙여 쓸 수 있는 단어 상당의 어휘 단위이다.

엄태경(2021 : 133)에서도 지적한 것처럼 신어 전문 용어뿐만 아니라 전체 전문 용어 중에서는 단어보다는 구 구성이 더 많은 비율을 차지하는데, 이 때문에 전문 용어는 외형적으로 '단어성(wordhood)'과 관련하여 문제를 제기할 수 있다(최형용 2010 : 302). 그러나 최형용(2010), 이현주(2013), 김한샘(2015) 등의 여러 연구들에서 정의한 것처럼 전문 용어가 하나의 전문적 개념을 지칭하는 것이라는 점을 고려한다면 형식적으로는 구 이상이라고 할지라도 의미적 측면에서는 단어와 동등한 자격을 부여하는 데 어려움이 없다. 또한 구성 요소인 의존소 명사 각각이 지시적 의미를 가지는 구와는 달리 단어는 대개 의존소 명사가 총칭적인 특성을 가지는데(왕사우 2016 : 281), 가령 '쉼표 마케팅(경제)'의 경우 구성 요소인 '쉼표'와 '마케팅'이 각각의 지시적 의미를 가지는 것이 아니라 전체로서 '상품 및 서비스가 소비자에게 어떤 휴식을 제공하는가에 초점을 맞추는 방식의 마케팅'이라는 하나의 의미를 가리키는 것에서 그러한 특성을 확인할 수 있다. 이처럼 구의 경우는 전체 의미가 구성 요소의 의미에서 합성적으로 도출되는 것이라는 데 반하여 전문 용어는 그렇지 않으며, 그 내부에 핵을 가지고 있다는 점에서 구보다는 합성어와 유사한 특성을 가져 일반적인 구와는 구분된다는 점을 지적할 수 있다.

  (3) 가. ˚[[창업과 취업] 절벽]은 우리 사회의 큰 문제로 지적된다.
      나. ˚[[그 창업] 절벽]의 주된 이유는 초기 투자 부족이다

---

7) [2010년 신어] 새롭게 세상을 바꿔 가는 세대.
8) [2016년 신어] 컴퓨터 시스템에서 중앙 처리 장치(CPU)·그래픽 처리 장치(GPU)와 메모리 간 성능 격차로 인해 전체 시스템의 효율이 저하되는 현상을 이르는 말. 중앙 처리 장치나 그래픽 처리 장치의 성능이 향상되는 것에 비해 메모리 성능의 향상이 이루어지지 않아 발생하는 현상이다.

그뿐만 아니라 형태론적으로도 전문 용어는 어휘 고도 제약(lexical island constraint)을 준수한다. 이에 따라 (3)에서 제시한 '창업 절벽[9](사회)'의 경우는 구 구성이기는 하지만 그 사이에 다른 요소가 개입하거나 확장되기 어렵고, 통사부에서 그 내부 구조를 참조할 수 없다는 점에서 일반적인 구와는 차이를 보인다. 최형용(2010 : 303)에서는 전문 용어가 관용 표현과는 다르게 표제어로서 사전에서 처리되고 있는 것은 이러한 사정에서 비롯한 것임을 지적한 바 있다. 이는 곧 단어성의 측면에서도 구 구성 전문 용어 역시 단어 단위의 전문 용어와 같은 자격을 가지는 것으로 볼 수 있음을 의미한다. 다만 1장에서 밝힌 것처럼 본서는 주로 '단어' 형성의 관점에서 전문 용어를 다루므로 본장 역시 이를 고려하여 신어 전문 용어 중에서도 단어에 집중하여 이후의 논의를 진행하고자 한다.[10]

6.3. 신어 전문 용어의 형성

6.3.1. 신어 전문 용어의 어휘 부류별 분포 양상

2장에서 살펴본 것처럼 전문 용어는 일반적인 단어와 마찬가지로 다양한 품사에 걸쳐 확인되지만 본장에서 대상으로 하는 165개의 신어 전문 용어는 모두 명사로 확인된다. 그렇다면 이러한 신어 전문 용어는 조어법에 따라서는 어떻게 나누어지는가? 신어 전문 용어의 어휘 부류별 분포는 다음과 같이 확인된다.

---

9) [2014년 신어] 창업을 하여 성공하기 어려운 현상을 비유적으로 이르는 말.
10) 여기에서의 단어는 최형용(2016)에서 제시한 '어휘적 단어'를 가리킨다. 한편 이때의 '형성'은 형태론적 조작, 다시 말해 결합이나 대치, 절단, 중첩 등에 의한 과정을 가리키는 개념이다.

(4) 2010-2019년 신어 전문 용어의 어휘 부류별 분포

어휘 부류	개수(비율)
단일어	24개(14.5%)
합성어	43개(26.1%)
파생어	45개(27.3%)
혼성어	43개(26.1%)
두음절어	7개(4.2%)
축약어	2개(1.2%)
통사적 결합어	1개(0.6%)
계	165개(100%)

(4)에서 확인할 수 있는 것처럼 신어 전문 용어는 어휘 부류에 따라 단일어, 합성어, 파생어, 혼성어, 두음절어, 축약어, 통사적 결합어의 일곱 가지로 분류할 수 있다.[11] 이때 축약어는 '스밍[12](정보·통신)'이나 '딥디[13](연영)'와 같은 음절 축약어로, 구를 이루는 각 부분의 일부 음절을 따서 형성한 두음절어와는 구분된다. 이들은 음운 현상의 영향을 받은 것으로 형태론적 조작으로서

---

[11] 이때 두음절어, 축약어, 혼성어는 단어 형성에 참여하는 구성 요소의 일부분이 줄어들었다는 점에 주목하여 하나의 유형으로 묶어서 다루거나(양명희·박미은 2015, 김혜지 2016 등) 이 중에서 두음절어와 혼성어는 합성어의 하위 유형으로 처리하는 경우(최형용 2016, 국립국어원 2019 등)도 있으나 본장에서는 이들을 모두 구분하도록 한다. 본장에서 제시한 축약어는 후술할 것처럼 음절 수를 의도적으로 줄이는 이른바 음절 축약에 의하여 형성된 것에 국한된 개념으로, 형태론적 조작 과정인 절단과 결합을 거쳐 형성되는 두음절어, 혼성어와는 구분된다. 여기서 염두에 두어야 할 것은, 국립국어원 신어 자료집에서 제시한 축약은 '뭉실(← 미용실)'과 같은 음절 축약어 외에도 '얼죽아(← 얼어 죽어도 아이스), 탈잘싸(← 탈락했지만 잘 싸웠음)' 등의 두음절어를 모두 포괄하는 개념으로 쓰여 본장의 축약과는 ㄱ 외연이 다르다는 점이다. 한편 본장에서는 두음절어와 혼성어가 형성 과정에 수반되는 절단에 초점을 두어 합성어와는 별개의 것으로 처리하되, 두음절어는 결합 후 절단의 과정에 의하여 형성된 것인 데 반하여 혼성어는 절단 후 결합의 과정에 의하여 형성된 것이라는 점에서 서로 구분한다. 이와 관련한 자세한 내용은 최형용 외 (2022 : 33-34)를 참고할 것.

[12] [2013년 신어] 스마트폰에서 음악이나 동영상을 다운받지 않고 재생하는 것.

[13] [2016년 신어] 동영상이나 음악 등의 정보를 기록할 수 있는 지름 12cm의 디스크인 '디브이디(DVD)'의 준말.

의 형성에 주목하는 본장의 논의 대상에서는 제외된다. 한편, (4)에서 단일어로 분류된 단어들은 대체로 차용어이거나 원어에서는 내부 구조를 분석할수 있는 것이지만 한국어에서는 구성 요소 중 어느 것도 단어 형성 요소로서 작용할 수 없어 내부 구조를 확인할 수 없는 것이다. 예컨대 '콘드룰14)(광업)'이나 '이다루시주맙15)(약학)'은 차용어로서 내부 구조를 확인하기 어렵다. 또한 '스큐어모피즘16)(미술)', '브렉소더스17)(경제)'는 원어를 고려하자면 각각을 접미사 '-ism'이 결합한 파생어, 'Brexit'와 'exodus'의 일부 음절을 잘라내고 결합한 혼성어로 볼 수 있으나 한국어에서는 각 단어의 구성 요소가 다른 단어를 형성하는 데 참여할 수 없어 내부 구조를 분석하기 어려운 것들이다. 이러한 단일어 역시 한국어 단어 형성 체계로는 포착할 수 없기 때문에 본장의 논의 대상에서는 제외된다. 이를 고려하면 본장에서 본격적으로 다루게 될 신어 전문 용어의 어휘 부류는 합성어, 파생어, 혼성어, 두음절어, 통사적 결합어의 다섯 가지가 된다.

근소한 차이이기는 하지만 이 중에서 가장 높은 비율을 차지하는 것은 파생어이며, 그다음으로는 합성어와 혼성어의 비율이 높게 나타난다. 혼성어의 경우는 구성 요소들의 절단 과정이 수반되나 선행 요소의 앞부분과 후행 요소의 뒷부분이 결합하여 형성되는데, 다만 결합에 의하여 형성된 단어가 대체로 형식의 증가를 보이는 반면에 혼성어는 그렇지 않다는 것이 파생어, 합성어와의 차이이다. (4)에 따르면 이러한 합성어, 파생어, 혼성어는 전체 신어 전문 용어의 80.7%를 차지할 만큼 큰 비중을 차지한다. 이것은 새로운

---

14) [2014년 신어] 콘드라이트 안에 들어 있는 구슬 모양의 자그마한 알갱이. 태양계 행성이 생성되기 이전, 성운의 우주 먼지들이 서로 뭉쳐 만들어진 것으로 추측된다.
15) [2014년 신어] 다비가트란의 항응고 효과를 되돌리는 해독제 후보 물질.
16) [2013년 신어] 실제로 존재하는 사물의 형태나 질감 따위를 모방하여 표현하려는 태도.
17) [2016년 신어] 영국이 유럽 연합을 탈퇴함에 따라 외국 기업들이 영국을 빠져나가는 현상을 이르는 말. '영국의 유럽 연합 탈퇴'를 뜻하는 '브렉시트(Brexit)'와 '탈출'을 뜻하는 '엑소더스(exodus)'를 결합하여 만든 말이다.

단어의 형성에 결합이라는 조작 과정이 가장 일반적으로 작용한다는 기존 단어 형성론의 관찰과도 일맥상통하는 결과이다.

(5) 가. 역쇼루밍[18](사회), 항메르스[19](의학)

나. 반퇴자[20][21](사회), 우버화[22](경제), 스파게티화[23](천문), 월판선[24] (교통), 대순미[25](농업), 제구감[26](운동)

(6) 가. 다람쥐족[27](사회), 메뚜기족[28](사회); 야누스족[29](사회), 쇼루밍

---

18) [2014년 신어] 온라인 쇼핑몰에서 제품을 살펴본 뒤, 오프라인 매장에서 제품을 구매하는 현상.

19) [2015년 신어] 메르스를 유발하는 바이러스의 증식을 억제하거나 그 바이러스를 죽임.

20) '반퇴자(半退者)'의 경우는 한자어 형태소가 결합한 합성어로 분류할 가능성이 없는 것은 아니다. 그러나 본장에서는 어근인 '반퇴'가 『우리말샘』에 별개의 명사로서 표제항으로 올라 있고, '-자(者)'가 '사람'의 의미를 더해 주는 접미사로 기능할 수 있음에 주목하여 이를 파생어로 분류하였음을 밝혀 두는 바이다.

21) [2015년 신어] 조기 퇴직을 한 후 다시 새로운 일자리를 찾는 사람.

22) [2015년 신어] 오프라인에서 이루어지는 경제 활동을 모바일 애플리케이션에서 하게 됨. 또는 그렇게 되게 함. 미국의 우버 테크놀로지스사(Uber Technologies Incorporated)가 운영하는 자동차 배차 프로그램에서 유래한 말로, '우버'는 애플리케이션을 통해 택시를 부르는 손님과 자신의 차로 손님을 목적지까지 태워다 줄 수 있는 택시 기사를 연결해 주는 서비스이다.

23) [2016년 신어] 어떤 물체가 블랙홀이 미치는 범위 안에 들어가면 강력한 중력으로 인해 그 모양이 스파게티 면처럼 길게 늘어나는 현상.

24) [2016년 신어] 월곶과 판교 사이를 잇는 전철. 2015년 12월에 건설 계획이 통과되었고 2024년 완공을 목표로 한다.

25) [2010년 신어] 도정률이 50퍼센트 이상인 쌀.

26) [2010년 신어] 야구에서, 투수가 마음먹은 대로 공을 던질 수 있는 감각.

27) [2015년 신어] 담뱃값이 인상되기 전에 여기저기에서 담배를 사 모으는 사람이나 무리를 낮잡아 이르는 말. 판매 수량에 제한이 있는 담배를 낱개로 사서 모으기 위해 여기저기 뛰어다니는 모습을 메뚜기가 뛰는 모습에 빗댄 말이다.

28) [2015년 신어] 담뱃값이 인상되기 전에 여기저기에서 담배를 사 모으는 사람이나 무리를 낮잡아 이르는 말. 다람쥐가 도토리를 모으듯 판매 수량에 제한이 있는 담배를 낱개로 사서 모으는 행위 때문에 생겨난 말이다.

29) [2015년 신어] 로마 신화에 나오는 두 얼굴을 가진 신(神)인 야누스처럼 낮에는 직장 일에 열중하고 퇴근 후엔 활동적인 레포츠를 즐기며 일상과 대비되는 생활을 하는 사람. 또는 그런 부류.

족30)(사회), 어모털족31)(사회), 렉카족32)(사회)

나. 골캉스족33)(사회), 캠프닉족34)(사회), 피캉스족35)(사회)

다. 나핑족36)(사회), 솔캠족37)(사회), 커캠족38)(사회), 혼밥족39)(사회),
  눔프족40)(사회)

(5)와 (6)은 신어 전문 용어 중에서 파생어로 분류할 수 있는 것들이다. 일반 용어의 형성과 마찬가지로 전문 용어에서도 파생어는 (5가)와 같은 접두사에 의한 접두 파생어와 (5나)와 같은 접미사에 의한 접미 파생어가 모두 나타나는데, 파생어 45개 중에서 '역쇼루밍'과 '항메르스'를 제외하고는 모두 접미 파생어로 분류할 수 있는 것이다. 다만 '역쇼루밍족'41)(사회)은 접두사와 접미사가 단어의 형성에 모두 관여하는데, 이때 '[[역-쇼루밍]-족]'과 같이 내부 구조를 분석할 수 있어 접미 파생어로 분류된다.

---

30) [2013년 신어] 오프라인 매장에서 제품을 살펴본 뒤, 가격이 저렴한 온라인 쇼핑몰에서 제품을 구매하는 사람. 또는 그런 무리.

31) [2013년 신어] 고령임에도 젊은 사람들 못지 않게 왕성한 활동을 하는 사람. 또는 그런 무리.

32) [2016년 신어] 노령 연금을 이용해 자식이나 손주를 경제적으로 지원하는 사람. 또는 그런 무리. 청년 실업과 고령화 현상으로 인해 자식과 손주까지 책임져야 하는 사람을 비유적으로 이르는 말이다. ⇒ 규범 표기는 '레커족'이다.

33) [2013년 신어] 휴가를 골프장에서 보내는 사람. 또는 그런 무리.

34) [2014년 신어] 멀리 떠나지 않고 소풍을 하듯이 도시 인근에서 가볍게 캠핑을 즐기는 사람. 또는 그런 무리.

35) [2015년 신어] 피부과 병원에서 피부 치료를 받으며 여름휴가를 보내는 사람. 또는 그런 무리.

36) [2014년 신어] 밤에 산이나 들 또는 바닷가 따위로 나가 텐트를 치고 야영하는 것을 즐기는 사람. 또는 그런 무리.

37) [2014년 신어] 혼자 산이나 들 또는 바닷가 따위로 나가 텐트를 치고 야영하는 것을 즐기는 사람. 또는 그런 무리.

38) [2014년 신어] 같이 캠핑을 하는 커플. 또는 그런 무리.

39) [2014년 신어] 평소 혼자서 식사를 하는 사람. 또는 그런 무리.

40) [2014년 신어] 복지가 필요하다고 생각하지만 복지 비용을 위한 증세에는 반대하는 사람. 또는 그런 무리.

41) [2014년 신어] 온라인 쇼핑몰에서 제품을 살펴본 뒤, 오프라인 매장에서 제품을 구매하는 사람. 또는 그런 무리.

(5)에서 제시한 용어들 외에 확인되는 파생어는 모두 '-족'이 결합한 사회 분야의 전문 용어이다. (6가)에서 볼 수 있는 것처럼 '-족'에는 고유어, 외래어 어근이 선행하는 예가 확인되며, (6나)와 (6다)처럼 혼성어와 두음절어 역시 어근으로서 '-족'과 결합하는 예도 찾아볼 수 있다.42) 이러한 '-족' 결합형 전문 용어의 형성은 2013년부터 2015년 사이에 집중적으로 진행된 것으로 확인되는데, 특히 이와 관련하여서는 2014년 신어 자료에서 '-녀(女)'나 '-력 (力), -족(族), -하다'와 같은 생산성이 높은 접미사가 신어의 형성에 크게 기여 하였다는 국립국어원(2014 : 6)의 언급을 참고할 수 있다.

(7) 가. 옴좀진드기43)(동물), 흙수저44)(사회), 쓸개혹45)(의학), 빵고개46)
      (사회)
    나. 화재적운47)(환경), 분식회계48)(운동); 허특법49)(법률), 삼한사미50)

---

42) 이때 (6다)의 '눔프족(NOOMP族)'에서 '눔프'는 'Not Out Of My Pocket'의 머리글자를 따온 두문자어로, 엄밀하게는 두음절어와는 구분되는 것이다.

43) [2016년 신어] 진드기류의 하나. 몸은 달걀 모양이며 길이는 0.3~0.4mm로, 수컷이 암컷 보다 작다. 암컷은 사람의 피부를 뚫고 산란한다. 부화하여 자란 벌레는 겨드랑이, 음부 따위에서 옴을 일으키며, 손가락이나 발가락의 사이, 겨드랑이 따위의 연한 살에서부터 짓무르기 시작하여 온몸으로 퍼진다. 몹시 가렵고 헐기도 한다.

44) [2016년 신어] 가난하거나 사회적 지위가 낮은 가정에서 태어나 좋지 않은 환경을 누리는 사람.

45) [2017년 신어] 쓸개의 점막에서 증식하여 혹과 같이 돌출되어 있는 응어리를 통틀어 이르 는 말. '담낭용종'이라고도 한다.

46) [2010년 신어] 급식 대상자 선정 절차가 이뤄지는 한 달간 넘기 힘든 고개라는 뜻으로, 급식비 지원이 끊겨 빵을 먹고 살아야 하는 3월을 비유적으로 이르는 말.

47) [2018년 신어] 화산 분출이나 큰 화재로 인해 발생한 연기가 수직으로 피어올라 생기는 구름. 세계 기상 기구가 신종 구름으로 공식 인정했으며 기후 변화가 심해져 나타난 뭉게 구름으로 주로 검은색, 회색, 갈색을 띤다.

48) [2010년 신어] 구원 등판한 투수가 앞선 투수가 남겨 놓은 주자를 모두 불러들여 실점을 허용한 뒤 자신이 진루를 허용한 주자에게는 득점을 허용하지 않아 결과적으로 자신의 방어율을 낮게 유지하는 일.

49) [2015년 신어] 의약품에 대한 특허를 받은 사람의 권리를 보호하기 위해 특허권이 유지되 는 동안에 다른 복제약의 판매를 금지하는 법. 한 의약품에 각각 따로 적용되어 온 허가 와 특허에 대한 행정 절차를 서로 연계하여 2015년 3월 15일부터 시행되었다.

50) [2015년 신어] 겨울철에 미세먼지가 자주 끼는 기후 현상. 7일을 주기로 사흘 동안 춥고

(지리)
다. 펫푸어[51](사회), 스마트폰포비아[52](심리), 크로스테크[53](경제)
라. 컨택터스법[54](법률), 범튀르크주의[55](정치), 차트곡[56](음악)

(7)은 신어 전문 용어 중에서 합성어로 분류할 수 있는 것이다. 신어 자료
집에 수록된 전체 신어에서는 대체로 합성어의 비율이 가장 높게 나타나는
데,[57] 이러한 합성어의 형성에 참여한 어종 역시 다양하게 나타나는 것을
확인할 수 있다. (7가)는 고유어 합성어, (7나)는 한자어 합성어이다. 한자어
합성어 중에서도 '화재적운', '분식회계'는 단어 형성에 참여한 '화재'와 '적
운', '분식'과 '회계'가 각각이 명사로서의 쓰임을 보이는 단어 어근이라는
점에 반하여 '허특법'이나 '삼한사미'는 단어 형성에 참여한 요소가 형태소
어근이라는 점에서 차이를 보인다. 물론 이때에도 '삼한사미'의 '미(微)'가 한

나흘 동안 미세먼지가 낀다는 뜻이다.
51) [2012년 신어] 반려동물을 기르는 비용으로 인해 점점 가난해지는 사람.
52) [2010년 신어] 스마트폰의 기능을 잘 몰라 쩔쩔맴. 또는 스마트폰을 사용하는 일을 두려
   워하는 심리 상태.
53) [2018년 신어] 기존의 테크놀로지와 새로운 테크놀로지가 결합하여 새롭게 생겨난 기술.
   '교차'를 뜻하는 '크로스(cross)'와 '기술'을 뜻하는 '테크(tech)'를 결합하여 만든 말이다.
   ⇒ 규범 표기는 미확정이다.
54) [2013년 신어] 용역 경비업체의 복장과 장비에서부터 배치와 관리 따위를 규정한 법률,
   사회적 약자에 대한 용역 경비원의 폭력을 방지하고, 경찰의 권한을 강화하기 위해 개정
   되었다.
55) [2018년 신어] 중앙 아시아, 넓게는 아시아 전체를 아울러 같은 튀르크 민족에 포함할
   것을 주장한 사상.
56) [2010년 신어] 음반의 판매 순위나 인기 순위를 집계한 표의 상위권에 들어간 노래.
57) 물론 전술한 것처럼 신어 자료집에서 제시한 단어 형성법에 따른 신어의 분포는 재분류의
   여지가 있다. 합성어의 하위 유형으로 합성 외에도 혼성과 축약을 모두 포함하고 있는
   것이나 단일어로 분류한 단어들 중에서도 합성어를 비롯한 다른 어휘 부류로 분류할 만
   한 것이 적지 않기 때문이다. 가령 『2015년 신어』에서 단일어로 분류한 '남혐, 여혐'은
   본장의 논의에 따르면 두음절어에 가까운 것이고, 『2014년 신어』에서 단일어로 분류한
   '택남택녀'는 구성 요소 각각이 한자어 형태소로서 합성어로 분류하는 것이 더 적절할
   것으로 보인다. 이러한 점을 고려한다면 연도별 신어 자료집에서 제시한 어휘 부류별
   신어의 비율은 달라질 수 있음을 염두에 둘 필요가 있다.

자어로서 의미는 있으되 그 자체로 '미세 먼지'의 의미를 나타내지는 못하여 앞의 '삼, 한, 사'와는 다소 차이를 보이는 것은 기존의 한자어 두음절어와는 다른 최근 신어의 특성을 보이는 것이라 할 수 있다. 한편, (7다)는 외래어 합성어, (7라)는 외래어와 한자어가 결합한 합성어를 보인 것이다. 신어 전문 용어 중 합성어로 확인되는 43개 단어 중에서 14개를 제외한 67.4%에 해당하는 29개가 외래어 혹은 외래어와 한자어가 결합한 형태로 확인되어 신어 전문 용어의 형성에 외래어 요소가 적극적으로 참여하는 것으로 판단할 수 있다. 견해에 따라서는 (7다)는 단어의 형성에 참여한 것이 모두 외래어라는 점에서 한국어의 단어 형성론에서 다룰 수 있는 대상인지에 이견이 제기될 수 있다. 그러나 '푸어'의 경우 '수입차 푸어, 치매 푸어, 반퇴 푸어, 학자금 푸어' 등의 구성에서 '~의 이유로 경제적 어려움을 겪는 사람'이라는 의미를 나타내며 활발하게 사용되면서 그 자체가 어근으로서 '푸어족(poor族)'이라는 단어를 형성하는 데 참여하는 양상을 보여 한국어 단어 형성론에서 포괄하기에 어려움이 없다고 판단된다.

한편, 형식적 증가에 의하여 형성된 합성어, 파생어 외에도 결합의 과정을 수반한 형식인 혼성어 역시 신어 전문 용어에서 높은 비율을 차지하는 것으로 관찰된다.

    (8) 가. 레깅진[58](복식), 필록싱[59](운동)

         나. 비거노믹스[60](경제), 옥시트[61](경제), 베지플레이션[62](경제)

---

58) [2013년 신어] 진 소재로 만든 레깅스.
59) [2014년 신어] 필라테스, 복싱, 댄스를 섞어 새로이 만든 운동.
60) [2019년 신어] 식물성 음식으로만 식사하는 채식주의 인구가 증가하면서 채식 시장과 관련하여 경제적 이익을 창출하는 일. '채식주의자'를 뜻하는 '비건(vegan)'과 '경제'를 뜻하는 '이코노믹스(economics)'를 결합하여 만든 말이다. ⇒ 규범 표기는 미확정이다.
61) [2016년 신어] 오스트리아의 유럽 연합 탈퇴를 이르는 말. ⇒ 규범 표기는 미확정이다.
62) [2010년 신어] 채소류 가격이 급격히 올라감에 따라 물가가 상승하는 현상.

두 개의 단어 형성 요소가 결합할 때에 주로 선행 요소의 뒷부분과 후행 요소의 앞부분이 절단을 겪는 혼성어는 두 구성 요소의 관계에 따라 계열적 혼성어와 통합적 혼성어로 나눌 수 있다(노명희 2010). 이를 고려할 때 (8가)는 구성 요소인 '레깅스-진', '필라테스-복싱'이 계열 관계에 놓여 있어 계열적 혼성어라 할 수 있고, (8나)는 구성 요소가 서로 통합 관계에 놓여 있는 통합적 혼성어라고 볼 수 있다.

> (9) 가. 런피스63)(패션), 커넥티즌64)(사회), 프렉시트65)(경제)
>   나. 홈코노미66)(경제), 그린플루언서67)(사회), 스타노믹스68)(경제), 꾸러기템69)(패션)

혼성어는 두 구성 요소의 절단 여부에 따라서도 나누어진다. (9가)는 선행 요소와 후행 요소가 모두 절단을 거친 전형적인 혼성어로 볼 수 있는 반면 (9나)는 선행 요소는 원형식을 그대로 유지하면서 후행 요소만이 절단되어 결합한 것으로 서로 구분된다. 노명희(2010)에서는 이러한 (9나)의 예들은 전형적인 혼성어와 합성어의 중간적인 성격을 가지기는 하지만 단어의 형성 과정에 절단이라는 과정이 수반되어 있으므로 혼성어로 취급할 수 있는 것이라고 언급한 바 있다.70)

---

63) [2014년 신어] 원피스를 입고 러닝화를 신은 차림.=런피스 룩.
64) [2014년 신어] 모바일을 이용한 인터넷 접속을 통해 일, 여가 활동 등 생활과 관련된 많은 부분을 해결하는 사람.
65) [2016년 신어] 프랑스의 유럽 연합 탈퇴를 이르는 말.
66) [2019년 신어] 집에서 이루어지는 여러 가지 경제 활동을 이르는 말. '집'을 뜻하는 '홈(home)'과 '경제'를 뜻하는 '이코노미(economy)'를 결합하여 만든 말이다. ⇒ 규범 표기는 미확정이다.
67) [2010년 신어] 친환경 브랜드를 주변에 소개하면서 새로운 시장 트렌드를 이끄는 소비자.
68) [2014년 신어] 스타를 이용해 경제적 이득을 취하는 전략.
69) [2014년 신어] 장난꾸러기처럼 활동적이고 쾌활한 느낌을 주는 옷이나 소품.
70) (9나)의 '꾸러기템'은 다른 예들과는 달리 선행 요소가 접미사 '-꾸러기'라는 점에서 눈여겨볼 만하다. '꾸러기'는 'OOO, 감출 수 없는 <u>꾸러기</u> 표정(한국경제 2023년 1월 18일 자)'이나 '나혼산 OOO, <u>꾸러기</u> 견집사의 일상 엿보기(스포츠경향 2022년 4월 29일 자)',

신어 전문 용어에서 확인되는 혼성어의 예는 43개가 모두 외래어 혹은 한자어, 고유어와 외래어가 결합한 혼종어이다. 앞서 살펴본 합성어의 경우와 마찬가지로 외래어의 요소가 개입하였다는 점을 고려하면 (8), (9)의 혼성어 역시 한국어 단어 형성론에서는 다루기 어렵다는 문제가 제기될 수 있다. 그러나 선후행 요소 중 하나라도 한국어에서 개별적인 단어로서 기능을 하고 있거나 다른 새로운 단어의 형성에 참여할 수 있다면 외래어 요소로만 이루어진 혼성어 역시 한국어 단어 형성론에서 충분히 다룰 수 있을 것인데, 이를테면 '-코노미'나 '-템' 등은 일반 용어의 형성에도 생산적으로 참여하는 것을 확인할 수 있다. 특히 '-템'의 경우는 절단 이전의 형식인 '아이템'과 '템'이 모두 개별 단어로서도 활발하게 사용되고 있어 이러한 점을 고려한다면 이들 역시 한국어 단어 형성론에서 충분히 다룰 만한 것으로 보인다.

(10) 가. 공쓰재[71](예체능), 럭싱남[72](사회), 여혐혐[73](사회), 지여인[74](사회), 특마고[75](교육)

나. 교복특[76](복지), 기활법[77](경제)

(10)은 신어 전문 용어 중에서 두음절어[78]로 분류되는 것을 제시한 것이

'OOO, 코로나19 극복 <u>꾸러기 보호 키트</u> 제작 후원(매일경제 2020년 6월 9일 자)' 등과 같이 단독으로 쓰이는 경우도 확인할 수 있다. 이는 접미사가 명사로서의 용법을 획득하게 되는 이른바 역문법화와 관련하여 살펴볼 수 있을 듯한데, 이러한 역문법화와 관련한 논의는 문병열(2015)를 참고할 것.

71) [2013년 신어] 공연 후 쓰고 남은 무대 소품이나 세트 재활용을 줄여 이르는 말.

72) [2013년 신어] 럭셔리한 싱글 남자를 줄여 이르는 말. 호화롭게 혼자 사는 남자를 가리킨다.

73) [2015년 신어] 여혐 현상을 싫어하고 미워함.

74) [2015년 신어] 지방대 출신의 여자 인문대생을 줄여 이르는 말.

75) [2018년 신어] '특성화 고등학교'와 '마이스터 고등학교'를 아울러 이르는 말.

76) [2013년 신어] 교육 복지 특별 지원 사업을 줄여 이르는 말. 경제적으로 발전하지 못한 지역에 살거나 소외 계층에 속하는 학생들에게 교육비를 지원하는 사업이다.

77) [2016년 신어] 기업 활력 제고를 위한 특별법을 줄여 이르는 말. 공정 거래법, 상법, 세법 따위를 간소화하여 기업의 사업을 재편하는 데 도움을 주는 법이다.

다. (10)에서 제시한 예들은 모두 원래 형식의 첫음절을 따서 만든 것인데, (10가)는 줄어들기 이전의 형식이 일반적인 문장 내에서 하나의 어휘 단위로 사용되지 않는 데 반하여 (10나)는 원형식인 '교육복지특별지원사업'이나 '기업 활력 제고를 위한 특별법'이 그 자체로서 하나의 어휘 단위로 사용된다는 점에서 구분된다. 이러한 두음절어는 '노조(← 노동조합), 사대(← 사범대학), 전교조(← 전국교직원노동조합)' 등에서도 볼 수 있듯이 한자어에서는 매우 활발하게 형성된다. 이는 한자어가 뜻글자로서 단어 형성에 참여한 한자어 형태소 낱낱이 의미를 가지고 있어 줄여 쓰더라도 의미 해석에 크게 문제가 없기 때문인데, 그러한 양상은 (10나)에서 잘 드러난다. 그런데 최근에 두음절어의 형성이 예외적인 현상으로 지적되어 온 것은 (10가)에서 볼 수 있는 것처럼 두음절어를 형성하는 데 참여하는 구성 요소가 한자어뿐 아니라 고유어나 외래어도 포함되며, '지여인'처럼 한자어 형태소로만 이루어진 것이라고 하더라도 원래의 구성을 환원하는 데 어려움이 있기 때문이다. 이러한 사정에 말미암아 (4)에서도 본 것처럼 두음절어는 전체 신어 전문 용어 165개 중에서 4.2% 정도로 극히 적은 비율을 차지하는 것을 확인할 수 있다. 그것은 §6.1에서도 언급한 것처럼 전문 용어는 전문 분야에서 특정한 개념을 전달하기 위하여 형성되는 것인데, 원형식 중 일부 음절만을 취하여 형성되는 두음절어는 원형식을 확인하기 어려워 정확한 의미를 전달하는 데에 어려움이 있기 때문인 것이라고 할 수 있다.

(11)   검은낫부리극락조[79] (동물)

---

78) 여기에서 말하는 두음절어는 'acronym'에 해당하는 것으로, 이에 대한 용어 사용과 관련하여서는 다양한 논의가 이어져 왔다. 이는 본장의 주된 관심사가 아니므로 자세히 다루지는 않을 것인데, 이와 관련한 논의는 이영제(2015), 김혜지(2016), 최형용 외(2022) 등을 참고할 것.

79) [2019년 신어] 낫 모양의 검고 긴 부리를 가진 참새목 풍조과의 새. 몸 길이가 110cm에 달해 극락조 중에서 긴 편에 속한다. 수컷은 전체적으로 갈색 또는 푸른색이 도는 검은색을 띠고 암컷은 붉은색을 띤다.

　마지막으로 신어 전문 용어 중에서 통사적 결합어로 확인되는 단어는 (11) 의 '검은낫부리극락조'이다. 주지하는 바처럼 한국어의 교착어적 성격을 잘 보여 주는 통사적 결합어는 조사나 어미가 단어의 형성에 참여하는 것을 가리키는데, '검은낫부리극락조'는 그중에서도 관형사형 전성어미 '-은'이 결합한 예이다. 전문 용어는 정확한 의미를 전달하는 것이 일차적 목적이기 때문에 원형식의 일부를 절단하여 형성된 혼성어나 두음절어보다는 그 형성이 활발하게 이루어질 것으로 예측되지만 실제로 신어 전문 용어 자료에서 확인되는 통사적 결합어는 단 하나뿐이다. 대상을 신어 전문 용어에 국한하지 않더라도, 예를 들어 『우리말샘』에 실린 사회 분야 전문 용어 1,655개와 경제 분야 전문 용어 4,894개 중에서 통사적 결합어는 각각 2개, 27개로 매우 적은 것을 확인할 수 있다.[80] 이와 관련하여 엄태경(2021 : 131-132)의 언급을 참고해 볼 수 있는데, 이에 따르면 우리말을 이루는 고유어, 한자어, 외래어 중 전문 용어에서 가장 높은 비율로 확인되는 것은 한자어이다. 전문 용어는 어떤 대상에 대한 특성을 기반으로 그것을 개념화하는 동시에 지시적인 명확성과 전문성을 가져야 하는데, 그에 가장 잘 부합하는 것이 한자어라는 것이다(엄태경 2021 : 132). 이러한 한자어의 경우는 조사 외에는 '-하다'나 '-되다' 등과 결합하는 경우를 제외하고 어미와 결합하는 경우가 없을 뿐 아니라 낱낱의 한자어 형태소가 결합하여 하나의 단어를 이루는 것이 아주 자연스럽

---

80) 물론 전문 용어 중에서도 분야에 따라서는 통사적 결합어가 높은 비율을 차지하는 경우가 있는데, 동물이나 식물 분야의 전문 용어가 그러하다. 가령 동물 분야의 전문 용어는 'ㄱ' 항목만 살펴보아도 통사적 결합어가 127개로 확인된다. 이것은 분야의 특성에 따른 것으로 보이는데, 이와 관련하여 김정우·김성원(2012 : 117-119)에서는 동물 분야에 속하는 곤충 관련 전문 용어에는 곤충의 생김새나 색깔 등을 나타내는 표현이 많이 사용됨을 지적한 바 있다. 예를 들어 '가는다리말랑게, 굵은줄나비, 긴꼬리너구리' 등에서 보이는 '가는'과 '굵은, 긴'은 생김새와, '검은가슴물떼새, 검은머리갈매기' 등에서 보이는 '검은'은 색깔과 관련되는 것이다. 이와 관련한 자세한 내용은 김정우·김성원(2012)에서 확인할 수 있으며, 전문 용어에서 확인되는 통사적 결합어의 형성적 특성에 대한 내용은 본서의 5장을 참고할 수 있다.

기 때문에 조사나 어미의 도움 없이 전문 용어를 형성하게 된 것으로 짐작해 볼 수 있다. 엄태경(2021)에서는 비교적 최근에 발달한 전문 분야의 경우에는 외래어의 비율이 조금 더 높게 나타남을 지적한 바 있는데, 이 경우에도 한자 어와 사정은 비슷한 것으로 판단된다. 더욱이 본장에서 대상으로 삼고 있는 신어의 일반 용어까지 모두 포괄하는 경우 전체 단어를 대상으로 하여도 신어에서 통사적 결합어의 비율이 꽤 낮게 나타난다는 점도 함께 고려할 필요가 있다. 최형용 외(2022)에서는 신어에서 통사적 결합어의 형성이 활발 하게 이루어지지 못함을 지적한 바 있는데, 이에 따르면 통사적 결합어는 애초에 구 구성에서 단어화한 것일 가능성이 커 공시적이든 통시적이든 단어 화의 절차를 거칠 수밖에 없다. 그런데 신어의 경우에는 활발한 생성의 단계 에 놓여 있기 때문에 당면한 필요에 따라 구나 문장 단위로 개념을 언어화하 거나 표현하는 경향성이 높고, 신어는 그러한 언어 단위의 단어화 절차 이전 의 단계에 놓여 있을 가능성이 크다는 것이다(최형용 외 2022 : 49, 각주 40). 이러 한 점을 고려한다면 신어 전문 용어 중 통사적 결합어의 비율이 극히 낮은 것은 당연한 결과라고 할 수 있다.

6.3.2. 신어 전문 용어의 형성 기제 : 유추를 중심으로

이러한 신어 전문 용어는 새롭게 형성된 것들이 대부분이지만 그중 일부 는 기존 단어의 형식이나 의미를 활용하여 형성된 것들도 확인된다. 신어 전문 용어 165개 중 기존 단어와 유사한 형식을 가지거나 단어의 의미가 기존 단어의 그것과 유사한 경우가 확인되는 것은 44개로, 전체의 26.7%를 차지한다. 전문 용어는 특정 분야에서 확인되는 전문적 개념을 표현하기 위한 것이기 때문에 그에 맞추어 대개 새로운 형식을 취할 것으로 기대되는 데, 그러한 전문 용어가 기존 단어의 형식이나 의미를 활용한다는 것은 주목 할 만한 현상이다. 김혜지(2021 : 215)에서도 지적한 것처럼 신어는 완전히 새롭게 형성된 단어보다는 기존 단어와의 유사성에 기초하여 형성된 단어가 많은데, 신어 전문 용어 역시 신어의 일부분으로서 그러한 특성을 보이는 것이라고 할 수 있다. 이 절에서는 이러한 신어 전문 용어의 특성에 주목하여 단어 형성 기제로서의 유추의 관점에서 신어 전문 용어의 형성을 살펴보고자 한다.

7장에서 자세히 다룰 것이지만 넓게는 유사성에 기반한 추론을 가리키는 유추(analogy)는 단어 형성론 분야에서는 기존 단어의 형식 또는 의미를 활용하여 새로운 단어를 형성하는 단어 형성 기제를 가리킨다. 유추에 의한 단어 형성에서는 기존 단어의 일부 요소를 대치하는 방식으로 새로운 단어를 형성하는데, 이때의 대치는 개별 단어 차원에서 이루어지기도 하고 동일한 혹은 유사한 형식을 공유한 단어들의 집합체를 기반으로 이루어지기도 한다. 이때 단어들의 집합으로부터 형성된 유추의 틀이 새로운 단어를 형성하는 데 활용되는데, 이를 고려하여 전자를 개별 단어에 의한 유추, 후자를 틀에 의한 유추로 구분한다.[81]

(12) 럭싱남(사회), 빵고개(사회), 삼한사미(지리)

(12)는 기존 단어와 신어 전문 용어가 일대일 관계를 맺는, 즉 개별 단어에 의한 유추에 기반하여 형성된 것이다. 유추에 의하여 형성된 것으로 볼 수 있는 신어 전문 용어 44개 중에서 개별 단어에 의한 유추로 형성된 단어는 (12)의 세 개인 것으로 확인되는데, 이와 관련하여서는 김혜지(2022b)의 논의

---

81) 여러 연구에서 지적한 것처럼 이러한 단어 형성 기제로서의 유추, 특히 개별 단어에 의한 유추는 단어 형성에 기반으로 활용된 것이 무엇이냐에 따라 세분될 수 있다(Mattiello 2017, 김혜지 2021, 2022a, 2022b, 최형용 외 2022 등). 다만 본장의 관심은 신어 전문 용어의 형성 기제로서 유추가 작용할 수 있음을 살펴보는 데 놓여 있기 때문에 유추에 의한 단어 형성 방식의 큰 부류인 개별 단어에 의한 유추와 틀에 의한 유추 두 가지와 관련하여서만 신어 전문 용어의 형성 양상을 확인하고자 한다. 전문 용어의 형성에 작용하는 유형별 유추의 양상은 7장에서 자세히 확인할 수 있다.

를 참고할 수 있다. 김혜지(2022b : 121-125)에서는 신어의 형성에서 유추의 모형, 곧 본장에서 말하는 개별 단어에 의한 유추와 틀에 의한 유추 둘 중 어떤 것이 더 크게 관여하는지를 계량적으로 살펴보았는데, 이에 따르면 전체 대상 단어 중에서 개별 단어에 의한 유추로 형성된 단어는 24.9%인 데 반하여 틀에 의한 유추로 형성된 단어는 75.1%로 확인된다. 이를 통하여 새로운 단어의 형성에 틀에 의한 유추가 개별 단어에 의한 유추보다 훨씬 더 높은 생산력을 가짐을 확인할 수 있는데, 이러한 점을 고려한다면 신어 전문 용어에서도 대부분의 단어가 틀에 의한 유추를 통하여 형성된 사정을 짐작할 수 있다.

개별 단어에 의한 유추를 통하여 형성된 단어는 기존 단어와 일대일 관계를 보이기 때문에 단어의 형성에 기반으로 작용한 기존 단어를 쉽게 확인할 수 있다는 특성을 보인다. (12)의 예를 살펴보면 '럭싱남'은 '돌싱남(← 돌아온 싱글 남자)'에, '빵고개'는 '보릿고개'에, '삼한사미'는 '삼한사온'에 기반하여 형성된 것이라는 점을 쉽게 추론할 수 있다는 것이다. 특히 이 경우에는 기존 단어와 새롭게 형성된 단어가 동일한 구조를 가지는데, '돌싱남 - 럭싱남'과 '보릿고개 - 빵고개, 삼한사온 - 삼한사미'는 각각이 두음절어, 합성어라는 점에서 동일한 어휘 부류를 유지하고 있음을 확인할 수 있다. 또한 대치된 요소가 대체로 동일한 형태론적 지위, 곧 절단형, 단어 어근, 한자어 형태소 어근으로 맞추어지고 있음을 쉽게 알 수 있다.[82]

그러나 이와는 달리 틀에 의한 유추를 통하여 형성된 단어들은, 새로운 단어의 형성에 직접적으로 기반이 된 단어를 정확하게 알기 힘들다는 점에서

---

82) 이것은 개별 단어에 의한 유추에서 일반적으로 나타나는 현상은 아니다. 단적인 예로 김혜지(2022a : 81)에서 제시한 음운론적 유사성에 기반한 유추를 통하여 형성된 예인 '싸난뱅이(← 가난뱅이)'나 '어주구리(← 어쭈구리)'에서 대치된 요소인 '싸난'와 '주'는 모형 단어의 '가난', '쭈'와는 형태론적 관련성을 찾아볼 수 없기 때문이다. 이를 고려한다면 (12)의 예들은 개별 단어에 의한 유추 중에서도 형태론적 유사성에 기반한 유추를 통하여 형성된 것으로 해석할 가능성이 높다.

개별 단어에 의한 유추를 통하여 형성된 단어와 차이를 보인다.

(13) 펫푸어(사회), 흙수저(사회), 골강스족(사회), 토크노믹스83)(경제), 로플
레이션84)(경제), 세이프슈머85)(사회), 디즈니피케이션86)(사회)

(13)은 신어 전문 용어 중에서 틀에 의한 유추를 통하여 형성된 단어 중
일부를 제시한 것이다. 이들은 대체로 신어 전문 용어 내에서 혹은 신어
자료집이나 『우리말샘』에서 그와 같은 형식을 공유한 단어를 쉽게 찾아볼
수 있다. (13가)의 '토크노믹스'는 동일한 경제 분야의 신어 전문 용어 내에서
'모디노믹스87), 베이비노믹스88), 스타노믹스, 프로즈노믹스89), 트위노믹
스90), 마가노믹스91), 비거노믹스'와 같이 '[[X]-노믹스]ɴ'의 형식을 가진 단
어를 확인할 수 있다. '펫푸어'는 신어 전문 용어 내에서는 '렌트 푸어92),
베이비 푸어93), 스펙 푸어94), 에듀 푸어95), 타임 푸어96)' 등 주로 구 구성의

---

83) [2018년 신어] 가상 화폐를 수단으로 재화나 서비스를 거래할 수 있는 경제 활동의 생태
   계. 주로 블록 체인 기술에 기반하여 경제 시스템을 연구, 설계, 구현하는 일을 의미한다.
   '가상 화폐'를 뜻하는 '토큰'과 '경제'를 뜻하는 '이코노믹스'를 결합하여 만든 말이다.=토
   큰 경제학.
84) [2014년 신어] 물가 상승률이 지나치게 낮은 현상.
85) [2015년 신어] 제품을 구매할 때 안전을 가장 중요하게 생각하는 소비자.
86) [2018년 신어] 도시가 고유의 정취를 잃고 관광객을 위한 놀이공원처럼 바뀌는 현상.
87) [2014년 신어] 인도의 총리 모디가 시행한 경제 정책. 기업의 자유로운 경제 활동을 중시
   하며 작은 정부를 표방하며, 인프라 확충·제조업 육성·일자리 창출 따위를 위한 정책을
   시행하였다.
88) [2014년 신어] 영국 왕가의 아기가 탄생함으로써 발생할 경제 효과를 이르는 말.
89) [2014년 신어] 폭설과 한파에 의한 경기 둔화 현상.
90) [2015년 신어] 쌍둥이와 관련된 경제 활동이나 전략. 쌍둥이를 의미하는 '트윈스(twins)'
   와 경제학을 의미하는 '이코노믹스(economics)'를 결합하여 만든 말이다.
91) [2018년 신어] 미국의 도널드 트럼프 대통령의 강제 정책을 이르는 말. 트럼프 대통령이
   대선 후보일 때 내건 구호인 '미국을 다시 위대하게'라는 의미의 '메이크 아메리카 그레이
   트 어게인(make America great again)'의 머리글자를 딴 '마가(MAGA)'와 '경제'를 뜻하
   는 '이코노믹스(economics)'를 결합하여 만든 말이다. ⇒ 규범 표기는 미확정이다.
92) [2012년 신어] 과다한 전셋값이나 월셋값 지출로 가난해져 살기 어려운 사람.
93) [2012년 신어] 과다한 출산비 지출로 가난해져 살기 어려운 사람.

사회 분야 전문 용어와 같은 형식을 공유하고 있는데 이들 역시 '[[X]-푸어]$_N$' 형식을 공유하고 있음을 확인할 수 있으며, 이때 'X'의 자리에 오는 것이 명사라는 점에서도 형식적 공통성을 가지고 있다. 이러한 틀에 의한 유추를 통하여 형성된 단어들의 경우는 같은 형식을 공유하고 있는 단어가 대개 비슷한 시기에 다수 형성되어 전술한 것처럼 어떤 단어의 직접적인 모형이 된 단어를 찾을 수 없는데, 다만 각 단어의 출현 시기와 그중에서 가장 이른 시기에 확인되는 단어를 중심으로 모형 단어를 짐작할 수 있을 뿐이다.

(13)과 같이 틀에 의한 유추를 통하여 형성된 단어들은 개별 단어에 의한 유추로 형성된 단어들과는 달리 고정된 요소를 중심으로 변항 'X'의 자리에 대치된 요소들 간의 형태론적 지위 역시 일정하지 않다는 점에서 (12)의 단어들과 구분된다. '골캉스족'과 같은 '[[X]-캉스족]$_N$'의 예를 들어 보자. 신어 전문 용어 내에서 확인되는 '골캉스족, 피캉스족'과 『우리말샘』에서 확인되는 일반 용어인 '노캉스족[97], 마캉스족[98], 몰캉스족[99], 백캉스족[100], 설캉스족[101], 집캉스족[102], 추캉스족[103], 호캉스족[104]'를 살펴보면 'X'에 대치되는 요소의 형태론적 지위뿐만 아니라 어종 역시 모두 다름을 확인할 수 있다.

---

94) [2012년 신어] 직장을 구하기 위해 필요한 학력, 학점, 토익 점수 따위를 올리기 위한 비용의 지출로 가난해져 살기 어려운 사람.
95) [2012년 신어] 과다한 교육비 지출로 점점 가난해지는 현상. 또는 그런 사람.
96) [2014년 신어] 일에 쫓겨 자유시간이 없는 사람. 또는 그런 현상.
97) [우리말샘] 휴가철에 여행지를 안 가거나 못 가는 사람. 또는 그런 무리.
98) [우리말샘] 시원한 마트에서 쇼핑이나 문화생활 따위를 하며 바캉스를 즐기는 사람. 또는 그런 무리.
99) [우리말샘] 쇼핑몰에서 식사나 쇼핑 따위를 하며 바캉스를 즐기는 사람. 또는 그런 무리.
100) [우리말샘] 시원한 백화점에서 쇼핑이나 문화생활 따위를 하며 바캉스를 즐기는 사람. 또는 그런 무리.
101) [우리말샘] 설 연휴를 이용하여 여행지에서 휴가를 즐기는 사람. 또는 그런 무리.
102) [우리말샘] 집에서 편안히 휴식을 취하며 휴가를 보내는 사람. 또는 그런 무리.
103) [우리말샘] 추석 연휴 즈음에 바캉스를 즐기는 사람. 또는 그런 무리.
104) [우리말샘] 호텔에서 휴가를 보내는 사람. 또는 그런 무리.

'설, 집'은 고유어로서 독립된 단어의 쓰임을 보이는 단위인 데 반하여 '백(百), 추(秋), 피(皮)'는 한자어로서 각각이 '백화점, 추석, 피부과'에서 뒷부분을 잘라낸 형식이다. '노(no), 몰(mall), 골(← golf), 마(← mart), 호(← hotel)'는 모두 외래어 요소라는 점에서는 같지만 '노'와 '몰'은 그 자체가 하나의 의미를 나타낼 수 있는 것임에 비하여 '골, 마, 호'는 그렇지 않다는 점에서 구분된다. 이렇듯 틀에 의한 유추를 통하여 형성된 단어에서 대치되는 요소가 서로 차이를 보이는 것은 틀의 특성에서 비롯한 것으로 보이는데, 유사한 형식을 공유하는 단어들의 집합체로부터 틀이 형성되면 그 틀은 일정한 의미를 가지게 된다. 여기에서 예로 든 '[[X]-캉스족]ₙ'은 대개 'X와 관련된 일을 하면서 휴가를 보내는 사람' 혹은 'X와 관련된 시기에 휴식을 취하는 사람'이라는 의미를 고정적으로 가지게 되는데,[105] 이 때문에 'X'의 자리에 어떤 요소가 끼어들어도 의미를 전달하는 데는 크게 무리가 없다. 이것이 개별 단어에 의한 유추와 틀에 의한 유추가 가지는 차이 중 하나인데, 신어 전문 용어에서도 이러한 차이가 드러나는 것을 확인할 수 있다.

---

105) 이러한 유추의 틀이 대체로 고정적인 의미를 가지는 것에 대해서는 살펴볼 필요가 있다. 이것은 틀의 고정항이 단어 집합체가 가지는 공통된 의미로부터 일정한 의미를 획득한 것으로 볼 가능성도 있고, 단어 집합체로부터 형성된 틀 자체가 하나의 구성(construction)으로서 일정한 의미와 쌍(pair)을 이루는 것으로 볼 가능성도 있기 때문이다. 최근에는 틀 내부에 존재하는 고정항, 특히 새로운 단어를 만들어 내는 생산성을 가진 요소를 결합형(combining form)으로 보는 견해가 확인되는데(최형용 2021, 2022, 김혜지 2022a, 이찬영 2022 등), 이러한 결합형의 존재를 인정하고 그것이 하나의 단어 형성 요소로 작용할 수 있음에 주목한다면 전자의 경우에 힘이 실리게 된다. 다만 두 가능성 모두를 배제할 수는 없기 때문에 이에 대하여서는 조금 더 깊이 있게 다루어 볼 필요가 있다.

6.4. 나가기

지금까지 신어 자료집에서 확인되는 전문 용어, 그중에서도 단어 단위의 전문 용어를 중심으로 그 양상과 형성 과정에서 관찰되는 특성에 대하여 살펴보았다. 본장의 내용을 정리하면 다음과 같다.

신어 전문 용어는 어휘 부류에 따라 일곱 가지로 그 유형을 나눌 수 있는데, 단어의 '형성'에 주목하는 본장에서는 그중 단일어와 축약어를 제외한 합성어, 파생어, 혼성어, 두음절어, 통사적 결합어로 분류되는 신어 전문 용어에 대하여 살펴보았다. 이 중 신어 전문 용어에서 가장 많은 비율을 차지하고 있는 것은 파생어, 그다음이 합성어와 혼성어로 확인되었으며, 두음절어와 통사적 결합어의 비율은 매우 적게 나타났다. 그것은 결합이라는 형태론적 조작 과정이 생산적으로 새로운 단어를 형성하는 데에 기인한 것인데, 혼성어는 두음절어와 같이 단어의 형성 과정에서 절단 과정을 수반하기는 하지만 두음절어와는 달리 절단 후 두 요소를 결합하는 과정을 거쳐 새로운 단어를 형성한다는 점에서 신어 전문 용어의 형성에도 힘을 발휘하는 것이라고 할 수 있다. 이와는 달리 결합 후 절단 과정을 거치는 두음절어는 본래는 한자어에서 매우 활발하게 형성되어 왔으나 최근에 관찰되는 두음절어는 그 구성 요소로서 한자어 외에도 고유어나 외래어를 취하기 때문에 명확한 개념을 나타내거나 못하고 정확한 의미를 전달하기 어려워 전문 용어로서는 적합하지 못하여 신어 전문 용어에서는 잘 확인되지 않는 것으로 판단된다. 또한 통사적 결합어는 활발한 생성의 단계에 있는 신어 자료 전체에서 비교적 적게 확인된다는 점이나 주로 한자어나 외래어를 통하여 개념을 표현하는 전문 용어에서는 조사나 어미 없이 단어를 형성하는 것이 자연스럽다는 점이 신어 전문 용어에서 찾아보기 힘든 이유로 지적된다.

한편, 전문 용어는 특정 분야의 전문적 개념 혹은 대상을 표현하기 위한 것으로 그때 그때의 명명 동기에 의하여 새롭게 형성될 것으로 보임에도 불구하고 신어 전문 용어 내부에서 서로 같은 형식을 공유하거나 기존 단어와 유사한 형식을 가진 단어들이 확인된다. 본장에서는 이러한 신어 전문 용어의 형성에 단어 형성 기제로서의 유추가 관여한 것으로 보고, 유추에 의하여 형성된 신어 전문 용어의 양상에 대하여 살펴보았다. 신어 전문 용어는 개별 단어에 의한 유추보다는 틀에 의한 유추에 의하여 형성된 것이 훨씬 많은데, 그것은 유추에 의하여 형성된 신어의 전반적인 특성에 부합하는 것으로 확인된다. 일반 용어와 마찬가지로 개별 단어에 의한 유추를 통하여 형성된 신어 전문 용어는 모형이 되는 단어와 일대일 관계를 보이는데, 이와는 달리 틀에 의한 유추로 형성된 신어 전문 용어는 그것의 형성에 직접적인 모형이 되는 단어를 특정할 수 없다. 또한 고정항을 중심으로 대치되는 요소들의 형태론적 지위가 일정하지 않다는 점에서 차이를 보인다.

본장에서는 그간 논의된 적 없던 신어 전문 용어를 중심으로 그 양상을 분석하고, 형성적 특성을 살펴보았다. 전문 용어는 각 용어가 사용되는 전문 분야의 특성에 따라 단어의 형성적 특성이 서로 달라 품사나 어종 등 전문 용어에서 나타나는 전반적인 경향성을 살펴본 논의 외에는 대부분의 관련 논의들이 특정 분야에 집중하여 연구를 진행해 왔다. 이러한 점을 미루어 볼 때 본장은 신어, 그중에서도 단어 단위의 전문 용어에 초점을 두어 논의 대상의 수가 비교적 적다는 점에서는 한계를 보이지만 특정 분야에 국한하지 않고 전문 용어의 형성에서 나타나는 전반적인 양상을 살펴보았다는 점에서 의의를 가진다. 다만 §6.1에서도 언급한 것처럼 형성 외에도 정착의 측면에서도 신어를 살펴볼 필요가 있다. 본장에서 제시한 신어 전문 용어는 '정착'과 관련하여 하위분류될 수 있는데, 우선은 사전 등재어와 미등재어로 구분할 수 있다. 몇 가지 예를 들어 보자면 『우리말샘』을 기준으로 '토크노믹스, 세이프슈머, 펫푸어; 화재적운, 흙수저, 반퇴자'는 등재어, '골캉스족, 빵고개, 공쓰재'는 미등재어로 분류할 수 있는 것들이다. 그런데 동일한 등재어라고 하더라도 '토크노믹스, 세이프슈머, 펫푸어' 등은 신어 자료집과 동일하게 전문 용어로서 등재되어 있는 반면에 '화재적운, 흙수저, 반퇴자'는 일반 용어로 등재되어 있다는 점에서 차이를 보인다.[106] 물론 사전 등재 여부가 개별 단어의 언어 공동체 내의 정착 여부를 판가름할 수 있는 절대적인 기준이 되기는 어려우나 그 경향성을 관찰하는 데에는 활용 가능하다는 점에서 신어 자료집과 『우리말샘』에 수록된 용어를 견주어 살펴보는 것은 충분히 의미 있는 작업이 될 것으로 판단된다. 이러한 본장의 논의를 바탕으로 논의 대상을 확장하여 현재 『우리말샘』에 수록된 전문 용어를 함께 살핀다면 전문 용어의 형성과 정착 과정에서 나타나는 특성을 조금 더 깊이 있게 확인하고, 전문 용어, 나아가 단어 형성론 분야의 논의를 조금 더 폭넓게 하는 기반으로 작용할 수 있을 것으로 기대된다.

---

106) 한편 남길임(2015)에서는 신어의 사전 등재 기준으로 '총 빈도(20회 이상 출현), 기사 건수(10건 이상의 기사에 출현), 연도별 분포(5개년 이상에 분포)'의 세 가지를 제시한 바 있는데, 이러한 기준과 관련하여서도 각 신어 전문 용어는 서로 차이를 보인다. 가령 '토크노믹스'는 2017년 9월 기사에서 처음 출현한 이후 현재까지 활발하게 쓰이고 있으나 이와는 달리 '세이프슈머'의 경우는 2014년에 7건, 2015년에 3건의 기사에 출현하여 남길임(2015)에서 제시한 세 가지 기준 중 어느 것도 충족하지 못하는 것을 확인할 수 있다. 남길임(2015)에서 제시한 사전 등재의 기준은 모두가 언어 외적인 측면을 염두에 둔 것이라고 할 수 있을 터인데, '토크노믹스'와 '세이프슈머'가 언어 외적인 측면에서는 확연히 구분됨에도 불구하고 모두 사전에 등재되어 있다는 것은 신어의 등재 혹은 정착과 관련하여 언어 내적인 요인도 함께 고려해야 함을 시사하는 것이라 할 수 있다. 이와 관련하여 김지혜(2018)에서는 신어 정착의 내적 요인으로 기존 단어와의 긴밀성을 제시한 바 있으며, 김혜지(2022c : 178)에서도 2012년, 2013년 신어 자료집에 수록된 단어 579개 중에서 기존 단어와의 유사성을 기반으로 형성된, 즉 유추의 과정을 통하여 형성된 단어가 그렇지 않은 단어에 비하여 정착될 가능성이 더 높다는 것을 계량적으로 확인한 바 있다. 다시 말하자면 '토크노믹스'나 '세이프슈머'는 사용 추이 등의 언어 외적인 측면에서는 차이를 보이지만 두 단어가 모두 '[[X]-노믹스]$_N$', '[[X]-슈머]$_N$' 형식을 가진 단어들 사이의 관련성을 기반으로 형성되었다는 점에서는 공통된다는 것을 고려할 때, 신어의 정착에 관여하는 언어 내적·외적 요인에 대하여서도 조금 더 복합적인 관점에서 살펴볼 필요가 있을 것으로 보인다.

참고문헌

‖논저류‖

강현화(2000), 「외래어 전문용어의 표준화에 관한 국어학적 분석」, 『어문연구』 28-4, 한국어문
　　　　교육연구회, 43-55.

국립국어원(2010), 『2010년 신어 자료집』.

＿＿＿＿＿(2012), 『2012년 신어 자료집』.

＿＿＿＿＿(2013), 『2013년 신어 기초 조사 자료』.

＿＿＿＿＿(2014), 『2014년 신어』.

＿＿＿＿＿(2015), 『2015년 신어』.

＿＿＿＿＿(2016), 『2016년 신어 조사 및 사용 주기 조사』.

＿＿＿＿＿(2017), 『2017년 신어 조사』.

＿＿＿＿＿(2018), 『2018년 신어 조사』.

＿＿＿＿＿(2019), 『2019년 신어 조사』.

김선혜(2013), 「<연세 현대한국어사전>의 전문용어 표제어에 대한 연구」, 『한국사전학』 22,
　　　　한국사전학회, 7-31.

김일환(2014), 「신어의 생성과 정착」, 『한국사전학』 24, 한국사전학회, 98-125.

김정우·김성원(2012), 「전문용어 조어법 분석의 한 사례」, 『인문사회과학연구』 13-2, 부경대학
　　　　교 인문사회과학연구소, 99-125.

김지혜(2018), 「신어의 정착에 기여하는 언어의 내·외적 요인 분석 ― 2005년 신어 중 단일어를
　　　　중심으로」, 『대학교양교육연구』 3-2, 배재대학교 주시경교양교육연구소, 29-54.

김지혜(2019), 「신어 정착에 영향을 주는 사회적 요인 연구 ― 「2005년 신어」 중 사회 주제어를
　　　　중심으로」, 『국어교육』 165, 한국어교육학회, 359-387.

김한샘(2008), 「전문용어 정비의 현황과 과제」, 『한말연구』 23, 한말연구학회, 93-120.

＿＿＿(2015), 「전문용어의 일반어화에 대한 소고」, 『한민족어문학』 71, 한민족어문학회,
　　　　129-154.

김혜지(2016), 「축약형 단어와 유추」, 『형태론』 18-2, 형태론, 183-215.

＿＿＿(2021), 「단어 형성 기제로서의 유추에 대한 재고찰 ― 유추의 유형 분류를 중심으로」,
　　　　『국어학』 99, 국어학회, 211-245.

_____(2022a), 「유추에 의한 신어 형성 연구」, 이화여자대학교 박사학위논문.

_____(2022b), 「유추 유형에 따른 신어 형성 양상 ― 계량적 분석을 중심으로」, 『형태론』 24-1, 형태론, 113-149.

_____(2022c), 「신어의 정착과 유추 유형 간의 상관성」, 『한국리터러시학회 2022년 가을 학술 대회 자료집』, 한국리터러시학회, 169-183.

남길임(2015), 「신어의 사용 추이와 사전 등재의 기준」, 『한글』 310, 한글학회, 205-233.

남길임·송현주·최준·이수진(2022), 『현대 신어 연구』, 한국문화사.

노명희(2010), 「혼성어 형성 방식에 대한 고찰」, 『국어학』 58, 국어학회, 255-281.

문병열(2015), 「한국어의 역문법화 현상에 대하여」, 『국어학』 75, 국어학회, 295-330.

박현주(2018), 「전문용어 생성 원칙의 번역학적 적용」, 『번역학연구』 19-3, 한국번역학회, 135-162.

배선미·시정곤(2004), 「한국어 전문용어 조어분석에 대한 통계적 연구 ― 물리, 화학, 생물, 의학 용어를 중심으로」, 『한국어학』 25, 한국어학회, 191-219.

송영빈(2009), 「조어적 관점에서 본 전문용어의 의미 투명도」, 『일본학보』 80, 한국일본학회, 13-25.

송원용(2007), 「국어의 단어형성체계 재론」, 『진단학보』 104, 진단학회, 105-126.

송철의(1993), 「준말에 대한 형태·음운론적 고찰」, 『동양학』 23, 단국대학교 동양학연구원, 25-49.

신중진·이성우(2016), 「기초 전문용어의 개념 확립을 위한 시론」, 『한국언어문화』 59, 한국언어문화학회, 311-336.

양명희·박미은(2015), 「형식 삭감과 단어형성법」, 『우리말 글』 64, 우리말글학회, 1-25.

엄태경(2019), 「한국어 전문용어의 어휘·형태적 연구」, 한양대학교 박사학위논문.

_____(2021), 「전문용어의 체계와 관계에 대한 탐색」, 『우리말 글』 91, 우리말글학회, 125-156.

엄태경·김혜지·김태경(2022), 「공공기관의 용어 사용 실태조사 및 개선안 연구」, 『사회언어학』 30-4, 한국사회언어학회, 217-247.

왕사우(2016), 「한국어 'N1+의+N2'형 단어에 대한 고찰」, 『형태론』 18-2, 형태론, 274-297.

이상욱(2007), 「'-음', '-기' 명사형의 단어화에 대한 연구」, 서울대학교 박사학위논문.

이선영·이영경(2019), 「신어 형성과 어휘의 확장 ― '템' 관련 신어를 중심으로」, 『반교어문연구』 51, 반교어문학회, 169-189.

이성우·신중진(2016), 「심화 전문용어의 개념 확립을 위한 시론」, 『동아시아 문화연구』 66, 한양대학교 동아시아문화연구소, 90-113.

이영제(2015), 「한국어의 두음어화 연구 ― 통사적 구성의 두음어화를 중심으로」, 『한국어학』 69, 한국어학회, 165-189.

이찬영(2022), 「혼성어 연구의 쟁점과 방향」, 『형태론』 24-1, 형태론, 51-81.

_____(2023), 「한국어 합성명사의 형성과 해석 연구 ― 'N+N'형 임시어를 중심으로」, 연세대학교

박사학위논문.

이현주(2015), 「전문용어학의 이론적 토대를 위한 개념 연구」, 『한국사전학』 26, 한국사전학회, 40-67.

田宇(TIAN YU)(2021), 「한·일 양국 코로나 관련 신어의 비교 고찰」, 『동아인문학』 57, 동아인문학회, 131-153.

조은경(2001), 「전문용어의 어휘형태적 특성 연구」, 연세대학교 석사학위논문.

최형용(2010), 「전문 용어의 형태론 ─ 지침으로서의 전문 용어 형성 원칙을 중심으로」, 『한중인문학연구』 31, 한중인문학회, 293-323.

_____(2016), 『한국어 형태론』, 역락.

_____(2021), 「신어 형성에서 유추의 역할은 무엇인가 ─ 마티엘로(2017), *Analogy in Word-Formation*을 중심으로」, 『형태론』 23-2, 형태론, 171-215.

_____(2022), 「'킥라니'형 신어 혼성어에 대하여」, 『언어와 정보 사회』 46, 서강대학교 언어정보연구소, 27-68.

최형용 외(2022), 『한국어 신어 형성 연구』, 역락.

Booij, G. (2010), *Construction Morphology*, Oxford : Oxford University Press.

Cabré, M. T. (1999), *Terminology : Theory, Methods and Applications*, Amsterdam & Philadelphia : John Benjamins Publishing.

Mattiello, E. (2017), Analogy in specialised language, in *Analogy in Word-Formation : A Study of English Neologisms and Occasionalisms*, Berlin & Boston : De Gruyter Mouton.

Spolsky, B. (2004), *Language Policy*, Cambridge : Cambridge University Press.

Spolsky, B. (ed.)(2012), *The Cambridge Handbook of Language Policy*, Cambridge : Cambridge University Press.

‖사전류‖

국립국어원 우리말샘(https://opendict.korean.go.kr/main)

국립국어원 표준국어대사전(https://stdict.korean.go.kr/main/main.do)

7. 전문 용어 형성과 유추
― 경제, 사회 분야를 중심으로

7.1. 들어가기

　본장은 단어 형성 기제로서 작용하는 유추에 주목하여 전문 용어의 형성을 살피는 것이 목적이다. 단어 형성 기제로서의 유추는 어휘부 내에 이미 존재하고 있는 단어와의 형식적, 의미적 유사성을 기반으로 새로운 단어를 만들어 내는 과정이다. 유추는 1990년대 후반부터 단어 형성 기제로서 부상하게 되었고 생산적이고 규칙적인 단어의 형성뿐만 아니라 규칙으로 설명하기 어려운 단어의 형성을 모두 설명할 수 있는 단어 형성 기제라는 점에서 주목을 받아 왔다. 이러한 점에 주목하여 단어 형성 기제 유추는 신어를 대상으로 논의가 주로 이루어져 왔는데[1] 신어에는 문법 외적 형태론의 영역에 속하는 것으로 간주되어 온 혼성이나 두음절화처럼 형식의 감소를 보이는 과정을 통해 형성되는 경우가 많기 때문이다. 그러나 신어 보고서에는 『우리말샘』의 전문 용어 재분류 지침에 따라 전문 용어 여부를 구별하여 표시하고 있으며 전문 용어 또한 혼성이나 두음절화처럼 형식의 감소를 보이는 과정을

---

1) 신어의 형성을 유추로 설명한 논의로는 Mattiello(2017), 김혜지(2016, 2021, 2022a, b), 최형용(2021), 최형용 외(2022) 등이 있다.

통해 형성되는 경우가 빈번하므로 이러한 점을 고려한다면 전문 용어 또한 유추라는 단어 형성 기제로 설명이 가능할 것으로 기대할 수 있다.

(1) 가. 맞벌이 → 겹벌이(사회)[2]
　　나. 이코노미 → 일코노미(경제)[3]
　　다. X코노미 → 펫코노미(경제)[4], 혼코노미(경제)[5], 홈코노미(경제)[6], 폴리코노미(경제)[7]
　　라. 미시스 커피족(사회)[8] → 미시스 주스족(사회)[9]

　　(1)의 단어들 중에서 오른쪽에 제시된 단어들은 신어 보고서나 『우리말샘』에 제시된 단어들로 완전히 새롭게 창조된 것들이 아닌 이미 존재하고 있는 단어들을 기반으로 형성된 전문 용어이다. (1가, 라)는 『사회 일반』(이하 『사회』) 분야의 전문 용어, (1나, 다)는 『경제』 분야의 전문 용어이다. (1가) '겹벌이(사회)'는 모형 단어 '맞벌이'를 기반으로 형성된 단어로 파생이라는 문법적 과정에 해당한다. (1나) '일코노미(경제)'의 경우 단일어인 '이코노미'를 재분석하여 '이'를 '일'로 대치하여 형성된 것이다. (1다)의 목표 단어들은 하나의 모형 단어가 아닌 유추의 틀에 의해 형성된 단어들로 '코노미'라는 고정요소를 공유한다. (1라)는 모형 단어와 목표 단어가 모두 구에 해당하는 전문 용어이다. 구 이상의 형식을 가지는 전문 용어는 외형적으로 단어가 아니라는 문제를 제기할 수 있다. 그러나 일정한 개념을 전달한다는 점에서 단어의

---

2) 경제적인 목적이나 자아실현을 위하여, 한 사람이 동시에 두 가지 일이나 직업에 종사하는 일. 또는 그런 일이나 직업.
3) 혼자서 경제생활을 꾸려 나가는 일.
4) 반려동물과 관련된 산업을 이르는 말. 반려동물 전용 간식이나 영양제, 의류 따위의 각종 용품이나 유치원, 병원 따위의 서비스와 관련된 시장을 말한다.
5) 일인 가구를 대상으로 이루어지는 여러 가지 경제 활동.
6) 집에서 이루어지는 여러 가지 경제 활동을 이르는 말.
7) 정치가 경제를 휘두르는 현상을 말한다.
8) 쇼핑을 하면서 테이크아웃 커피를 즐기는 결혼한 여성. 또는 그런 무리.
9) 물이나 첨가물을 섞지 않은 생즙으로 만든 주스만 고집하는 결혼한 여성. 또는 그런 무리.

자격을 부여하는 데 크게 문제가 없어 보인다. 특히, 전문 용어의 경우 명확한 개념을 전달하는 것이 중요하기 때문에 구 이상의 형식은 문제가 되지 않는다. 따라서 전문 용어의 경우, 단어 내부의 요소가 고정요소가 되는 것이 아닌 단어 외부의 요소까지 고정요소가 될 수 있다. 이처럼 우리는 표현론적 동기를 가지고 새로운 단어를 형성하는데, 이때 형성되는 단어는 대개 이미 어휘부에 존재하는 단어를 기반으로 형성된다. 또한 (1)에 제시된 단어들을 통해서도 알 수 있듯이 신어 보고서에 실려있는 전문 용어는 비교적 분명한 출현 시기를 가지기 때문에 어떤 단어를 모형 단어로 하여 목표 단어가 형성되었는지를 파악하는 것이 어렵지 않다. 신어 보고서가 아닌 『우리말샘』에 등재되어 있는 전문 용어들은 신어 보고서에 실린 전문 용어들과는 달리 명확한 출현 시기를 가지지 않지만 용례를 통해서 어떤 단어를 모형 단어로 하여 형성되었는지를 파악하는 것이 불가능한 것은 아니다. 따라서 본장에서는 전문 용어의 형성 기제를 유추로 설명하고 유추의 유형에 따라 전문 용어를 분류하고자 한다.

전문 용어란 전문가들이 특수한 목적을 가지고 사용하는 용어로 일반인들이 일상생활 속에서 사용하는 일반 용어에 대당하는 개념이다.[10] 『표준국어대사전』(이하 『표준』)에서는 총 434,349개이 표제어를 수록히고 있는데 그중 201,042개의 표제어가 전문 용어에 해당한다. 『표준』에서의 전문 용어의 비중이 높은 것을 통해 전문 용어가 우리 생활 깊숙이 이미 들어와 있다고 할 수 있다. 그런데 단어 형성과 관련된 논의 대부분은 일반인들이 사용하는 일반 용어만을 대상으로 하였으며 전문 용어를 대상으로 한 논의들 중에서도 전문 용어의 조어법을 분석하는 논의가 대부분이있다.[11] 하시만 전문 용어도

---

10) 전문 용어의 개념과 그 범위 설정에 대해서도 많은 논의가 이루어져 왔으며 대표적인 논의로 강현화(2000), 이현주(2013), 김한샘(2015), 엄태경·신중진(2017), 엄태경(2019) 등이 있다. 전문 용어의 개념과 관련해서는 1장의 논의를 참고할 것.

11) 전문 용어의 조어법을 분석한 논의로는 배선미·시정곤(2004), 송영빈(2008), 김정우·김성원(2012), 이현주(2013), 신중진·엄태경(2016), 엄태경·신중진(2017) 등이 있다.

한국어의 일부이므로 전문 용어의 형성 기제에 대해서도 논의를 진행할 필요가 있으며 이를 통해 한국어 단어 형성의 다양한 총체를 좀 더 넓게 확인할 수 있으리라 생각된다.

『표준』에 등재되어 있는 전문 용어들은 총 67개의 분야로 구분되는데 전문 용어의 형성을 파악하기 위해서는 존재하는 모든 전문 분야에 대한 전문 용어를 분석하여야 하지만 현실적으로 모든 분야를 분석하는 것은 쉽지 않다. 따라서 본장에서는 『경제』와 『사회』 분야에 한정하여 그 분야의 전문 용어의 형성을 유추로 설명하고자 한다. 『경제』와 『사회』 분야에 한정하여 논의를 진행하는 이유는 특히 두 분야의 전문 용어가 일반 용어와 밀접하게 관련되어 있기 때문이다. 신어 보고서에 제시된 전문 용어 중에서도 『경제』와 『사회』 분야의 전문 용어들이 가장 높은 비중을 차지하고 있다. 전문 용어는 일반 용어와 구분되는 특징적인 측면뿐만 아니라 명백히 구분되지 않는 측면도 존재한다. 특히 『경제』와 『사회』 분야의 전문 용어들은 현대 국어 생활에 가장 많은 영향력을 주고 있고 특정 전문가들 사이에서 통용되는 용어들뿐만 아니라 생활에서 흔히 사용하는 용어들도 포함되어 있다. 본 연구에서 대상으로 다루는 전문 용어는 『표준』과 『우리말샘』에 등재되어 있는 것을 중심으로 하되, 국립국어원에서 발행한 신어 보고서를 추가적으로 활용하여 제시하였다.

2절에서는 전문 용어 형성 방법에 대한 기존 논의들을 살펴보고 전문 용어 형성 기제로서의 유추의 우위성을 강조하고자 한다. 3절에서는 전문 용어 형성 기제로서 유추의 유형을 제시한다. 4절에서는 실제 전문 용어들의 형성을 살펴보고 이들을 유추의 유형에 따라 분류하고자 한다. 본 연구는 전문 용어의 형성을 유추로 설명하고 각 유형에 해당하는 전문 용어의 형성을 살펴본다는 데 의의가 있다.

7.2. 전문 용어 형성 기제로서의 유추의 우위성

전문 용어의 형성은 표현론적 접근으로 설명이 가능하다. 표현론적 접근은 해석론적 접근과 대립되는 것으로 Sager(1990), Cabré(1999)에서는 다음과 같이 설명하며 이를 도식화하면 (4)와 같다.

(2) 전통적 전문 용어학 이론에서는 개념에서 시작하여 이러한 개념들의 이름을 찾는 '명명적' 접근을 보이므로 '표현론적'이라고 한다. 반면, 사전학적 접근은 단어에서 시작하여 그 의미를 찾는 '의미'적 접근을 보이므로 해석론적으로 부른다(Sager 1990 : 56, 엄태경 2019 : 75 재인용).

(3) 전문 용어학은 개념으로부터 어떤 형태를 만들어야 하는 표현론적 문제에 해당한다(Cabré 1999 : 7-8).

(4) 해석론적인 과정과 표현론적 과정(Cabré 1999 : 38)

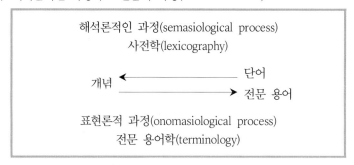

이들에 따르면, 표현론적 접근은 개념에서 시작하여 의미를 찾는 과정이며 이와 같은 관점이 전문 용어학의 이론적 기반이 된다. 엄태경(2019)은 표현론적 접근에 기반을 두고 전문 용어 형성의 절차와 원리를 도식화하여 제시하였다.

(5) 전문 용어 형성의 절차와 원리(엄태경 2019 : 82)

단계	형성 절차			영향 관계
1단계	새로운 개념 발생 또는 의도적 명명			능동적 실천
2단계	대상의 개념화			전문 지식 사회 관습 형성 동기
3단계	언어 표현의 방법 선택			의도적 교차적
	형식	의미	기능	
	- 결합 - 절단	- 전문 용어화 - 분야 간 차용 - 의미 바꿈	전성	
4단계	용어 행성			생성 후 1단계로 회귀 가능
	- 단일 용어 - 복합 용어			

　1단계에서는 새로 발견한 개념의 명명 욕구 또는 의도적인 용어 형성의 필요성을 느끼고 능동적으로 개념화를 진행한다. 그리고 2단계 개념화의 과정에서는 언어 외적인 영향이 관여하게 되는데 따라서 개념화에 따른 개념 구조는 사회적, 문화적, 지역적 전문 분야별로 다양한 모습을 가지게 된다. 3단계는 개념화 단계가 언어화의 과정으로 넘어가는 과정이다. 언어화의 방법으로는 '형식 차원', '의미 차원', '기능 차원'의 방법이 사용되며 이 방법들은 서로 교차될 수 있다. 이 방법들 중에서 형식 차원이 형태론적 과정에 해당하는 것으로 형식 차원에서 용어를 형성하는 방법으로는 결합과 절단을 제시하였다. 결합은 다시 파생과 합성으로 나뉘고 절단은 단순히 뒷부분이 절단되어 형성된 전문 용어뿐만 아니라 두문자어, 두음절어의 전문 용어도 포함한다. 마지막 4단계에서는 용어 형성 방법에 따른 결과가 도출된다.

　단어 형성이 규칙에 의해서 이루어진다고 주장한 규칙론자들은 규칙에 의해 형성된 것으로 보기 어려운 비생산적인 유형에 한정하여 유추적 단어의 형성을 설명하였다(Bauer 1983 : 95-96). 즉, 유추를 규칙과 동등한 위치에 있는 것으로 간주하는 것이 아닌 규칙의 보조적인 역할을 담당한다고 간주한 것이다. 파생과 합성이라는 문법적인 과정뿐 아니라 두문자어, 두음절어와 같은 문법 외적인 과정으로도 전문 용어가 형성될 수 있음을 제시하였다는 데 의의가 있지만 엄태경(2019) 또한 이를 규칙의 관점에서만 바라보았다는 아쉬움이 남는다. 규칙론자들과 달리 유추론자들은 생산적이고 규칙적인 단어의 형성도 유추로 설명이 가능하다고 보았다. 채현식(2003b), Mattiello(2017)에 따르면 구조적 유사성을 공유하는 계열체들이 증가하면 유추의 틀이 형성되고 이렇게 형성된 유추의 틀에 의해 새로운 단어가 만들어지는데 이는 유추에 의한 단어 형성이 불규칙적이고 비생산적인 개별 단어에만 한정되어 적용되는 것이 아님을 보여준다. 즉, 규칙적이고 생산적인 단어의 형성만 설명이 가능한 규칙에 의한 단어 형성보다 유추에 의한 단어 형성이 더 높은 비교 우위를 보인다고 할 수 있다. 따라서 채현식(2003b)[12]에서 제시한 유추에 의한 단어 형성 과정을 살펴보면 유추 또한 표현론적 과정에 해당하며 엄태경(2019)에서 제시한 전문 용어 형성 과정의 3단계에서 '대치'라는 방법이 사용되면 전문 용어의 형성을 유추로 설명할 수 있으며 전문 용어의 형성 기제로 유추의 효용성이 더욱 크다고 할 수 있다.

Mattiello(2017)는 영어의 신어를 유추의 관점에서 바라본 논의로 사용 영역에 따라 유추를 세분화하여 신어 가운데 전문 용어, 청소년 언어, 언론

---

12) 채현식(2003b : 117)에서 제시한 유추에 의한 단어 형성 과정은 다음과 같다.
　　가. 표적(target)의 확인 : 해결해야 할 표적을 확인한다.
　　나. 근거 단어(source words)의 탐색 : 어휘부에서 표적의 문제를 해결하는 데 근거로 이용될 수 있는 단어(들)을 찾는다.
　　다. 근거 단어와 표적의 비교·정렬 : 근거 단어와 표적을 비교·정렬해서 둘 사이의 공통성을 포착한다.
　　라. 근거 단어의 구조적 관계를 표적에 사상(寫象) : 근거 단어에서 추상화된 구조적인 관계를 표적에 적용한다.

용어, 문학 용어에서 나타나는 유추를 다루었다. 전문 용어 전체를 대상으로
한 것은 아니지만 사용 영역에 따라 전문 분야에서 사용되는 전문 용어의
형성을 유추로 바라볼 수 있음을 제시하였다는 데에서 본 연구의 초석이
된다. 또한 한국어에서 사용되는 전문 용어 대부분이 영어에 해당하므로
Mattiello(2017)에 따르면 한국어의 경우에도 유추적 형성으로 설명할 수 있는
전문 용어들이 존재할 것으로 보인다. Mattiello(2017)는 과학, 경제학, 정보
공학, 정치학, 법 분야에 주목하여 유추의 유형, 모형 단어의 유형과 그 관계,
유추에 의해 형성된 전문 용어의 기능과 분포를 살펴보았다.

(6) 가. FIFO [1966] → LIFO [1966]
　　나. [G-X$_{num}$] → G5 [1977], G7 [1986], G8 [1988], G10 [1980], G20 [1972]

유추의 유형을 크게 표면 유추와 틀에 의한 유추로 구분하였는데 (6가)는
표면 유추, (6나)는 틀에 의한 유추에 해당한다. 표면 유추와 틀에 의한 유추
의 차이는 통시적인 것으로, 초기에는 개별 단어와의 표면적 유사성에 기반
하여 형성되었지만 동일한 형태를 가진 계열체들이 증가함에 따라 유추의
틀이 형성되어 틀에 의한 유추로 변화할 수 있다는 점을 설명할 수 있다.[13]
더 나아가 표면 유추와 틀에 의한 유추는 더 세분화가 가능하다. '순수 표면
유추'는 표면 유추의 전형으로 모형 단어와의 순수한 유사성이 중요하다.
'확대/축소 표면 유추'는 형식적으로 모형 단어의 확대나 축소가 일어난 표
면 유추에 해당한다. '고정항 결여 표면 유추'는 비전형적인 표면 유추의

---

13) 다만, 표면 유추와 틀에 의한 유추가 오직 통시적인 차이로만 구분된다는 것을 의미하는
것이 아니라는 점에 유의해야 한다. 둘을 구분하는 가장 큰 기준은 모형 단어를 개별
단어로 설정할 수 있느냐의 여부이다. 그러나 틀에 의한 유추의 경우에도 개별 단어를
설정할 수 있는 예시들이 존재하고 이들은 초기에는 표면 유추에 해당하지만 동일한 고정
요소를 공유하는 계열체들의 증가함에 따라 틀이 생성되어 틀에 의한 유추의 유형으로도
설명이 가능한 것이다.

유형으로 모형 단어와 목표 단어 간에 고정항이 존재하지 않는 경우를 말하며 마지막 '규칙 결합 표면 유추'는 모형 단어와 목표 단어 사이에 규칙이 개입할 수 있는 경우이다. 이를 통해 Mattiello(2017)는 유추를 규칙과 상호 배타적인 개념으로 간주하지 않았다는 것을 알 수 있다. 틀에 의한 유추는 결합형에 의한 유추와 높은 빈도의 파편소에 의한 유추로 하위 분류된다. 즉 고정항의 지위를 기준으로 하위 유형이 구분되는 것이다.

최형용(2021)은 Mattiello(2017)의 논의 가운데 한국어에 적용할 수 있는 가능성을 검토하였다. 신어 보고서가 전문 용어 여부를 구별하여 표시하고 있다는 점에서 사용 영역의 관점에서 접근한 Mattiello(2017)의 전문 용어에서의 유추와 대응시킬 수 있는 가능성이 있다고 보았다. 2019년 신어 보고서의 전문 용어 가운데 (7)의 세 가지 예시를 제시하여 유추로 그 형성을 설명한다.

(7) 가. 비거노믹스(경제)[14] ← 베지노믹스(경제)[15], 슬리포노믹스(경제)[16], 우머노믹스(경제)[17], 위미노믹스(경제)[18], 위키노믹스(경제)[19]; 그린노믹스(경제)[20], 네코노믹스(경제)[21], 베이비노믹스(경제)[22], 스타노믹스(경제)[23], 시니어노믹스(경제)[24], 시티노믹스(경제)[25], 컬

---

14) 식물성 음식으로만 식사하는 채식주의 인구가 증가하면서 채식 시장과 관련하여 경제적 이익을 창출하는 일.
15) 점차 커지고 있는 채식 시장과 관련된 경제 현상을 이르는 말.
16) 점차 커지고 있는 숙면 시장과 관련된 경제 현상을 이르는 말.
17) 여성의 지위가 향상되고 소득이 늘어나면서 여성이 소비의 주체가 되는 경제 현상.
18) 여성의 지위가 향상되고 소득이 늘어나면서 여성이 소비의 주체가 되는 경제 현상.
19) 대중의 지혜와 지성으로 지배되는 경제 방식. 뛰어난 소수에 의해 좌지우지되었던 기존의 구조와 상반된 개념으로, 기업이 독점했던 정보를 공개하고 외부의 아이디어를 활용하는 협업 경제를 말한다.
20) 자연 환경을 파괴시키지 않으면서 경제 성장을 이루어 가는 경제 개발 정책.
21) 반려동물로 고양이를 키우는 인구가 증가하면서 생기는 경제적 효과.
22) 2013년 영국 왕실에서 왕세손 부부의 아기가 탄생함에 따라 발생할 것으로 예상되는 경제 효과를 이르는 말.
23) 스타를 이용하여 경제적 이익을 창출하는 일.
24) 노령 인구의 경제 활동으로 파생되는 경제 효과.
25) 경제성·문화성·예술성·친환경성 등 다양한 측면에서 경쟁력을 고루 갖추어야 도시가

처노믹스(경제)26)

나. 슬로벌라이제이션(경제)27) ← 싱글라이제이션(경제)28)

다. 내각 패싱(정치)29) ← 코리아 패싱(정치)30)

(7가)는 하나의 모형 단어를 기반으로 형성된 목표 단어가 아니기 때문에 틀에 의한 유추에 해당하며 (7나, 다)는 '싱글라이제이션(사회)', '코리아 패싱(정치)'이라는 하나의 모형 단어에 기반하여 '슬로벌라이제이션(경제)', '내각 패싱(정치)'이 형성된 것이므로 표면 유추에 해당한다. Mattiello(2017)에 따르면 (7가)의 단어들은 '노믹스'라는 동일한 고정요소를 가진다고 해서 모두 '비거노믹스(경제)'의 모형 단어가 되는 것은 아니다. '비거노믹스(경제)'는 선행요소의 뒷부분이 절단되고 후행요소의 앞부분이 절단된 점에서 혼성어에 해당한다. 그러나 '그린노믹스(경제), 네코노믹스(경제), 베이비노믹스(경제), 스타노믹스(경제), 시니어노믹스(경제), 시티노믹스(경제), 컬처노믹스(경제)'는 선행요소가 절단되지 않았기 때문에 혼성어라고 할 수 없다. 따라서 '비거노믹스'의 모형 단어는 '베지노믹스(경제), 슬리포믹스(경제), 우머노믹스(경제), 위미노믹스(경제), 위키노믹스(경제)'라고 보아야 한다. 이는 고정요소의 지위가 변한 것으로 분석이 가능한데 이는 3절에서 더 자세히 언급하도록 한다. 최형용(2021)에서는 비록 세 단어밖에 없지만 이 세 단어들이 표면 유추, 틀에 의한 유추라는 유추의 유형뿐만 아니라 혼성이라는 문법 외적 과정, 합성의 방식이라는 문법적 과정을 보여준다는 점에서 의의가 있다고 하였다.

성장할 수 있음을 강조하는 도시 경제학.

26) 문화가 갖는 경제적 가치를 이르는 말.

27) 세계화 속도가 느려지는 현상 보호 무역주의, 자국 우선주의 등으로 국가 간의 교역, 대출 등이 크게 감소하면서 세계 경제의 유기성이 약화된 데에서 비롯된 말이다.

28) 전 세계적으로 혼자 사는 사람이 늘어나는 현상.

29) 국가의 행정권을 담당하는 최고 합의 기관인 내각이 외교나 행정 따위와 관련된 사안을 논의하거나 결정하는 과정에서 소외되거나 배제되는 현상.

30) 주요 이해 당사자인 한국이 국제 문제에서 소외되거나 배제되는 현상.

7.3. 전문 용어 형성 기제로서의 유추의 유형

전문 용어 중에는 기존에 존재하는 단어와 음운론적, 의미론적, 형태론적 유사성에 기반하여 형성되는 경우가 다수 발견되며 대부분이 기존 단어의 형태에서 일부 요소를 대치함으로써 형성된다. 유추에 의한 단어 형성은 언제나 대치라는 조작을 수반하기 때문에 전문 용어의 형성 과정에서 유추의 작용 양상이 다양하게 나타날 것으로 기대할 수 있다. 본 연구는 전문 용어 형성에 작용하는 단어 형성 기제로서의 유추에 주목하는 것이다.

유추에 대한 기존 논의에서는 유추를 표면적 유사성에 기초한 유추와 구조적 유사성에 기초한 유추로 구분해 왔다. 표면적 유사성에 기초한 유추는 다시 의미적 유사성과 음성적 유사성으로, 구조적 유사성에 기초한 유추는 개별 단어들에 의한 유추와 유추의 틀에 의한 유추로 하위 분류된다.[31] 그러나 표면적 유사성과 구조적 유사성을 구분하는 경계가 불분명하다는 점, 표면적 유사성에 기초한 유추에 대해서는 유추의 틀에 의한 유추를 하위 분류하지 않았다는 점 등이 기존 논의에서 제시한 유추 유형의 문제점으로 지적되어왔다(정한데로 2016, 최형용 2021, 최형용 외 2021, 김혜지 2021, 2022a, b).

이러한 한계를 극복하기 위해 본장에서는 Mattiello(2017)와 김혜지(2022a)에서 제시한 유추의 유형을 살펴보고자 한다. 먼저 Mattiello(2017)에서 제시한 유추의 유형을 도식화하면 (8)과 같다.

---

31) 채현식(2003b)에서 제시한 유추에 의한 단어 형성의 분류는 다음과 같다.

```
표면적 유사성에 ── 불규칙하고 고립적인 유추 ┌─ 의미적 유사성
기초한 유추                                └─ 음성적 유사성

구조적 유사성에 ┌─ 개별 단어들에 의한 유추
기초한 유추     └─ 유추의 틀에 의한 유추
```

(8) Mattiello(2017)의 유추의 유형

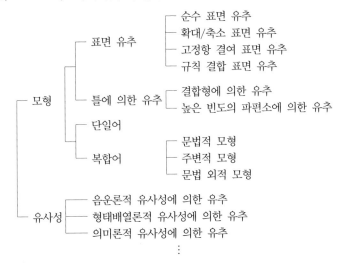

    2절에서도 언급하였듯이 Mattiello(2017)는 모형 단어가 개별 단어냐 틀이
냐에 따라 표면 유추와 틀에 의한 유추로 구분하고 각각의 유형을 또 하위
분류하였다. Mattiello(2017)는 모형 단어의 유형에 따라서도 유추의 유형을
구분하는데, 모형 단어가 단일어인 경우, 일정 요소가 대치되기 위해서는 재
분석이 필요하다. 재분석(reanalysis)은 화자가 단어가 지닌 원래의 형태론적
구조를 인지하는 데 실패하여 다른 구조를 가진 것으로 해석할 때 일어나는
과정으로 정의된다(Bauer 2004 : 89). 원래의 단어가 가지고 있는 경계를 다르
게 인식하는 경우, 존재하지 않는 경계를 만드는 경우, 존재하는 경계를 없애
는 경우 모두 재분석에 포함되지만 단일어에서의 재분석은 경계가 존재하지
않지만 경계를 만드는 경우를 의미한다. 모형 단어가 복합어인 경우에는 다
시 문법적 모형, 주변적 모형, 문법 외적 모형으로 나뉜다. 문법적 모형은
유추가 일어나는 모형이 파생어나 합성어의 구조와 일치하는 경우이고 주변
적 모형은 유추가 일어나는 모형이 파생어나 합성어의 경계에 해당하는 경우

이다. 주변적 모형의 경우에도 모형 단어에서의 재분석이 발생한다. 이때의 재분석은 원래 단어가 가지고 있는 경계를 다르게 인식하는 경우, 경계를 없애는 경우에 해당한다. 문법 외적 모형은 혼성어, 두자어, 축약어, 절단어 등을 위한 것이다. 유사성에 따른 유추의 유형은 음운론적 유사성, 형태배열적 유사성, 의미론적 유사성이 존재한다. 형태배열적 유사성은 문법적이든 문법 외적이든 목표 단어와 모형 단어가 가지는 단어 형성 과정의 동일성을 의미하는 것으로 채현식(2003b)에서 제시한 '구조적 유사성'과 김혜지(2022a)의 '형태론적 유사성'에 해당한다고 할 수 있다. Mattiello(2017)에서는 (8)에서 제시한 것 외에도 목표 단어의 유형, 목표 단어와 모형 단어 간의 거리를 기준으로 유추의 유형을 구분하여 살펴보았는데 본장에서 검토한 전문 용어들은 대부분 모형 단어와 목표 단어의 유형이 동일하고 목표 단어와 모형 단어 간의 거리는 한국어의 경우 말뭉치 자료의 한계로 이를 판단하기 어려우므로 논외로 하고자 한다.

김혜지(2022a)에서는 기존 논의들에서 제시한 유추의 유형의 문제점을 지적하고 모형, 유사성, 고정요소라는 세 가지 기준에 따라 유추의 유형을 세분화하여 제시하였다. 본장에서는 김혜지(2022a)에서 제시한 유추의 유형을 기본적으로 따르되, 고정요소를 기준으로 하는 유형을 위치와 지위로 다시 세분하여 유형을 분류하고자 한다. 고정요소의 지위에 따른 분류는 Mattiello(2017)에서 틀에 의한 유추를 결합형에 의한 유추와 높은 빈도의 파편소에 의한 유추로 구분한 것과 일맥상통한다. 그런데 김혜지(2022a : 120)에서도 언급하고 있듯이 각각의 유형이 모두 같은 층위에서 다루어질 성격의 것이 아니라는 점을 염두에 둘 필요가 있다. 즉, 각각의 기순에 따른 유추의 유형에 해당하는 단어들이 구분되는 것이 아니다. 하나의 전문 용어가 표면 유추이면서 의미론적 유사성에 의한 유추, 단일 유추의 유형에 해당할 수 있는 것이다. 따라서 각각의 기준에 따라 절을 구분하여 전문 용어의 형성을 살펴보지 않고 크게 표면 유추와 틀에 의한 유추로 절을 구분하고 그 안에서 각각의 단어들이 다른 기준들에 따라 어떤 유추의 유형에 해당하는지 설명하고자 한다. 본장에서의 유추의 유형을 제시하면 (9)와 같으며 다음 절에서는 본격적으로 한국어 전문 용어의 유추적 형성 양상을 살펴보도록 한다.

(9) 본장에서의 유추의 유형

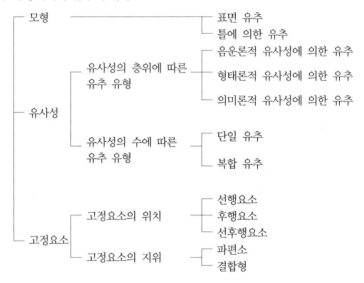

7.4. 유추의 유형에 따른 전문 용어의 형성

7.4.1. 표면 유추에 의한 전문 용어의 형성

표면 유추는 목표 단어를 형성하는 데 기반으로 작용하는 모형 단어가 개별 단어인 경우를 말한다.

(10) 가. 신토불이 → 모협불이(경제)[32]

나. 위풍당당 → 노풍당당(사회)[33]

다. 맞벌이 → 겹벌이(사회)

라. 베짱이족(사회)[34] → 개미족(사회)[35]

마. 오렌지족(사회)[36] → 낑깡족(사회)[37]

(11) 가. 기러기 아빠(사회)[38] → 독수리 아빠(사회)[39], 펭귄 아빠(사회)[40],
참새 아빠(사회)[41]

나. 삼포 세대(사회)[42] → 사포 세대[43], 오포 세대(사회)[44], 칠포 세대(사
회)[45], 구포 세대(사회)[46]

다. 식스 포켓(사회)[47] → 에이트 포켓(사회)[48], 텐 포켓(사회)[49]

---

32) 모기업과 협력 업체는 둘이 될 수 없다는 뜻으로 서로 협력하여야 함을 '신토불이'에
빗대어 이르는 말.

33) 노인의 풍채가 당당함을 '위풍당당'에 빗대어 이르는 말.

34) 미래를 위한 계획이 없이 저축도 하지 않고 버는 것보다 쓰는 것이 더 많은 사람. 또는
그런 무리.

35) 젊었을 때부터 미래에 대한 계획을 세우고 저축과 절약을 생활화하며 사는 사람. 또는
그런 무리.

36) 1990년대 말에서 2000년 초반에 걸쳐, 자유분방하고 호화로운 소비문화를 즐기던 부유
층 젊은이들을 이르는 말.

37) 경제 능력도 안 되면서 오렌지족을 흉내 내어 행동하는 사람 또는 그 무리.

38) 자녀의 교육을 위하여 부인과 아이들을 외국으로 떠나보내고 홀로 생활하는 아빠.

39) 자녀의 교육을 위하여 외국으로 떠나보낸 아내와 아이들이 보고 싶을 때마다 언제든지
보러 갈 수 있는, 경제적·시간적 여유가 있는 아빠를 이르는 말.

40) 아내와 함께 자녀를 유학 보낸 후, 경제적 여유가 없어 가족을 보러 가지 못하고 국내에서
생활비만 보내는 아빠.

41) 서울 강남 학원가에 소형 주택을 얻어 아내와 자녀만 유학을 보낸 아빠.

42) 사회·경제적 상황으로 인해 연애, 결혼, 출산을 포기한 세대.

43) 사회·경제적 상황으로 인해 연애, 결혼, 출산, 인간관계를 포기한 세대.

44) 사회·경제적 상황으로 인해 연애, 결혼, 취업, 희망 등 모든 것을 포기한 세대.

45) 사회·경제적 상황으로 인해 연애, 결혼, 출산, 인간관계, 내 집 마련, 취업, 희망의 일곱
가지를 포기한 세대.

46) 사회·경제적 상황으로 인해 연애, 결혼, 출산, 내 집 마련, 인간관계, 꿈, 희망, 건강, 외모
를 포기한 세대.

47) 아이들에게 여섯 개의 주머니가 있다는 뜻으로, 부모뿐만 아니라 조부모와 외조부모까지
아이를 위한 지출을 아끼지 않는 현상을 이르는 말. 저출산·고령화의 사회적 현상의 하나
로 1990년대에 일본에서 생긴 용어이다.

    라. 트로피 아내(사회)[50] → 트로피 남편(사회)[51]

    마. 미시스 커피족(사회) → 미시스 주스족(사회)

    (10), (11)은 모두 모형 단어가 개별 단어인 표면 유추의 양상을 보여준다. (10)은 모형 단어와 목표 단어가 단일어인 경우와 복합어 중에 파생어인 경우에 해당하며 (11)은 모형 단어와 목표 단어가 구 구성인 경우에 해당한다.[52] 앞서 언급하였듯이 전문 용어에서는 개념을 명확하게 전달하는 것이 중요하므로 구 구성의 용어들이 많으며 이들 또한 유추적 형성으로 설명이 가능하다. (10가, 나)는 모형 단어가 사자성어인 단일어에 해당하는데[53] (10가)의 '모협불이(경제)'는 '신토불이'와의 의미적 유사성과 형태론적 유사성을 기반으로 형성된 단어이다. '신토불이'는 "몸과 땅은 둘이 아니고 하나"라는 뜻으로 몸과 땅에 해당하는 한자어 '신', '토'를 '모기업'과 '협력업체'의 첫음절에 해당하는 '모'와 '협'으로 대치하여 새로운 단어를 형성한 것이다. (10나)의 '노풍당당(사회)'의 경우, 오직 의미론적 유사성만을 기반으로 하여 형성된 단어라는 점에서 (10가)와 차이를 보인다. 즉 (10가)의 '모협불이(경제)'는 복합 유추에 해당하지만 (10나)의 '노풍당당(사회)'은 단일 유추에 해당한다. (10

---

48) 아이들에게 여덟 개의 주머니가 있다는 뜻으로, 식스 포켓에 삼촌과 고모 또는 이모까지 더하여 아이를 위한 지출을 아끼지 않는 현상을 이르는 말.

49) 아이들에게 열 개의 주머니가 있다는 뜻으로, 에이트 포켓에 지인까지 더하여 아이를 위한 지출을 아끼지 않는 현상을 이르는 말.

50) 능력과 재력을 갖춘 남성이 얻은 젊고 아름다운 아내를 이르는 말. 트로피와 여성을 동일시한 표현이다.

51) 사회적·경제적으로 성공한 아내를 대신하여 집안일을 하는 남편을 이르는 말.

52) 4장에서 언급한 바와 같이 전문 용어는 단어와 단어가 결합한 구와 단어 어근과 단어 어근이 결합한 합성어와의 구별이 큰 의미를 가지지 않는다. 따라서 (11)의 전문 용어들 또한 합성의 관점에서도 바라볼 수가 있으며 단어 어근의 세부 품사적 특징을 검토해보면 이들 구성 요소들 대부분이 보통 명사로 이루어져 있는 것을 알 수 있다. 합성어 전문 용어의 유형과 특성과 관련해서는 4장을 참고할 것.

53) 사자성어의 경우, 각각이 한자 어근으로 이루어진 단어이므로 복합어로 분류할 수 있지만 한국어에서는 하나의 단어로 사용되고 있으므로 본장에서는 단일어로 분류하였다.

다, 라, 마)는 모형 단어와 목표 단어가 파생어로 단순히 어근과 접사가 결합하여서 형성되었다고 설명할 수도 있지만 모형 단어와의 유사성을 기반으로 하여 일부 요소가 대치되었다고도 설명이 가능하다. 즉, 이들은 Mattiello(2017)에서 제시한 모형 단어의 문법적 모형에 해당한다. (10다)의 '겹벌이(사회)'는 '투잡'을 순화하기 위해 형성된 전문 용어로 모형 단어 '맞벌이'와 의미론적 유사성, 형태론적 유사성을 기반으로 형성된 단어라고 할 수 있다. (10라, 마)는 접사 '-족'이 결합한 파생어로 '개미족(사회)[54]'은 '베짱이족(사회)'을, '낑깡족(사회)'은 '오렌지족(사회)'을 모형 단어로 하여 의미론적 유사성과 형태론적 유사성을 기반으로 형성된 단어이다. '개미족(사회)'과 '베짱이족(사회)'에서 대치된 요소 '개미'와 '베짱이', '낑깡족(사회)'과 '오렌지족(사회)'에서 대치된 요소 '낑깡'과 '오렌지'는 동위 관계에 있는 단어들이지만 동위 관계가 아닌 반의 관계, 서열 관계[55]에 기반하여 대치가 이루어진 것이라고 할 수 있다. 또한 '개미'와 '베짱이', '낑깡'과 '오렌지'가 가지는 반의 관계, 서열 관계는 단어 자체가 가지는 의미가 아닌 사회·문화적 배경에 의해 획득된 의미에 따른 반의 관계, 서열 관계라는 점에서 매우 흥미롭다고 할 수 있다. 이처럼 의미적 유사성에 작용하는 의미 관계의 유형과 층위에 대해서도 세밀한 검토가 필요하나 이는 후속 연구에서 진행하도록 한다.

(11)은 구 구성의 전문 용어들로 합성의 방법을 사용하고 있기 때문에 Mattiello(2017)에서 제시한 모형 단어의 문법적 모형에 해당한다고 할 수 있다. (11가)의 목표 단어들은 '기러기 아빠(사회)'를 모형 단어로 하여 의미론적

---

54) '개미족(사회)'의 경우 전문 용어로 분류화되지 않았지만 전문 용어인 '베짱이족(사회)'을 모형 단어로 하여 형성된 반의 관계에 있는 단어이므로 『사회』 분야의 전문 용어로 분류되는 것이 바람직하다고 본다. 이는 『우리말샘』의 전문 용어 재분류 지침에 따른 구분이 명확하지 않음을 시사하며 따라서 전문 용어의 분류에 대해서도 세밀한 검토가 필요해 보인다.

55) '오렌지'와 '낑깡'은 동위 관계에 있는 단어들이지만 단순히 동위 관계라는 의미적 유사성만으로 유추적 형성을 설명하기 어렵다. 이들은 동일한 의미장 내에서 서열 관계를 가지며 이러한 서열 관계를 기반으로 대치가 이루어졌다고 할 수 있다.

유사성과 형태론적 유사성을 기반으로 형성된 단어에 해당한다.[56] (11나)의
목표 단어들은 '삼포 세대(사회)'와 의미론적 유사성, 형태론적 유사성을 기반
으로 하여 '삼'과 동위 관계에 있는 숫자들을 대치하여 형성한 단어이며 (11
다)의 경우 영어라는 점을 제외하면 (11나)와 동일한 과정으로 형성된 전문
용어이다. (11라)의 '트로피 남편(사회)'은 모형 단어 '트로피 아내(사회)'에서
'아내'와 반의 관계에 있는 '남편'으로 대치하여 형성된 전문 용어이다. (11마)
의 '미시스 주스족(사회)'도 '미시스 커피족(사회)'을 기반으로 '커피'가 '주스'
로 대치되어 형성된 전문 용어라고 할 수 있다. (11)의 단어들은 모두 복합
유추 유형에 해당한다. (11마)를 제외한 (10), (11)의 단어들은 고정요소가 모
두 후행요소인 유형에 해당하지만 (11마)의 경우에는 선후행요소가 고정요소
인 유형에 해당한다. 구 구성의 경우 고정요소가 단어 내부의 요소가 아닌
단어 외부의 요소가 될 수도 있다는 특징을 가진다.

    (12) 가. 우피족(사회)[57] → 푸피족(사회)[58]
          나. 포미족(사회)[59] → 포비족(사회)[60]
          다. 이코노미 → 미코노미(경제)[61]
          라. 이코노미 → 일코노미(경제)

---

56) 전문 용어는 전문적인 개념을 명명한다는 점에서 비교적 직관적으로 형성을 이루는 경우
    가 일반적이다. 다만 (11)의 전문 용어들처럼 비유적인 방식으로 전문 용어를 형성한 예들
    도 적지 않으며 이러한 예들은 이들 간의 의미적 유사성을 한눈에 파악하기 어렵다는 특징
    을 가진다. 비유적인 방식으로 전문 용어를 형성한 경우와 관련해서는 8장을 참고할 것.
57) 경제적으로 여유가 있는 나이 든 세대를 의미하는 'well-off older people'에서 유래된
    것으로 늙어서도 자식들에게 의지하지 않고 자신들이 벌어 놓은 돈으로 경제적으로 여유
    있게 사는 노인을 이르는 말이다.
58) 경제적인 여유가 없는 노인. 또는 그런 무리. 구체적으로는 가처분 소득이 중위 소득의
    50% 미만인 65세 이상의 가구주를 이른다.
59) 자기에게 가치 있고 만족을 주는 제품은 다소 비싸더라도 과감히 구매하는 사람. 또는
    그런 무리. 건강(for health), 싱글(one), 여가(recreation), 편의(more convenient), 고가
    (expensive)의 머리글자를 따온 말이다.
60) 자신의 아이를 위하여 아낌없이 투자하는 사람. 또는 그런 무리.
61) 자기 자신을 중심으로 이루어지는 여러 가지 경제 활동을 이르는 말.

　　마. 미코노미(경제) → 위코노미(경제)[62]

　　(12)의 단어들도 모형 단어가 개별 단어인 표면 유추의 양상을 보여주는 예들이지만 (10), (11)과 달리 혼성어나, 두자어와 같은 문법 외적 과정에 해당한다. (12가)의 '푸피족(사회)'은 '우피족(사회)'과의 음운론적 유사성, 의미론적 유사성, 형태론적 유사성에 기반하여 형성된 단어이다. '우피'와 '푸피'는 두자어에 해당하는 것으로 서로 반의 관계를 나타낸다. (12나)의 '포비족(사회)'은 '포미족(사회)'을 기반으로 형성된 전문 용어로 '포미족(사회)'은 두자어에 해당하지만 '포비족(사회)'은 '포미족(사회)'의 '미'를 '베이비'을 절단한 '비'로 대치하여 형성한 전문 용어이다. '포미족(사회)'의 '포미'는 'for me'라는 의미를 가지고 있지만 엄밀히 말하자면 '건강(for health), 싱글(one), 여가(recreation), 편의(more convenient), 고가(expensive)'의 앞 글자를 따온 말로 목표 단어 '포비족(사회)'과 형태론적 유사성을 가지지 않는다고 할 수 있다. 그러나 '포미족(사회)'과 음운론적 유사성, 의미론적 유사성을 가지므로 두 유사성을 기반으로 새로운 전문 용어 '포비족(사회)'이 형성되었다고 설명이 가능하다. (12다)의 '미코노미(경제)'는 모형 단어 '이코노미'와의 음운론적 유사성을 기반으로 형성된 전문 용어에 해당한다. '이코노미'는 경계가 존재하지 않는 단어이지만 음운론적 유사성에 기반하여 '이'를 '미'로 대치한 것이다. (12라)의 '일코노미(경제)' 또한 '이코노미'와의 음운론적 유사성과 의미론적 유사성을 기반으로 형성된 전문 용어이다. 그러나 '일코노미(경제)'의 경우, '이코노미'의 '이'를 숫자 '이(2)'로 과도하게 분석한 후 동위 관계에 있는 숫자 '일(1)'로 대치하여 형성한 경우로 음성적 유사성이 작용한 층위에 있어 차이가 존재한다. (12마) '위코노미(경제)'는 모형 단어 '미코노미(경제)'와 의미적 유사성, 형태론적 유사성에 기반하여 형성된 전문 용어에 해당한다. (12다, 라)는 모형

---

62) 개인이 중심인 전통적 자본주의가 아니라, '우리'가 중심이 되어 자본주의의 모순을 극복하려는 새로운 자본주의의 실험적 모델을 이르는 말.

단어와의 형태론적 유사성을 무시하고 음운론적 유사성, 의미론적 유사성에
기반하여 새로운 전문 용어를 형성한 복합 유추에 해당하지만 (12마)는 새롭
게 형성된 '미코노미(경제)'와 동일한 형태론적 구조를 가지는 '위코노미(경
제)'를 새롭게 형성하였으므로 이는 형태론적 유사성과 의미론적 유사성을
기반으로 새로운 전문 용어를 형성한 복합 유추에 해당한다.

7.4.2. 유추의 틀에 의한 전문 용어의 형성

틀에 의한 유추는 개별 단어에 기반한 유추적 형성인 표면 유추와 달리
여러 개의 단어들이 이루고 있는 계열체를 기반으로 한다.

> (13) 가. X포 세대 : 삼포 세대(사회), 사포 세대(사회), 오포 세대(사회), 칠포
> 세대(사회), 구포 세대(사회), 엔포 세대(사회)[63], 다포 세대(사
> 회)[64], 축포 세대(사회)[65], 노포 세대(사회)[66]
>
> 나. X 푸어 : 소호 푸어(사회)[67], 스튜던트 푸어(사회)[68], 스펙 푸어(사
> 회)[69], 실버 푸어(사회)[70], 워킹 푸어(사회)[71], 웨딩 푸어(사회)[72],
> 인포 푸어(사회)[73], 칼리지 푸어(사회)[74], 캠퍼스 푸어(사회)[75], 펫

---

63) 사회·경제적 상황으로 인해 연애, 결혼, 취업, 희망 등 많은 것을 포기한 세대.
64) 사회·경제적 상황으로 인해 연애, 결혼, 취업, 희망 등 모든 것을 포기한 세대.
65) 학자금 대출을 갚고 생활비를 버느라 저축을 포기한 20, 30대들을 이르는 말.
66) 사회·경제적 어려움으로 인해 삶을 포기한 노인 세대.
67) 은퇴 후 퇴직금으로 자영업을 시작했으나 큰 수익은 없고 빚만 늘어 빈곤층으로 전락한
사람 또는 그런 계층.
68) 학자금과 취업 준비 비용 따위의 이유로 경제적 어려움을 겪는 학생.
69) 취업에 필요한 학력, 학점, 토익 점수 따위를 올리기 위한 비용을 과다하게 지출하여
경제적 어려움을 겪는 사람.
70) 노후 준비를 제대로 하지 못하여, 퇴직 후 바로 빈곤층에 진입하는 사람. 또는 그런 세대.
71) 직업의 불안정성과 소득의 불규칙성 따위로 인해 열심히 일하는데도 가난에서 벗어나지
못하는 사람.
72) 결혼 비용을 과다하게 지출하여 결혼과 동시에 경제적으로 어려워진 사람.
73) 정보화 사회에서 저소득층을 이르는 말. 이들은 정보원을 이용할 수 있는 기회가 적기
때문에 자연히 정보를 적게 갖는 계층이 된다.

푸어(사회)[76], 하우스 푸어(사회)[77], 학자금 푸어(사회)[78], 허니문 푸어(사회)[79], 랜드 푸어(사회)[80], 렌트 푸어(사회)[81], 리타이어 푸어(사회)[82], 메디 푸어(사회)[83], 반퇴 푸어(사회)[84], 베이비 푸어(사회)[85]

(13)은 구 구성의 전문 용어들로 합성의 방법을 사용한 경우이다. (13가)의 경우 표면 유추에서도 제시한 예에 해당하는데 '삼포 세대(사회)'를 기반으로 하여 형성된 단어들의 수가 증가하게 되자 'X포 세대'라는 틀이 형성되었고 이제는 모형 단어인 '삼포 세대(사회)'를 떠올려 '삼'을 다른 요소로 대치하는 것이 아닌 'X포 세대'라는 추상적인 틀을 가지고 'X' 자리에 다른 요소를 대치하여 새로운 단어를 형성하는 것이다. 'X' 자리에는 포기한 것들의 수가 대치되는 것이 일반적이었지만 최근에는 '축포 세대(사회), 노포 세대(사회)'에서 볼 수 있듯이 구체적으로 포기한 대상과 포기한 주체를 나타내는 단어의 첫음절로 대치하여 새로운 전문 용어를 형성하는 양상을 보여준다. 이처럼

---

74) 고액의 대학 학자금을 내느라 경제적으로 어려움을 겪는 사람.
75) 등록금 낼 돈이 없어 학자금 대출로 등록금을 충당한 학생들로, 졸업을 해도 취직이 되지 않아 빚만 남게 되고 그나마 취직을 해도 대출금을 갚고 나면 쓸 돈이 별로 없는 사람들.
76) 반려동물을 기르는 데 들어가는 비용으로 인하여 경제적으로 어려움을 겪는 사람.
77) 자기 집을 가지고 있지만 빈곤층에 속하는 사람. 집값이 오를 때 저금리의 과도한 대출로 집을 마련했으나 금리 인상과 집값 하락으로 큰 손해를 보았기 때문에 겉으로는 중산층이지만 원리금 상환 부담으로 구매력이 떨어져 있는 사람이다.
78) 학자금 대출을 받아 등록금을 내고, 졸업 후 대출금을 갚느라 경제적으로 어려움을 겪는 사람.
79) 결혼 비용을 과다하게 지출하여 결혼과 동시에 경제적으로 어려워진 사람.
80) 땅을 보유한 가난한 사람. 토지 보상을 기대하고 과도한 대출로 땅을 구입하였으나 보상 시연과 금리 인상으로 인해 큰 손해를 보고 있는 사람들로, 겉으로는 중산층이시만 원리금 상환 부담으로 경제적 어려움에 처해 있다.
81) 전세 시장의 수급 불균형과 급등하는 전세 보증금 때문에 가난한 세입자.
82) 자녀 교육 따위로 노후를 대비하지 못하고 은퇴하여 경제적 어려움을 겪는 사람들.
83) 과다한 의료 비용 지출로 인하여 경제적 어려움을 겪는 사람 또는 그런 계층.
84) 노후 자금, 생활비 등이 부족해 퇴직 후에도 완전히 은퇴하지 못하고 경제 활동을 하는 사람.
85) 결혼한 부부가 임신과 출산, 양육 비용의 부담으로 인하여 가난해짐. 또는 그런 부부.

표면 유추와 유추의 틀은 통시적인 차이를 가지는 것으로 표면 유추에 제시
되었던 예들이 시간이 지남에 따라 공통의 고정요소를 공유하는 계열체들이
증가하면 유추의 틀에 의한 유추적 형성으로도 설명이 가능하다. (13나)는
모형 단어를 특정 지을 수 없는 유추의 틀에 의한 전문 용어의 형성 양상을
보여준다. (13나)의 경우 'X 푸어'라는 추상적인 틀을 기반으로 새로운 전문
용어들이 형성되는데 기존에는 'X' 자리에 영어가 오는 전문 용어가 대부분
이었지만 '학자금 푸어(사회), 반퇴 푸어(사회)'에서 볼 수 있듯이 최근에는
한국어가 'X' 자리를 차지하고 있어 이를 통해 'X 푸어'가 전문 용어를 형성
하는 하나의 틀로 자리 잡았으며 앞으로 더욱더 많은 전문 용어들이 형성될
것으로 추측할 수 있다.

(14)   가. X플레이션 : 가스플레이션(경제)[86], 데모크라플레이션(경제)[87], 베
　　　　지플레이션(경제)[88], 애그플레이션(경제)[89]; 노플레이션(경제)[90],
　　　　바이플레이션(경제)[91], 붐플레이션(경제)[92], 스크루플레이션(경
　　　　제)[93], 스태그플레이션(경제)[94], 슬럼프플레이션(경제)[95], 오일플
　　　　레이션(경제)[96], 차이나플레이션(경제)[97], 칩플레이션(경제)[98], 키

---

86) 가스 가격의 상승이 주된 원인이 되어 일어나는 인플레이션.
87) 민주주의라는 명목으로 복지와 임금 인상을 지나치게 요구함으로써 경제 규모 이상의
　　수요 팽창이 일어나 인플레이션이 발생하는 일.
88) 채소류의 가격이 갑자기 올라서 발생하는 물가 상승 현상.
89) 곡물 가격의 상승으로 인하여 일반 물가가 상승하는 현상.
90) 통화 팽창도 통화 수축도 없는 상태.
91) 세계 경제에 인플레이션과 디플레이션이 동시에 나타나는 현상. 미국의 서브프라임 모기
　　지 사태 이후 중국 등 신흥 국가에서는 인플레이션이, 미국과 유럽 등 선진국에서는 디플
　　레이션이 일어났다.
92) 경기가 좋은 상황에서 발생하는 인플레이션.
93) 중산층의 가처분 소득이 줄어들어 체감 물가가 상승하는 현상. 물가 상승, 임금 감소,
　　주택 가격 하락 등이 원인이 되며, 소비가 위축되어 경기가 살아나기 어렵다.
94) 경기 불황 중에도 물가가 계속 오르는 현상.
95) 경기가 후퇴하는 가운데 일어나는 물가 상승. 영국의 ≪이코노미스트≫에서 처음 사용했
　　는데 스태그플레이션보다도 더 심한 상태를 이른다.
96) 석유 가격의 상승이 주된 원인이 되어 일어나는 인플레이션.

드플레이션(경제)99), 택스플레이션(경제)100), 팬플레이션(경제)101), 푸드플레이션(경제)102)

나. X코노미 : 폴리코노미(경제)103), 혼코노미(경제)104); 펫코노미(경제)105), 홈코노미(경제)106)

다. X노믹스 : 비거노믹스(경제), 베지노믹스(경제), 우머노믹스(경제), 위미노믹스(경제), 위키노믹스(경제); 그린노믹스(경제)107), 네코노믹스(경제)108), 레이거노믹스(경제)109), 베이비노믹스(경제)110), 소프트노믹스(경제)111), 스타노믹스(경제)112), 스토리노믹스(경제), 슬리포노믹스(경제)113), 시니어노믹스(경제), 시코노믹스(경제)114), 시티노믹스(경제), 컬래보노믹스(경제)115), 컬처노믹스(경제), 토크노

97) 중국의 경제 발전으로 인하여 각국의 물가가 올라가는 현상.
98) 반도체 칩 가격의 상승이 주된 원인이 되어 일어나는 인플레이션.
99) 어린이용 제품의 가격 상승이 전체 인플레이션 상승률을 앞서는 현상.
100) 부가 가치세를 포함한 간접세가 오르면 그만큼 물가도 오르기 때문에 앞으로 물가가 더욱 오를 것이라고 예상하는 심리로 인해 생기는 인플레이션.
101) 사회 전반적으로 인플레이션이 심화되는 현상.
102) 식품 가격의 상승이 주된 원인이 되어 일어나는 인플레이션.
103) 정치가 경제를 휘두르는 현상을 말한다.
104) 일인 가구를 대상으로 이루어지는 여러 가지 경제 활동.
105) 반려동물과 관련된 산업을 이르는 말. 반려동물 전용 간식이나 영양제, 의류 따위의 각종 용품이나 유치원, 병원 따위의 서비스와 관련된 시장을 말한다.
106) 집에서 이루어지는 여러 가지 경제 활동을 이르는 말.
107) 자연 환경을 파괴시키지 않으면서 경제 성장을 이루어 가는 경제 개발 정책.
108) 반려동물로 고양이를 키우는 인구가 증가하면서 생기는 경제적 효과.
109) 미국의 40대 대통령 레이건이 시행한 경제 정책. 경제의 활성화를 통하여 힘에 의한 위대한 미국 재건을 목표로, 세출의 삭감·소득세의 인하·안정적인 금융 정책 따위를 실시하였다.
110) 2013년 영국 왕실에서 왕세손 부부의 아기가 탄생함에 따라 발생할 것으로 예상되는 경제 효과를 이르는 말.
111) 경제의 탈공업화에 따라 지식과 정보의 가치가 높아지고 경제와 사회의 소프트화가 진행되는 데에 맞추어 경제 정책이 취하여야 할 새로운 존재 방식.
112) 스토리에 관한 경제학. 드라마, 영화, 게임, 애니메이션 등 다양한 문화 산업을 이끄는 원동력이며, 대표적인 스토리로 해리 포터 시리즈를 들 수 있다.
113) 점차 커지고 있는 숙면 시장과 관련된 경제 현상을 이르는 말.
114) 한정적인 경제적 상황 아래에서도 알뜰하게 자신을 꾸밀 줄 아는 생활 습관을 갖춘 사람.
115) 불투명한 경제 상황에서 서로 다른 경제 주체들이 서로 협력하여 문제를 해결하려는 파트너십.

믹스(경제)116), 프로즈노믹스(경제)117), 프리코노믹스(경제)118), 마
가노믹스(경제)119), 트위노믹스(경제)120)

라. X스닥 : 나스닥(경제)121), 이스닥(경제)122), 자스닥(경제)123); 차스닥
(경제)124), 코스닥(경제)125), 스포스닥(경제)126); 웹스닥(경제)127)

(14)의 단어들은 혼성이라는 문법 외적 과정을 보여주는 유추의 틀에 의한
전문 용어 형성의 양상을 보여준다. 그러나 동일한 틀에 의해 형성된 단어들
이라 할지라도 고정요소의 지위에 따라 유형을 구분할 수 있다. (14가)의
'가스플레이션(경제), 데모크라플레이션(경제), 베지플레이션(경제), 애그플레
이션(경제)'은 선행요소의 뒷부분이 절단되고 후행요소의 앞부분이 절단된
전형적인 혼성어로 이때의 고정요소 '플레이션'은 파편소에 해당한다. 따라

---

116) 가상 화폐를 수단으로 재화나 서비스를 거래할 수 있는 경제 활동의 생태계. 주로 블록체
인 기술에 기반하여 경제 시스템을 연구, 설계, 구현하는 일을 의미한다.
117) 폭설과 한파에 의해 발생한 경기 둔화 현상을 이르는 말.
118) 인프라가 세워지면 제품이나 서비스를 생산하는 원가가 신속하게 줄어들어 그것을 공짜
로 제공할 수 있게 된다는 이론.
119) 미국의 도널드 트럼프 대통령의 경제 정책을 이르는 말. 트럼프 대통령이 대선 후보일
때 내건 구호인 '미국을 다시 위대하게'라는 의미의 '메이크 아메리카 그레이트 어게인
(make America great again)'의 머리글자를 딴 '마가(MAGA)'와 '경제'를 뜻하는 '이코
노믹스(economics)'를 결합하여 만든 말이다.
120) 쌍둥이와 관련된 경제 활동이나 전략.
121) 미국의 장외 증권 시장. 1971년 시작하였으며 주로 벤처 기업이 중심이 된다.
122) 벨기에 브뤼셀에 있는 유럽의 장외 주식 시장. 유럽 중소기업의 자본 조달을 돕고 첨단
기술주 거래를 주도하기 위해 설립되었다.
123) 일본의 장외 증권 시장. 주로 벤처 기업의 주식 거래가 중심이 되며, 우리나라의 코스닥,
미국의 나스닥과 성격이 유사하다.
124) 중국의 제2 증권 거래소. 벤처 기업, 신규 창업 기업을 위한 장외 증권 시장이다.
125) 우리나라의 장외 증권 시장. 컴퓨터와 통신망을 이용하여 장외 거래 주식을 매매하며,
증권 거래소 시장과는 달리 별도의 성장 가능성이 높은 벤처 기업이나 중소기업이 중심
이 되는 또 다른 형태의 주식 시장을 이른다.
126) 스포츠팀과 운동선수를 가상의 주식 시장에 상장하고 실시간으로 가상의 주식을 매매할
수 있는 사이버상의 시장.
127) 인터넷상의 여러 웹사이트를 주식 가치로 평가하고 사이버 머니를 이용하여 실제 주식
시장처럼 거래하는 웹 증권 시장.

서 이들은 파편소에 의한 유추의 유형이다. 그러나 그 외의 전문 용어들은 선행요소가 절단되지 않고 절단된 후행요소와 결합한다는 점에서 혼성어라고 할 수 없으며 따라서 이때의 고정요소 '플레이션'은 파편소가 아닌 결합형으로 결합형에 의한 유추의 유형에 해당한다. (14나, 다, 라)의 경우도 마찬가지로 초기에는 파편소에 의한 유추의 양상을 보이다가 고정요소들을 공유하는 계열체들이 점점 많아지면 많아질수록 고정요소들이 결합형의 자격을 가지게 되는 양상을 보여준다. 다만, (14라)의 경우에는 모형 단어를 설정할 수 있다는 점에서 (14가, 나, 다)와 차이를 보인다. '스닥'을 공유하는 단어들은 모두 '나스닥(경제)'을 모형 단어로 하여 형성되었다고 할 수 있다. 그런데 동일한 모형 단어를 기반으로 한 목표 단어들 간에도 형성에 있어서 차이가 존재한다. '자스닥(경제), 이스닥(경제)'의 경우, '나스닥(경제)'을 모형 단어로 하여 영어 알파벳을 기준으로 형성된 두자어를 그대로 음차한 것이다. 그에 반해 '차스닥(경제), 코스닥(경제), 스포스닥(경제)'의 경우에는 영어 알파벳을 음차한 것이 아닌 '차이나, 코리아, 스포츠'에서 뒷부분이 절단된 요소가 '스닥'과 결합하여 형성된 것이라고 할 수 있다. '자스닥(경제), 이스닥(경제)'의 경우 국어 체계 내에서 혼성이라는 문법적 조작이 일어나지 않았기 때문에 이때의 '스닥'은 파편소라고 하기 어렵다. 그러나 '차스닥(경제), 코스닥(경제), 스포스닥(경제)'에서의 '스닥'은 파편소의 자격을 획득했다고 할 수 있으며 더 나아가 『우리말샘』에는 한 개의 단어만 존재하였으나 '웹스닥(경제)'과 같이 선행요소가 절단되지 않고 '스닥'과 결합하여 형성된 단어의 양상이 존재하므로 국어 체계 내에서 결합형의 지위까지 획득한 것으로 볼 수 있다. 본장에서 다룬 전문 용어의 유추의 유형을 세부적으로 분류하면 (15)와 같다.

(15) 『경제』, 『사회』 분야 전문 용어의 유추의 유형

	전문 용어	모형	유사성의 층위	유사성의 수	고정요소의 위치	고정요소의 지위
(10)	모협불이(경제)		의미, 형태	복합	후행	
	노풍당당(사회)		의미	단일	후행	
	겹벌이(사회)		의미, 형태	복합	후행	
	개미족(사회)		의미, 형태	복합	후행	
	낑깡족(사회)		의미, 형태	복합	후행	
(11)	독수리 아빠(사회), 펭귄 아빠(사회), 참새 아빠(사회)	표면유추	의미, 형태	복합	후행	
	사포 세대(사회), 오포 세대(사회), 칠포 세대(사회), 구포 세대(사회)		의미, 형태	복합	후행	
	에이트 포켓(사회), 텐 포켓(사회)		의미, 형태	복합	후행	
	트로피 남편(사회)		의미, 형태	복합	후행	
	미시스 주스족(사회)		의미, 형태	복합	선후행	
(12)	푸피족(사회)		음운, 의미, 형태	복합	후행	
	포비족(사회)		음운, 의미	복합	후행	
	미코노미(경제)		음운, 의미	복합	후행	
	일코노미(경제)		음운, 의미	복합	후행	
	위코노미(경제)		의미, 형태	복합	후행	
(13)	X포 세대(사회)	틀에 의한 유추	의미, 형태	복합	후행	결합형
	X 푸어(사회)		의미, 형태	복합	후행	결합형
(14)	X플레이션(경제)		의미, 형태	복합	후행	파편소/결합형
	X코노미(경제)		의미, 형태	복합	후행	파편소/결합형
	X노믹스(경제)		의미, 형태	복합	후행	파편소/결합형
	X스닥(경제)		의미, 형태	복합	후행	파편소/결합형

7.5. 나가기

지금까지 단어 형성 기제 유추에 주목하여 전문 용어의 형성을 설명하고 유추의 유형에 따라 전문 용어의 형성을 살펴보았다. 본장의 내용을 정리하면 다음과 같다.

'유추에 의한 단어 형성'이란 화자에게 익숙한 기존의 단어에 기초해서 새로운 단어를 만들어 내는 과정으로 대부분의 논의에서 혼성어나 두음절어가 많은 신어를 대상으로 하여 유추적 형성의 논의가 진행되어 왔다. 그러나 신어 보고서에는 전문 용어도 포함이 되며 전문 용어의 경우에도 형식의 감소를 보이는 과정을 통해 형성되는 혼성어, 두음절어가 많이 발견되기 때문에 이러한 점을 고려한다면 전문 용어 또한 유추라는 단어 형성 기제로 설명이 가능할 것으로 보인다.

전문 용어의 형성은 표현론적인 접근으로 설명이 가능한데 유추에 의한 단어 형성 과정 또한 표현론적 과정에 해당하며 따라서 전문 용어의 형성 과정에 있어 결합, 절단뿐 아니라 대치라는 형태론적 조작이 수반될 수 있다. 즉, 대치라는 형태론적 조작이 수반되면 전문 용어의 형성을 유추로도 설명이 가능한 것이다. 기존 논의에서는 전문 용어의 형성 방법과 관련하여 구체적인 논의가 진행되지 않았을 뿐 아니라 규칙의 관점에서만 바라보았다는 아쉬움이 남는다. Mattiello(2017), 최형용(2021)은 전문 용어의 형성을 유추로 설명할 수 있음을 주장한 논의로 사용 영역에 따라 유추를 세분화하여 살펴보았다는 데 의의가 있다. 그러나 Mattiello(2017)는 영어를 대상으로 진행한 논의이며, 최형용(2021)은 Mattiello(2017)의 검토를 기반으로 한국어의 적용 가능성을 논의한 것으로 전문 용어의 유추적 형성에 대해 본격적인 논의가 진행되지 않았다. 이러한 기존 논의의 한계점이 본 논의의 의의가 된다고 할 수 있다.

3장에서는 채현식(2003b)에서의 표면적 유사성과 구조적 유사성을 구분하는 경계의 불분명함을 지적하며 Mattiello(2017)의 유추의 유형과 김혜지 (2022a)의 유추의 유형을 따를 것을 주장하였다. 김혜지(2022a)는 기존에 제시되었던 유추의 유형의 문제점을 지적하고 세 가지 기준에 따라 유추의 유형을 세분화하여 제시하였다는 데 의의를 가진다. 본장에서는 김혜지(2022a)에서 제시한 세 가지 기준에 따른 유추의 유형을 따르되 고정요소를 기준으로 하는 유추의 유형을 위치와 지위로 다시 세분화하여 유형을 분류하고자 하였다. 각각의 기준에 따른 유추의 유형들에 해당하는 단어들은 명확하게 구분되는 것이 아니므로 각각의 기준에 따라 절을 구분하여 전문 용어의 형성을 살펴보지 않고 모형을 기준으로 표면 유추와 틀에 의한 유추로만 구분하여 전문 용어의 형성을 분석하였다.

'표면 유추'에 의한 전문 용어 형성은 개별 단어에 기반한 유추에 의해 형성된 전문 용어를 말하고 '유추의 틀'에 의한 전문 용어 형성은 동일한 고정요소를 공유하는 단어들이 이루고 있는 계열체를 기반으로 형성된 전문 용어를 말한다. 전문 용어를 제시할 때에는 모형 단어와 목표 단어가 문법적 과정을 나타내는지 문법 외적 과정을 나타내는지를 구분하여 제시하였다. 전문 용어의 경우 개념을 명확하게 전달하는 것이 중요하므로 외형적으로는 단어라 볼 수 없는 구 구성이 매우 많은 비중을 차지한다. 구 구성까지를 포함하여 전문 용어의 형성을 유추라는 단어 형성 기제로 설명하고자 하였고 그렇기 때문에 신어를 대상으로 한 논의와는 유추의 양상에 있어 차이를 보인다고 할 수 있겠다. 표면 유추에 기반하여 형성된 전문 용어들은 대부분 의미론적 유사성, 형태론적 유사성에 의한 유추에 해당하며 둘 이상의 유사성이 작용한 복합 유추에 해당한다. 구 구성의 전문 용어는 기본적으로 형태론적 유사성을 기반으로 하기 때문에 전문 용어의 유추적 형성은 단일 유추보다는 복합 유추가 더 많은 비중을 차지한다고 볼 수 있다. 또한 구 구성의 경우 선행단어와 후행단어의 후행요소가 고정요소가 될 수 있으므로 고정요소의 위치가 선후행인 경우가 존재한다는 것을 알 수 있다. 유추의 틀에 의한 전문 용어의 형성은 고정요소의 지위에 따라 구분이 될 수 있다. 유추에서는 고정요소의 역할이 매우 중요한데 Mattiello(2017)는 고정요소의 지위가 파편소에서 결합형으로 변화한다고 보았다. 초기에는 파편소에 의한 유추의 양상을 보이다가 고정요소들을 공유하는 계열체들이 점점 많아지면 많아질수록 고정요소들이 결합형의 자격을 가지게 되는 양상을 보여준다.

본장에서는 단어 형성 기제로 작용하는 유추에 주목해 세 가지 기준에 따라 세분화된 유추의 유형을 제시하여 전문 용어의 형성을 살펴보았다는 데 의의가 있다. 하지만 여전히 전문 용어를 대상으로 유추적 형성을 논의하기는 쉽지 않은데 전문 용어의 분류에 있어서도 명확하지 않은 부분이 있으며 『우리말샘』에 제시된 용례를 통해 어느 정도 모형 단어가 되는 전문 용어를 파악할 수는 있지만 형성 시기를 명확하게 알 수 있는 영어에 비해서는 유추적 형성에 의한 전문 용어의 예들을 찾기가 쉽지 않다. 하지만 본 연구를 통해 한국어 전문 용어의 유추적 형성과 관련된 연구의 기초가 될 수 있으리라 기대하며 더 나아가 유추의 유형에 따른 전문 용어의 형성 양상을 계량적으로도 살펴볼 필요가 있어 보인다.

참고문헌

‖논저류‖

강현화(2000), 「전문용어의 표준화를 위한 유형 분석」, 『전문용어연구』 2, 전문용어언어공학
연구센터, 1-23.

국립국어연구원, 『2000년 신어』.

국립국어연구원, 『2001년 신어』.

국립국어연구원, 『2002년 신어』.

국립국어연구원, 『2003년 신어』.

국립국어원, 『2004년 신어』.

국립국어원, 『2005년 신어』.

국립국어원, 『2008년 신어 자료집』.

국립국어원, 『2009년 신어 자료집』.

국립국어원, 『2010년 신어 자료집』.

국립국어원, 『2012년 신어 자료집』.

국립국어원, 『2013년 신어 기초 조사 자료』.

국립국어원, 『2014년 신어』.

국립국어원, 『2015년 신어』.

국립국어원, 『2016년 신어 조사 및 사용 주기 조사』.

국립국어원, 『2017년 신어 조사』.

국립국어원, 『2018년 신어 조사』.

국립국어원, 『2019년 신어 조사』.

김정우·김성원(2012), 「전문용어 조어법 분석의 한 사례 ― 곤충 관련 용어를 중심으로」, 『인
문사회과학연구』 13-2, 부경대학교 인문사회과학연구소, 99-125.

김한샘(2015), 「국어사전에 나타난 전문용어의 일상어화」, 『제42회 한말연구학회 발표요지』,
한말연구학회, 224-232.

김혜지(2016), 「축약형 단어와 유추」, 『형태론』 18-2, 형태론, 183-216.

_____(2021), 「단어 형성 기제로서의 유추에 대한 재고찰 ― 유추의 유형 분류를 중심으로」,
『국어학』 99, 국어학회, 211-245.

_____(2022a), 「유추에 의한 신어 형성 연구」, 이화여자대학교 박사학위논문.

_____(2022b), 「유추 유형에 따른 신어 형성 양상 — 계량적 분석을 중심으로」, 『형태론』
        24-1, 형태론, 113-149.

나은미(2013), 「유추 기반 단어 형성 체계의 정립」, 『형태론』 15-2, 형태론, 225-241.

노명희(2010), 「혼성어 형성 방식에 대한 고찰」, 『국어학』 58, 국어학회, 255-281.

_____(2020), 「한국어의 형태론적 재분석과 의미론적 재분석」, 『국어학』 95, 국어학회, 33-64.

배선미·시정곤(2004), 「한국어 전문용어 조어분석에 대한 통계적 연구 — 물리, 화학, 생물,
        의학 용어를 중심으로」, 『한국어학』 25, 한국어학회, 191-219.

백경미·육영주·김태경(2022), 「정부 공공기관의 전문용어 사용 실태 및 개선 방안 연구」,
        『한국언어문학』 77, 한국언어문화학회, 103-142.

송영빈(2008), 「조어적 관점에서 본 전문용어의 의미 투명도」, 『일본학보』 80, 한국일본학회,
        13-25.

시정곤(1999), 「규칙은 과연 필요 없는가?」, 『형태론』 1, 형태론, 261-283.

신중진·엄태경(2016), 「심화 전문용어의 조어분석과 그 실제 — 물리 분야를 중심으로」, 『한국
        언어문화』 60, 한국언어문화학회, 165-190.

엄상혁(2018), 「한국어의 재분석에 의한 단어 형성 — 어휘적 재구조화와 역형성을 중심으로」,
        『한국어학』 81, 한국어학회, 197-244.

엄태경(2019), 「한국어 전문용어의 어휘·형태적 연구」, 한양대학교 박사학위논문.

엄태경·신중진(2017), 「남북 전문용어의 조어분석과 통합 — 수학, 물리 분야를 중심으로」,
        『국어학』 82, 국어학회, 181-212쪽.

이현주(2013), 「전문용어 조어 및 번역 방법론에 대한 시론」, 『비교문화연구』 31, 경희대학교
        비교문화연구소, 331-370.

정한데로(2015), 「신어의 형성과 빈도 변화에 대한 일고찰 — 2004년 신어를 중심으로」, 『한글』
        301, 한글학회, 171-204.

_____(2016), 「규칙과 유추, 다시 생각하기」, 『어문연구』 44-2, 한국어문교육연구회, 99-126.

_____(2019), 「의학 전문용어의 말 다듬기와 단어 형성」, 『언어와 정보 사회』 42, 서강대학교
        언어정보연구소, 1-37.

조은경(2001), 「전문용어의 어휘 형태론적 연구」, 연세대학교 석사학위논문.

채현식(2003a), 「대치에 의한 단어 형성」, 『형태론』 5-1, 형태론, 1-21.

_____(2003b), 『유추에 의한 복합명사 형성 연구』, 태학사.

_____(2012), 「계열관계에 기반한 단어 분석과 단어 형성」, 『형태론』 14-2, 형태론, 208-232.

최형용(2004), 「단어 형성과 음절수」, 『국어국문학』 138, 국어국문학회, 183-205.

_____(2015), 「광고 속에 나타난 언어적 유추의 유형과 상관성」, 『한중인문학연구』 48, 한중
        인문학회, 233-261.

_____(2010), 「전문 용어의 형태론 — 지침으로서의 전문 용어 형성 원칙을 중심으로」, 『한중

인문학』 31, 한중인문학회, 293-323.

_____(2016), 『한국어 형태론』, 역락.

_____(2018), 『한국어 의미 관계 형태론』, 역락.

_____(2021), 「신어 형성에서 유추의 역할은 무엇인가 ─ 마티엘로(2017), *Analogy in Word-formation*을 중심으로」, 『형태론』 23-2, 형태론, 171-215.

최형용·박민희·김혜지·이찬영·김현아(2015), 『한국어 연구와 유추』, 역락.

최형용·김혜지·리우 완잉·권경녀·강문영·장지영·박지현·왕사우(2022), 『한국어 신어 형성 연구』, 역락.

황화상(2010), 「단어형성 기제로서의 규칙에 대하여」, 『국어학』 58, 국어학회, 61-91.

_____(2013), 「유추, 규칙의 대안인가?」, 『형태론』 15-2, 형태론, 204-224.

홍희정(2007), 「국어사전에서의 전문용어 기술에 관한 연구 ─ 경제 용어를 중심으로」, 『언어 사실과 관점』 21, 연세대학교 언어정보연구원, 5-27.

Bauer, L. (1983), *English Word-Formation*, New York : Cambridge University Press.

Cabré, M. T. (1999), *Terminology : Theory, methods and applications*, Amsterdam : John Benjamins Publishing Company.

Mattiello, E. (2017), *Analogy in Word-Formation*, Berlin : Mouton de Gruyter.

Langacker, Ronald W. (1977), Syntactic reanalysis. In Li, Charles N. (ed.) *Mechanisms of syntactic change*, Austin : University of Texas Press, pp. 57-139.

Sager, J. (1990), *A Practical Course in Terminology Processing*, John Benjamins Publishing Company, Amsterdam/Philadelphia.

‖사전류‖

국립국어원, 표준국어대사전((https://stdict.korean.go.kr/main/main.do)

국립국어원, 우리말샘(https://opendict.korean.go.kr/main)

8. 전문 용어와 의미 관계

8.1. 들어가기

　본 장은 전문 용어의 형성을 의미 관계의 측면에서 고찰하는 것을 목적으로 한다. 전문 용어는 그 특성상 복합어 내지 구의 구성을 가지는 경우가 많음을 앞서 이미 살핀 바 있는데, 전문 용어가 복합어 및 구의 모습을 보인다는 것은 곧 전문 용어 내부에서도 의미 관계의 측면에서 살필 것이 있다는 것을 의미하게 된다. 다음의 (1)은 전문 용어를 대상으로 의미 관계를 갖는 예시들을 보인 것인데, (1가)는 단일어와 단일어 간의 유의 관계이며, (1나, 다, 라)는 복합어와 복합어 간의 유의 관계, (1마)는 복합어 내부에서 상하 관계를 갖는 경우이다.

　　(1) 가. 멜로디(음악) – 가락(음악)
　　　　나. 가로잡이(공예) – 횡위파수[1](공예)
　　　　다. 힘 평형 방식(기계) – 힘 평형형[2](기계)
　　　　라. 힘 평형식(기계) – 힘 평형형(기계)
　　　　마. 진달래꽃(식물)

---

1) 그릇 표면에 가로로 붙은 손잡이.
2) 피드백을 이용한 공기식 계기에서, 입력과 출력의 힘이 평형을 이루게 하는 방식.

(1가)의 경우 내부 구성을 가지지 않기 때문에 어휘의미론적 관점에서 의미 관계를 살피는 것 이외에 형성의 관점에서 고찰할 수 있는 것이 없다. 반면 (1나)의 경우엔 두 전문 용어 모두 내부 구성을 가지기는 하지만 공통 요소를 가지지 않기 때문에 형성의 관점에서 고찰이 불가하다. 이어 (1다)의 경우에도 모두 내부 구성을 가지며 언뜻 보기에는 공통의 요소를 가지는 것으로 보이나 직접 성분 분석의 결과 구성 요소끼리 의미 관계를 비교할 수 있다고 보기 어렵다. 전자의 경우 '힘평형-방식'으로, 후자의 경우 '힘-평형형'으로 구성되었다고 보아야 하므로 공통 요소로 보이는 '힘 평형'을 형성의 관점에서 공유하고 있다고 보기 어려운 것이다. 즉, 동일한 형성 과정을 거치지 않기 때문에 이들의 층위가 동일하다고 볼 수 없다. 반면 (1라)는 구조가 대등하고 단어 형성 과정에서 '평형식'과 '평형형'이 '힘'을 고정 요소로 하여 유의 관계에 놓인다고 볼 수 있으므로 본 장의 대상이 된다. 이어 (1마)는 전문 용어인 '진달래꽃' 내부에서 그 구성 요소 '꽃'과 '진달래'가 상하 관계를 이루고 있는 것으로, 본 장이 형태론적 관점에서 의미 관계를 다룬다는 점에서 역시 고찰의 대상이 된다 할 수 있다.

결과적으로, 본 장에서는 그 내부에서 공통 요소를 공유하고 있는 전문 용어와 전문 용어 사이의 의미 관계, 그리고 전문 용어 내부에서 구성 요소끼리 가지는 의미 관계를 대표적인 계열 관계에 해당하는 유의, 반의, 상하 관계를 중심으로 살펴볼 것이다.

한편, 본고는 전문 용어를 대상으로 하고 있다는 점에서 고찰의 대상이 되는 용어들이 어떠한 전문 분야의 용어에 해당하는지도 중요하게 고려되어야 한다. 일례로, 다음과 같은 예는 전문 분야를 고려하지 않는다면 유의 관계에 놓인 두 전문 용어로 판단될 수 있겠지만 전문 분야를 고려한다면 유의 관계에 놓여있다고 보기 어려운 측면이 있다.

(2) 네오파시즘[3](정치) - 신파시즘[4](사회 일반)

'네오파시즘'은 외래어 차용어로서 원칙적으로 차용된 외래어는 단일어로 분류되지만 '네오다다이즘, 네오나치즘, 네오리얼리즘' 등의 전문 용어와 계열 관계를 형성하며 원어에서와 마찬가지로 접두사로서 분리하는 것이 무리가 아니다. '신파시즘'의 경우는 '신(新)-'이 이미 존재하는 한자 접두사라는 점에서 더욱이 분리에 무리가 없다. 결과적으로 '네오파시즘'과 '신파시즘'은 '파시즘'이라는 어근을 공유하며 서로 다른 어종의 접두사가 교체하며 유의 관계를 형성하는 것으로 볼 수 있을 것이다. 그러나 유의 관계에 놓인 두 어휘는 기본적으로 교차적으로 사용하는 것이 가능해야 하고, 특히 전문 용어의 경우 항상 하나의 개념을 서로 다른 형식으로 표현하는 방향성을 지닌다는 점에서 오히려 유의 관계를 넘어 동의 관계로 볼 여지가 크기에 모든 환경에서 교체가 가능해야 할 것이다. 그런데 만약 정치의 전문 영역에서는 신파시즘이 사용될 수 없고 사회 일반의 영역에서는 네오파시즘이 사용될 수 없다면 이들은 의미적으로 유의 관계에 놓여 있다고 하더라도 전문 용어로서의 지위 아래에서는 유의 관계에 놓여있다고 보기 어려운 특징을 가지게 된다. 따라서 본 장에서 다루는 의미 관계의 대상이 되는 용어들은 기본적으로 동일한 전문 영역을 가지는 용어들이 되어야 할 것이다.

8.2. 전문 용어 사이에서의 의미 관계

8.2.1. 전문 용어 사이에서의 유의 관계

1장에서도 자세하게 다룬 바 있듯이, 전문 용어는 하나의 동일한 개념을 표현론적 차원에서 명명하는 과정을 거치게 된다. 그런데 이렇게 하나의 개

---

3) 제이 차 세계 대전 이후에 나타난 파시스트 정당. 또는 그 지도 아래 전개된 정치 운동.
4) 제이 차 세계 대전 후 나타난 파시스트 정치 운동 또는 정치 이념.

념에 명명된 언어적 형식이 복수에 해당한다는 것은 일반 어휘의 관점에서도 잉여적이겠지만 전문 용어의 관점에서는 더욱이 잉여적이라고 볼 수 있다. Mattiello(2017 : 120)에서는 한 전문 영역 내에서는 단어(signan)와 의미(signatum)의 일대일 대응이 중요하다고 언급하며 이는 곧 한 전문 영역 내에서는 동음이의(homonymy)나 다의(polysemy)가 기피됨을 의미한다고 서술한 바 있다. 동음이의성이나 다의성을 기피하게 된다는 것은 다시 말해 하나의 단어가 여러 의미를 갖는 것을 기피하게 된다는 것인데, 만일 전문 용어에서 단어(혹은 구)와 의미가 항상 일대일 대응이 되어야 한다면 이는 결국 하나의 단어(혹은 구)가 여러 의미를 갖는 것을 기피해야 할 뿐 아니라 하나의 의미가 여러 단어(혹은 구)를 갖는 것 역시 기피해야 한다는 말이 된다. 따라서 이는 곧 한 전문 영역 내에서 전문 용어는 동음이의어나 다의어뿐만 아니라, 유의어 역시도 기피하게 된다는 것을 의미한다.

그런데 이러한 예상과는 다르게 우리는 한 전문 영역 내에서 유의 관계를 보이는 예시들을 심심치 않게 발견할 수 있다.

> (3) 가. 골든 타임(매체) – 황금 시간대(매체), 페이퍼 컴퍼니(경제) – 서류상
>   회사[5](경제)
>   나. 정지(농업) – 땅고르기[6](농업), 전개도(수학) – 펼친그림[7](수학)

이때 (3)의 예시들의 공통점은 이들이 모두 순화 대상어와 그 순화어에 해당한다는 것이다. 전문 용어는 전문적인 영역의 개념을 나타낸다는 점에서 어려운 표현을 사용하거나 한자 및 외국어를 그대로 사용하게 되는 경우가 많아 정책적인 측면에서 의도적으로 순화어를 형성하게 되는데, 이에 따라

---

5) 법인으로 설립과 등록은 되어 있으나 특별한 자산도 없고 영업 활동도 하지 않고 있는 회사.
6) 곡식을 심기 전에 땅을 갈아 흙을 부드럽게 함.
7) 입체의 표면을 한 평면 위에 펴 놓은 모양을 나타낸 그림.

순화를 거치기 전의 전문 용어와 순화를 거친 후의 전문 용어가 동의어로서 공존하는 경우가 상당하다. 그러나 (3)의 예시들은 본 장의 연구 대상에는 포함되지 않는 것들인데, 이들이 두 전문 용어 사이에 공통 구성 요소를 공유하고 있지 않기 때문이다. 특히 원어가 외래어에 해당하는 (3가)의 경우 각각의 구성 요소가 각각의 언어 내에서 결합하고 있으므로 이들 사이는 단순 번역의 과정을 거쳤다고 보아야 하며 외래어와 순화어 사이에 어떠한 형태론적 과정이 개입했다고 보기엔 무리가 있다. 결과적으로, 순화어는 이처럼 복합어의 모든 구성 성분을 하나하나 고유어나 쉬운 한자어로 번역하는 경우가 많기 때문에 형성의 관점에서 살피기가 어려운 측면이 있다. 반면 (4)의 예시들은 본 장에서 형태론적으로 살필 것이 있는 예시들에 해당한다.

> (4) 가. 결정론적 모델(사회 일반) - 결정론적 모형[8](사회 일반), 데이터선
> (정보·통신) - 자료선[9](정보·통신)
> 나. 돼지 맘(사회 일반) - 돼지 엄마[10](사회 일반)
> 다. 가름막(화학) - 격막[11](화학), 가로선(의학) - 횡선[12][13](의학), 가로세
> 로비(수학) - 종횡비[14](수학), 가루약(약학) - 분말약(약학), 가루탄
> (천연자원) - 분탄(천연자원), 개산날(불교) - 개산일[15](불교), 가림
> 빛(동물) - 가림색(동물)

---

8) 확률 모형의 일종으로 확률적 요소를 전혀 가지지 않는 모형.
9) 데이터 통신에서 자료를 표현하는 신호가 전달되는 전송 선로.
10) 교육열이 매우 높고 사교육에 대한 정보에 정통하여 다른 엄마들을 이끄는 엄마를 이르는 말.
11) 전기 분해에서 양극(兩極)의 반응물과 생성물의 혼합을 막기 위하여 두 극 사이를 가르는 구실을 하는 막.
12) 엉치뼈의 골반 면에 엉치 척추뼈가 융합된 흔적.
13) 한편 '횡선'은 다듬은 말로 '가로줄'을 가지고 있는데, 이처럼 순화는 각각의 구성 요소를 모두 번역한다는 점에서 공통 요소를 남겨 두지 않는 경향이 있다.
14) 항공기 주익의 진행 방향의 수직 부분 날개와 진행 방향 날개의 면적 비.
15) 절을 처음으로 세운 날.

이들은 모두 동의 관계에 놓인 두 전문 용어가 공통의 구성 성분을 가지면서 어종 간 교체를 보이는 예시들에 해당한다. 이 중 (4가)는 외래어와 한자어가 유의 관계를 이루는 것인데 전자는 단어와 단어의 교체라면 후자는 어근 간의 교체라는 점에서 차이가 있다. 이어 (4나)는 외래어와 고유어 어근, (4다)는 고유어 어근과 한자어 어근이 유의 관계를 이루는 예시에 해당한다.16) (4다)에서는 조금 더 살펴볼 만한 것이 있는데, 예를 들어 '개산날'과 '개산일'은 각각 합성어와 파생어라는 점에서 형태론적으로 대등하지 않고, 이것이 고정 요소를 제외한 어근 '날'과 접미사 '-일(日)'로 인해 유발된 것이라는 점이다. 이어 '가림색'과 '보호색'의 '가림'과 '보호' 역시 단순히 고유어와 한자어의 차이에만 해당하는 것이 아니라 '가림'이 통사적 구성에 해당한다는 점에서도 차이를 빚는다. 이들은 어근 '색'과의 결합이 없었더라면 유의 관계에 놓여 있다고 보기 어려운 측면이 있다. 더불어 '가림색'은 '가림빛'과도 유의 관계를 형성하지만 '보호색'과도 유의 관계에 놓여 있다는 점에서 결국 세 전문 용어가 다음과 같은 연결된 구조를 갖는다고 볼 수 있는데, 원형이 공통 요소를 의미하는 것이고 점선이 유의 관계를 나타내는 것이다.

(5) 다각적으로 맺는 유의 관계

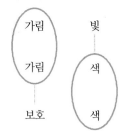

---

16) 사실상 격막, 횡선, 분탄은 복수의 한자 형태소로 구성되어 있지만 성분 분석은 되지 않는 단일어로서 사전에 등재되어 있다. 그러나 각각 '가름막', '가로선', '가루탄'과의 계열 관계를 고려하면 이들에게는 각각 한자 어근으로서의 지위를 부여하는 것이 옳다고 느껴진다. 만약 '격막, 횡선, 분탄'이 내부 구조를 분리할 수 없는 것이라면 구성 요소 중 '격, 횡, 분'만이 따로 고유어로 교체되는 이러한 현상 또한 설명되지 않기 때문이다.

한편 '개산날'과 '개산일', 그리고 (5)의 '가림색'과 '보호색'처럼 그 구성 요소나 결합 형식의 형태통사론적 구조가 대등하지 않은 경우가 종종 발견되는데, 이런 유의 관계를 보이는 예시를 다음과 같이 추가적으로 살펴볼 수 있다.

(6) 가. 가감 소거법(수학) – 가감법[17](수학), 회계 장부(경제) – 회계장[18](경제), 조직 위원회(사회 일반) – 조직위(사회 일반), 홍함 평원(지리) – 홍함지[19](지리), 투영 그림(건설) – 투영화(건설) – 투영도[20](건설)

나. 황금 주식(경제) – 황금주[21](경제), 물탄 주식(경제) – 물탄주[22](경제), 혈족 결혼(사회 일반) – 혈족혼[23](사회 일반)

다. 건강 테크(경제) – 건테크[24](경제)

라. 유한계급(사회 일반) – 유한층[25](사회 일반)

마. 가공주(경제) – 물탄주(경제), 가름돌(건설) – 가른돌[26](건설)

(6가)는 각각 '가감', '회계', '조직', '홍함', '투영'에 '소거법', '장부', '위원회', '평원', '그림'이 결합한 구 구성과 '-법(法)', '-장(帳)', '-위(委)', '-지(地)', '-화(畫)', '-도(圖)'가 결합한 파생어가 유의 관계를 보이는 것이다. 각각 단어와 접미사의 성격을 지니는 성분이 결합한 데서 초래된 불균형에 해당한다.

---

17) 두 개 이상의 미지수를 가진 연립 방정식에서 한 미지수의 계수를 곱셈이나 나눗셈을 써서 같게 만든 후, 더하거나 빼어 그 미지수를 없애는 방법.
18) 회계 관련 자료를 기록하고 계산하는 장부.
19) 홍수 때 강물이 평상시의 물길에서 넘쳐 범람하는 범위의 평야.
20) 투영 도법으로 평면 위에 그린 그림.
21) 단 한 주(株)만으로도 주주 총회 결의 사항에 거부권을 행사할 권리가 있는 주식.
22) 주식회사의 설립이나 합병에서 현물 출자(現物出資) 따위의 취득 재산을 일부러 과대평가하여 발행한 주식.
23) 같은 혈족 안에서 이루어지는 혼인.
24) 건강 상태를 종합적, 주기적으로 진단하고 관리하여 건강한 노후 생활을 대비하기 위한 투자.
25) 생산 활동에 종사하지 아니하면서 소유한 재산으로 소비만 하는 계층.
26) 「001」 용도에 따라 여러 가지 모양으로 갈라놓은 돌.
　　「002」 규칙적인 일정한 모양으로 쪼갠 돌.

이어 (6나)는 구 구성과 합성어가 유의 관계를 이루는 것인데 '주'와 '주식', '혼'과 '결혼' 역시 품사적으로는 동일하나 한자 단일어와 한자 복합어라는 점에서 차이를 갖는다. (6다) 역시 한쪽은 구 구성이라는 점은 동일하지만 다른 전문 용어가 합성어나 파생어가 아니라 혼성어라는 데에서 차이를 갖는다. 이는 신어가 전문 용어에서도 활발한 기제를 보이고 있음을 보여준다 할 수 있다.[27] (6라)는 독립적으로는 유의 관계를 이룰 수 없는 어근 '계급'과 접미사 '층'이 단어 내부에서 '유한'이라는 어근과 결합하며 각각 합성어와 파생어의 유의 관계를 유발한 경우이다. 마지막으로 (6마)는 결과적으로는 복합 명사와 복합 명사로서 대등한 구조를 가지지만 그 내부 구조가 대등하지 않은 경우인데, '가공'은 한자 복합어에 해당하는 반면 '물탄'은 통사적 구성에 해당하고 '가름'은 고유어 명사에 해당하는 반면 '가른'은 통사적 구성이라는 점이 (5)의 '가림색 – 보호색'의 관계와 같다 할 수 있다.

그런데 '가림색 – 보호색'과 '가공주 – 물탄주'에서의 '가림 – 보호', '가공 – 물탄'이나 (6가)에 제시한 '홍함 평원 – 홍함지'에서의 '평원'과 '-지(地)'는 형태론적으로 대등하지 않을 뿐 아니라 의미론적으로도 유의 관계에 놓여 있다고 보기 어렵다. 즉 이들은 단어 내부에서만 유의 관계에 영향을 미칠 뿐 단어 외적으로는 유의 관계에 놓이지 않은 것인데, 이런 것들을 정리하여 제시하면 다음과 같다.

(7) 가. 가림색(동물) – 보호색(동물), 가공주(경제) – 물탄주(경제), 가늠추
　　　(기계) – 평형추[28](기계), 흑미사(가톨릭) – 장례미사(가톨릭), 가격
　　　변동 준비금(경제) – 가격 변동 충당금[29](경제)
　　나. 홍함 평원(지리) – 홍함지(지리), 개발국(사회 일반) – 저개발국(사회

---

27) 신어와 전문 용어에 대한 논의는 앞선 6장을 참고할 수 있다.
28) 기계의 운동 부분이 그 받침점이나 축에 대하여 평형을 이루게 하는 추.
29) 재고 자산, 유가 증권 따위의 가격이 떨어질 것을 예상하고 그 손실에 대비하여 설정하는 준비금.

일반), 사망표(사회 일반) – 생명표(사회 일반) – 사망생존표30)(사회
일반)

　(7가)는 고정 요소를 제외한 전문 용어의 구성 성분이 유의 관계는 물론,
의미적으로 어떠한 관련이 있다고도 보기 어려운 경우에 해당한다. '가림색'
과 '보호색'은 안전을 위해 주위와 잘 구별되지 않도록 하는 색을 나타낸다는
점에서 각각 '구별이 되지 않는'과 '안전'에 초점을 두고 단어를 형성한 결과
이며, '가공주'와 '물탄주'는 취득 재산을 일부로 과대평가하여 발행한 주식
이라는 점에서 둘 모두 '과대평가'에 초점을 두었으나 이를 각각 '가공한
것'과 '물 탄 것'으로 표현한 데에서 차이를 갖게 된다. 이와 유사하게 '가늠
추'와 '평형추'는 기계의 운동 부분이 그 받침점이나 축에 대하여 평형을
이루게 하는 추를 의미하는데, '가늠'을 알맞게 하여 '평형'을 이루는 것이기
에 각각 과정과 결과에 초점을 두었다고 할 수 있다. '흑미사'와 '장례미사'의
경우는 모두 죽은 사람을 위하여 드리는 미사라는 점에서 '장례미사'는 의미
투명성이 강한 반면 '흑미사'는 장례 미사 시 사제가 검은색 제의를 입는다는
점에서 환유적 기제가 작용한 것으로 보인다. 마지막으로 '가격 변동 준비금'
과 '가격 변동 충당금'은 모두 재고 자산, 유가 증권 따위의 가격이 떨어질
것을 예상하고 그 손실에 대비하여 설정하는 준비금을 의미하는데 이때 전자
는 손실을 충당하기 위해 미리 '준비'하는 것에 초점을 두었다면 후자는 손실
을 '충당'하는 데에 초점을 둔 것이라 할 수 있다.

　한편 (7나)의 '평원'과 '-지(地)', '개발'과 '저개발', '사망'과 '생명', '사망생
존'은 일정한 관계를 맺고 있기는 하지만 해당 관계가 유의 관계가 아니라는
데에서 독특한 것으로 보인다. 즉 '평원'과 '-지(地)', 그리고 '사망, 생명'과
'사망생존'은 상하 관계를 이루고 있는 것으로 보이며 '개발'과 '저개발', 그리

---

30) 생명 보험 회사에서 사용하는, 보험 사고가 발생할 만한 연령별 위험도(사망률)를 나타낸
　　통계표.

고 '사망'과 '생명'은 각립적으로 보았을 때는 오히려 반의 관계로 보아야 하는 것이다.[31] 상하 관계는 넓은 관점에서 보았을 때 의미를 공유하는 부분이 있다는 점에서 유의 관계의 한 부분으로도 볼 수 있지만 반의 관계는 아니라는 점에서 더욱 흥미롭다. '개발국'과 '저개발국'은 모두 산업의 근대화와 경제 개발이 선진국에 비해서 뒤떨어진 나라를 뜻하는데 이때 전자는 '개발이 필요한 나라'의 측면에 초점을 두었다면 후자는 '개발이 뒤떨어진 나라'에 초점을 둔 것으로 볼 수 있다. '사망표'와 '생명표' 역시 보험 사고가 발생할 만한 연령별 위험도(사망률)를 나타내는 데 생명을 중점에 두었는지 사망을 중점에 두었는지가 고려된 것이라고 볼 수 있다. 따라서 (7)의 예시를 통해 우리가 최종적으로 알 수 있는 것은, 전문 용어의 외부에서는 유의 관계를 형성하지 못하는 요소들이 전문 용어 내부라는 특수한 환경에서만 유의 관계 형성에 영향을 미칠 수 있다는 것이다.

한편 정한데로(2022)에서는 동의 관계의 어휘를 대상으로 '개념화'와 '언어화' 과정을 서술한 바 있는데, 아래의 그림에 따르면 (7가)가 대상의 개념화 과정에 해당하며 (7나)는 개념의 언어화 과정에 해당한다.

(8) 단어 형성 과정의 '개념화'와 '언어화'(정한데로 2022 : 347)

대상	⇒	개념	⇒	언어
(가)			(나)	

이때 전문 용어의 형성 과정도 (8)을 대입할 수 있다면 결국 (9가)와 같은 것들은 개념화 과정에서 유의 관계에 놓이게 된 것으로, (9나)의 것들은 언어화 과정에서 유의 관계에 놓이게 된 것으로 해석할 수 있을 것이다.

---

31) 엄밀한 의미에서 '사망'은 '생명'보다는 '생존'과 반의 관계를 이루는 것이 더 자연스러우나 '생명이 다한 것'이 곧 '사망'이라는 점에서 이들이 반대되는 의미라는 것에는 변함이 없다.

(9) 가. 가림색(동물) – 보호색(동물), 가감 소거법(수학) – 가감법(수학), 홍함 평원(지리) – 홍함지(지리), 가공주(경제) – 물탄주(경제), 가늠추(기계) – 평형추(기계), 흑미사(가톨릭) – 장례미사(가톨릭), 가격 변동 준비금(경제) – 가격 변동 충당금(경제), 개발국(사회 일반) – 저개발국(사회 일반), 사망표(사회 일반) – 생명표(사회 일반) – 사망생존표(사회 일반)

나. 결정론적 모델(사회 일반) – 결정론적 모형(사회 일반), 돼지 맘(사회 일반) – 돼지 엄마(사회 일반), 가름막(화학) – 격막(화학), 가로선 – 횡선(의학), 가로세로비(수학) – 종횡비(수학), 가루약(약학) – 분말약(약학), 가루탄(천연자원) – 분탄(천연자원), 개산날(불교) – 개산일(불교), 가림빛(동물) – 가림색(동물), 회계 장부(경제) – 회계장(경제), 조직 위원회(사회 일반) – 조직위(사회 일반), 투영 그림(건설) – 투영화(건설) – 투영도(건설), 황금 주식(경제) – 황금주(경제), 물탄 주식(경제) – 물탄주(경제), 혈족 결혼(사회 일반) – 혈족혼(사회 일반), 건강 테크(경제) – 건테크(경제), 유한계급(사회 일반) – 유한층(사회 일반), 가름돌(건설) – 가른돌(건설)

전문 용어 사이에서의 유의 관계를 마무리하기에 앞서 우리는 앞서 언급했던 Mattiello(2017)의 말을 기반으로 했던 예상을 되짚어 볼 필요가 있다. 한 전문 영역 내에서는 단어(signan)와 의미(signatum)가 일대일 대응을 이루는 것이 중요하기 때문에 전문 용어에서는 유의 관계를 이루는 예시가 적을 것으로 예상했으나 예상과는 달리 상당히 많은 유의 관계를 접할 수 있었기 때문이다. 심지어 '사망표 – 생명표 – 사망생존표'와 같이 세 개 이상의 전문 용어가 동의 관계를 형성하는 모습도 발견할 수 있었다. 따라서 본 장은 이러한 현상에 대하여 나음과 같이 해석해보고자 한다.

(10) 갑상선(의학) – 갑상샘[32](의학), 가차압(법률) – 가압류[33](법률), 말항(수
학) – 끝항[34](수학), 박언학(언어) – 언어학(언어), 불가시광선(물리) –
비가시광선[35](물리), 성로(기독교) – 십자가의 길[36](기독교), 세태학(사
회 일반) – 사회학(사회 일반), 수로구(교통) – 도선구[37](교통), 영광경
(가톨릭) – 영광송[38](가톨릭), 학부형회(교육) – 학부모회(교육), …

(10)의 예시들은 모두 전문 용어 사이에서 '전 용어'와 '현 용어'의 관계로
묶인 것들 중 일부를 임의로 제시한 것인데, 표준국어대사전의 '자세히 찾기'
기능을 활용하여 뜻풀이에 '전 용어'가 포함된 전문 용어를 검색하면 무려
2,042개에 이르는 것을 확인할 수 있다. 이는 곧 전문 용어에서 동의 관계로
쓰이던 하나의 용어가 세력을 잃는 것이 심심치 않게 발견되는 것임을 증명
해준다 할 수 있다. 또한 (10)의 예시에서도 확인할 수 있듯이 그 전문 영역
역시 어느 하나에 집중되지 않고 모든 전문 영역에 걸쳐 고르게 나타나는
현상이다. 이는 곧, 앞서 살펴본 수많은 유의 관계의 전문 용어들이 아직
(10)과 같은 과정을 거치지 못한 상태로도 볼 수도 있게 됨을 의미하는데,
다시 말해, 이들이 동의 충돌을 겪기 전의 공존 상태라는 것이다. 따라서
동일한 개념에 대한 다채로운 단어 형성의 결과로 한 전문 영역 내에서도
동의어들이 공존하는 시기가 있을 수는 있지만 전문 용어라는 특수성이 결과
적으로 동의어 중 한쪽의 소멸을 초래할 가능성이 높다고 해석할 수 있다.

---

32) 목 앞쪽에 있는 내분비샘.
33) 민사 소송법에서, 법원이 채권자를 위하여 나중에 강제 집행을 할 목적으로 채무자의
재산을 임시로 확보하는 일.
34) 유한수열에서 맨 끝의 항.
35) 사람의 눈에 보이지 않는 방사선의 하나.
36) 예수가 사형 선고를 받은 후 십자가를 메고 골고다까지 가서 십자가에 못 박혀 죽을
때까지의 중요한 열네 장면을 묵상하며 드리는 기도.
37) 도선의 편의를 위하여 해협, 항만, 연안의 필요한 해면에 설정한 구역.
38) 하느님을 찬미하는 노래, 기도, 찬사 따위를 이르는 말.

8.2.2. 전문 용어 사이에서의 반의 관계

반의 관계는 그 자체로 형성의 기제가 될 수 있다는 점에서 일반 어휘를 대상으로도 그 예시를 어렵지 않게 찾아 볼 수 있다. 즉, 반의 관계를 가질 수 있는 어떠한 어휘의 존재는 그 존재만으로 항상 반의 관계의 자리에 빈자리를 형성하게 되고, 언중들은 이 빈자리를 채우기 위해 기존 어휘의 단어 형성 방식을 참고하게 되므로 결과적으로 두 반의 관계에 놓인 어휘들은 형태론적으로 살필 것이 많게 된다. 특히 전문 용어는 이미 존재하는 개념을 명명하는 과정을 거치기 때문에 빈자리가 빈자리로 남아 있을 확률은 특별히 낮고, 이는 다시 말해 전문 용어에서는 반의 관계에 놓인 용어 쌍을 많이 발견할 수도 있다는 것을 의미한다.

일반 용어를 대상으로 했을 때 가장 쉽게 생각해볼 수 있는 반의 관계의 예시들은 바로 부정이나 반의를 나타내는 접두사를 결합하여 반의 관계를 형성하는 경우이다.

> (11) 쇼루밍39)(사회 일반) – 역쇼루밍40)(사회 일반), 운동권(사회 일반) – 반
> 운동권(사회 일반), 물질문화41)(사회 일반) – 비물질문화42)(사회 일반),
> 고발인(법률) – 피고발인(법률), 가분물43)(법률) – 불가분물44)(법률)

(11)은 각각 접두사 '역(易)-, 반(反)-, 비(非)-, 피(被)-, 불(不)-'이 결합하여 전문 용어 간에 반의 관계가 형성되는 예시에 해당한다. 이들을 형태론적 구조

---

39) 제품을 오프라인 매장에서 자세히 살펴본 뒤, 구매는 가격이 보다 저렴한 온라인 쇼핑몰을 이용하는 현상을 이르는 말.
40) 온라인 쇼핑몰에서 제품을 자세히 살펴본 뒤, 오프라인 매장을 방문하여 구매하는 현상.
41) 인간이 자연환경에 적응하며 생활해 나가기 위하여 물질을 바탕으로 이루어 놓은 문화.
42) 인간이 자연환경에 적응하며 생활해 나가기 위하여 물질이 아닌 정신적, 관념적인 것을 바탕으로 이루어 놓은 문화.
43) 성질이나 가치를 해치지 않고 나눌 수 있는 물건.
44) 그 성질과 가치를 훼손하지 않고서는 나눌 수 없는 물건.

에 따라 다시 분리하면 다음의 (12)와 같은데, (12가)는 단일어와 접두 파생어가 반의 관계를 이루는 것이며 (12나)는 합성어와 접두 파생어가 반의 관계를 이루는 것, (12다)는 접미 파생어와 접미 파생어가 반의 관계를 이루는 것, (12마)는 접미 파생어와 접두 파생어가 반의 관계를 이루는 것으로 볼 수 있다.

(12) 가. 쇼루밍(사회 일반) – 역쇼루밍(사회 일반)
　　　나. 물질문화(사회 일반) – 비물질문화(사회 일반)
　　　다. 가분물(법률) – 불가분물(법률)
　　　라. 운동권(사회 일반) – 반운동권(사회 일반), 고발인(법률) – 피고발인
　　　　　(법률)

접두사의 결합은 곧 단어 구조의 변화를 유발하므로 (12가, 나, 마)와 같이 두 반의어가 형식상의 불균형을 보이는 것이 일반적이다. 그러나 간혹 (12다)와 같이 접두사의 결합 여부 차이에도 불구하고 형식적으로 대등한 것을 발견할 수 있는데, 이는 '가분물'에 '불(不)-'이 결합한 것이 아니라 '가분'에 '불(不)-'이 결합한 후 접미사 '-물(物)'이 결합했기 때문에 일어나는 현상이다. 그러나 여전히 전문 용어 형성의 과정에서 반의 관계를 이루고 있다는 점에서 본 장의 대상이 된다는 데에는 다름이 없다.

이 외에도 '고(高) – 저(低)', '상(上) – 하(下)', '내(內) – 외(外)', '좌(左) – 우(右)' 등과 같은 한자 접두사의 대립 역시 전문 용어 사이에서 반의 관계를 형성하는 데에 큰 역할을 수행하고 있다.

(13) 가. 상인방45)(건설) – 하인방46)(건설), 대부르주아47)(사회 일반) – 소부

---

45) 창문 위 또는 벽의 위쪽 사이에 가로지르는 인방.
46) 벽의 아래쪽을 가로지르는 인방.
47) 프랑스 혁명 시기에, 성직자, 귀족, 평민의 세 신분 가운데 최상위 계층인 교회 집단과 고위 성직자 계층을 이르던 말.

르주아48)(사회 일반), 좌극한(수학) - 우극한(수학)
나. 고소득층(사회 일반) - 저소득층(사회 일반), 족내혼49)(사회 일반)
  - 족외혼50)(사회 일반), 선순위채51)(경제) - 후순위채52)(경제), 단혼
  제53)(사회 일반) - 복혼제54)(사회 일반)

(13가)는 반의 관계에 놓인 접두사의 결합으로 인해 접두 파생어와 접두
파생어가 반의 관계를 이루게 된 경우이다. 반면 (13나)는 접두 파생어에
해당하지는 않지만 단어 형성 과정에서 접두사의 결합이 이루어지는 경우이
다. 일례로, '고소득-층'과 '저소득-층'의 경우 결과적으로는 접미 파생어이지
만 단어 형성 과정에서 '고-소득'과 '저-소득'의 접두 파생이 이루어져 반의
관계를 형성하게 되고 그 후 공통의 접미사 '-층(層)'이 결합하는 과정을 거치
게 된다.

다음의 경우도 한자 형태소의 반의 관계에 의해 두 전문 용어가 반의 관계
에 놓이게 되었다고 보아야 할 것이나 (13)과 다소 다른 점을 가지고 있는
예시이다.

  (14) 흑자국(경제) - 적자국(경제), 가계약(법률) - 본계약(법률)

즉, 한자 형태소 '흑(黑)'과 '적(赤)'은 접두사도 아닐뿐더러 서로 반의 관계

---

48) 노동자와 자본가의 중간 계급에 속하는 소상인, 수공업자, 하급 봉급생활자, 하급 공무원
   따위를 통틀어 이르는 말.
49) 같은 씨족·종족·계급 안에서만 배우자를 구하는 혼인 형식.
50) 같은 씨족·종족·계급 안에서의 혼인을 금하고 다른 집단에서 배우자를 구하는 혼인
   형식.
51) 발행 기관이 파산하였을 경우 다른 부채에 비하여 변제의 우선순위가 선순위가 되는
   채권.
52) 발행 기관이 파산하였을 경우 다른 채권자들의 부채가 모두 청산된 후에 상환 받을 수
   있는 채권.
53) 한 남자와 한 여자로 이루어지는 결혼 제도.
54) 한 명 이상의 배우자와 결혼하는 제도.

에 놓여 있지 않고 '자(字)'와 결합한 '흑자'와 '적자' 내부에서만 반의 관계를 맺게 된다. '가(假)-'와 '본(本)-' 역시 한자 접두사만으로 의미 관계를 따지자면 '가(假)-'와 '진(眞)-'이 반의 관계를 이루게 되고 '가(假)-'와 '본(本)-'은 반의 관계에 놓여 있다고 보기 어려우나 '계약'과 결합한 이후 '가계약'과 '본계약'은 대립 관계를 이루게 된다. 따라서 이들은 전문 용어 내부의 구성이라는 특수한 환경에서만 반의 관계를 형성한다 볼 수 있다.

이 외에 일반 용어에서도 가장 두드러지게 찾아볼 수 있었던 반의 관계 중 하나가 성별의 대립인데, 이는 전문 용어를 대상으로도 어렵지 않게 찾아 볼 수 있다. (15가)는 한자어를 통한 성별 대립을, (15나)는 외래어를 통한 성별 대립을 제시한 것인데 이들을 통해 알 수 있는 점은 성별의 대립이 어종을 가리지 않으며 또 접미사로, 어근으로, 구를 구성하는 단어로 다양하게 전문 용어 형성 과정에서 반의 관계를 형성하게 된다는 점이다.

(15) 가. 남성주의(사회 일반) – 여성주의(사회 일반), 모권제(사회 일반) – 부권제(사회 일반), 근사남[55](불교) – 근사녀[56](불교), 소녀 문학[57](문학) – 소년 문학[58](문학)
나. 걸 스카우트(사회 일반) – 보이 스카우트(사회 일반), 스턴트맨(연기) – 스턴트우먼(연기)

지금까지 살펴본 것을 제외하고 비교적 분명하게 반의 관계에 놓여 있다고 볼 수 있는 예시들을 (16)과 같이 제시할 수 있다. 각각 '오전 – 오후', '아침- 저녁', '채권 – 채무', '겉 – 속', '바깥 – 안', '밖 – 안', '공격 – 수비', '개인 – 단체'가 전문 용어 내부에서 유의 관계를 형성하고 있는데, 이들은

---

55) 불교를 믿는 남자를 통틀어 이르는 말.
56) 불교를 믿는 여자를 통틀어 이르는 말.
57) 소녀를 대상으로 하거나 소녀가 쓴 문예 작품.
58) 소년을 대상으로 하거나 소년이 쓴 문예 작품.

전문 용어 외부에서도 유의 관계를 형성한다는 점에서 다툼의 여지가 없다.

> (16) 오전반(교육) - 오후반(교육), 아침 기도(가톨릭) - 저녁 기도(가톨릭),
> 가분 채권[59](법률) - 가분 채무[60](법률), 겉구조[61](언어) - 속구조[62](언
> 어), 바깥각[63](수학) - 안각[64](수학), 밖캘리퍼스[65](기계) - 안캘리퍼
> 스[66](기계), 공격군(군사) - 수비군(군사), 개인 경기(체육) - 단체 경기
> (체육)

 한편 접두사의 결합으로 반의 관계가 형성되었던 예시 (11)을 제외하고,
교체로 반의 관계가 형성되는 경우는 모두 반의 관계에 놓인 두 전문 용어
구성 요소가 대등한 구조를 가져야 한다. 만약 공통 요소를 제외한 구성 요소
가 한자어 어근이라면, 대응되는 전문 용어의 구성 요소도 한자어 어근이어
야만 반의 관계를 이룰 수 있고, 고유어 단어라면 고유어 단어와만 반의 관계
에 놓일 수 있다. 유의 관계의 경우 '가림'과 '보호'처럼 고유어의 통사적
구성과 한자어 사이에서도 유의 관계를 형성하는 것이 가능했으나 반의 관계
에서 해당 경우는 절대 대응될 수 없음은 물론이고 만일 같은 어미 결합형이
라 하더라도 각각 명사형 어미, 관형사형 어미로 차이를 갖는다면 이 또한
반의 관계에서는 허용되지 않을 것이다. 따라서 반의 관계에 놓인 전문 용어
들은 다음에 제시된 예시들처럼 내부에서 모두 대등한 구조를 가지게 된다.

---

59) 성질이나 가치를 해하지 않고 분할할 수 있는 채무자의 행위를 대상으로 하는 채권.
60) 성질이나 가치를 해하지 않고 분할할 수 있는 급부를 대상으로 하는 채무.
61) 변형 생성 문법에서, 심층 구조에 변형 규칙이 적용된 결과에 의하여 표면으로 도출되어
    나오는 문법 구조.
62) 변형 생성 문법에서, 실제 발화의 기저를 이루는 것으로 가정하는 추상적인 문법 구조.
63) 다각형에서, 한 변과 그것에 이웃한 변의 연장선이 이루는 각.
64) 다각형에서 인접한 두 변이 다각형의 안쪽에 만드는 모든 각.
65) 원통 따위의 바깥지름을 재는 데 쓰는 기구.
66) 원통의 안지름을 재는 데 쓰는 기구.

(17) 가. 가마 내기[67](공예) – 가마 넣기[68](공예)

나. 낮은음자리표(음악) – 높은음자리표(음악), 짧은뜨기[69](공예) – 긴뜨기[70](공예)

다. 세받다[71](가톨릭) – 세주다[72](가톨릭)

라. 봉 아래에서 공중 돌기[73](체육) – 봉 위에서 공중 돌기[74](체육)

마. 보험 계약의 체결[75](경제) – 보험 계약의 해지[76](경제)

(17가)의 '내기'와 '넣기'는 모두 명사형 어미와 결합했다는 점에서 대등한 구조는 유지한 채 의미의 측면에서만 대립을 이루고 있고 (17나)의 '낮은음자리'와 '높은음자리'에서의 '낮은'과 '높은'은 관형사형 어미와의 결합을 통해 대등한 구조를 유지하며 의미의 대립만 보이는 경우라 할 수 있다. 이어 나온 '짧은'과 '긴'도 마찬가지이다. 한편 (17다)는 종결 어미 '-다'의 결합형이 유지되고 있는데, 이를 통해 동사 '받다'와 '주다'가 반의 관계를 형성하게 된다. 또한 (17라)의 경우 구를 구성하고 있는 여러 요소들 중 '아래에서'와 '위에서'가 반의 관계를 이루게 되는데 이들이 모두 동일한 부사격 조사와 결합하고 있다는 점이 결과적인 전문 용어로 하여금 대등한 구조를 가지는 반의 관계로 남을 수 있게 한다. 마지막으로 (17마)의 경우에는 반의 관계를 구성하는

---

67) 벽돌이나 기와, 사기 따위를 구워서 가마에서 꺼내는 일.

68) 벽돌이나 기와, 사기 따위를 굽기 위하여 가마에 넣는 일.

69) 코바늘뜨기에서, 바늘로 실을 감지 아니하고 코를 한꺼번에 빼어서 뜨는 일.

70) 뜨개질에서, 바늘로 실을 한 번 감아 한꺼번에 빼서 뜨는 일.

71) 세례를 받다.

72) 입교하려는 사람에게 세례를 주다.

73) 기계 체조에서, 평행봉에서 하는 동작의 하나. 버티기 자세에서 다리를 뒤로 회전하여 거꾸로 몸을 접어서 매달리기 자세를 취하는 것으로, 가장 아래쪽으로 몸이 내려왔을 때 뒤쪽 위로 끌어 올려 다시 버티기 자세를 취한다.

74) 기계 체조에서, 평행봉에서 하는 동작의 하나. 버티기 자세에서 앞이나 뒤로 회전하여 몸이 가장 높이 올라갔을 때 봉을 밀어 공중에서 돌기를 한 다음 다시 버티기 자세를 취한다.

75) 보험 계약자와 보험자 사이에 계약의 여러 요소에 대한 합의가 이루어져 계약이 성립하는 일.

76) 당사자의 의사에 따라 보험 계약이 종료되는 일.

요소에는 조사가 결합하지 않은 채 '체결-해지'가 반의 관계를 이루고 있는데, 해당 전문 용어가 반의 관계에 놓일 수 있는 것은 다른 모든 통사적 구성이 고정 요소로서 공통적이기 때문이다.

따라서 이들을 바탕으로 교체를 통해 전문 용어 사이에서 반의 관계를 구성하는 예시들을 형태론적 구조에 따라 정리하면 다음과 같을 수 있다.

(18) 가. 상인방(건설) - 하인방(건설), 대부르주아(사회 일반) - 소부르주아
　　　　(사회 일반), 좌극한(수학) - 우극한(수학), 고소득층(사회 일반) -
　　　　저소득층(사회 일반), 단혼제(사회 일반) - 복혼제(사회 일반), 흑자
　　　　국(경제) - 적자국(경제), 가계약(법률) - 본계약(법률), 모권제(사회
　　　　일반) - 부권제(사회 일반), 근사남(불교) - 근사녀(불교)
　　나. 족내혼(사회 일반) - 족외혼(사회 일반), 선순위채(경제) - 후순위채
　　　　(경제), 남성주의(사회 일반) - 여성주의(사회 일반), 스턴트맨(연기)
　　　　- 스턴트우먼(연기), 오전반(교육) - 오후반(교육), 겉구조(언어) - 속
　　　　구조(언어), 바깥각(수학) - 안각(수학), 밖캘리퍼스(기계) - 안캘리
　　　　퍼스(기계), 공격군(군사) - 수비군(군사), 낮은음자리표(음악) - 높
　　　　은음자리표(음악), 세받다(가톨릭) - 세주다(가톨릭)
　　다. 소녀 문학(문학) - 소년 문학(문학), 걸 스카우트(사회 일반) - 보이
　　　　스카우트(사회 일반), 아침 기도(가톨릭) - 저녁 기도(가톨릭), 가분
　　　　채권(법률) - 가분 채무(법률), 개인 경기(체육) - 단체 경기(체육),
　　　　가마 내기(공예) - 가마 넣기(공예), 봉 아래에서 공중 돌기(체육)
　　　　- 봉 위에서 공중 돌기(체육), 보험 계약의 체결(경제) - 보험 계약의
　　　　해지(경제)
　　라. 짧은뜨기(공예) - 긴뜨기(공예)

(18가)는 파생어와 파생어 간 접두사나 접미사의 교체를 통해 반의 관계를 형성하게 된 경우이며, (18나)는 합성어와 합성어 간 어근의 교체를 통해 반의 관계를 형성하게 된 경우, (18다)는 구와 구 사이에서 단어의 교체를 통해 반의 관계를 형성하게 된 경우, 그리고 마지막으로 (18라)는 단어 내부

의 통사적 구성의 교체를 통해 반의 관계를 형성하게 된 경우에 해당한다.

전문 용어 간의 반의 관계에서 마지막으로 살펴볼 것은 다음과 같이 전문 용어 외부에서는 반의 관계를 이룬다고 볼 수 없는 것이 대응되는 경우이다.

    (19) 독수리 아빠(사회 일반) - 펭귄 아빠(사회 일반)

'독수리 아빠'는 자녀 교육을 위해 자녀와 아내를 외국으로 보냈지만 언제든 이들을 보러 갈 수 있을 정도로 시간적, 경제적 여유가 많은 아빠를 의미하며 '펭귄 아빠'는 그에 비해 경제적 여유가 없어 마음껏 보러가지 못하는 아빠를 의미한다. 즉, 독수리는 큰 날개로 이곳저곳을 자유롭게 날아다닐 수 있는 반면 펭귄은 독수리와 마찬가지로 조류에 해당하지만 자유롭게 날지 못한다는 점에 착안하여 비유적인 방식으로 용어를 형성한 것이다. 한편 전문 용어는 전문적인 개념을 명명한다는 점에서 비교적 직관적인 형성을 이루는 경우가 많고 비유적인 방식을 취하는 경우는 흔하지 않다. 최대한 투명한 의미를 추구하며, (17라)와 같이 여러 구성 요소가 결합하는 경우에도 의미 합성성을 최대한 유지하려는 경향이 강한 것이 전문 용어의 특성이다. 그런데 (19)의 예는 비유적 방식으로 전문 용어를 형성함으로써 그 의미를 파악하기 쉽지 않고 더군다나 지금까지 살펴본 다른 예시들과는 달리 구성 요소 간에 반의 관계를 이루고 있다는 사실을 한눈에 파악하기 어려운데, 따라서 이러한 점으로 인해 그 예시를 다양하게 발견하기 어렵다고 해석할 수 있다.

8.2.3. 전문 용어 사이에서의 상하 관계

최형용 외(2022 : 264)와 박지현(2023 : 42)에서 주지한 바 있듯이 상위어와 하위어 간의 관계는 무수히 많은 어휘들 사이에서 이루어질 수 있다는 점에서 유의, 반의 관계와 차이를 갖는다 할 수 있다. (20)은 경제 분야에서 상하

관계를 보이는 예시 몇 가지를 제시한 것인데, 상위어와 하위어가 일대일의
대응 관계만을 맺는 것이 아님을 보여주는 예라고 할 수 있다.

> (20) 가. 주식(경제) → 중형주(경제), 소형주(경제), 구경제주[77](경제)
> 나. 중소형주(경제) → 중형주(경제), 소형주(경제)
> 다. 제조주(경제) → 구경제주(경제)
> 라. 주식(경제) → 국민주[78](경제) → 휴면국민주[79](경제)

즉, (20가)는 하나의 상위어에 복수의 하위어를 가질 수 있음을 보여주는
것이고 (20나)는 (20가)에서는 '주식'의 하위어였던 '중형주'와 '소형주'가
'중소형주'의 하위어도 될 수 있음을 보여주며 하나의 하위어 역시 복수의
상위어를 가질 수 있음을 증명한다. (20다)도 이와 마찬가지로 (20가)에서는
'주식'의 하위어였던 '구경제주'가 '제조주'의 하위어도 될 수 있음을 보여준
다. 마지막으로 (20라)는 '국민주'가 '주식'과의 관계에 있어서는 하위어로서,
'휴면국민주'와의 관계에 있어서는 상위어로서 기능하며 복수의 역할을 수
행할 수 있음을 드러내는 것이다. 그런데 본 장에서 관심의 대상이 되는 상하
관계는 형성의 관점에서 살필 것이 있어야 하므로 (20가)와 같이 공통 요소
를 가지지 않는 것은 제외되며, (20나, 다)나 (20라)의 '국민주 – 휴면국민주'
와 같은 것만을 대상으로 하게 된다.

최형용(2018 : 175)에서는 일반어를 대상으로 형성의 관점에서 상하 관계를
보이는 것을 (21가)와 같은 식으로 나타낸 바 있으며 박지현(2023)에서는 이
식을 받아들여 신어를 대상으로 (21나)와 같은 유형을 추가적으로 발견한
바 있다.

---

77) 전통적인 제조업 관련 주식.
78) 대중의 소득 향상과 국민 경제 발전에 기여할 목적으로 정책적으로 널리 보급한 주식.
79) 한국 전력과 포항 제철의 주식으로서 1988년과 1989년에 청약하였으나 아직까지 24개
    은행에 남아 있는 국민주.

(21) 가. A → AB, A → BA

　　　나. AB → A, AB → AC, AB → CB

　그렇다면 본고에서 대상으로 하는 전문 용어도 (21)과 같은 유형을 토대로 나누어 제시해볼 수 있을 것이다. 우선 상위어가 더 단순한 형식을 취하고 하위어가 더 복잡한 형식을 취하는 (21가)와 같은 유형부터 살펴보면 다음과 같다.

(22) 가. A → AB

　　　툰드라[80](지리) → 툰드라 습지[81](지리), 툰드라 식물대[82](지리)

　　　나. A → BA

　　　　• 주(경제) → 중형주(경제), 소형주(경제), 중소형주(경제), 구경제
　　　　　주(경제), 제조주(경제), 국민주(경제), 휴면국민주(경제), 반도체
　　　　　주(경제), 스타주(경제), 우량주(경제), …

　　　　• 각(수학) → 고도각[83](수학), 공액각[84](수학), 등위각[85](수학), 상
　　　　　응각[86](수학), 안각(수학), 오목각[87](수학), 중심각(수학), …

　　　　• 함(군사) → 구축함[88](군사), 순양함[89](군사), …

　　　　• 채무(법률) → 구상 채무[90](법률), 독립 채무[91](법률), 대여 채

---

80) 시베리아와 알래스카의 북부 등 일 년의 대부분이 눈과 얼음으로 덮여 있는 북극해 연안
　　의 넓은 벌판.

81) 툰드라 지대에 일시적으로 빙하가 흘러내려 생긴 습지.

82) 식물 지리구의 하나. 툰드라 지대의 저온, 동토(凍土) 따위의 환경에서 선태류와 지의류가
　　자라는 지역이다.

83) 낮은 곳에서 높은 곳에 있는 목표물을 올려다볼 때, 시선과 지평선이 이루는 각도.

84) 꼭짓점과 두 변이 공통이고 그 합이 360도인 두 개의 각에서 한 각을 다른 한 각에
　　상대하여 이르는 말.

85) 직선이 다른 한 직선과 교차하여 생기는 각 가운데, 한 직선에서 보아 같은 위치에 있는
　　두 개의 각.

86) 「001」 합동 또는 닮은꼴인 다각형에서 서로 대응하는 각.
　　「002」 두 직선이 만났을 때 서로 이웃하지 않는 두 각.

87) 180도보다 큰 각.

88) 어뢰 따위를 무기로 사용하여 적의 주력함이나 잠수함을 공격하는 작고 날쌘 군함.

89) 전함보다 빠른 기동력과 구축함보다 우수한 전투력을 지닌 큰 군함.

무92)(법률), 보증 채무93)(법률),…

- 식민주의(정치) → 구식민주의94)(정치), 신식민주의95)(정치)
- 계약(법률) → 고용계약(법률), 매매계약(법률), 임대차계약(법률), …
- 예배(종교 일반) → 새벽 예배(종교 일반), 직원 예배(종교 일반), 철야 예배(종교 일반), 회당 예배96)(종교 일반), …
- 부르주아(사회 일반) → 대부르주아(사회 일반), 소부르주아(사회 일반)

일반어를 대상으로 한 최형용(2018)에서도 대부분의 상하 관계 예시는 A → BA형에 해당했으며 신어를 대상으로 한 박지현(2023)에서도 역시 A → BA형의 상하 관계가 대부분에 해당했는데, 전문 용어를 대상으로 하는 경우도 동일한 모습을 볼 수 있다. 이는 핵이 되는 성분이 뒤에 온다는 점에서 크게 새로운 현상은 아니라고 볼 수 있다. 다만 본고가 전문 용어를 대상으로 한다는 점에서 일반어나 신어와 다른 점은, 대부분 전문 용어의 범주에 들어갈 수 있는 하위어와는 달리 상위어에 해당하는 단순한 형식은 전문 용어로서 분류되지 않는 경우가 상당하다는 것이다.

---

90) 타인이 채무자의 채무를 인수하거나 대위 변제를 함으로써 채무자가 보증 기관과 다른 법인 따위에 대하여 부담하는 채무.
91) 다른 채무에 관계되지 않고 독립적으로 존재하는 채무.
92) 채무자가 금융 기관 및 타 법인으로부터 대출이나 어음 할인 약정 따위에 의하여 금융을 제공받음으로써 부담하는 채무.
93) 채무자가 채무를 이행하지 못할 경우에, 보증인이 책임지는 채무.
94) 식민지의 정권을 장악하고 직접 통치하는 식민 정책을 신식민지주의에 상대하여 이르는 말.
95) 형식적으로는 독립을 허용하면서 정치·경제·사회·군사적 측면에서 사실상의 지배를 유지하려는 새로운 형태의 식민지주의.
96) 유대인들이 회당에서 드리는 예배.

(23)   • 모형 → 가법 모형[97](사회 일반), 결정론적 모형(사회 일반), 네트워크
　　　　모형[98](심리), 레몬 모형[99](경제), …

　　　　• 소설 → 가전체 소설[100](문학), 가족 소설(문학), 계몽주의 소설[101](문
　　　　학), 명랑 소설(문학)[102], …

　　　　• 족 → 여피족[103](사회 일반), 더피족[104](사회 일반), 사이버펑크족[105]
　　　　(사회 일반), 싱커스족[106](사회 일반), …

　　　　• 표 → 공정표[107](산업 일반), 주기율표[108](화학), 주주표[109](법률), 판
　　　　단표[110](정보·통신), …

　　(23)에서 제시한 하위어들은 모두 전문 용어에 해당하는 반면 상위어는
일반 용어에 해당하는 예시를 보인 것이다. 상위어란 대체적으로 하위어보다
보편적인 의미를 담게 되며 원형에 가깝기 때문에 형식적으로는 가장 단순한
형식을 가지게 되는 경우가 일반적이다. 그러므로 전문 용어의 측면에 있어

---

97) 여러 가지 요인이 반응 변수 또는 품질 특성치에 더하기 효과로 영향을 주는 모형.
98) 기억 속에 그물망과 같은 기억이 서로 연결되어 있는 모형.
99) 정보의 비대칭성에 의해 중고 제품 시장에서 평균적인 품질이 낮아져 시장 실패로 이어
　　질 수 있다는 것을 설명한 모형.
100) 사물을 의인화하여 전기(傳記) 형식으로 서술하는 문학 양식.
101) 독서로 대중을 가르치고 깨우쳐서, 대중이 편견이나 무지에서 벗어나 새로운 이념이나
　　세계관에 눈뜨게 하려는 의도에서 쓰인 소설.
102) 유머와 위트 따위를 섞어 아동 생활을 묘사하거나 현실을 풍자하는 아동 소설의 한
　　종류.
103) 도시 주변을 생활 기반으로 삼고 전문직에 종사하면서 신자유주의를 지향하는 젊은이들.
104) 경기 불황으로 정규 직장을 갖지 못한 채 임시직으로 근근이 생활하는 사람들을 이르
　　는 말.
105) 이 세상의 모든 일을 컴퓨터로 해결할 수 있다고 생각하여 컴퓨터 앞에 하루 종일 앉아
　　있는 사람., 또는 그런 무리.
106) 부부가 아이를 낳지 않고 맞벌이로 돈을 저축한 후, 일찍 은퇴하여 여유롭게 자신들의
　　삶을 즐기는 부류의 사람들.
107) 물품을 만드는 과정이나 일정을 나타낸 도표.
108) 주기율에 따라서 원소를 배열한 표.
109) 회사 정리 절차에서, 주주의 신고에 따라 법원의 서기가 주주의 성명과 주소, 주식의
　　종류와 수를 적어 만드는 표.
110) 복잡한 조건을 가진 문제의 해결을 위하여, 취할 수 있는 모든 조건과 그에 따른 해결
　　방안을 나열한 표.

서 이러한 '보편적'이고 '원형적'이며 '일반적'인 상위어가 일반 용어가 아닌 전문 용어로서의 지위를 갖는 것은 쉽지 않게 된다.

　한편, 상위어가 하위어에 비해 단순한 형식을 취한다는 것은 곧 상위어와 하위어가 항상 대등한 구조를 가지는 것은 아님을 시사하는 것이다. 즉, 상하 관계는 반의 관계에서처럼 그 구조의 대등성을 항상 보장하지 않는다. 반면 그렇다고 모든 상위어가 하위어에 비해 더 단순한 형식을 취한다거나 모든 상하위어가 형식적으로도 대등하지 않은 구조를 갖는 것은 아닌데, 다음은 상위어가 앞서 살펴본 것들보다 복합적인 형식을 취하며 하위어와 형식적으로 대등한 것들의 유형을 분류한 것이다.

(24)　가.　AB → AC
　　　• 사회학(사회 일반) → 사회사(사회 일반)
　　　• 결연 관계(사회 일반) → 결연 가정(사회 일반), 결연 아동(사회 일반)
　　　• 가전체 문학(문학) → 가전체 소설(문학), 가전체 설화(문학)
　　나.　AB → CB
　　　• 각종 학교(교육) → 실업 학교(교육), 전수 학교[111](교육)
　　　• 토목 공학(건설) → 건설 공학(건설), 도로 공학(건설)
　　　• 롤업 팬츠(복식) → 롤업 진(복식)
　　　• 가계 보험(경제) → 생명 보험(경제), 화재 보험(경제), 재산 보험(경제)
　　　• 기러기 아빠(사회 일반) → 독수리 아빠(사회 일반), 펭귄 아빠(사회 일반)
　　　• 가곡 형식[112](음악) → 두도막 형식[113](음악), 세도막 혓식[114](음악)

---

111) 각종 학교 가운데 중학교와 고등학교 과정을 개설한 특수 학교.
112) 기악곡 형식의 하나.
113) 한 곡이 두 개의 큰악절로 이루어지는 형식.
114) 하나의 곡이 큰악절 세 개로 이루어진 형식.

(24가)는 AB → AC 유형에 해당하는데 본 장에서 찾은 예시는 단 셋에 불과하다. AB → AC 유형은 박지현(2023)에서 제시한 신어에서 발견된 유형인데 신어에서도 '반려동물 → 반려견, 반려묘' 따위가 존재했으나 역시나 그 예시가 다양하지는 않았다. 본 장에서 전문 용어를 대상으로 찾은 예시는 '사회학 → 사회사'와 '결연 관계 → 결연 가정, 결연 아동', '가전체 문학 → 가전체 소설, 가전체 설화'인데, 하나씩 살펴보자면, '사회사'는 '사회학'의 한 분야로 '사회'를 공통으로 가지면서 '학'과 '사'가 상하 관계를 이루는 예시이다. '학'이 '학문', '사'가 '역사'의 의미를 갖는다고 볼 때 '역사'가 '학문'의 한 분야라는 해석은 자연스럽다. 두 번째의 예시 또한 '관계'가 '가정'과 '아동'을 포함한다고 보는 것이 어색하지 않으며 마지막 예시 역시 '문학'이 '소설'이나 '설화'를 포함한다는 것에는 이견이 없을 것이다. 이어 (23나)는 AB → CB 유형으로 (23가)에 비해서 비교적 많은 유형을 발견할 수 있다. 역시나 핵이 되는 부분이 공통 성분이면서 가장 후행하는 것이 일반적임을 알 수 있다. 개별적으로 살펴보자면, '각종'이 '실업, 전수'의 상위어가 되고, '토목'이 '건설, 도로'의 상위어가 되며 '팬츠'가 '진'의 상위어가 된다. '가계'는 '생명, 화재, 재산'의 상위어가 된다고 보기 어려운데 이는 곧 '보험'과의 결합을 통한 전문 용어 내부에서만 상하위 관계를 구성한다고 보아야 한다. 역시나 '기러기'도 '독수리'나 '펭귄'의 상위어가 된다고 보기 어려우므로 맥락적 특성이 반영된 것으로 보아야 한다. 마지막으로 '가곡'이 '두도막'과 '세도막'을 포함하는 상위어가 되어야 하는데, 이때의 '도막'이 곧 '악절'을 의미한다는 점에서 '가곡'이 '두 악절'과 '세 악절'의 상위어가 되는 것 또한 자연스럽다.

한편 (20라)에서도 살펴본 바와 같이 상하위어는 단계적인 모습을 보이는 경우가 많다. 전문 용어를 대상으로도 형성의 관점에서 이런 모습을 자주 발견할 수 있는데, 제시하자면 (25)와 같다. 이때도 직접적으로 연관을 맺는 상하위어 간에는 공통 구성 성분을 공유하고 있어야 할 것이다.

(25) 주(경제) → 국민주(경제) → 휴면국민주(경제)

환[115](경제) → 우편환[116](경제) → 소액환[117](경제)

데님 룩(복식) → 데님 팬츠(복식) → 데님 워시트 진[118](복식)

8.3. 전문 용어 내부에서의 의미 관계

8.3.1. 전문 용어 내부에서의 유의 관계

본 장에서는 의도적으로 유의 관계와 동의 관계를 다르게 사용하고 있는데, 사실상 전문 용어의 경우 하나의 개념을 다르게 표현한 것이므로 오히려 유의 관계보다는 동의 관계에 가깝게 보아야 한다는 의견을 앞서 간략하게 밝힌 바 있다. 그럼에도 불구하고 본 장에서 동의 관계 대신 유의 관계라는 표현을 사용하고 있는 것은 이곳에서 보이는 의미 관계가 전문 용어와 전문 용어 사이에서와는 달리 동의 관계라고 보기 어려운 것이 존재하기 때문이다.

박지현(2023)에서는 유의 관계보다는 동의 관계로 보아야 하는 것의 예시로 내부 반복형을 제시한 바 있다. 다음은 박지현(2023)에서 가져온 것으로 (26)은 기존어의 일반 용어를 대상으로, (27)은 신어를 대상으로 내부 반복형의 예시를 제시한 것인데, 이들이 비록 단어 외적으로는 동일한 하나의 단어에 해당하므로 그 의미 관계를 살필 것이 없지만 단어 내부에서는 두 개의 형태소에 해당하므로 이들에게도 의미 관계를 부여할 수 있어야 하고, 이때 이들이 갖는 의미 관계가 동의 관계라고 보았다.

---

115) 멀리 있는 채권자에게 현금 대신에 어음, 수표, 증서 따위를 보내어 결제하는 방식.
116) 우체국을 통하여 돈을 부치는 방법.
117) 우편환의 하나.
118) 반복 세탁으로 부드러운 촉감을 살린 청바지.

(26) 가. 집집, 곳곳, 소리소리
　　나. 빨리빨리, 몰래몰래, 쩌렁쩌렁
　　다. 짜릿짜릿, 흥얼흥얼, 모락모락

(27) 가. 소떡소떡, 롬곡롬곡, 여자여자, 고생고생, 줍줍, 쓰담쓰담
　　나. 꽁냥꽁냥, 쌔끈쌔끈, 우물딱우물딱, 또옥또옥, 꾸질꾸질, 처발처발,
　　　아쉽아쉽

　그러나 이들이 가지는 특징을 분석해보면 전문 용어의 형성 방식과 다른 점이 상당 부분 드러나게 된다. 우선 (26)의 기존어 반복형들은 다소 잉여적이거나, 강조의 의미를 더하거나, 혹은 의성의태어를 형성하는 모습을 보인다. 신어도 이와 유사하여 의성의태어가 차지하는 부분이 많다. 기존어와 다른 점이라면 '여자여자'와 같은 것이 '여자'의 속성을 드러내는 역할을 한다는 점인데 언제까지나 일반적이고 보편적인 속성을 드러내는 것에 불과하므로 전문적인 속성을 드러내야 하는 전문 용어에 크게 부합하지는 않는다. 또한 기존어와 달리 절단의 방식을 취하고 있다는 점도 살펴볼 수 있으나 전문 용어는 의미가 투명하게 드러나야 하는 것이 중요하므로 절단의 방식은 형성 과정에서 기피할 수밖에 없다. 더불어 전문 용어는 앞선 2장에서 살폈듯이 명사가 절대적으로 많은 부분을 차지하고 있기에 반복 합성 부사의 예시를 찾아 볼 수 없다는 점도 차이로 언급할 만하다.

　결론적으로 본 장에서 (26)과 (27)의 예시들을 가져옴으로써 말하고자 하는 것은 단어 내부에서 유의(동의) 관계를 보이는 것으로 상당 부분을 차지했던 이러한 반복형이 전문 용어에서는 전무하다시피 하다는 것이다. 형식상의 반복만을 따진다면 '티티 (경제)'와 같은 것을 생각해볼 수 있으나 이는 영어 'telegraphic transfer'에서 온 두음절어로 유의 관계와 관련이 없고 사실상 국어 체계 내에서 '티티'가 내부 구성을 가지는 것인지부터 의문이므로 전문 용어에서는 이러한 유형을 배제하고 생각해야 할 것이다.

다음으로 살펴볼 만한 것은 최형용(2018 : 202)에서 기존어를 대상으로 제시한 2음절 한자 복합어의 예시이다.

    (28)　가옥(家屋), 憎惡(증오), 思想(사상), 價値(가치), 眼目(안목), 身體(신체),
           비애(悲哀), 歡喜(환희), 곡절(曲折) …

박지현(2023)에서는 신어에서는 외래어 복합어나 혼종어의 생산성이 증가하고 (28)과 같은 한자 복합어의 경우 생산성이 감소하는 추세라는 점에서 해당 유형이 신어에서 찾아보기 어려움을 지적하였다. 반면 우리말샘의 통계에 따르면 전문 용어의 경우 한자어가 59.508%에 달하고 있으므로 한자 복합어 내부에서 유의 관계를 이루는 이러한 예시는 긍정적으로 검토해볼 만하다고 여겨질 수 있다. 그러나 전문 용어에서는 이러한 유형을 찾아보기가 쉽지 않은데, 전문 용어가 의미의 명확성에 중점을 둔다는 점에서, 하나의 개념을 명명하기 위해 동일한 의미의 두 형식을 결합한다는 것이 의미적으로 오히려 불명확하기 때문이다. (26)과 (27)의 경우에는 의성의태어의 형성을 위해, 혹은 강조의 효과를 위해, 혹은 어떠한 일반적인 속성을 드러내주기 위해 단어 내부에서 동의 관계가 반복되었다고 볼 수 있지만 (28)은 그러한 효과조차 기대할 수 없는 단순 잉여적인 단어 형성 방식에 해당하는데, 이러한 측면에서 개념을 명확하게 드러내는 데 중점을 두는 전문 용어의 명명 과정은 (28)과 같은 형성 방식을 꺼리게 된다. 그런데 만약 다음과 같은 것들도 전문 용어 내부에서의 유의 관계로 다룰 수 있다면 이에 해당하는 예시는 무수히 많이 찾을 수 있다.

    (29)　가옥 급수[119](건설), 가옥 대장[120](행정), 가옥세[121](법률), 가옥신[122](민

---

119) 수도 시설이 없는 지역에서 지하수를 이용하여 가정용 펌프로 급수하는 일.
120) 가옥의 상황을 정확하게 기록하여 둔 문서.
121) 예전에, 가옥의 소유자에게 부과하던 지방세. 재산세에 통합되었다.

속), 증오 범죄(사회 일반), 외국인 증오(사회 일반), 국가사상(사회 일반), 국민사상(사회 일반), 금기적 사상[123](사회 일반), 기독교 사상(기독교), …

최형용(2016)에서는 직접 성분 분석에 따라 '새신랑'은 '새-신랑'으로 분석되므로 동의 중복이 이루어지지 않는 반면 '삼세-번'이나 '삼세-판'은 '삼'과 '세'가 동의 중복된다고 볼 수 있음을 서술하였다. 따라서 만약 이를 전문 용어의 형성에도 적용할 수 있다면, (29)의 것들은 '가옥-급수', '가옥-대장', '가옥-세', '가옥-신'으로 분석되므로 전문 용어 형성 과정에서 동의 중복을 보이는 것들이라고 이야기할 수 있는 것이다. 이러한 논의는 결국 2음절 한자어에만 적용되는 것이 아니라 전문 용어 형성 전체에 적용되는 것으로 볼 수 있는데, 예를 들어 '다산다육성[124] (농업)'의 경우 '다산다육-성'으로 분석되므로 전문 용어 내부에서 유의 관계를 형성하는 예시로 다룰 수 있게 된다.

신어를 연구 대상으로 했던 박지현(2023)에서 추가적으로 제시한 신어 내부에서 유의 관계를 구성하는 예시는 다음과 같은 것들이다.

(30) 대프리카[125]/울라질[126]/서베리아[127], 멋쁨, 잘생쁨

이들은 또한 다음의 두 가지 이유 때문에 전문 용어에서 찾아보기 쉽지 않은 예시에 해당하는데, 우선 첫 번째로, 이들은 혼성어에 해당하므로 절단의 과정을 거치고 있는데 이때 절단이라는 과정이 전문 용어에서 의미의

---

122) 집을 지키며 집안의 운수를 좌우하는 신.
123) 마음에 꺼려서 하지 않거나 피하게 되는, 사회·정치·인생 따위에 대한 일정한 견해나 생각.
124) 어떤 가축이 출산 새끼의 수, 번식 회전율, 증체량 따위가 많거나 좋은 상태.
125) 여름에 다른 지역보다 기온이 높아 지나치게 더운 대구를 비유적으로 이르는 말.
126) 여름에 다른 지역보다 기온이 높아 지나치게 더운 울산을 비유적으로 이르는 말.
127) 극심한 한파로 추워진 서울을 시베리아(Siberia)에 비유하여 이르는 말.

명확성을 저해할 확률이 높기 때문이며, 두 번째로 '대프리카, 올라질, 서베리아'는 비유적인 단어 형성 방식을 활용하였는데 이 역시 전문 용어의 경우 의미를 불투명하게 만들 가능성이 높기 때문이다. 신어에서도 이들을 제외하고 나면 남는 예시들은 다음과 같았다.

(31) 소리소문, 누빔패딩, 춤신춤왕

이들은 어떠한 절단 과정도 거치지 않고, 비유적 표현도 사용하지 않아 의미가 비교적 명확하게 드러나며, (28)처럼 한 구성 요소의 의미에 중복적이어서 단순 잉여적이지도 않다는 점에서 전문 용어에서 비교적 찾아볼 수 있을 법한 유형에 해당된다고 생각된다. 따라서 본 장에서 전문 용어 내부에서의 유의 관계를 보이는 것으로 찾은 예시는 다음과 같다.

(32) 누빔 패딩(복식), 무크지(=매거북, 부커진)(매체), 독과점(경제)

전문 용어는 의성의태어를 필요로 하지 않고, 의미의 잉여성을 피하고 명확성을 꾀한다는 점에서 기본적으로 그 내부에서 유의 관계를 이루는 예시를 찾아보기가 쉽지 않다. 우선 '누빔패딩'의 경우 신어의 예시로 제시했던 (30)에서와 중복되는 것인데, '누빔'이 '두 겹의 천 사이에 솜을 넣고 줄이 죽죽지게 박는 바느질. 또는 그렇게 만든 물건'이며 '패딩'이 '옷을 만들 때 솜이나 오리털을 넣어 누비는 방식'이라는 점에서 두 구성 요소가 유의 관계에 놓여 있다고 볼 수 있다. 더불어 '누빔 패딩'이 '솜이나 오리털을 넣어 누비는 방식으로 만든 옷'이라는 점을 고려하면 이들이 단순히 '누빔'의 의미만을 가지거나 '패딩'의 의미만을 가지는 잉여적인 결합이 아니라 이 둘의 의미가 적절하게 합성된 결과를 가지게 되었다고 볼 수 있다. 이어 '무크지'는 '무크'가 '단행본과 잡지의 특성을 동시에 갖춘 출판물'을 의미하며 '-지(誌)'가 '잡지'

의 뜻을 더하는 접미사라는 점을 고려하면 두 구성 요소가 유의 관계에 놓여 있다고 보는 것이 가능하다. 이러한 결합 양상을 보이는 이유는 크게 두 가지로 생각해볼 수 있는데, 하나는 '무크'만을 통해서는 전문 용어의 개념이 명확하게 드러나지 않는다는 것이다. 특히 '무크'는 'magazine+book'에서 왔다는 점을 고려하면 이도 또한 내부 구성을 가진다 할 것이나 국어 체계 내에서는 이 구조가 드러나지 않아 단일어로 여겨진다. 이는 곧 해당 전문 용어가 가지는 의미를 명확하게 파악하기 어렵다는 점을 의미하며, 따라서 명확성을 높이기 위해 접미사가 결합했을 가능성이 존재한다. 두 번째로는 패러다임 내 균형성을 유지하기 위한 것으로 볼 수 있다. 예를 들면 다음과 같은 것들에 해당한다.

(33) 가. -기(機)형 : 세탁기, 건조기, 청소기, …, 프린터기, 믹서기, 토스터기, 커터기, 헬기

나. 색(色)형 : 빨간색, 노란색, 파란색, …, 핑크색, 베이지색

(33)의 '프린터, 믹서, 토스터, 커터, 헬리콥터'와 '핑크, 베이지'는 사실상 각각 '-기(機)'의 의미와 '색(色)'의 의미를 원어에서부터 이미 포함하고 있으며, 국어 체계 내에서도 '-기(機)'와 '색(色)'이 결합하지 않은 형태로도 사용되는 것을 보아 언중들 역시 이를 인식하고 있다고 볼 수 있다. 그러므로 이들에 '-기(機)'의 접미사나 '색(色)'의 어근이 추가적으로 결합하는 것은 상당히 잉여적이며, 단순히 '세탁기, 건조기, 청소기…'나 '빨간색, 노란색, 파란색…' 따위의 단어들과 구성하는 패러다임에서 균형을 유지하려는 경향이 크게 드러난 것으로 보아야 하는 것이다. 그러므로 '무크지' 역시 (34)와 같은 '-지(誌)' 결합형의 전문 용어들과의 패러다임을 맞추기 위해 접미사의 결합을 활용한 것으로도 볼 수 있다.

(34) -지(誌)형 : 고백지[128](매체), 기관지(매체), 대중지(매체), 문화지(매체),
　　　　연예지(매체), 종합지(매체), …, 무크지(매체)

　한편, '매거북'과 '부커진'은 '무크지'와 유의 관계에 놓인 전문 용어에 해
당하는데 사실상 이들은 외래어이므로 '무크'와 마찬가지로 단일어로 볼 수
있으나 '매거북'의 '북'의 경우 계열체를 형성하는 일이 많아 충분히 분리하
여 생각해볼 수 있다. 그렇게 되면 '매거-'로 나타나는 '매거진'과 그 유의
관계에 놓인 '북'이 '단행본과 잡지의 특성을 모두 갖추었다'는 의미를 나타
내기 위해 전문 용어 내부에서 결합하고 있는 것으로 볼 수 있다. 반면 '부커
진'의 경우 우리말샘에서는 '부커-진'으로 내부 구성을 표시해주고 있지만
사실상 원어에서만 계열체를 형성할 뿐 국어 체계 내에서도 내부 구성을
가진다고는 보기 어려울 듯하다.

　마지막으로 '독과점'은 유의 관계에 놓여 있는 '독점'과 '과점'이 전문 용어
내부에서 결합하고 있는 형태인데, 사실상 이들은 '독-과점'으로 분석되기
때문에 직접 성분 분석의 결과를 따른다면 내부 구성 요소끼리 유의 관계에
놓여 있다고 보기 어렵다. 이에 대해 이선영(2016)에서는 이러한 유형이 다음
과 같은 형성 방식을 취하는 것으로 설명한 바 있다.

(35) 가. AX+BX = (A+B)X
　　　나. XA+XB = X(A+B)

　즉, 공통 요소를 가지는 두 단어가 결합할 때 한 쪽의 공통 요소가 생략되
는 과정을 거친다는 것이다. 최형용(2019)에서도 이에 해당하는 예시들을 제
시하며 이를 '직간접'류라고 칭하였다. 그렇다면 '독과점' 역시 (35가)와 같은

---

128) 대중 오락지의 한 유형으로서, 특히 유명인들의 남녀 관계나 결혼 생활 따위에 관한
　　체험담이나 인생 경험 따위를 주로 다루는 잡지.

형성 방식을 취한 것이라고 해석하는 것이 가능해진다.

(36) 독점+과점 = (독+과)점

이들은 결국 비슷한 개념을 하나로 묶음으로써 더 큰 상위의 개념을 나타내기 위한 형성 방식이라고 볼 수 있다. 그러므로 '독과점'은 각각 '독점'과 '과점'의 상위어를 구성하게 되고 결과적으로 '독과점'은 의미가 투명하고 합성적이다. 특히 '독과점'은 자체가 전문 용어에 해당할 뿐 아니라 그 구성 요소인 '독점'과 '과점' 역시 동일한 전문 영역에 속하는 전문 용어라는 점에 주목할 만하다.

8.3.2. 전문 용어 내부에서의 반의 관계

앞서 전문 용어 내부에서의 유의 관계에 대해 서술하며 (28)과 같은 유형은 발견하기 쉽지 않은 반면 (29)와 같은 유형은 무수히 발견할 수 있음을 서술한 바 있다. 이는 반의 관계의 경우에도 마찬가지로 적용될 수 있다. (37)은 최형용(2018 : 223)에서 제시한 한자어 복합어 내부에서 반의 관계를 이루는 예시 중 일부를 가져온 것이며, (38)은 (29)와 같이 전문 용어의 형성 과정에서 반의 관계를 이루는 한자 형태소가 결합하는 경우인데, (38)은 무한히 많은 예시를 가지고 있다.

(37) 남녀(男女), 노소(老少), 자녀(子女), 시비(是非), 부모(父母), 출입(出入), 상하(上下), 좌우(左右), 동서(東西), 남북(南北), 가감(加減), …

(38) 남녀동권[129](사회 일반), 남녀 공학(교육), 남녀평등권(사회 일반), 노소

---

129) 남자와 여자가 사회적·법률적으로 성(性)에 따라 차별을 받지 아니하고 동등하게 누릴 수 있는 권리.

부정130)(불교), 자녀 리스크131)(경제), 자녀 수당(사회 일반), 자녀 증여
(법률), 출입 기자(매체), 출입 제한(교통), 가택 출입(법률), 좌우 대칭(생
명), 좌우 대형(체육), …

반면 반의 관계의 경우 유의 관계와는 달리 (37)과 같은 결합 과정도 의미
적으로 잉여적이거나 불명확하지 않다는 점에서 이러한 모습을 아예 찾아볼
수 없는 것은 아닌데, (39)의 예시가 이에 해당하는 예시를 정리한 것이다.
다만 (39)에 비해서 (38)의 예시를 더 무수하게 찾을 수 있을 뿐이다.

(39) 가감(수학), 승제(수학), 자타132)(불교), 음양133)(물리), 인과134)(불교), …

한편 (38)과 같이 전문 용어 내부에서 1음절 한자어끼리 반의 관계를 이루
는 것이 가능하다면 그 이상 음절의 반의어끼리 반의 관계를 이루는 것도
당연히 가능하다.

(40) 사망생존표(사회 일반), 남고북저형135)(지구), 동고서저형(지구), 전방
후원분136)(역사), 동도서기론(역사), 선입 선출 검색137)(정보·통신), 안
바깥 규칙138)(수학), …

---

130) 죽음에는 노소의 선후(先後)가 없음.
131) 자녀를 양육하고 교육함으로써 갖는 경제적 부담 때문에 생길 수 있는 위험.
132) 자력(自力)과 타력(他力)을 아울러 이르는 말.
133) 전기나 자기의 음극과 양극을 아울러 이르는 말.
134) 선악의 업에 따라 그에 해당하는 과보(果報)를 받는 일.
135) 기압 배치 유형의 하나. 북태평양 고기압이 우리나라와 그 남쪽 해상을 덮고 북쪽에는
저기압이 놓인다.
136) 위에서 바라보았을 때 앞쪽 반은 거의 사각형을 이루고 뒤쪽 반은 둥근 모양을 이룬
무덤.
137) 상태 공간 트리에서, 먼저 들어온 자료를 먼저 검색하는 방법.
138) 연쇄 법칙을 사용할 때 치환하는 복잡한 과정을 거치는데 이를 계산이 용이하도록 함수
의 형태를 안과 바깥으로 구별하고, 바깥 부분을 먼저 미분한 다음에 안을 미분하여
서로 곱하는 방법.

(40)은 각각 '사망생존-표', '남고북저-형', '동고서저-형', '전방후원-분', '동도서기-론', '선입선출-검색', '안바깥-규칙'으로 직접 성분 분석이 가능하고, 이때 '사망-생존', '남고-북저', '동고-서저', '전방-후원', '동도-서기', '선입-선출', '안-바깥'이 반의 관계를 이룬다.[139] 이때 '남고북저'나 '동고서저', '전방후원-분'의 경우 그 의미 관계에 대해서 좀 더 살펴볼 필요가 있는데, '남고', '동고', '전방'과 반의 관계를 이룰 수 있는 가능성이 여러 가지 존재하기 때문이다. 예를 들어, '남고'의 '남(南)'만을 부정한다면 그 반의 관계는 '북(北)고'에 놓일 것이지만 '남고'의 '고(高)'만을 부정한다면 그 반의 관계는 '남저(低)'가 되고, 이 둘을 동시에 부정한다면 그 반의 관계는 '북저'에 놓이게 되는 것이다. 따라서 '남고-북저', '동고-서저', '전방-후원'은 전체적인 대립을 이룬 반의 관계에 해당한다. 다음의 '동도'와 '서기' 역시 전체적인 대립을 이룬 예시에 해당하는데, '도리'를 나타내는 '도(道)'와 '기술'을 나타내는 '기(器)'가 독립적으로는 반의 관계에 있다고 보기 어려우므로 전문 용어 기술을 위한 맥락적인 의미가 도입된 것으로 보아야 한다. '선입 선출 검색'의 경우 구의 예시에 해당하지만 내부의 결합 과정이 합성어와 다를 것이 없으므로 '선입-선출'이 전문 용어의 형성 과정에서 반의 관계를 구성하고 있다고 보는 데에 무리가 없을 것이며 '안 바깥 규칙'도 마찬가지이다. 다만 '선입-선출'은 한자어, '안-바깥'은 고유어라는 데에서만 차이를 발견할 수 있다.

유의 관계에서도 '직간접'류를 살펴볼 수 있었다면 반의 관계에서도 역시 이러한 유형의 예시를 찾아볼 수 있을 것이다. 전문 용어 내부에서 '직간접'류의 반의 관계를 보이는 것 역시 수식으로 정리하여 몇 가지 제시하면 다음

---

139) 우리말샘에서는 '남고북저형'이나 '동고서저형'을 '남고-북저형', '동고-서저형'으로 분석하고 있다. 이 경우에는 '직간접'류와 같이 '남고형-북저형', '동고형-서저형'으로 볼 가능성이 있는데, 사전에 이들 넷 중 그 어떤 것도 등재되어 있지 않다는 문제가 있다. 반면 '동고서저형'의 경우 '동고서저'가 이미 사전에 등재되어 있는데 결론적으로 '남고북저형'과 '동고서저형' 모두 '직간접'류로 보기보다는 '남고북저-형', '동고서저-형'으로 분석하는 것이 더 적절한 것으로 보인다.

과 같다.

    (41) 가. AX+BX = (A+B)X

            남악[140](음악) + 여악[141](음악) = (남+녀)악(음악)

            상악골(의학) + 하악골(의학) = (상+하)악골(의학)

            대아[142](음악) + 소아[143](음악) = (대+소)아(음악)

            대장(의학) + 소장(의학) = (대+소)장(의학)

            존속(사회 일반) + 비속(사회 일반) = (존+비)속(사회 일반)

      나. XA+XB = X(A+B)

            정남(지구) + 정북(지구) = 정(남+북)(지구)

            대자[144](가톨릭) + 대녀[145](가톨릭) = 대(자+녀)(가톨릭)

            교부[146](가톨릭) + 교모[147](가톨릭) = 교(부+모)(가톨릭)

            대부(가톨릭) + 대모(가톨릭) = 대(부+모)(가톨릭)

사실상 '직간접'류의 명칭 역시 '직접'과 '간접'이라는 반의 관계에서 출발하였다는 점을 고려하면 이러한 유형은 유의 관계보다는 반의 관계에서 더 활발하게 나타나는 유형임을 알 수 있다. 특히 공통 요소가 가장 앞에 놓여 있거나 가장 뒤에 놓여 있다는 점에서 접두사나 접미사끼리의 반의 관계와 관련이 깊은데, (41가)에서는 '존비속'만이 한자 어근 간의 반의 관계에 해당하며 (41나)의 경우에는 '정남'과 '정북'만이 한자 어근 간 반의 관계를 이루는 것에 해당한다.

---

140) 궁중의 외진연(外進宴)에서 무동(舞童)들이 행하던 춤과 노래.
141) 궁중에서 연회를 베풀 때에 여기(女妓)가 악기를 타고 노래를 부르며 춤을 추던 일. 또는 그 음악과 춤.
142) ≪시경(詩經)≫의 한 편. 큰 정치를 노래한 정악(正樂)이다.
143) ≪시경≫의 한 편의 이름. 작은 정사(政事)에 관한 일을 노래한 정악(正樂)으로, ≪시경≫ 305편 중 72편을 이른다.
144) 성세·견진 성사를 받을 때, 신친(神親) 관계를 맺은 피후견인의 남자.
145) 성세 성사나 견진 성사를 받을 때에, 종교상의 후견을 약속받은 여자.
146) 영세나 견진 성사를 받을 때에, 신앙의 증인으로 세우는 종교상의 남자 후견인.
147) 영세나 견진 성사를 받을 때에, 신앙의 증인으로 세우는 종교상의 여자 후견인.

지금까지 살펴본 것들을 제외하고 전문 용어 내에서 반의 관계를 이루는 예시 중 비교적 형식적으로도, 의미적으로도 명확하다고 느껴지는 예시는 다음과 같다.

> (42) 동고서저(지구), 남좌여우148)(민속), 상열하한149)(한의), 상고하포150) (역사), 소산소사151)(사회 일반), 선입 선출(정보·통신), 다중 입력 다중 출력152)(정보·통신), 단일 입력 다중 출력153)(정보·통신)

'동고서저', '남좌여우', '상열하한'의 경우 앞서서 살펴본 바 있듯이 대립의 초점이 구성 성분 어느 하나에 놓인 것이 아니라 전체 성분에 놓인 반의 관계에 해당한다. 한편, '상고하포'의 경우 '고(告)'가 '알리다', '포(布)'가 '배포하다'의 의미로 쓰였다는 점을 고려하면 둘은 유의 관계에 해당하고 '상(上)'과 '하(下)'만이 대립하는 것으로 보아야 한다. 즉, 반의 관계의 초점이 구성 성분 중 하나에만 놓인 경우에 해당한다. '소산소사'도 마찬가지인데, '산(産)'이 '태어나다', '사(死)'가 '죽다'의 의미에 해당하고 결정적으로 '소(少)'가 공통 요소로서 공유되고 있으므로 '상고하포'에 비해 더 쉽게 반의 관계를 파악할 수 있다. '선입 선출'이나 '다중 입력 다중 출력', '단일 입력 다중 출력'은 구 구성에 해당하기는 하나 합성어와 크게 다른 모습을 보이지 않는다. 따라

---

148) 음양설(陰陽說)에서, 왼쪽은 양이고 오른쪽은 음이라 하여 남자는 왼쪽이 소중하고 여자는 오른쪽이 소중함을 이르는 말.
149) 음양의 기가 서로 조화를 이루지 못하여 몸의 윗부분은 열이 나서 덥고 아랫부분은 차가운 병.
150) 나라에서 중대한 일이 있을 때, 위로는 종묘(宗廟)에 고하고 아래로는 백성에게 알리던 일.
151) 적게 아이를 낳고 적게 죽음.
152) 통신 성능을 향상시키기 위한 스마트 안테나 기술의 한 형태. 무선 통신에서 신호를 송신할 때 여러 개의 안테나를 사용하고 수신 측에서도 여러 개의 안테나를 사용한다.
153) 수신 측에서 여러 개의 안테나를 사용하는 무선 통신 기술의 하나. 오류를 줄이고 전송 속도를 최적화하기 위하여 수신 측 안테나들을 서로 결합하는 스마트 안테나 기술의 한 형태이다.

서 '선입-선출'이 반의 관계를 구성하고 '다중입력-다중출력', '단일입력-다중출력'이 반의 관계를 구성한다고 보는 데에 무리가 없다. 다만 '다중입력'의 경우 구성 성분 중 일부만 반의 관계에 놓이게 한 것이고 '단일입력'은 전체 성분을 모두 반의 관계에 놓이게 한 것이라는 점에서만 차이를 갖는다.

한편, 전문 용어는 구 구성까지 모두 포함한다는 점에서 다음과 같이 통사적인 구성으로 이루어지며 그 내부 구성 요소끼리 반의 관계에 놓이는 경우도 발견할 수 있다.

(43) 가. 밀고 당기기154)(체육)
나. 뒤 무대와 앞 무대155)(사회 일반)

(43가)는 연결 어미와 명사형 어미가 결합한 구 구성이며 (42나)는 조사가 결합한 유형이다. 이러한 유형의 예시는 어미 및 조사의 결합으로 인해 형식상으로는 '밀고-당기기', 그리고 '뒤무대와-앞무대'와 같이 불균형한 모습을 보이고 다만 의미적으로만 대립된다고 할 수 있다. 최형용(2018 : 235)에서는 반의 관계로 이루어진 복합어 중 어미나 조사가 결합하여 단어 형성에 참여한 이른바 통사적 결합어의 예시를 다음과 같이 제시한 바 있다.

(44) 가. 사고팔다, 주고받다
나. 드나나나, 오나가나, 지나새나 ; 오다가다 ; 가타부터 ; 얼락녹을락, 쥐락펴락
다. 천지에 ; 허허실실로 ; 잘잘못간에, 긴불긴간에

---

154) 암벽 등반에서, 발은 암벽에 평행하게 맞대어 밀고 손은 암벽이 길라진 틈으로 집어넣어 잡아당기면서 걷는 기술.
155) 사회적 행위자가 어떤 시점에서 행하는 역할과 다른 사람들과의 사회적 상호 작용을 해석하기 위하여 고프먼이 제시한 연극론적 접근 방식. 곧, 특정한 사람들과의 관계에서 우리가 행하는 역할을 앞 무대라 보고, 행하지 않는 역할을 뒤 무대라고 본다.

그런데 엄밀한 의미에서 반의 관계는 의미적으로 대립되어야 할 뿐 아니라 형식적으로는 대등한 구조를 유지해야 한다. 즉, (44나, 다)는 '드나-나나', '천지-에'와 같이 분석되므로 단어 내부에서 반의 관계를 이루고 있다고 보기에 무리가 없으나 (44가)와 같은 것은 다르게 생각할 여지가 있다는 것이다. '사고'의 반의 관계는 '팔고'가 되고 '팔다'의 반의 관계는 '사다'가 되므로 '사고팔고' 혹은 '사다팔다'만이 엄밀한 의미에서 단어 내부에서 반의 관계를 이루는 통사적 결합어가 된다. 이 논의를 그대로 (43)의 전문 용어에 적용한다면 (43가)는 '밀고'와 '당기기'가 반의 관계에 놓여 있다고 볼 수 없고 (43나)는 '뒤무대와'와 '앞무대'가 반의 관계에 놓여 있다고 볼 수 없으므로 본 장의 대상에 포함되지 않는다고 볼 수 있다.

8.3.3. 전문 용어 내부에서의 상하 관계

최형용(2019 : 69)에서는 단어 내부에서 상위어에 해당하는 부분이 전체 단어의 의미의 측면에서는 잉여적인 부분에 해당하기 때문에 단어 내부에서 상하 관계를 보이는 예시가 많지 않다고 서술한 바 있다. 전문 용어는 특히나 잉여적인 형성을 꺼려하기 때문에 만약 전문 용어들 중에 그 내부에서 상하 관계를 보이는 예시가 있다면 이들은 반드시 그 이유를 가져야 할 것이다.

전문 용어 내부에서 구성 요소끼리 상하 관계를 보이는 것은 사실 앞서서도 몇 개 살펴본 바 있다. 예를 들면 (33)나 (34)와 같은 것들로, 패러다임 안에서 균형을 유지하기 위해 상위어에 해당하는 요소를 결합하는 것이다. 다만 (33)과 (34)에서 제시한 모든 예시가 상하 관계에 해당하거나 전문 용어에 해당하는 것은 아니므로 전문 용어 중에서 그 내부에서 상하 관계를 보이는 예시만을 다시 정리하여 제시하면 다음과 같다.

(45) 가. -기(機)형 : 프린터기(정보·통신), 핸드 믹서기(기계), 커터기(기계)

나. -지(誌)형 : 무크지(매체)

이와 유사하게 상위어에 해당하는 접미사가 결합되는 경우도 더러 찾아볼 수 있는데, 가장 대표적인 것이 무리의 뜻을 더하는 접미사 '-족(族)'에 해당한다. 이들은 곧 결합됨으로써 단순히 잉여적인 의미를 갖는 것이 아니라 [+복수]의 의미를 더해주기 위해 결합되는 것이라고 보아야 한다.

> (46) -족(族)형 : 독신족(사회 일반), 싱커스족(사회 일반), 타임 푸어족[156)](사
> 회 일반), 힙스터족(사회 일반), 웹버족[157)](사회 일반), 눔프족[158)](사회
> 일반), 여피족(사회 일반), 히피족[159)](사회 일반), 하비홀릭족[160)](사회
> 일반)

앞서 6장에서도 밝힌 바 있듯이, '-족(族)'은 신어의 형성에 크게 기여하고 있는 접미사에 해당한다. (46)에 제시된 전문 용어 역시도 표준국어대사전에는 등재되어 있지 않으므로 기존어보다는 신어로 보아야 할 가능성이 높은데, 그렇다면 이들 역시 전문 용어이자 신어인 특성을 잘 반영한다 할 수 있다. 한편, 해당 용어들이 모두 '사회 일반' 영역에 해당한다는 점도 흥미로운데, 전문 영역 중에서 사회 일반 분야가 실제 사회를 반영한다는 점에서 다른 분야에 비해 보수성이 비교적 약하고 일반 용어적 성격이 강하다고 볼 수 있다.

이 외에도 눈에 띌 만큼 자주 발견되는 것은 '식물' 영역의 전문 용어들이

---

156) 일이나 육아 따위에 쫓겨 늘 바쁘고 자신을 위한 자유 시간이 없는 사람. 또는 그런 무리.

157) 인터넷을 뜻하는 웹(web)과 노인 세대를 지칭하는 실버(silver)의 합성어로, 디지털 라이프를 즐기는 정보화된 노인을 이르는 말.

158) 복지 증진에는 찬성하지만 복지 비용을 위한 증세에는 반대하는 사람. 또는 그런 무리.

159) 기성의 가치관·제도·사회적 관습을 부정하고, 인간성의 회복·자연과의 직접적인 교감 따위를 주장하며 자유로운 생활 양식을 추구하는 젊은이들.

160) 특정 취미 활동에 광적으로 빠진 사람. 또는 그런 무리.

다. 이들은 지금까지 동의 중복으로서도 다양한 논의가 이루어져 왔던 것들인데, 상하 관계역시 의미를 일정 부분 공유하고 있으므로 큰 의미에서 동의 중복으로 논할 만하다. 다만 기존의 동의 중복은 외형적으로 나타나는 형식에 초점을 두는 경우가 많아 '국화꽃'의 경우 '화(花)'와 '꽃'의 관계로 인해 논의의 대상이 되지만 '패랭이꽃'의 경우에 대해서는 큰 관심을 두지 않는다. 그러나 최형용(2018)에서도 지적했듯이 '국화-꽃'에서 '화'와 '꽃'은 같은 층위에서 의미의 비교 대상이 되지 않으므로 그 의미 관계를 따지고자 한다면 '국화'와 '꽃'의 관계를 따지는 것이 옳다. 그러므로 본 장은 기존에 동의 중복으로 논의되어왔던 '국화꽃'과 같은 예시는 물론이고 외형적으로는 관계를 갖지 않지만 의미적으로 관계를 맺는 '패랭이꽃'과 같은 예시들도 함께 묶어 내부 구성 요소끼리 상하 관계를 이루는 것으로 보고자 한다. 이러한 예시들을 '식물'의 전문 용어에서 찾아 제시하면 다음과 같다.

> (47) 가. 'X나무' : 계수나무(식물), 동백나무(식물), 뽕나무(식물), 개다래나무(식물), 물푸레나무(식물), 박달나무(식물), 고로쇠나무(식물), 굴거리나무(식물), …
> 나. 'X꽃' : 과남풀꽃(식물), 패랭이꽃(식물), 진달래꽃(식물), 국화꽃(식물), …

그런데 이때 본고가 전문 용어를 대상으로 한다는 점에서 중요한 것은 이들이 왜 이러한 잉여적인 결합을 하게 되었는가를 살피는 것이다. 앞서서도 언급한 바 있듯이 전문 용어 내에서 상하 관계를 보이는 예시가 있다면 이에는 분명한 이유가 따를 것이라고 예측한 바 있기 때문이다. 신희삼(2015 : 82)에서는 동의 중복에서의 잉여적 현상을 의미 투명성 관점에서 서술한다. 즉, 의미가 약화된 것에 동일한 의미를 중복시킴으로써 그 의미를 복구시키려고 한다는 것이다. 이러한 관점은 본고가 생각하기에 '계수나무', '국화꽃'과 같은 경우를 넘어 (47) 전체에 대한 설명에 가장 적합하다고 여겨진다.

즉, '개다래', '물푸레', '박달'과 같은 것이 이미 '나무'의 뜻을 가지고 있기는 하지만 그 의미가 투명하지 않기 때문에 중복되는 의미를 가지는, 엄밀히 이야기하자면 상위어에 해당하는 '나무'를 추가적으로 결합시켜 주는 것이다. 이러한 논리는 다음과 같은 용어들도 설명이 가능하다는 장점이 있다.

(48) 에베레스트산(지명), 갈회피겐산(지명), 구를라만다타산(지명), 기타다
    케산(지명), 마우나케아산(지명), 마칼루산(지명) …

(48)은 지명 중에서 외국의 산에 해당하는 용어들로 '산'을 제외한 '에베레스트, 갈회피겐, 구를라만다타, 기타다게, 마우나케아, 마칼루'만으로도 이미 '산'의 의미를 포함하고 있다고 보아야 한다. 그런데 산의 이름이 외국어이기 때문에 한국어 화자로서는 이들이 외형적으로 '산'과 동의 관계에 있는 구성 요소를 포함하고 있는지 인식할 수 없을뿐더러 애초에 해당 언어 형식이 '산'을 표현하는 것인지조차 인지하기 어렵다. 따라서 의미의 투명성이 낮아지며, 이렇게 의미가 약화되는 경우 그 의미를 복구시키기 위해 중복된 의미를 가지고 있는 상위어 '산'을 결합시키게 된다고 볼 수 있다.

이상 제시한 예시들을 제외하고 전문 용어 내부에서 상하 관계를 보이는 예시를 정리하면 다음과 같다.

(49) 가전체 문학(문학), 툰드라 지대(지리), 여닫이춤[161](민속)

이들은 어떠한 하나의 특성으로 묶어 따로 제시하기에는 예가 많지 않아 한 번에 살펴보게 되었는데, '가전체 문학'이나 '툰드라 지대'의 경우 구 구성이라는 점에서 지금까지 살펴본 것들과 다소 차이가 있다는 점만 제외하면 세 전문 용어 모두 '하위어-상위어'의 관계에 해당한다. 이들 역시 내부 구성

---

161) 양주 별산대놀음의 춤사위의 하나.

으로서 상하위어 관계를 가지게 된 이유를 의미의 투명성 측면에서 생각해 볼 수 있는데, '가전체'나 '툰드라', '여닫이'의 경우 의미상으로는 '문학, 지대, 춤'의 의미를 이미 포함하고 있지만 해당 분야의 전문가가 아닌 이상 해당 의미를 발견하기 어렵기 때문에 의미를 명확하게 복구해주기 위해 각각 '문학, 지대, 춤'이라는 상위어를 결합시켜준 것으로 볼 수 있다.

8.4. 나가기

지금까지 본 장에서는 전문 용어를 대상으로 하여 그 의미 관계를 형성의 관점에서 고찰하였다. 전문 용어는 단일어보다는 복합어나 구 구성을 보이는 경우가 많다는 특징을 가지고 있는데, 이는 곧 전문 용어를 형성의 관점에서 고찰하는 것이 의의가 있다는 점을 시사함과 동시에 이들 사이의 의미 관계 역시 형성의 관점에서 살필 수 있음을 나타내준다. 의미 관계를 형성의 측면에서 살핀다는 것은 단일어의 의미 관계를 살피는 것에 중점을 두던 기존의 어휘의미론적 관점을 형태소의 단위로 더 좁혀 생각할 수 있도록 한다는 것에 의의가 있다. 예를 들어, '고소득층'과 '저소득층'이 이루는 반의 관계는 '고소득'과 '저소득'이라는 단어 어근의 반의 관계에 의해 형성되는 것이지만, 이를 위해서는 '-층(層)'이라는 단어의 지위를 가지지 않는 공통 접미사를 분리해내야 한다. 그리고 또한 '고소득'과 '저소득'이 이루는 반의 관계 역시 '고(高)-'와 '저(低)-'라는 접두사의 반의 관계에 의해 형성되는 것이므로 결국 단어의 지위에 관심을 두는 어휘의미론적 관점에서는 이러한 형성 과정에서의 의미 관계에 관심을 둘 수 없다는 것이다. 따라서 이러한 관점에서 본 장은 전문 용어와 전문 용어 사이의 유의, 반의, 상하 관계를 살펴보았고 전문 용어 내부에서 나타나는 유의, 반의, 상하 관계도 예시들을 통해 살펴보았다.

한편 본고는 의미 관계 형성의 대상이 되는 두 전문 용어가 동일한 전문 영역에 속해야 한다는 점을 주장하였는데, 본장에서는 표준국어대사전과 우리말샘을 기반으로 하여 동일한 영역으로 등재되어 있는 것들을 그대로 수용하였지만 사실상 이들을 그대로 받아들이기에는 무리가 있다고 보인다. 예를 들어, '부동산 시장이나 증권 시장에서, 시세 차익을 얻을 목적으로 상품을 단기간 보유하였다가 매매하는 사람. 또는 그런 무리.'를 뜻하는 '단타족'은 우리말샘에 '경제' 분야로 등재되어 있지만 '전세가와 매매가의 차이가 적은 주택을 매입한 후, 단기간에 전세가를 올려 그에 따른 매매가 상승에서 시세 차익을 목적으로 투자하는 사람. 또는 그런 무리.'를 뜻하는 '갭 투자족'은 우리말샘에 '사회 일반' 분야의 전문 용어로 등재되어 있다. 하지만 이들이 의미적으로, 그리고 실제 사용의 측면에 있어서 다른 분야에 속하는 용어라고 볼 수 있을지는 의문이다. 비슷한 예시로, '힙합'은 '예체능 일반'의 전문 분야에 속하는 데 반해 '힙합 곡'은 '음악'의 전문 분야에 속하고 '힙합 문화'는 '사회 일반'의 전문 분야에 속해 있다. 하지만 이들이 의미하는 '힙합'의 개념은 하나이고, 이러한 차이는 '곡'과 '문화'의 개념의 차이로 인해 생긴 차이이므로 사실상 '힙합 곡'은 '힙합'이나 '힙합 문화'의 하위어에 속한다고 볼 수 있을 것이다. 그러므로 편의상 표준국어대사전과 우리말샘의 전문 분야의 분류를 따라 이들 사이의 의미 관계를 살필 수 없다고 보았던 본 장은 이러한 점에서 한계를 갖는다 할 수 있다. 이는 추후에 전문 영역의 세부 분류에 대한 문제에서부터 시작하여 전문 용어의 등재에 있어서 복수의 전문 영역을 인정하는 문제, 그리고 지금까지 등재된 전문 용어들이 실제로 해당 분야에서 충실하게 사용되고 있는지 판단하는 문제에 이르기까지 다양한 연구를 통해 해결해야 할 과제로 보인다.

참고문헌

‖논저류‖

고재설(1996), 「합성어의 내부 구성과 의미 대립 관계 — 형태론의 입장에서 본 의미 대립」, 『국어학』 28, 국어학회, 187-218.

곽유석(2018), 「한국어 완전중첩의 단위와 의미」, 『한국어 의미학』 62, 한국어의미학회, 159-180.

권정현(2015), 「전문 용어 동의어의 특성 연구」, 『한성어문학회』 34, 한성대학교 한성어문학회, 97-118.

김광해(1990), 「어휘소간의 의미 관계에 대한 재검토」, 『국어학』 20, 국어학회, 28-46.

김한샘(2015), 「전문용어의 일반어화에 대한 소고」, 『한민족어문학』 71, 한민족어문학회, 129-154.

김혜지(2021), 「단어 형성 기제로서의 유추에 대한 재고찰 — 유추의 유형 분류를 중심으로」, 『국어학』 99, 국어학회, 211-245.

남경완(2019), 「구조주의적 관점에서의 어휘 의미관계 고찰 — 계열적 의미관계를 중심으로」, 『한국어 의미학』 66, 한국어의미학회, 1-33

노명희(2006), 「국어 한자어와 고유어의 동의중복 현상」, 『국어학』 48, 국어학회, 259-288

_____(2009), 「국어 동의중복 현상」, 『국어학』 54, 국어학회, 275-302.

박광길(2018), 「단어의 공인화 정도에 따른 상·하위어 의미 관계 연구」, 『국제어문』 79, 국제어문학회, 7-28.

박선옥(2019), 「'경제'와 '삶의 방식' 분야 [+사람] 신어의 사회문화적 의미 연구 — 2015년, 2016년, 2017년 신어를 대상으로」, 『어문론집』 78, 중앙어문학회, 117-150.

박종후(2013), 「한국어에서 중첩의 유형 분류와 기능 분석」, 『언어사실과 관점』 32, 연세대학교 언어정보연구원, 97-129.

배선미·시정곤(2004), 「한국어 전문용어 조어분석에 대한 통계적 연구 — 물리, 화학, 생물, 의학 용어를 중심으로」, 『한국어학』 25, 한국어학회, 191-219.

신희삼(2015), 「국어 어휘에서 나타나는 의미 투명성의 양상」, 『한국언어문학』 94, 한국언어문학회, 69-91.

송현주(2022), 「의미적 신어와 신어의 의미 관계」, 『한국어 의미학』 76, 한국어의미학회,

103-131.

엄태경(2021), 「전문용어의 체계와 관계에 대한 탐색」, 『우리말 글』 91, 우리말글학회, 125-156.

이동혁(2004), 「의미 관계의 저장과 기능에 대하여」, 『한글』 263, 한글학회, 95-124.

_____(2004), 「어휘 의미관계의 발현과 규범화에 대하여」, 『우리말연구』 29, 우리말학회, 125-151.

이민우(2011), 「'명사+명사' 합성어 구성요소의 의미관계」, 『한국어 의미학』 34, 한국어의미학회, 235-258.

_____(2016), 「단어 내부의 의미 관계에 대한 연구」, 『어문론집』 66, 중앙어문학회, 7-34.

_____(2017), 「동의 관계 설정에 대한 연구」, 『어문론집』 69, 중앙어문학회, 95-116.

이사교(2014), 「한국어 반의어의 불균형성에 대한 연구」, 『한국어 의미학』 46, 한국어의미학회, 189-213.

이선영(2016), 「반의어가 결합한 단어의 특징과 의미」, 『어문론집』 68, 중앙어문학회, 37-58.

이은섭(2019), 「의미의 대립 관계와 단어 형성에 대하여」, 『한국어 의미학』 66, 한국어의미학회, 263-288.

임지룡(2018), 『한국어 의미론』, 한국문화사.

임채훈(2009), 「반의관계와 문장의미 형성 ― 형용사, 동사 반의관계 어휘의 공기관계를 중심으로」, 『한국어 의미학』 30, 한국어의미학회, 231-256.

장유진·홍희정(2005), 「국어사전의 전문용어에 관한 연구」, 『한글』 270, 한글학회, 197-232.

정한데로(2022), 「동의 관계 어휘의 단어 형성 ― 표현론적 접근을 중심으로」, 『국어학』 103, 국어학회, 345-390.

최형강(2011), 「'방'과 '집'의 의미와 단어형성」, 『한국어학』 50, 한국어학회, 231-260.

최형용(2004a), 「단어 형성과 음절수」, 『국어국문학』 138, 국어국문학회, 183-205.

_____(2004b), 「파생어 형성과 빈칸」, 『어학연구』 40.3, 서울대학교 어학연구소, 619-636.

_____(2007), 「동의 충돌에 따른 의미 변화의 한 양상에 대하여」, 『국어학』 50, 국어학회, 329-353.

_____(2012), 「순화어의 형태의미론적 고찰 ― 국민 참여형 순화어 299개를 중심으로」, 『한중인문학연구』 36, 한중인문학회, 127-159.

_____(2014), 「복합어 구성 요소의 의미 관계에 대하여」, 『국어학』 70, 국어학회, 85-115.

_____(2016a), 「반의 관계 형태론」, 『형태론』 18, 형태론, 52-75.

_____(2016b), 『한국어 형태론』, 역락.

_____(2018), 『한국어 의미 관계 형태론』, 역락.

_____(2019), 「의미 관계와 신어 형성」, 『한국어 의미학』 66, 한국어의미학회, 35-74.

_____(2020), 「계열 관계에서 본 『표준국어대사전』의 추가 표제어」, 『한중인문학연구』 68, 한중인문학회, 361-389.

최형용 외(2022), 『한국어 신어 형성 연구』, 역락.

한수정(2018), 「통사 단위가 포함된 신어 연구」, 『반교어문연구』 49, 반교어문학회, 167-193.

황화상(2001), 『국어 형태 단위의 의미와 단어 형성』, 월인.

Cabré, M. T. (1999), *Terminology : Theory, Methods and Applications*, Amsterdam & Philadelphia : John Benjamins Publishing.

Mattiello, E. (2017), Analogy in specialised language, in *Analogy in Word-Formation : A Study of English Neologisms and Occasionalisms*, Berlin & Boston : De Gruyter Mouton.

Murphy, M. L. (2010), *Lexical Meaning*, Cambridge University Press.

Spolsky, B. (2004), *Language Policy*, Cambridge : Cambridge University Press.

‖사전류‖

국립국어원 우리말샘(https://opendict.korean.go.kr/main)

국립국어원 표준국어대사전(https://stdict.korean.go.kr/main/main.do)

9. 전문 용어와 순화어

9.1. 들어가기

이 장에서는 언어 정책 관점에서 전문 용어 순화어의 형성을 살펴보도록 하겠다. 우리나라 언어 정책에서 제시한 전문 용어 순화어를 만드는 기준과 전문 용어 순화어의 특징을 살펴보고 전문 용어 순화어의 어종별 양상에 따른 구조를 살펴볼 것이다.

전문 용어 순화어는 단어 형성이라는 관점에서는 일반 단어 형성과 유사하겠으나 순화 대상이 되는 전문 용어가 존재한다는 점에서 일반 단어 형성과 다른 점이 있다. 우선 순화어는 순화 대상인 용어와 '개념'이 일치하도록 만들어야 한다. 또한 순화 대상어의 단어 구조와 유사하게 구성하면서 음절 수도 되도록 순화 대상어보다 길지 않게 만드는 것이 언중의 선택 측면에서도 유리하다. 이런 특성에서 전문 용어 순화어는 대상어로부터 어떤 조어 구조로 만들어졌는지를 볼 필요가 있다.

이렇듯 전문 용어 순화어는 대상어의 개념, 구조를 바탕으로 만들어지므로 언어 정책에서 요구하는 전문 용이 기준과 연관하여 볼 수 있도록 어종 측면에서 형태를 살펴볼 필요가 있다. 이 장에서의 전문 용어 순화어는 어종별 양상에 따른 단어 구조를 중심으로 전문 용어 순화어의 형성을 다루기로 한다. 어종별 양상 구조를 중심으로 하면서 단어 분석도 일부 살펴보는 것으로 전문 용어 순화어를 재고해보려 한다.

9.2. 전문 용어 순화어의 이해

강현화(2011 : 85-86)는 전문 용어를 특정 직업 영역이나 학술 영역 등을 의미하는 전문 영역에서 사용되는 용어로 보고 사용의 주체도 해당 영역에 속한 전문가로 보고 있다. 그러나 국어기본법이 시행된 이후 전문 용어는 공공언어라는 범주에서 생각하게 되었고 더 이상 전문 영역에만 국한되는 용어로 보지 않는 분위기가 형성되었다.

9.2.1. 언어 정책 관점에서의 전문 용어 순화 기준

『표준국어대사전』(2022)에 나온 전문 용어의 사전적 정의는 "특정한 전문 분야에서 주로 사용하는 용어"라고 되어 있다. 더불어 '공공 전문 용어'라는 개념도 있는데 이는 공공 용어로서 전문 용어나 공공성을 띤 전문 용어로서 『표준국어대사전』이 지칭하는 전문 용어보다 범주가 좁은, 공공기관이 일반 국민에게 사용하거나 고시할 가능성이 있는 좀 더 대중성을 띤 전문 용어를 말한다. 이 장에서는 언어 정책으로 만들어진 전문 용어 순화어를 주요 대상으로 삼았기에 전문 용어 중에서도 '공공 전문 용어'에 가까운 전문 용어 순화어를 조사하여 반영하였다.

국립국어원(2019)에서 제시한 순화어 사용과 관련한 부분을 보면 공공이라는 큰 범주에서 순화어를 바라보고 있다.

(1) 우리나라 순화어 사용의 전제 조건[1]

> <순화의 의미>
> 국민 정서에 맞지 않는 말이나 지나치게 어렵거나 낯선 말을
> '쉽고 바르고 고운 말'로 다듬는 것을 말한다.
>
> <순화의 목적>
> 국어의 소통 기능을 향상하고 국어 문화와 민족 문화를 발전시킨다.
>
> <다듬은 말의 효용>
> 쉽고 원활한 의사소통을 도모하여 경제적 손실을 방지한다.

우리나라에서 전문 용어는 위의 개념을 모두 포함하며 특히 공공 전문 용어는 '공공'의 목적에 맞게 다듬을 필요성이 있음을 언급한다. 우리나라 언어 정책에서 전문 용어 순화는 전문 용어 표준화에 포함되는 개념으로도 쓰인다. 즉, 전문 용어 표준화는 이해하기 쉬운 대체 용어로 순화하는 것을 의미한다. 이러한 부분을 아래 언급한 법에 명시하여 법적 근거를 마련해 두고 있다.

(2) 국어기본법(일부만 제시)

> 제17조(전문용어의 표준화 등) ① 국가는 국민이 각 분야의
> 전문용어를 쉽고 편리하게 사용할 수 있도록 표준화하고 체계
> 화하여 보급하여야 한다. <개정 2017. 3. 21.>
> ② 제1항에 따른 전문용어의 표준화 및 체계화를 위하여 중앙행정
> 기관에 전문용어 표준화협의회를 둔다. <신설 2017. 3. 21.>
> ③ 전문용어의 표준화 및 체계화 절차, 전문용어 표준화협의회
> 구성 및 운영 등에 필요한 사항은 대통령령으로 정한다. <신설
> 2017. 3. 21.>

---

[1] 국립국어원(2019 : 10) 공공언어 바로 쓰기 기준 중에서 일부를 인용하였다.

국립국어원(2014 : 8-14)의 『중앙행정기관의 전문용어 개선 지원 및 순화어 정비 연구』에서는 순화어 정비의 목적과 대상을 밝히고 있다. '정비(整備)'를 '흐트러진 체계를 정리하는 일'로 보면서 언어도 정비 대상으로 삼아 '용어 정비'를 한다. 이러한 차원에서 전문 용어 순화도 용어 정비에 해당한다고 보면서 전문 용어 표준화와 정비의 목적을 '소통성과 정확성을 향상, 정보 격차 해소'에 두었다. 따라서 전문 용어 순화어 정비는 순화한 용어의 체계와 기능을 정리하여 바르고 아름답고 깨끗한 말을 보급하여 소통성과 정확성을 높이는 일로 볼 수 있다.

국립국어원(2020)은 전문 용어 표준화의 필요성을 언급하면서 "일반 국민이 이해하기 어려운 전문 용어 사용은 정보의 불균형을 가져오고 국민을 정책으로부터 소외시키므로 국민의 알 권리를 보장하고 공공 부문의 소통을 원활하게 하려면 전문 용어 표준화가 필요하다"라고 명시하였다. 표준화 대상어의 기준으로 다음과 같은 5가지 항목을 제시하였다.

① 어려운 한자 전문 용어
② 낯선 외래 전문 용어
③ 하나의 개념이 여러 용어로 사용되는 경우
④ 하나의 용어가 여러 개념으로 사용되는 경우
⑤ 어법에 맞지 않는 전문 용어

이러한 전문 용어는 '용어'가 가지는 특수한 개념과 특징으로 우리나라뿐만 아니라 국제표준화기구에서도 전 세계적으로 표준화하여 사용한다. 우리나라 전문 용어 표준화 지침은 국제표준화기구(ISO)에서 말하는 전문 용어 형성의 원칙과도 통한다. 전문 용어 표준화 지침과 국제표준화기구의 지침을 요약하여 정리하면 다음과 같다.

① 일의성

동음이의어는 피하여 하나의 용어 개념을 이해하는 데에 혼동을 줄여야
한다.

② 투명성(동기화)

되도록 직관적인 형태를 사용해서 의미 전달이 쉽도록 한다. 국제표준화
기구에서는 이 부분을 동기화라고 하여 용어의 정의를 모르더라도 지칭하는
개념을 부분적으로 유추할 수 있게 만들어야 한다고 하였다.

③ 일관성

동일 계통의 용어들은 가능하면 일관되게 한다. 국제표준화기구의 지침에
서는 새로 만드는 용어는 기존 용어와 개념적 일관성을 유지해야만 한다고
보았다. 따라서 한 분야의 전문 용어는 개념에 맞는 용어를 사용하여 체계를
일관되게 적용하도록 권하고 있다.

④ 적합성/친숙성

원래 개념에 적합하면서도 언어를 사용하는 집단 전체에서 친숙한 용어로
만든다. 국제표준화기구의 지침에도 혼돈이 되는 용어는 피하라고 권고한다.
또한 용어는 중립적이어야 하고 함축적이고 부정적 의미가 있지 않아야 한다.

⑤ 경제성

의미 전달에 문제가 없는 적정한 범위에서 가능하다면 간략하게 한다. 국
제표준화기구에서도 가능하면 간략하게 만든 용어를 권하고 있다.

⑥ 통일성

같은 의미의 용어가 두 개 이상 있다면 통일하여 사용한다.

⑦ 파생성/생산성

접사를 결합하여 만들 때 흔한 접사를 사용하여 친숙함을 높인다.

⑧ 정확성

어문규범에 맞게 표기한다.

⑨ 용이성(모국어 선호)

국제표준화기구 지침에는 해당 국가 언어로 표현하는 것을 우선한다는 의미로 쓰였다. 음차어를 쓰기보다는 보다 많이 사용되는 고유어나 쉬운 한자어를 지향한다.

은희철·송영빈·정인혁(2013 : 200-202)도 의학 전문 용어 순화 지침으로 위 기준을 제시하였다. 국제표준화기구의 지침을 바탕으로 한 국립국어원(2020)의 고려 사항이 전문 용어 순화어의 기준이 되고 이를 토대로 대체 용어인 순화어를 만든다고 볼 수 있다.

국립국어원(2020)은 전문 용어 표준안(순화어)을 마련할 때 고려 사항으로 6가지 항목을 제시하였다.

① 문법성 : 어문 규정과 어법에 맞도록 한다.
② 투명성과 명시성 : 대상 용어의 의미를 정확하게 담아 의미를 파악할 수 있도록 한다.
③ 간결성 : 되도록 짧은 음절 수
④ 친숙성 : 친숙한 고유어, 한자어, 외래어로 마련한다.
⑤ 일관성 : 개념과 용어는 일관된 방식으로 대응하도록 하고 같은 범주 개념은 되도록 같은 형식으로 마련한다.
⑥ 일의성 : 가능하면 하나의 용어는 하나의 개념을 나타내고 하나의 용어로 지칭한다.

최형용(2010 : 307-308)은 전문 용어 형성의 원칙을 형태적 측면은 파생성과 언어적 정확성으로, 의미적 측면은 일의성, 투명성, 일관성, 적합성, 경제성, 학문 간 통일성으로, 문화적 측면은 모국어 선호와 쉬운 말로 나누었다. 국립국어원(2020)의 표준화 고려 사항에서는 '파생성/생산성'이 따로 언급되지 않고 있는데 '일관성'에서 제시한 설명이 형태적 측면에 해당한다고 볼 수 있다.

최형용(2012 : 133-138)은 여러 측면에서 순화어를 살펴보았는데 의미적 측면에서 순화어와 순화 대상어는 동의어가 되어야 한다고 보았다. 이 논의에서는 순화어는 순화 대상어를 대체할 수 없기에 의미적인 등가성이 높을수록 용어가 살아남을 확률도 높을 것으로 보았다. 이 부분은 국립국어원(2020) 기준에서 보면 '일관성'에 해당한다고 볼 수 있다.

또한 단어성이 높을수록 더 성공할 가능성이 높다고 보았는데 그런 면에서 명사형으로 끝나거나 구 형태의 순화어는 단어성이 낮다고 보았다. 음운론적 측면에서는 순화 대상어와 음절 수가 같거나 적은 것이 더 바람직하다고 보았고 이 부분은 '경제성'과 국립국어원(2020) 고려 사항의 '간결성'과 연결된다.

9.2.2. 전문 용어 순화어의 특징

『표준국어대사전』에는 순화어를 다음과 같이 정의하였다.

   (3) 순화-어(醇化語)
     「명사」
     불순한 요소를 없애고 깨끗하고 바르게 다듬은 말. 지나치게 어려운 말이나 비규범적인 말, 외래어 따위를 알기 쉽고 규범적인 상태로 또는 고유어로 순화한 말을 이른다.

이러한 순화어의 정의는 전문 용어 순화어에도 적용되며 이는 언어는 의사 소통의 도구라는 전제에서 시작한다. 이러한 순화어의 전제는 우리나라 언어 정책 중 하나인 공공 언어 정책과도 맞닿아 있다. 즉 공공 언어를 상위 개념에 두고 하위에 전문 용어를 두는 것이다.

이현주(2021 : 19)는 현재 우리나라 공공언어 정비 사업은 '어휘를 순화하고 보다 쉬운 단어로 대체하는 다듬기'라고 하였다. 또한 대중성이나 용이성을 위해 전문 용어를 보다 기초적인 어휘로 바꾸는 쉬운 공공언어로서의 방향성을 가진다고 보면서 이런 순화어 작업이 공공 언어 속성을 잘 보완하고 있는지를 보아야 한다고 주장하였다. 최형용(2012 : 131)은 순화어는 언어 외적인 측면에서 정책적 산물의 일종이라는 특성과 함께 언어 내적으로도 매우 흥미로운 특징을 지닌다고 보았다.

언어 외적인 측면에서 전문 용어 순화어의 어종별 양상을 보면 크게 한자어, 고유어, 혼종어 형태를 보인다.[2] 전문 용어 순화어는 단어를 만드는 것이지만 개념만 있거나 개념과 원어가 있는 상태에서 새로운 단어를 만드는 것이 아니라 바꾸어 써야할 대상어가 존재한다. 즉, 순화 대상어는 이미 한자어, 혼종어로 이루어진 단어 형태이다. 이때 대상어가 지닌 개념을 나타내는 단어로서 의미적, 형태적 측면을 모두 고려하여 만드는 것이 순화어다. 순화어는 대상어가 나타내는 개념을 담고 있어야 하고 이를 대상어와 비교했을 때 형태적으로도 유사한 구조를 가지며 되도록 짧은 음절로 된 단어를 만드는 것이다.[3] 따라서 전문 용어 순화어는 대상어와 밀접하게 관련이 될 수밖에 없다.

언어 정책 측면에서 볼 때 주로 순화해야 할 대상어는 한자어, 혼종어로

---

2) 4장에서 이를 언급하고 있는데 세부적으로는 고유어나 한자어라고 해도 내부 구성 요소로 볼 때 고유어+고유어, 한자어+한자어로 구성된다. 그러나 이러한 합성어도 각각 고유어, 한자어로 처리하므로 이 장에서도 고유어+고유어는 고유어로, 한자어+한자어는 한자어로 처리하고 어종이 다른 합성어의 결합만 혼종어로 처리한다.
3) 이러한 방향성은 국립국어원 전문용어 순화어 지침에서 언급되고 있다.

이루어진 '어려운 한자어와 외래어'이다. 이런 양상을 가진 대상어를 다듬은
순화어의 어종별 양상은 쉬운 한자어와 외래어, 고유어, 혼종어로 나누어진
다. 이 장에서 분석 대상으로 삼은 전문 용어 순화어 337개[4] 용어의 어종별
개수를 보면 다음과 같다.

(4) 전문 용어 순화어의 어종별 양상과 개수(조사 대상 순화어 총 337개)

어종	한자어	고유어	외래어	혼종어
분포 수	143	98	8	88

　대상어로 알아본 전문 용어 순화어의 어종은 (4)의 예처럼 한자어가 압도
적으로 많고 고유어와 혼종어 순서로 나타난다. 이때 한자어는 대상어에 쓰
인 한자어보다는 쉬운 한자어로 되어 있다.
　대상으로 분석한 337개 전문 용어 순화어의 음절 수 분포를 보면 다음과
같다.

(5) 전문 용어 순화어의 음절 수 분포(조사 대상 순화어 총 337개)

음절 수	1음절	2음절	3음절	4음절	5음절	6음절 이상
분포 수	11	51	91	95	38	51

　음절 수는 2음절에서 4음절까지가 대체로 많은 것을 볼 수 있고 6음절
이상도 상당수 나타나고 있다. 1음절에서 4음절은 지침에서 되도록 음절 수
를 짧게 하는 쪽으로 순화어를 만들도록 하고 있어 지침 방향성에 맞다고
볼 수 있다. 5음절 이상도 꽤 많이 나왔는데 어종 분포에서 보면 이는 혼종어

와도 일부 관련이 있고, 구 형태와 관련이 있다. 한자어, 고유어라고 해도 단일어가 아닌 '한자어+한자어'나 '고유어+고유어'의 양상도 포함하며 여러 한자어를 조합한 합성 형태도 많아 5음절 이상이 많을 수밖에 없다.[5] 이는 전문 용어 순화어를 만들 때 개념과 개념을 잇는 합성어 양상으로 만들어지는 형태도 많다는 것을 보여준다.

9.3. 전문 용어 순화어의 어종에 따른 구조 양상

이 장에서 다룬 전문 용어 순화어는 전문 용어지만 일상에서도 접할 수 있는 공공 전문 용어도 다수 포함되었다. 언어 정책 관점에서 볼 때 순화어는 대상 주체를 일반 국민으로 보므로 국립국어원에서 정비 대상이 되는 전문 용어 순화 대상어는 전문성이 너무 높은 용어는 제외하고 비교적 대중적인 순화어를 대상으로 한다.[6] 순화 대상 용어들은 전문가뿐만 아니라 일반 국민도 일상생활에서 사용하는 용어들이 많이 포함되어 순화 대상어 선정 시 이를 고려했음을 알 수 있다.

어종별 구조를 살펴볼 때 각 어종에는 단일어, 파생어, 합성어가 골고루

---

5) 이 분포가 절대적이라고 단언할 수는 없으나 일반적인 단어 형성에서도 경제성이 중요하 듯이 전문 용어 순화어는 음절 수도 중요한 단어 형성 요소로 보여서 이와 비슷한 양상으로 나올 것으로 생각된다.

6) 국립국어원(2014 : 2-3)이 중앙 행정 기관의 전문 용어 순화어 정비 사업의 사업 목표에서 밝히듯이 "중앙 행정 기관의 어려운 전문 용어를 쉬운 용어로 개선하여 보급하여 국민과의 원활한 의사소통을 가능하게 하고 국민 간 정보 격차를 해소하는 데 일차적인 목표가 있다"라고 하였다. 또한 '전문어는 일반인이 쉽게 그 뜻을 파악하기 어렵고 일부 전문 계층에서만 통용되는 언어'로 규정하면서 전문어의 종류를 '전문적인 개념을 지니고 있는 것'과 '용어 자체가 전문적인 쓰임을 보이는 것'으로 나누었다. 그러나 일부 전문 용어는 중앙 행정 기관에서 국민에게 알리는 정보에도 상당수 포함되어 있어 일반 국민이 그 뜻을 이해하기 어렵고, 사회가 발전하면서 전문 용어도 지속적으로 증가하여 전문 용어 순화어 정비 사업을 했다고 밝히고 있다.

포함되어 있다. 이 장에서는 언어 정책의 하나로서 순화어를 살펴보기로 하여 따로 단일어, 파생어, 합성어 형태만을 다루지는 않았다. 그러나 각 어종에서 나타나는 단일어, 파생어, 합성어 예시를 언급은 할 필요가 있어 일부는 어종별 양상에서도 살펴보았다.

(6) 가. 보강(補強)-재(材)(건설)
　　 나. 공중(空中)-선(線)(에너지 자원 개발)
　　 다. 비탈(도로)
　　 라. 갈림-목(도로)
　　 마. 안쪽(도로)

(6가)는 한자어 '보강'에 접사 '-재'가 결합한 한자어 파생어로 외래어 '스티프너(stiffener)'를 순화한 말이다. (6나)는 '가섭선(架涉線)'을 순화한 말로 '공중'과 '선'을 결합한 한자어 합성어에 해당한다. 대상어, 순화어 모두 어종은 한자어이나 순화된 한자어는 보다 친숙한 한자를 사용하였다. (6다)는 고유어 단일어로 순화한 용어로 '구배(勾配)'가 대상 용어이다. (6라)는 'JC'를 '갈림'에 접사 '-목'을 결합한 고유어 파생어로 순화어를 만들었다. (6마)는 '내측(內側)'을 순화한 고유어 합성어이다.

여기서는 비교적 짧은 음절 수를 가진 단어를 살펴보았는데 순화어 정비 사업으로 선정된 대상어를 다듬은 순화어는 접사를 결합하여 만든 용어보다는 합성어 형태로 만든 용어가 주를 이룬다. 이는 전문 용어 분야별로 다르게 나타나는 특징으로 보인다.[7]

---

7) 예를 들어 의학 전문 용어에서는 접사를 사용한 전문 용어 순화어도 많이 보인다. 은희철·송영빈·정인혁(2022 : 226-228)에는 접사를 써서 다듬은 의학 전문 용어 순화어를 다수 제시하였다.

9.3.1. 한자어로 순화한 전문 용어[8)]

국립국어원(2014 : 24)은 순화 대상어로 선정한 전문 용어 한자어 기준을 '일반 국민이 쉽게 이해하기 어려운 용어, 일본식 한자어, 전달력이 떨어지는 한자어, 부정적인 어감을 갖는 한자어'로 정하였다. 이렇게 전문 용어에 한자 어가 많은 것은 외국에서 들어온 개념과 용어를 우리말에 맞추어 사용할 때 전문 용어라는 특성상 한자어로 개념을 압축하여 쓰는 용어들이 많기 때문이다. 한자어는 고립어로서 서로 다른 한자를 조합하면 쉽게 단어가 형 성되어 일반적인 조어법에도 많이 사용되고 있기도 하여 전문 용어에도 많이 사용된 것으로 보인다.

그러나 한자어는 제한적인 음절 수로 동음이의어가 많아질 수밖에 없고, 이렇게 만들어진 전문 용어들 중에는 잘 사용되지 않는 어렵고 낯선 한자어 로 조어된 예가 많아서 한자를 따로 적지 않는다면 그 의미를 이해하기 어렵 다.[9)] 한자어로 된 전문 용어 중에는 이처럼 한자와 한자를 결합하여 새롭게 만든 용어도 많다. 예를 들면,

(7) 삭초(削草)(도로교통) → 풀 베기

(7)의 '삭초'는 '베다'와 '풀'을 나타내는 한자를 결합하여 만든 전문 용어이 다. 그러나 표준국어대사전(2022)에는 동음이의어인 '삭초(朔草)'가 등재되어 있어 혼란을 줄 수 있는 여지가 많아 순화 대상어가 되었고, '풀 베기'로 순화하여 다시 만들었다. 그러나 위 예처럼 '풀 베기'는 단어성이 낮고 음절 수도 순화 대상어보다 많아서 사용자의 선택이 낮아질 수 있는 단어이다.

---

8) 참고한 원자료에 대상어에는 한자나 외국어 원어 표시가 되었으나 순화어에는 한자가 표 기되지 않아서 여기서도 원자료 그대로 사용하였다.
9) 한자를 따로 적더라도 예를 들면 산업·통상·중소기업 분야의 전문 용어인 '감발(減) : 발전 소의 출력을 감소시키는 것'은 그 의미를 파악하기 어렵다.

이렇듯 전문 용어는 다듬는 과정에서 언어적인 면과 실제적인 면 사이에 갈등이 생길 수밖에 없다. 그럼에도 불구하고 의사소통 측면에서 생각할 때 어려운 한자어로 조어된 용어를 쉬운 한자어와 고유어로 순화해야 하는 것은 필요한 일이다.

9.3.1.1. 어려운 한자어에서 쉬운 한자어로 순화한 전문 용어

한자어 전문 용어 중에는 어렵고 낯설어서 개념을 이해하기 어려운 예들이 많고, 다른 의미와 헷갈리는 용어들도 있다. 아래 여러 분야의 전문 용어는 잘 사용하지 않거나 어려운 한자어를 동일한 의미를 가진 보다 쉬운 한자어로 순화한 예이다.

(8) 가. 내역서(內譯書)(도로교통) → 명세서
    나. 시담(示談)(도로교통) → 협의
    다. 수상(受傷)(보건) → 부상

(8가~다)는 한자어로 된 한 단어 형태를 취하는 순화어이다. 이와 같은 단어는 음절 수가 길지 않아 간결하고 단어성도 높다. 또한 투명성과 명시성, 친숙성에서도 기준을 만족한다. 단어의 짜임을 보면 전문 용어 순화어 '협의'와 '부상'은 각각 '협+의', '부+상'으로 된 한자어 합성어로 되어 있고, (8가)는 '명+세+서'로 된 한자어 합성어이다. 4장에서 어종이 서로 대응하면서 일종의 동의어 쌍을 보이는 경우가 존재한다고 보았는데 이는 전문 용어 대상어와 순화어도 '내역-서'와 '명세-서'처럼 '단어 어근+형태소 어근'의 쌍으로 만들어져 형태의 일관성을 추구한 예가 많이 보인다는 것이다.

(9) 가. 가설(架設)(건설) → 설치

  나. 가설(假設)(건설) → 임시 설치
  다. 가설(加設)(건설) → 추가 설치

  (9)의 대상어들은 '가설' 표기된 전문 용어이다. 예에서 볼 수 있듯이 (9가, 나, 다)는 동음이의어로 뜻이 각각 달라 한자 표기가 없다면 의미를 파악하기 어렵다. 이에 순화한 용어를 보면 하나의 용어는 하나의 의미를 나타내어 혼동되지 않게 각각 다르게 순화하였다. 단어 형태를 살펴보면 (9가)는 '형태소 어근+형태소 어근' 형태로 된 한자 합성어이다. (9나, 다)는 '설치' 앞에 각각 단어인 '임시', '추가'를 붙여 한자 합성어 형태로 만들었다. 순화 대상어일 때는 2음절로 음절 수가 적어 경제적이었으나 순화어는 한자어 합성어 조합으로 만들어지면서 의미적 용이성을 얻었으나 경제성은 획득하지 못하였다.

    (10) 가. 개구부(開口部)(도로교통) → 개방부
          나. 기성(旣成)(건설) → 진척도
          다. 납골당(納骨堂)(법률) → 봉안당

  (10)의 전문 용어 순화어들은 '단어 어근+형태소 어근'으로 이루어져 있다. (10가)의 대상어는 '개구'에 '-부'가 결합하였다. 대상어인 '개구부'와 순화어인 '개방부'는 단어 구조가 한자어 '단어+단어' 형태로 동일하다. 이처럼 전문 용어에서 순화어를 만들 때 의미를 주로 나타내는 단어를 쉬운 한자어로 바꾸고 보조의미에 해당하는 부분은 그대로 둔 채로 만들면 단어의 경제성 측면도 만족할 수 있고, 단어 구조도 동일하여 이러한 조어 방식을 사용하는 것으로 보인다.
  (10나, 다)의 전문 용어 순화어에 쓰인 '-도'와 '-당'은 각각 '정도'와 '집'을 의미하는 한자어로 대상어보다 쉬운 다른 한자어와 결합하여 합성어로 만들

었다. (10나) 대상어 '기성'은 '전체 공사 중 완료된 공사량'을 의미하는데 '일이 목적한 방향대로 진행되어 감'의 '진척'과 '-도'를 결합하여 대상어의 개념을 나타내는 용어로 만들었다고 볼 수 있다. '기성'이 '형태소 어근'이 결합된 합성어라면 '진척도'는 '단어 어근+형태소 어근'으로 된 합성어이다.

(11) 가. 생력화(省力化)(농업) → 노동력 절감
     나. 시정(視程)(기상) → 가시거리

(11가) 대상어에는 한자어 접사 '-화'가 '생력'과 결합되어 쓰였으나 '생력10)' 한자어가 어려워 순화어는 이를 풀어서 해당하는 개념을 나타내는 단어로 만들었다. '노동력 절감'은 '노동력+절감'의 구조인데 이는 합성어이다. (11나) '시정'은 기상 분야뿐만 아니라 지구 분야 전문 용어에도 해당하는데, '목표물을 명확하게 식별할 수 있는 최대 거리'의 의미로 이런 의미를 담아 쉬운 한자어로 만들었다. '시정'은 형태소 어근의 결합이라면 '가시-거리'는 단어 어근의 결합으로 된 한자어 합성어이다. 형태소 어근에서 단어 어근의 결합으로 되면서 음절 수에 변화가 생기며 형태 늘림이 일어났다.11)

(12) 가. 양축농가(養畜農家)(농업) → 축산 농가
     나. 자동제세동기(自動除細動器)(보건) → 자동 심장 충격기
     다. 유감 지진(有感, 有感 地震)(기상) → 체감 지진

(12가~다)는 대상어의 단어 짜임이 단어 어근의 결합으로 된 합성어 구조

---

10) '노동력을 덞, 노동력을 줄임'의 의미
11) 조은경(2001 : 34)은 전문 용어의 형성 방법은 기본적으로는 일반적인 단어 형성 원리에 기초하나 전문 용어에는 합성법, 파생법에 의한 어휘 형태적 요소의 결함, 형태 줄임, 어휘 치환에 의한 조작 방식이 더 복잡하게 나타난다고 보았다. 이에 따라 생각해볼 때 전문 용어 순화어도 그 대상어와 마찬가지로 형성 방식이 비슷하게 나타날 것으로 예상해 볼 수 있다.

로 순화어도 같은 구조를 가진다. (12가)는 '양축' 대신 '축산'으로 앞에 오는 단어가 바뀐 예이다. (12나)는 '단어 어근+단어 어근+단어 어근+형태소 어근' 구조로 되어 있다. 이때 형태소 어근 '-기'는 한자어 접사로 순화어도 같은 구조를 가지면서 명사들에 접사를 결합하였다.

대상어와 다른 구조를 가지면서 복합어로 된 순화어 예시를 살펴보겠다.

(13) 낙전수입(落錢收入[12])(행정) → 미사용 수입, 미사용 부가 수입

(13)을 보면 대상어에서 '낙전'은 낯설고 어려운 한자어로 뜻을 가늠하기가 어려운데 이를 순화어에서는 접사 '미-'를 써서 파생어 '미사용'으로 다듬어 대상어에 있는 '수입'과 결합하여 '파생어+합성어' 구조로 만들었다. 파생법에 의한 조어는 경제성을 지키려는 것에서 전문 용어에서는 자주 나타나는 방식이라 할 수 있다.

(14) 가. 장제급여(葬祭給與)(사회복지) → 장례 보조금
나. 해산급여(解産給與)(사회복지) → 출산 보조금

(14)는 대상어와 같은 '단어 어근+단어 어근' 구조로 '명사+보조금' 형태로 만들어졌다. 여기서 대상어에 결합된 '급여'에 해당하는 대체 용어로 순화어에서는 '보조금'을 일관되게 써서 만들었다. 전문 용어 순화어는 같은 계열에서는 단어를 일관되게 쓰는 것을 권하는데 그러한 예를 보여준다고 할 수 있다.

---

12) 『우리말샘』 소비자가 정액 상품의 사용 한도액이나 마일리지를 모두 쓰지 않고 남기는 액수만큼 기업이 벌어들이는 수입.

9.3.1.2. 외래어에서 쉬운 한자어로 순화한 전문 용어

대상어인 외래어에서 쉬운 한자어로 순화된 예이다. 외래어 전문 용어의 복잡한 개념을 한자어가 고유어보다 압축하기가 비교적 쉽기 때문에 전문 용어 순화어에서는 보통 한 개 혹은 그 이상의 한자어를 결합한 복합 형태가 많이 나타난다. 그중 '형태소 어근+형태소 어근'으로 이루어진 한자어에 한자어 접사를 결합하여 파생어를 만들거나 '한자어 합성어+한자어 단일어'를 결합한 예들이 있다.

(15)　가. 드라이버(driver)(도로교통) → 운전자
　　　나. 랜드마크(landmark)(도로교통) → 상징물
　　　다. 램프(ramp)(도로교통) → 연결로
　　　라. 톨게이트, TG(Tollgate)(도로교통) → 요금소
　　　마. 바이브레이터(vibrator)(건설) → 진동기
　　　바. 레커, 렉카(wrecker)(도로교통) → 견인차

(15가~마)는 '형태소 어근+형태소 어근'의 한자어 단어에 한자어 접사를 결합한 형태의 용어이다. (15가) 순화어 '운전자'는 '운전'이 '형태소 어근+형태소 어근'으로 이루어져 있고 여기에 '사람의 뜻을 더하는 접미사'인 '-자'를 결합하여 단어를 만들었다. 외래어 전문 용어의 경우 개념이 복잡하지 않을 경우 이와 같은 형태로 된 한자어 순화어로 만들기가 비교적 용이하다. 이에 대해 조은경(2001 : 36)은 고유어 접미사는 의미를 더하는 기능을 하지 않고 주로 품사 전성의 기능을 하는 반면, 한자어 접미사를 결합하면 용어의 개념적 의미가 더해져서 전문 용어 형성 방법에서 자주 쓰인다고 하였다. (15바)는 한자어 합성어 '견인'에 단일어 '차'가 결합한 예이다.

(16)　가. 단도리(だんどり)(건설) → 준비
　　　나. 앵커, 앵커링(anchor) → 정착

　다13). 웨브(web) → 복부

　전문 용어 중 일본어 투 용어는 언어 정책 측면에서 순화해야 하는 대상어
인데 건설 분야에서는 전문 용어로 많이 사용된다. (16)은 이를 순화한 전문
용어들이다. (16가-다)는 순화어가 '형태소 어근+형태소 어근' 형태를 가진
합성어 한자어이다. 이러한 형태로 만들어진 한자어는 일상 용어와 겹치는
경우도 많아서 이것은 전문 용어 순화어 형성의 특징 중 하나라고도 볼 수
있다.14)

　　(17)15)가. 노치필터16)(notch filer)(통신) → 특정 주파수 차단기
　　　　나. 사인보드17)(sign board)(도로교통) → 안전 유도판
　　　　다. 시브이비18)(CVB : Convention & Visitor Bureau)(관광) → 국제회의
　　　　　　전담 조직

---

13) (16다)의 '웨브'는 '상하의 수평부재와 통상 직교하여 연결되는 부재로 주로 전단력을
　　부담하는 부재'의 의미가 있는데 이를 순화한 용어 '복부'는 동음이의어로 신체 기관과
　　헷갈릴 수 있어서 순화어로 적절하지 않아 보인다. 참고한 도로 교통 자료에도 한자어
　　표기가 되어 있지 않아서 뜻을 가늠하기가 어렵다.
14) 조은경(2001 : 35)은 이렇게 형성된 전문 용어를 단일 용어로 보았다. 예를 들면 '가격,
　　감기'는 각각 경제와 의학 분야 전문 용어이나 일상 용어로도 볼 수 있다고 하면서 '독점,
　　과점'처럼 두 글자 이상의 전문 용어 한자어는 어휘 의미를 지닌 한자어의 결합일지라도
　　기능적으로 한 단위의 성격을 띤 단일 용어로 볼 수 있다고도 하였다.
15) 우리말로 충분히 바꾸어 쓸 수 있고, 의미를 충족할 수 있다면 많이 사용되는 한자어로
　　바꾸어 사용하는 편이 낫다. 다만 이럴 경우 순화어로 바꾼 한자어가 오히려 어렵게 느껴
　　지지 않게 다듬어야 한다. 영어 알파벳 표기는 전문 용어의 특수성을 감안하더라도 어렵
　　고 바람직하지 않다. 특히 도로교통 용어와 같은 일상에서 쉽게 접할 수 있는 전문 용어는
　　반드시 이해할 수 있게 표기되어야 한다.
16) '특정 주파수 대역의 성분만을 제거하는 필터'의 의미.
17) '안전하고 원활한 도로 교통질서를 도모하고 도로 구조의 보존을 위하여 도로의 가장자리
　　또는 차도의 위쪽에 설치한 표지판'의 의미.
18) '국제회의 산업의 진흥을 위하여 회의 유치, 행사장 선정, 소요예산 분석, 홍보 등 각종
　　사업을 수행하는 전담 공공 조직'의 의미.

외국에서 개념과 함께 용어가 들어온 전문 용어는 음차하여 외래어를 그대로 사용하는 예가 많다. (17가~다)는 대상어의 복잡한 개념을 '형태소 어근+형태소 어근'인 한자어 여러 개를 결합하여 만들었다. (17가)만 '합성어+합성어+파생어'의 형태이고 (17나, 다)는 '합성어+합성어'의 형태이다. 예시에서 보듯이 두 개 이상의 단어를 조합하여 순화어를 만들면 개념을 담기 위해 음절 수가 길어진다. 순화의 결과가 대상어보다 의미 전달은 쉬우나 경제성에서는 손해를 보기 때문에 순화어로서의 경쟁력이 높다고 보기 어렵다.

9.3.1.3. 혼종어에서 쉬운 한자어로 순화한 전문 용어

혼종어 대상어에서 한자어로 순화한 예이다. 형태소 어근의 결합인 한자어의 조합으로 이루어진 합성어 조어 형태가 많이 보인다.

　(18)　가. 센싱 기술(sensing 技術)(도로교통) → 감지 기술
　　　　 나. 전자 바우처(電子voucher)(과학) → 전자 이용권

(18)의 예시에서 보면 대상어인 혼종어에 쓰인 한자어를 순화어에도 그대로 쓰고 있는 것을 볼 수 있다. 대상어가 혼종어인 경우 외래어와 한자어 구조가 대부분으로 이를 순화할 때 경제적인 면을 고려하여 대상어의 한자어는 그대로 쓰고 외래어를 다듬는 형태로 나타난다. (18가) '센싱 기술'에서 '감지 기술'로 쓰거나 '전자 바우처'를 '전자 이용권'으로 다듬은 형태이다.

9.3.2. 고유어로 순화한 전문 용어

고유어 형태는 순화어에서 지향하는 바이다. 전문 용어를 고유어 순화어로 다듬었을 때 양상을 보면 개념이 비교적 단순한 용어는 고유어 단일어로

순화하고 개념이 복잡한 경우는 '고유어+고유어'를 결합한 형태로 다듬는
예가 많이 보인다. 한자어와 달리 고유어로 순화된 경우 용언에 명사형 어미
를 붙여서 명사로 만든 예와 구(句)로도 만들어지는 것을 볼 수 있다. 이는
하나하나가 뜻이 있어 어근의 결합만으로도 의미를 생성할 수 있는 한자와
달리 고유어는 어휘 간 통사 관계가 있는 구 형태로 형성해야 개념이 전달될
수 있기 때문이다. 따라서 고유어 순화어는 음절 수가 많아질 수밖에 없다.
의학 전문 용어에서는 예를 들면 '헛팔다리'와 같이 고유어 접사 '헛-'과 결합
한 파생어 형태[19]도 보이나 이는 모든 전문 용어 순화어에서 나타나는 현상
이 아닌 분야별로 다르게 나타나는 특징으로 보인다.

9.3.2.1. 어려운 한자어에서 고유어로 순화한 전문 용어

한자어를 고유어로 순화한 전문 용어 중에는 대상어에 일본식 한자어가
포함된 경우도 있다. 이런 일본어식 한자어 중에는 2음절 한자어로 된 일본식
한자어[20]가 많은데 아래는 이들을 고유어로 순화한 예이다.

> (19) 가. 개소(個所)(도로교통) → 군데, 곳
> 나. 노견(路肩)(도로교통) → 갓길
> 다. 점멸(漸滅)(도로교통) → 깜빡

(19가, 다)의 용어들은 단일어 형태이다. (19나)는 '어근+어근'으로 된 합성
어 형태이다. 전문 용어 순화어에서 단일어는 주로 고유어 명사로 쓰이는

---

19) 정한데로(2021 : 15-16)에서 이를 자세히 다루었다. 예를 들어 '고유어 접두사+X' 형태로
'덧-, 맞-, 맨-, 온-, 잔-, 풋-, 헛-'이 접사로 쓰였다고 하였는데 고유어 접두사의 의미로
볼 때 결합할 수 있는 단어가 한정될 것으로 보이기 때문에 의학 분야 외에 다른 분야의
전문 용어 순화어에서는 잘 사용하지 않는 것으로 보인다.
20) 국립국어원(2019 : 148-149)에서는 가려 써야 할 일본어 투 용어 50개를 제시하였는데
그 중 '금일, 익일, 결재, 견습, 구좌, 불입…'과 같은 2음절 한자어는 13개이다.

예가 많으나 (19다)는 '점멸21)'의 의미를 부사 '깜빡'의 의미와 연결하여 부사로 다듬은 형태이다. 이러한 형태는 전문 용어 순화어에서 흔한 것은 아니다. 순화어와 순화 대상어는 동일한 의미를 나타내는 의미 관계도 중요하지만 형태적 관계도 맞추어야 한다. '점멸'은 사전에 명사로 등재되어 있는 단어로 이를 부사인 '깜빡'으로 순화한다면 형태적 계열 관계가 어긋나게 되어 용어의 적절성에 의문이 제기될 수 있다.

(20) 가. 추월(追越)(도로교통) → 앞지르기
나. 타설(打設)(건설) → 치기
다. 재식(栽植)(농업) → 심기
라. 구배(勾配)(건설) → 기울기
마. 저감(低減)(도로교통) → 줄임, 낮춤
바. 전도(顚倒)(도로교통) → 넘어짐

(20가~바)는 명사형 어미 '-기'나 명사형 어미 '-(으)ㅁ'을 결합하여 만든 형태이다. 최형용(2010 : 318)은 우리말에서 '-기'는 '줄넘기', '달리기'와 같이 '동작'을 나타내는 것이 일반적이라고 보았는데 여기서도 그런 결과를 확인할 수 있어서 전문 용어에서도 고유어로 순화어를 만들 때 사용되는 것을 알 수 있다. (20나, 다, 라)는 '치다', '심다', '기울다'에 '-기'를 결합하여 파생법으로 단어를 만들었다. (20마, 바)는 '줄이다', '낮추다', '넘어지다'에 '-ㅁ'을 붙여 파생어로 만든 용어이다. 그러나 강현화(2011 : 96)는 전문 용어의 국어화에서 파생법의 문제를 지적하면서 '-개, -ㅁ, -기' 등의 파생 접사가 실제 언어생활에서 사용되는 경우보다 전문 용어를 파생하는 데에 지나치게 사용되는 경향이 있다고 보기도 하였다. 고유어 접미사로 전문 용어 순화어를 만들었다는 것은 의미 기능보다는 대상어의 품사와 동일한 계열로 하기 위해

---

21) '등불이 꺼졌다 켜졌다 함'의 의미.

품사를 바꾸는 데 집중된 기능으로 사용하였다고 볼 수 있다.

(21) 가. 우수(雨水)(건설) → 빗물
　　 나. 해사(海沙)(건설) → 바닷모래
　　 다. 삭도(索道)(건설) → 하늘찻길
　　 라. 뇌전(雷電)(기상) → 천둥 번개
　　 마. 계육(鷄肉)(농업) → 닭고기
　　 바. 나대지(裸垈地)(건설) → 빈터

　(21가~마)는 일반적인 단어 형성 방식에서도 많이 나타나는 '명사+명사'로 이루어진 고유어 순화어이다. '빗물'과 '바닷모래'는 사전에도 한 단어로 등재가 되어있다. '하늘찻길'은 한 단어는 아니나 '하늘의 찻길'로 풀어 쓸 수 있어 (21가, 나)와 같은 조어 방식으로 만들어졌다고 볼 수 있다. 이런 류의 합성어 순화어는 이해도 쉽고 음절도 짧아 용이성과 경제성 지침에 적절하다. (21바)는 합성어 형성에서 '비다'의 어근 '비-'에 '터'가 결합한 통사적 합성어이다. 최형용(2010 : 316-319)은 '굳뼈'와 같은 비통사적 합성어보다 '굳은목'과 같은 통사적 합성어가 비록 '굳-'만 써서 경제성을 확보했더라도 의미 전달력은 '굳은'이 보다 앞선다고 보았다. 따라서 비통사적 합성어보다는 통사적 합성어가 의미를 더 잘 전달하기 때문에 통사적 합성어가 더 많이 쓰일 것으로 보았다.

(22) 가. 낙석(落石)(건설) → 돌 떨어짐, 떨어진 돌
　　 나. 하차장(下車場)(도로교통) → 내리는 곳
　　 다. 박무(薄霧)(기상) → 엷은 안개
　　 라. 출수(出穗)(농업) → 이삭 나옴
　　 마. 적치(積置)(건설) → 쌓아 둠, 쌓아두기
　　 바. 탈형(脫型)(건설) → 거푸집 떼기

(22가~다)의 '떨어진 돌', '내리는 곳', '엷은 안개'는 고유어로 된 통사적 합성 형태로 볼 수 있다.22) (22가~바)와 같은 구 형태는 고유어로 된 전문 용어 순화어에서 많이 보이는 조어 방식이다. 조은경(2001 : 38)에서 구 용어로 이런 형태를 지칭하면서 최소한 둘 이상의 자립적인 어휘가 결합하여 하나의 용어를 이루고 그 어휘들 간에 통사적 관계가 있는 용어라고 설명하였다. 4장에서 언급했듯이 전문 용어는 '개념'이 출발점이므로 단어끼리 결합한 구나 단어 어근끼리 결합한 합성어나 그 구별에 큰 의미를 두지 않는다. 아래 예시도 고유어로서 구 형태로 순화된 용어이다.

(23) 가. 성토(盛土)(건설) → 흙 쌓기
     나. 적화(摘花)(농업) → 꽃 솎기
     다. 정지(整地)(농업) → 땅 고르기
     라. 급이(給餌)(농업) → 먹이 주기
     마. 정식(定植)(농업) → 아주 심기

(23가~다)는 단일어 단어 어근에 '용언+-기'가 결합되어 만들어졌다. (23라)는 파생어로 된 명사의 결합이고, (23마)는 부사+파생어 명사로 만들어졌다. 자료에서는 주로 농업 분야에서 이런 형태로 순화어를 만들었는데 이는 농업 용어가 지칭하는 행위를 나타내는 개념을 나타내기 위해 이러한 형태로 만들어진 것으로 보인다.

9.3.2.2. 외래어에서 고유어로 순화한 전문 용어

전문 용어 대상어가 외래어일 때 많은 경우 한자어나 혼종어로 구성되는

---

22) '굳은어깨(의학)' 용어처럼 하나의 단어로 쓰일 수 없어서 이를 합성어로 볼 수 있을지는 의문이다. 이런 형태의 전문 용어 순화어는 특히 대상어를 고유어로 순화했을 때 나타난다.

예가 많은데 고유어로 순화된 경우는 아래 예시에서 보듯이 건설과 도로교통
에서 사용하는 일본어를 순화한 경우에만 보인다.

    (24) 가. 고바이(こうばい)(도로교통) → 비탈
         나. 찐빠, 찜빠, 진파(ちんば)(건설) → 짝짝이
         다. IC(Interchange)(도로교통) → 나들목
         라. JC, JCT(Junction)(도로교통) → 갈림목, 분기점

    (24가)는 단일어로 된 고유어이고 (24나)는 파생어로 된 고유어이다. (24다,
라)는 '나들+목', '갈림+목'으로 개념적 연관성을 두고 합성어로 만든 순화어
이다. 예시에는 없으나 '빠가나다'(건설)는 순화어가 '뭉개지다, 망가지다'로
이는 단순 번역한 예에 해당한다.

9.3.2.3. 혼종어에서 고유어로 순화한 전문 용어

    대상어가 혼종어인 경우는 대체로 '고유어+한자어' 조합이거나 '한자어+
외래어' 조합으로 만들어졌다. 이때 대상어의 고유어나 한자어는 순화어에서
도 그대로 쓰여서 대상어와 개념적 일관성을 유지하는 경향이 있다.

    (26) 비산먼지(飛散먼지)(건설) → 날림먼지

    (26)도 '비산먼지'에서 '날림먼지'로 순화하면서 '비산'을 '날림'으로 바꾸
었는데 이 용어에서 '비산'만이 어려운 부분으로 이 부분만 절단하여 '날림'
으로 대체하고 '먼지'와 결합하여 기존 대상어의 '한자어 명사+먼지'를 '고유
어 명사형+먼지'로 만들면서 용어의 연관성을 유지하고 있다.

9.3.3. 혼종어로 순화한 전문 용어

혼종어는 둘 이상의 어종이 결합된 구조를 말한다. 전문 용어는 개념이
복잡한 용어가 많아서 단일어보다는 합성어로 조어가 많이 된다. 합성어는
고유어, 한자어, 외래어로도 이루어져 있는데 다른 어종을 결합하여 조어하
는 예가 전문 용어 순화어에 많이 보인다. 특히 개념이 복잡한 전문 용어일수
록 일반 단어들을 결합하여 개념을 나타내는 형태가 두드러지게 보인다. 임
영철·송민수·황혜선(2008 : 197-199)은 신어의 어종 분포에서도 혼종어 비율
이 높았다고 하면서 이는 조어 방식의 다양화에서 찾을 수 있다고 하였는데
전문 용어 순화어에서도 혼종어는 많이 보이는 형태이며 특히 한자어와 고유
어, 한자어와 외래어의 조합이 많이 나타난다. 이는 한자가 독립적으로 쓰이
면서 의미를 압축해서 담아낼 수 있어서 단어의 경제성을 이루기에 유리하기
때문이다. 또 한자는 위치도 어두, 어중, 어미에 구애받지 않아서 다른 어종과
도 쉽게 결합할 수 있기 때문이다.

9.3.3.1. 한자어와 고유어의 조합으로 순화한 전문 용어

고유어와 한자어를 결합하여 만든 용어로서 단어 어근에서 일부를 떼어
서로 결합하여 만들기도 한다. 대상어가 지칭하는 개념에 맞게 순화어를 만
들 때 고유어는 음절 수가 길어질 수 있기에 고유어에 한자어를 결합하여
음절 수를 줄이거나 대상어에서 어려운 부분만 바꾸고 쉬운 한자어는 그대로
쓰는 형태가 나타난다.

(27) 가. 사면(斜面)(도로교통) → 비탈면
　　　나. 절토부(切土部)(건설) → 흙 깎기부
　　　다. 우각부(隅角部)(건설) → 모서리부
　　　라. 방현망(防現網)(도로교통) → 눈부심 방지망

(27가~다)는 대상어의 한자 중 어렵거나 빈도가 낮은 한자를 고유어로 바꾸고 쉬운 한자는 그대로 가져다 썼다. (가)는 '명사+명사', (나)는 '명사+명사형+접사', (다)는 '명사+접사'의 형태이다. 이때 뒤에 오는 부분에는 대상어의 한자를 그대로 사용하였다. 이렇게 하면 단어 형성에서 경제적이고 대상어와의 연관성도 높아질 수 있다는 장점이 있다. (27가)의 한자 '사(斜)'는 '비끼다, 비스듬히'라는 뜻을 가지고 있는데 이를 고유어 '비탈'로 바꾸면서 순화어는 대상어와 동의 관계에 있어야 한다는 점도 충족시킨다.[23] (27다)의 '우각(隅角)'도 '모퉁이, 구석'이란 뜻을 가진 '모서리'로 바꾸고 대상어에 있는 한자어 '부'를 결합하였다. (27나, 라)의 '절토'와 '방현'은 고유어로 바꾸면서 이를 '흙을 깎다'라는 문장을 구 형태 '흙깎기'로 만들고 한자어 '부'를 결합하였다.

(28) 가. 세륜 시설(洗輪施設)(도로교통) → 바퀴 세척 시설
　　　나. 차선도색(車線塗色)(도로교통) → 차선 그리기

(28) 예시들은 (27)과 같이 대상어에 있는 한자어를 그대로 결합하여 만들었다. (28가)는 '세륜'에서 '바퀴'만 고유어로 쓰고 '세척'은 한자어로 만들었다. (28나)는 쉬운 한자어인 '차선'은 그대로 두고 '도색'만 고유어 '그리기'로 바꾸었다. 대상어의 한자어를 고유어로 풀어서 만들 수 없을 때 쉬운 한자어로 바꾸고 대상어에 있는 한자를 그대로 쓰는 방식을 사용했다.

(29) 가. 블랙 아이스(black ice)(도로교통) → 도로 살얼음
　　　나. 블로업, 블로우업(blow up)(도로교통) → 도로 솟음 현상
　　　다. 그루빙(기법)[24](grooving技法)(도로교통) → 미끄럼 방지 홈
　　　라. 럼블스트립[25](rumble strip)(도로교통) → 졸음 방지 홈

---

23) 최형용(2012 : 133)은 순화어는 순화 대상어와 '의미적 등가성'을 확보할수록 성공을 거둘 확률이 높다고 보았다. 그런 의미에서 볼 때 대상어에 쓰인 단어를 순화어에 쓰거나 개념을 나타내는 단어를 순화어에 적용하는 것은 적절하다고 본다.

24) '고속도로 포장 표면에 일정한 규격의 홈을 형성하는 공법'의 의미.

(29가, 나)를 보면 순화어에 각각 '도로'를 삽입하여 단어를 만들었다. (29
가) 대상어는 '도로 표면에 생긴 얇은 빙판'을 의미하고, (29나)는 '도로가
갑자기 부풀어 오르는 현상'을 말한다. 개념에서 말하는 '도로'를 순화어에
삽입하여 대상어에서는 바로 알 수 없던 개념적인 부분을 드러냈다. (29다,
라)도 개념에서 설명하는 부분을 우리나라 도로 실정에 맞게 개념을 재설정
하고 이를 순화어로 만들었다. 외래어 대상어는 어휘 형태적 측면에서 일관
되게 순화어를 만들기보다는 개념을 나타내는 면에서 고유어로 풀어서 만들
어지는 예들이 많이 보인다. 이러한 방식은 순화어[26]라는 특수성에서 기인
한 것으로 보인다. (29)의 순화어들은 형태적인 면에서는 '명사+명사'로 구성
되어 합성 명사의 형태이며 일반적인 단어 형성에서 많이 쓰이는 방식으로
만들어진 것을 알 수 있다.[27]

(31) 가. 개로(開路)(에너지·자원 개발) → 열린회로
나. 폐로(閉路)(에너지·자원 개발) → 닫힌회로
다. 월파(越波)(기상) → 넘친 파도
라. 폐색구간(閉塞區間)(건설) → 닫힌 구간, 막힌 구간

(31)은 통사적 합성어의 형태로 만들어졌는데 '고유어+한자어'의 조합으로
순화어를 만들었다. 통사적 합성어는 비통사적 합성어보다 의미를 파악하기

---

25) '졸음운전 방지 혹은 경로 이탈을 경고하기 위해 진동과 소음이 나게 포장하는 기법'의
의미.
26) 전문 용어 순화어는 언어 정책의 산물이며 우리나라는 이를 공공언어에 포함하고 있다.
이현주(2021 : 18-19)에서 공공언어는 공공 부분에서 특정한 정보를 알리고 행위를 지시,
요구하는 기능적 언어라고 하면서 해당 부분의 전문가가 일반 시민(비전문가)을 대상으
로 삼아 발화하고 산출하는 언어라고 보았다. 그러므로 서로 다른 두 개 이상의 사용역을
말하는 복합적인 성격을 띤다고 하였다.
27) 김정우·김성원(2012 : 111)은 곤충과 관련한 전문 용어 조어법 분석 연구에서 명사와 명사
가 결합된 합성어 유형이 전체 80.5%로 가장 많았다고 하였다. 배선미·시정곤(2004 :
216)도 전문 용어 조어 분석에 대한 연구에서 유형별로는 합성명사와 단일명사 그리고
명사+접사가 가장 많았고, 어종별로는 한자어의 결합이 가장 많았다고 하였다.

가 용이하나 구 형태로 쓰여 단어성이 낮아질 수 있다.

    (32) 가. 빙정(氷晶)(기상) → 얼음 결정
          나. 빙정핵(氷晶核)(기상) → 얼음 결정 핵

(32)는 앞서 전문 용어 순화어 마련 기준에 언급된 '일관성'을 적용한 예이다. 대상어 '빙정'을 순화어로 바꾸면서 동일하게 '얼음 결정'으로 바꾸면서 일관되게 하였다. 역시 '명사+명사'로 조어되었다.

    (33) 가. 프레스 키트(press kit)(문화예술) → 언론 홍보 꾸러미
          나. 풍력 발전기 블레이드(風力發電機blade)(에너지) → 풍력 발전기 날개

(33가, 나)처럼 2어절 이상으로 만들어진 순화어 형태도 보이는데 '한자어+한자어+고유어' 형태로 만들었다.

9.3.3.2. 한자어와 외래어의 조합으로 순화한 전문 용어

한자어와 외래어를 조합한 순화어에서도 이미 널리 쓰이는 외래어인 경우나 대체어가 없는 경우는 대상어에 있는 외래어가 그대로 쓰였다.

    (34) 가. 엔유아이(NUI : Natural User Interface)(과학) → 동작인식 인터페이스
          나. DGT(Digital Tacho Graph)(도로교통) → 디지털 운행 기록계
          다. GIS(Geographic Information System)(건설) → 지리 정보 시스템
          라. CT, 시티(씨티)(Computed Tomography)(보건의료) → 컴퓨터 단층 촬영
          마. 매니지드 서비스(managed service)(과학기술) → 위탁 관리 서비스
          바. 비추얼 콘텐츠(visual contents)(문화예술) → 시각 콘텐츠

　　사. 미디어 트레이닝(media training)(문화예술) → 미디어 적응 훈련, 미
　　　디어 체험 훈련, 미디어 대응 훈련
　　아. 스포노믹스(sponomics)(체육) → 스포츠 경제

　(34가~아)는 한자어와 외래어가 조합된 방식의 순화어인데 앞서 '한자어+
고유어'에서도 쉬운 한자어인 경우는 대상어에 있는 한자어가 그대로 쓰인
것처럼 외래어에서도 쉬운 외래어는 그대로 쓰였다. 이렇게 하면 대상어에
있는 단어를 써서 대상어와 일관된 형태를 유지할 수 있다. 또 제시된 외래어
를 보면 사전에 등재가 되어 굳이 다른 말로 바꿀 필요가 없어 보이기 때문이
기도 하다.

9.3.3.3. 고유어와 외래어의 조합으로 순화한 전문 용어

　고유어와 조합한 외래어도 '타이어', '콘크리트', '스마트폰' 등 언중에게
익숙하고 많이 사용되는 외래어이고 다른 대체어를 쓸 수 없는 경우이다.

　(35)　가. 이스터에그(The Easter Egg)(문화) → 숨은 메시지, 숨은 기능
　　　　나. 베이스 콘크리트(base concrete)(건설) → 바닥 콘크리트
　　　　다. 스마트폰 베젤(베즐) (Smart Phone Bezel)(기계, 정보통신, 방송) →
　　　　　 스마트폰 테두리

　(35가)의 '이스터에그'는 두 개로 다듬어졌다. 통사적 합성어 형태로서 '고
유어+외래어'와, '고유어+한자어' 형태이다. (35가, 다)는 각각 '고유어+외래
어'와 '외래어+고유어'로 순화어를 만들었다.

9.3.3.4. 한자어, 고유어, 외래어의 조합으로 순화한 전문 용어

조사한 전문 용어 순화어 중에서는 드물지만 세 가지 어종인 고유어, 한자어, 외래어를 결합한 순화어 형태도 보인다. 어종을 3개나 조합한 용어는 일단 적어도 3어절 이상으로 낮은 단어성을 보이고 복잡해진다[28]. 그렇게 되면 음절 수가 대상어보다 길어져 순화 지침에서 볼 때 그다지 바람직해 보이지 않는다. 다만 이런 현상은 대상어의 개념이 복잡해서 이를 반영하다 보니 음절수가 늘어나게 된 것이나 최형용(2012 : 137)은 순화어가 대상어보다 길다면 사용자에게 부담이 될 수밖에 없어서 언어 경제성 측면에서 순화어는 대상어와 음절 수가 같거나 적은 것이 바람직하다고 지적하였다.

> (36) 가. 스키드마크(skidmark)(도로교통) → 타이어 밀린 자국
>   나. 퍼베이시브 컴퓨팅(Pervasive Computing)(과학기술) → 온누리 컴
>   퓨터 기술

(36가)는 '외래어+고유어+한자어'로 조합되었고 '밀린 자국'은 통사적 합성어로 만들어졌다. (36나)는 '고유어+외래어+한자어'로 여기서 대상어에서 개념적 핵심으로 볼 수 있는 '마크'나 '컴퓨팅'을 한자어로 압축하여 대상어와 마찬가지로 단어의 끝에 배치하였다. 이것도 의미상의 등가성이나 형태적 일관성을 말한다고 볼 수 있다.

---

28) 조사 대상 전문 용어 순화어의 실제 음절 수를 보면 5음절 이상도 많이 보이는데 이는 한자어 조합으로 된 단어가 주로 많다. 한자어+고유어+외래어 조합은 그다지 많이 눈에 띄지 않는다. 아마도 조사 대상이 된 전문 용어 분야가 국립국어원 순화어 표준 사업에 속해 있어서 만들어진 순화어들도 복잡하게 어종을 조합하는 형태는 지양되었을 것으로 생각된다.

9.4. 나가기

이 장에서는 우리나라 언어 정책의 산물인 전문 용어 순화어를 어종 양상으로 분류하고 특징을 살펴보았다. 전문 용어 순화어는 단어 형성 측면과 함께 언어 정책 안에서 만들어져서 지침 방향을 고려하면서 형성된다. 이에 어종이라는 구조 안에서 어떻게 조어되었는지를 보는 것을 목적으로 하였다. 어종을 중심으로 보면서 형태를 일부 언급하면서 전문 용어 순화어가 만들어진 양상을 살펴보았다.

전문 용어는 특정한 언어 집단을 중심으로 만들어져 사용되기에 일반 국민의 입장에서는 이해하기 어려운 용어가 많다. 이에 우리나라는 국어기본법과 국어기본법 시행령에 전문 용어 순화와 관련한 표준화를 명시하여 언어 정책적으로 전문 용어 순화를 뒷받침하고 있다. 우리나라에서 전문 용어 순화와 표준화는 거의 동일한 의미로 사용되고 있으며 국립국어원을 중심으로 이루어지고 있다. 전문 용어는 그 특성상 어렵고 낯선 한자어가 많은데 한자는 조어법에서 활발히 사용되고 있으나 제한된 음절 수로 동음이의어가 많아 뜻을 파악하기가 어려운 것이 단점이다. 또한 전문 용어에는 외국에서 개념과 함께 용어 자체가 들어와서 음차하여 쓴 외래어 용어도 많다.

전문 용어 순화어를 만들 때 국립국어원을 비롯하여 학술단체, 중앙행정기관 등은 전문 용어 순화어 지침을 바탕으로 전문 용어를 다듬는다. 전문 용어 순화어 지침은 국제표준화기구(ISO)의 전문 용어 조어 기준과도 맞물리는 부분이 많다. 일의성, 투명성, 일관성, 적합성/친숙성, 경제성, 통일성, 파생성/생산성, 언어적 정확성, 모국어 선호, 용이성(쉬운 말)의 10가지 기준을 지침으로 한다. 고유어를 활용하여 순화어를 만들 경우 일의성이나 언어의 투명성 측면에서는 한자어 결합 형태보다 나으나 음절 수가 길어져 경제성에서는 바람직하지 않은 경우가 많다. 이는 이 장에서 대상으로 삼은 전문 용어 순화어를 검토했을 때에도 드러나는 문제점이다.

 조사한 순화 대상어에서 순화어로 전문 용어를 다듬었을 때 어종별로는 한자어, 고유어, 혼종어로 나타난다. 유형별로는 단일어, 파생어, 합성어가 모두 나타나지만, 순화어는 대상어의 개념과 대상어를 동시에 고려하여 만들어져서 단일어는 고유어에서 일부 보일 뿐이고 합성어가 압도적으로 많이 보인다. 어종별로 보면 한자어 비중이 높고 고유어, 혼종어 순으로 나타나고 혼종어에서는 한자어와 고유어를 결합한 예, 한자어와 외래어를 결합한 예의 순으로 많이 나타났다.

 가장 많은 형태는 한자어에서 보다 쉬운 한자어로 다듬어진 경우이다. 한자어로 조어될 때 한자어와 한자어의 조합으로 5음절 이상 긴 순화어도 있었다. 이는 개념이 복잡하고 긴 경우 나타나는 현상으로 보인다. 그러나 순화 대상어보다 음절 수가 길어져 경제성이 떨어진다는 점을 지적할 수 있다. 고유어는 한 단어로 된 예보다는 명사형 어미를 써서 파생어 형태로 만들어진 예가 많았다. 특히 건설 분야는 순화 대상어가 일본어 동사로 이루어진 용어가 많아서 고유어로 순화어를 만들면서 명사형 어미인 '-기, ㅁ, -음'을 써서 만든 예가 많았다. 혼종어는 한자어와 고유어, 한자어와 외래어 결합이 주로 나타났고 한자어와 고유어와 외래어를 모두 조합한 예도 드물게 보였다. 또한 전문 용어 순화어는 대상어에 쓰인 단어를 그대로 결합하여 만드는 경우도 많은데 이럴 경우 의미적 등가성과 형태적 일관성을 확보할 수 있었다.

 전문 용어 순화어를 큰 범주인 어종을 중심으로 보아서 순화된 용어가 조어된 구체적인 형태와 특징은 많이 다루지 못하였다. 자료로 본 순화어 목록이 일상에서 많이 쓰이는 전문 용어를 대상으로 하여 전문성이 보다 높은 전문 용어 순화어를 대상으로 한 형성 연구도 필요해 보인다.

참고문헌

‖논저류‖

강현화(2011), 「전문 용어의 국어화」, 『새국어생활』 21-2, 국립국어원, 85-98.

_____(2016), 「전문 용어 연구의 쟁점」, 『나라사랑』 125, 외솔회, 191-215.

국립국어원·한국학술단체총연합회(2007), 『외래 전문용어 번역 및 조어법 연구』.

국립국어원(2020), 『2020 전문용어표준화 안내서』.

국립국어원(2014), 『중앙행정기관의 전문 용어 개선 지원 및 순화어 정비 연구』.

_____(2019), 『한눈에 알아보는 공공언어 바로 쓰기』.

_____(2020), 『2020 전문용어표준화 안내서』.

김미형(2019), 「전문용어 표준화 연구 ― 대상어 선정과 순화 기법을 중심으로」, 『사회언어학』 27-4, 한국사회언어학회, 37-64.

김수업(2007), 「전문용어의 순화 방안」, 『새국어생활』 17-1, 국립국어원, 89-101.

김정우·김성원(2012), 「전문용어 조어법 분석의 한 사례 ― 곤충 관련 용어를 중심으로」, 『인문사회과학연구』 13-2, 부경대학교 인문사회과학연구소, 99-125.

민현식(2002), 「국어 순화 정책의 회고와 전망」, 『국제학술회의논문집』 1, 국립국어원, 205-251.

배선미·시정곤(2004), 「한국어 전문용어 조어분석에 대한 통계적 연구 ― 물리, 화학, 생물, 의학 용어를 중심으로」, 『한국어학』 25, 한국어학회, 191-219.

은희철(2022), 「학술용어 정비 사업의 필요성과 문제점 ― 의학 분야의 예를 중심으로」, 『2022 학술용어 정비 학술대회 발표집』, 한국학술단체총연합회, 9-29.

은희철·송영빈·정인혁(2022), 『아름다운 우리말 의학 전문용어 만들기』, 커뮤니케이션북스.

이현주(2021), 「공공언어의 전문성, 전문용어의 공공성」, 『한국사전학』 37, 한국사전학회, 7-51.

임영철·송민수·황혜선(2008), 「신어의 어종에 대한 일고찰」, 『일본언어문화』 12, 한국일본언어 문화학회, 191-207.

정한데로(2015), 「단어 형성 과정의 개념화와 언어화」, 『언어와정보사회』 24, 서강대언어정보연구소, 125-158

_____(2021), 「의학 전문용어의 말 다듬기와 단어 형성」, 『언어와정보사회』 42, 서강대언

어정보연구소, 1-37.

조은경(2001), 「전문용어의 어휘형태적 특성 연구」, 연세대학교 석사학위논문.

조태린(2010), 「언어 정책이란 무엇인가」, 『새국어생활』 20-2, 국립국어원, 117-131.

최형용(2011), 「전문용어의 형태론」, 『한중인문학연구』 31, 294-322.

_____(2012), 「순화어의 형태의미론적 고찰 ― 국민 참여형 순화어 299개를 중심으로」, 『한중인문학연구』 36, 127-159.

_____(2022), 「우리말 줄임의 실험적 제안」, 『공공언어 개선 학술대회 논문집』, 135-172.

한국도로공사(2020), 『쉽고 바른 고속도로 전문용어집』.

황성욱·김정훈·황유모·홍진웅·최규하·정찬수(2006), 「학술 전문용어의 순화를 위한 전기분야의 기준 제안」, 『대한전기학회 하계학술대회 논문집』, 414-415.

Alain Rey, 임현경 역(2015), 『전문 용어학의 이해』, HUNE.

Bernard Spolsky, 김일환·이상혁 역(2004), 『언어 정책』, 고려대학교 출판문화원.

Cabré, M. T.(1999), *Terminology : Theory, Methods and Applications*, Amsterdam : John Benjjamins Publishing Company.

‖웹사이트‖

통신 마케팅 용어 알기 쉽게 순화…SK텔레콤 '통신정음' 발간
    https://youthdaily.co.kr/mobile/article.html?no=82693

한국도로공사 공식블로그
    https://blog.naver.com/exhappyway/222693391619

국토부, 철도 전문용어 우리말로 순화
    http://www.ikld.kr/news/articleView.html?idxno=262077

전력 전문용어 102건 순화 표준화
    https://www.electimes.com/news/articleView.html?idxno=217415

어려운 소방 전문용어를 우리말로 순화
    https://m.blog.naver.com/PostView.naver?blogId=safeppy&logNo=222531174639&categoryNo=1&proxyReferer=https:%2F%2Fm.blog.naver.com%2Fsoftman_777%2F222531205846

‖사전류‖

국립국어원, 표준국어대사전(https://stdict.korean.go.kr/main/main.do)

국립국어원, 우리말샘(https://opendict.korean.go.kr/main)

정보통신용어표준화위원회(2019), 『2020-2021 용어로 알아보는 5G/AI/Blockhain』, 한국정보통신기술협회.

10. 공공 언어로서의 전문 용어

10.1. 들어가기

이 책의 모든 소제목은 '전문 용어'로 시작한다. '전문 용어와 합성어, 전문 용어와 신어, 전문 용어와 의미 관계' 등처럼 말이다. 그러나 이 장에서는 '공공 언어'를 앞세워 '공공 언어로서의 전문 용어'를 살펴려 한다.[1] '전문 용어'를 뒤에 붙도록 한 것은 공공 언어의 특성 중 '공공성' 때문으로 볼 수 있다. '공공성'에서 '공공(公共)'의 '공(公)'은 '한쪽으로 치우치지 않고 공평하다', '숨김없이 드러내놓다', '공적인 것' 등의 의미를 지니며, 영어의 'Public'에 해당한다고 볼 수 있다. 반면에 '공(共)'은 영어로 살펴보면 'Common'의 의미와 연계하여 '관계성', '유대'와 '연대성' 등의 의미로 '함께, 같이, 여럿이 하다', '맞아들이다' 등의 의미를 지니는 것으로 파악된다(김대건 2019). 이러한 의미를 바탕으로 공공 언어를 상기하면, 공적인 영역에서 보편적으로 공유할 수 있는 존재가 바로 공공 언어인 것이다. 이에 따라 '공공

---

[1] 『표준국어대사전』에서 '공공 언어'를 검색하면 그 내용을 확인할 수가 없다. 이는 아직도 '공공 언어'를 개념적으로 명확하게 정의하지 않고 있다는 의미로 해석할 수 있다. 이러한 측면에서 보면 공공 언어에 대한 주무 부처가 국립국어원이라는 사실과 모순되는 것은 아닌지 생각하게 한다. 다행이라면 『우리말샘』에는 '공공 언어'를 싣고 있다는 사실일 것이다.

언어로서의 전문 용어'란 전문가들이 사용하는 언어가 아니라 전문 용어가 가지는 공공성에 주목하게 만든다.

이 장에서 살펴보려는 공공 언어는 국립국어원(2022 : 86)에서 언급한 바와 같이 국가나 정부, 공공기관에서 국민에게 정보를 전달하기 위한 소통의 도구로 일방통행적인 특성을 지닌 언어에 해당한다. 공공 언어의 특성은 '소통성, 사실성, 용이성, 친절성'에 바탕을 둔다. 그 특성을 하나씩 살펴본다면, '소통성'은 정부 부처, 공공기관이나 그에 해당하는 기관에서 생산되는 언어는 '국민에게 정보(내용)를 전달하기 위함'으로 설명한다. 그러다 보니 의사소통의 도구인 언어는 일반적인 개념에서의 쌍방통행적인 소통보다는 일방통행적인 소통의 속성이 더 잘 드러나는 언어로 말하는 것이다. 또한 나머지 '사실성, 용이성, 친절성'은 '소통성'을 보좌하는 느낌을 갖는다. 즉 국민에게 정확하고 바르게 전달(사실성)하기 위해 쉽고 분명한 언어(용이성)로 국민의 언어생활에 모범과 규범(친절성)이 되도록 하여 알맞은 형식에 따라 공공 언어로서 품격을 갖춘 글이 될 수 있도록 공공 언어를 사용하는 것을 의미한다.

또한 공공 언어는 법률과 규정을 갖고 공공 언어로서의 역할을 수행한다. 그 예가 바로 국어기본법과 그 시행령, 행정 효율과 협업 촉진에 관한 규정과 그 시행령 등이다. 국어기본법을 2005년에 제정하면서 전문 용어의 표준화를 법적인 근거로써 마련하였고, 2017년부터 개정·시행되고 있는 국어기본법은 공공기관의 '알기 쉬운 용어 사용' 의무와 중앙행정기관의 전문 용어 표준화 임무가 강화되면서 공공 언어로서의 전문 용어 역할 수행에 도움을 주고 있다.[2]

이러한 특성과 법률, 규정을 가진 공공 언어는 그 정의가 확대되면서 공공 언어의 유형도 포괄적으로 받아들일 수밖에 없었다.[3] 이에 따라 유형이 다양

---

2) 이에 대한 자세한 사정은 국립국어원(2020)을 참고할 것.
3) 공공 언어의 유형을 크게 '공적'인 것과 '사적'인 것으로 나누어 하위 유형으로 정리하면 다음과 같이 모두 7개로 자세해진다.

한 공공 언어를 모두 전문 용어로 볼 수 있느냐는 문제와, 일상에서 쉽게 접하다 보니 행정 용어로서 인상을 주지 않는 용어, 명확한 행정 용어로서 역할을 하는 용어까지 전문 용어로 볼 수 있느냐는 문제는 우선하여 살펴볼 필요가 있는 대상이라고 할 수 있다.

10.2. 용어 정의에 따른 공공 언어로서의 전문 용어

10.2.1. 공공 언어로서의 전문 용어 정의

1장에서는 전문 용어에 대한 정의 문제를 언급한 바 있다. 공공 언어를 이해하는 데는 용어들의 개념 정의가 단순하지 않은 문제로 지적된다. 따라서 이 장에서도 다시 한 번 그 개념을 살펴보도록 한다. 공공 언어를 전문 용어로 인정하고자 할 때 일상에서 사용하는 보통어, 즉 일반 용어와 다르지 않다는 인식을 지울 수 없다. 예를 들어 '다운로드'를 '내려받다'로 다루거나, '게첨하다'를 '내걸다'로 쓸 때 '내려받다'나 '내걸다'는 일상생활에서 아주

영역	유형	출현 형식
공적	국가기관 및 지방자치단체 등 공공기관의 업무 활동에 사용하는 언어[유형1]	법률, 공문서, 관보, 고시문, 판결문, 명령서 고지서, 안내문, 게시문, 표지판, 민원 서식, 증명서 등
	각급 학교의 교육 활동에 사용하는 언어 [유형2]	교과서, 수업, 강의, 시험 문제 등
	신문. 방송, 인터넷 등을 통해 정보, 지식의 대중적 전달 활동에 사용하는 언어[유형3]	기사/보도, 논설, 칼럼, 지식/교양 등
	계약, 투자, 판매, 구매, 광고 등 민간 차원의 경제 활동에 사용하는 언어[유형4]	계약서, 약관, 견적서, 영수증, 상품 실명서, 사용 설명서, 광고 홍보물 등
	학계, 산업계 등 전문 분야의 학술 및 연구, 개발, 생산 활동에 사용하는 언어[유형5]	강연, 발표, 토론, 회의, 논문, 전문 서적 등
	방송, 공연 등을 통한 대중적 문화예술 활동에 사용하는 언어[유형6]	드라마, 코미디, 예능/오락, 영화, 연극 음악 등
사적	인터넷, 휴대전화 등 가상공간의 개인적 표현 활동에 사용하는 언어[유형7]	개인 누리집, 블로그, 댓글, 트위터, 인스타그램, 페이스북 등

평범하게 널리 쓰는 언어임을 알 수 있다. 그러나 이 용어들은 행정 용어 순화어에 해당하므로 전문 용어에 해당한다고도 볼 수 있다. 또한 전문 용어인 보건 용어도 코로나19와 맞물려 일상에서도 많이 쓰이게 되면서 '의사 환자'를 '의심 환자'로 '비말' 대신 '침방울'과 같은 쉬운 말들을 대체어로 선정하여 일반 국민에게 제공하면서 전문 용어를 공공 언어로 친숙하고 익숙하게 사용할 수 있게 하였다. 이는 전문 용어를 공공 부문에서 일상을 연계할 수 있는 언어로서 역할을 하게 한 예로 볼 수 있다. 이러한 사실은 공공 언어를 일반 사람들이 일상생활에서 널리 쓰는 말인 '일반 용어'와 동일시할 수 있는가 하는 문제를 제기하기도 한다.

전술한 바와 같이 '공공 언어'는『표준국어대사전』에서 그 의미를 규정하여 정의하고 있지 않다. 이는 공공 언어의 개념 연구가 부재하다는 지적으로 이르기도 한다.4) 한편으로는 공공 언어 개념 연구의 부재를 지적하는 것은 하나의 정의로 정해져『표준국어대사전』에 등재되어 있지 않은 것을 우려하는 표현이기도 하다. 그중 공공 언어는 공공기관뿐만 아니라 국민(일반인)도 자주 사용하는 언어이므로 더욱 그 개념을 정의하는 것은 중요한 일이다. 국립국어원의 공공 언어 통합 지원 누리집에서는 '공공 언어'를 다음과 같이 정의하고 있다.

⑴ 공공 언어는 공공 기관에서 일반 국민을 대상으로 공공의 목적을 위해 사용하는 언어를 말합니다.5)

---

4) 이현주(2021 : 9)에서는 공공 언어 정책은 여러 차원의 문제에 직면해 있다고 지적하면서 그 첫 번째로 '공공 언어의 개념 탐구에 대한 부재'를 꼽고 있다. 이는 어떤 대상에 대한 조작적 정의가 그 대상의 개념은 아닌데, '공공 언어'라는 용어는 개념적 이론화 과정을 거치기 전에 언어기관의 공적 관리와 언어 정비라는 실천적 과제 때문에 그 외연을 한정하는 정의부터 선행되어야 했음을 지적한 것이라는 점에서 음미할 필요가 있다. 또한 공공 언어 연구가 진단과 평가 기준 등의 규범적이고 처방적인 측면으로 기울어져 있어 일견 실효성 부분이 다하고 있는 것처럼 보인다고 지적한 바 있다.

5) https://malteo.korean.go.kr/support/supportIntro.do

이 정의는 공공 언어가 무엇인지 그 의문에 대한 명확한 답이 되기에는 부족하지만, 현재 국가나 공공기관에서 공공 언어를 바라보는 시선을 이해하는 데는 도움이 될 수 있다. 이러한 측면에서 『우리말샘』에서의 '공공 언어'에 대한 정의를 다시 살펴볼 필요가 있다.

> (2) 정부 및 공공 기관에서, 사회의 구성원이 보고 듣고 읽는 것을 전제로 사용하는 공공성을 띤 언어를 통틀어 이르는 말. 각종 공문서, 대중 매체에서 사용하는 언어, 거리에서 쉽게 볼 수 있는 현수막이나 간판에 사용하는 언어, 계약서·약관·사용 설명서, 교양서적에 사용하는 언어, 대중을 상대로 강의할 때 사용하는 언어 따위가 이에 해당한다.

(1)과 (2)를 종합하면 공공 언어는 '일반 국민'을 대상으로 하는 '공문서'를 포함한 공공성을 띤 언어를 포괄적으로 지시하고 있다는 것을 알 수 있다.

이에 비하면 '전문 용어'는 어느 한 분야의 개념을 이르는 말에 해당한다. 즉 어느 분야의 개념을 모르면 그 분야의 토대를 바르게 알 수 없어 발전을 이루는 데 도움이 될 수 없다는 것으로 해석할 수 있다. 결국 '전문 용어'를 바르게 이해한다는 것은 개념을 바르게 이해한다는 것으로 해석할 수 있다.

그렇다면 '공공 언어'로서의 '전문 용어'란 일상에서 흔히 쓰는 '일반 용어'이면서 '특정 분야'와 '어떤 직업'에서 주로 쓰이기도 하는 두 가지 성격 모두를 포함하고 있다는 결론에 다다르게 된다. 즉 공적 영역에서 사용되면서 공동체를 구성하는 사회를 유지하고 발전하기 위해 사용하는 언어를 '공공 언어'로서의 '전문 용어'로 받아들일 수 있는 것이다.

10.2.2. 공공 언어로서의 전문 용어의 범위

강현화(2016 : 193)에서는 공공 언어로서의 전문어와 일상어를 다음과 같이 도식화하였다.

(3) 공공 언어로서의 전문어와 일상어

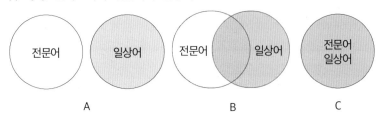

(3)은 일상어와 구분 가능한 전문어는 그것을 구분할 수 있다고 보는 상황 (A), 전문어와 일반어가 동시에 사용 가능한 어휘가 교집합 관계로 있다고 보는 상황(B), 일상어와 전문어는 구분할 수 없다고 보는 상황(C)으로 나누고 있다. 이때 상황 (A)는 일상어와 전문어를 동음이의어로 구분할 수 있고, 사용 의미도 구분할 수 있어야 한다. 상황 (B)는 그림이 겹치는 부분의 용어들을 한 단어의 같은 의미 항목 또는 확장된 의미 항목인 다의어 정도로 구분할 수 있을 것이다. 상황 (C)는 대부분 일상어가 특정 분야에 확대되어 사용할 수 있음을 전제하는 것으로 보아야 할 것이다. 또한 이 상황 C는 현대 언어생활에서 일상에서의 언어와 특정 분야의 언어를 하나로 보아 전문 용어가 근본적으로 일반 언어와 다르지 않음을 보여 주고 있는 것으로도 설명할 수 있다. 이를 강미영(2020 : 11)에서는 사용역에 따라 공공 언어(용어)를 구분하는 관점으로 받아들이고 있다. 모든 용어가 잠재적인 전문 용어나 일반 용어가 될 수 있다고 보고 다양한 용어들이 여러 환경에서 사용되는데 전문 분야에서 전문 용어로서의 쓰임이 있고 일상용어에서는 일상용어로서의 쓰임이 있다고 보았다. 이는 곧 "공공 영역에서 사용된 공공성을 띤 전문

용어나 일반 용어 모두 공공 용어이다"라는 관점에서 출발하고 있음을 의미한다.

(3)의 개념으로 볼 때 공공 언어에서의 전문 용어는 상황 (A), (B), (C) 모두에 포함되고 있지만 다음 2017년 국어기본법 제14조 개정 내용에 따른다면 상황 (A)보다는 (B), (C)를 더 선호하고 있다는 것을 알 수 있다.

(4) 국어기본법 제14조
제14조(공문서등의 작성·평가) ① 공공기관등은 공문서등을 일반 국민이 알기 쉬운 용어와 문장으로 써야 하며, 어문규범에 맞추어 한글로 작성하여야 한다. 다만, 대통령령으로 정하는 경우에는 괄호 안에 한자 또는 다른 외국 글자를 쓸 수 있다.
<개정 2017. 3. 21., 2021. 6. 15.>

사회의 혼란을 막고 조화와 복지를 이루기 위해서 법은 필요하다. 법은 '국가의 강제력을 수반하는 사회 규범'이다. 우리 국어 사용에 혼란한 부분을 해결하고 조화를 이루며 국어의 사용을 촉진하고 국어의 발전과 보전의 기반을 마련하여 국민의 창조적 사고력의 증진을 도모함으로써 국민의 문화적 삶의 질을 향상하고 민족문화의 발전에 이바지하기 위해 제정[6]된 국어 관련 법률이 바로 국어기본법이다.

공공 언어를 올바르게 사용한다는 말은 공공성에 맞게 쓴다는 것을 의미한다. 공공성에 맞게 공공 언어를 전문 용어로 인정하여 쓴다는 것은 관련한 법령의 규정된 내용에 따라 쓰면 되는 것이다. 따라서 국어기본법에 맞추어 공공 언어는 '한글'로 쓰며, '어문규범'에 맞추어 작성하면서 개정된 내용에서 '일반 국민이 알기 쉬운 용어와 문장으로 써야 하며'를 갖추어 쓴다. 이때 일반 국민 누구나 알기 쉬운 용어로 쓴다는 것은 공공성을 띠며, 소통이 가능

---

6) 국어기본법 제1조 (목적)을 정리한 내용이다.

해야 한다는 의미를 내포하고 있다. 즉 공공 언어는 공적인 영역에서 이루어
지는 언어로서 사회 공동체의 유지와 발전을 도모하는 데 사용되는 언어이
다. 따라서 소통성이 부족하다면 사회 공동체의 유지와 발전이 흐트러질 수
밖에 없다. 공공성을 지키기 위한 가장 근본적인 것이 소통성이다. 그러므로
공공성과 소통성의 유지를 위해 공공 언어의 표준화는 전문 용어로서 국민이
쉽고 편리하게 사용할 수 있도록 공공 전문 용어를 일정한 정비 기준에 따라
체계적으로 다듬어 알맞은 용어로 정비하여 사용할 수 있도록 하는 과정이
필요하다. 이 책은 전문 용어를 단어 형성의 관점에서 바라보고 있으므로
이 장에서는 공공 언어의 일부인 전문 용어를 대상으로 이를 단어 형성의
관점에서 조명해 보기로 한다.

10.2.3. 공공 언어로서의 전문 용어 사용자

전문 용어는 이미 여러 번 언급한 바와 같이 특정한 사용 분야에 초점을
두고 있다. 그러나 공공 언어는 그 사용 대상자가 특정한 분야의 전문가나
집단만이 아닌 일반인(국민)도 사용 영역에서 전문 용어를 사용하는 대상자가
될 수 있고 이는 특히 공공 언어에서는 확연하게 나타나는 현상이다. '공공
언어'를 공공기관에서뿐만 아니라 국민(일반인)도 자주 사용하는 언어라는 것
은 2021년 공공 언어 개선의 정책 효과 조사 연구에서 다음과 같이 정리한
그동안의 '공공 언어'에 대한 정의에서도 드러나는 사실이다. 이를 다음과
같이 정리해 보기로 한다.

(5) 공공 언어에 대한 그동안의 연구에서의 정의

	정의
김정수 (2009)	개인이나 소수 집단이 아니라 전체의 구성원을 상대한 언어.
김세중 (2010)	대중을 향해 쓰이는 언어.
이인제 (2009)	정부나 공공 기관이 사회 구성원인 국민의 삶을 향상시키고 국가정책 또는 공공의 이익을 실현하기 위해 설명, 설득, 규제를 목적으로 상황에 적합하게 사용하는 언어.
남영신 (2009)	정부 기관이 사용하는 언어와 민간에서 사용하는 언어라도 일반인이 듣고 볼 것을 전제로 하여 사용하는 언어.
조태린 (2010)	공적인 영역과 사적인 영역을 막론하고 불특정 다수의 사회 구성원이 대상이 될 수 있는 상황에서 사용하는 언어.
민현식 (2010)	공공의 장에서 해당 업무자가 공공의 구성원들을 대상으로 생성해내는 일체의 구어와 문어.
강남욱·박재현 (2011)	개인이 사적 맥락에서 사용하는 일상 언어와 달리 공적 맥락에서 사용되는 모든 언어를 통칭.
김세중 (2012)	개인들 사이의 사적인 대화가 아닌, 다수의 사람들을 상대로 한 언어 사용. 불특정 다수를 대상으로 사용되는 언어를 통틀어 일컫는 말.
김형배 (2013)	공공의 장에서 해당 업무자가 공공의 구성원들을 대상으로 생성해내는 일체의 글(말).
김미선·이지용 (2018)	공공의 목적으로 공공 업무자가 사회구성원을 대상으로 생산한 공문서에 사용하는 언어.
류성진 (2019)	공공영역에서 국가나 사회의 구성원에게 두루 사용되는 언어로서 주로 구성원들의 사회적 삶과 활동에 적용되는 규정과 정보, 지식을 다룰 때 사용되는 언어.
이건범 (2020)	공익의 목적 아래 많은 이에게 두루 전해질 것을 전제하고 공개적으로 하는 말.
이기연 (2021)	정부나 공공기관을 비롯한 민간단체들이 불특정 다수를 대상으로 공적인 목적으로 사용되는 언어라 볼 수 있음.
신수호 (2021)	한국 전체 사회 구성원에게 영향을 미치는 공공기관의 언어.

(5)의 정의 중 조태린(2010 : 383)은 공공 언어를 '공적인 영역과 사적인 영역을 막론하고 불특정 다수의 사회구성원이 대상이 될 수 있는 상황에서 사용하는 언어'로 정의하고 있음에 주목할 필요가 있다. 그 이유는 기존의 정의들에서 문제가 되었던 사용 주체의 문제를 사용 대상과 상황의 문제로 바꾸어 놓고 있기 때문이다. 이러한 전환은 공공기관만이 아닌 대중 매체나 민간 기업 등 다양한 형태의 공공 언어 사용 주체를 모두 포괄할 수 있게 한다. 또한 사적 영역에서 개인의 언어도 공공 언어로 볼 수 있다는 시선도 함께 열어주었다. 공공 언어의 사용 대상과 관련해 개별적인 상황에서의 실제 인원수보다 다수에게 확장될 가능성에 더 주목하고 있다. 정의 내에서 '막론하고'가 그 이유를 설명하고 있다. 공공기관에서 제공하고 있는 민원 문서, 안내문뿐만 아니라 민간 차원의 경제 활동에 사용하는 언어와 사적 영역에서 불특정 다수가 공유하는 정보 등이 모두 그 범위로 들어오게 되는 것이다.

이에 따라 공공 언어의 사용 대상자인 국민들은 다양한 유형의 공공 언어에 노출되어 생산자가 되기도 하고 사용자가 되기도 한다. 그러나 이들은 공공 언어를 쓰고 있다는 사실을 인지하지 못하고 있다. 이를 확장하면 사회에서의 공공 언어 사용은 더 넓고 깊게 접근해야 할 필요가 있다. 이는 곧 전문 용어로서의 공공 언어는 공공성과 소통성이 전제되어야 한다는 것을 의미한다.

10.3. 공공 언어에서의 전문 용어 생산

최형용(2010)에서는 전문 용어 형성에 초점을 두어 전문 용어 정비의 구체적인 방법까지 논한 바 있다. 최형용(2010 : 12)에 따르면 전문 용어를 형성하는 원칙은 언어 정책 면에서 규범을 전제로 두고 있기 때문에 학문적인 접근 방법과 때로는 충돌하는 부분이 적지 않다는 사실을 언급한다. 전문 용어의 '형성'은 외국어로 된 전문 용어를 한국어로 번역하는 것도 포함하고 기존의 전문 용어를 대체하는 경우도 '형성'의 중요한 부분이 되기 때문이다. 전문 용어 형성 유형에 일반 언어학에서의 단일, 파생, 합성 이외에 구(句) 구성, 줄임(어휘 조작), 차용 등도 포함한다고 서술하고 있다. 그러나 이 장에서는 이 모든 형성의 형태보다는 공공기관에서 두루 쓰는 공공 언어 중 행정 용어를 전문 용어로 한정하여 살펴보도록 한다. 즉 외국어로 된 전문 용어를 한국어로 번역한 것이나 기존의 전문 용어를 대체하여 어려운 한자어, 혼종어, 우리말(고유어) 등의 구분을 포함하는 것이다. 또한 최형용(2010)에서 전문 용어 '형성'은 일반 언어학의 '형성'보다 포괄적으로 '정비'의 측면에서 규범적이면서 처방적인 성격을 함께 지닌 것은 '형성'의 이러한 속성과 연결되어 있다고 논한 바 있다. 이에 따라 전문 용어 표준화에 따른 대상어 정비안을 통해 처방적 작용이나 활동을 살펴보겠다.

10.3.1. 사전에서의 전문 용어 표시 기능

『우리말샘』에서는 표제어 여러 정보를 제공하고 있다. 품사에 따라 「명사」, 「부사」, 「동사」 등의 표시로 정보를 제공한다. 전문 용어인 경우에는 '분야' 항목을 두어 『식물』, 『언어』, 『매체』와 같이 그에 해당하는 전문 분야 표시를 한다. 그 한 예를 보면 다음과 같다.

(6) 『우리말샘』 표제어 '민들레'와 '문화 콘텐츠'의 정보

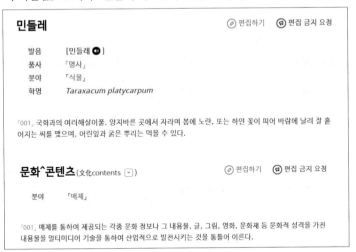

(6)에서 '민들레'는, 품사는 「명사」이고, 분야는 『식물』로 학명은 'Taraxacum platycarpum'로 전문 분야에서 학명까지 언급하여 밝혀 나타내고 있다. '문화콘텐츠'는 한자어와 영어권의 외래어가 결합하여 만든 용어로 단어가 아니므로 무품사다. 하지만 전문 분야나 공공기관, 매체에서는 자주 사용하는 용어로 '분야' 정보 제공에서 이를 『매체』로 표시하고 있다.

『우리말샘』 사전은 국민 참여의 개방형 국어사전으로 어휘가 실제 생활에서 쓰이는 방식을 생생하게 담아내는 것을 목적으로 한다. 따라서 실제 언어생활을 반영해 국민 누구나 뜻풀이, 발음, 방언, 용례 등 어휘 정보를 적을 수 있다 보니 (6)의 예시 중 '문화 ^ 콘텐츠'는 『표준국어대사전』에 등재된 용어는 아니지만, 공공기관 등에서 사용하는 전문 용어로서 기능을 할 수 있도록 뜻풀이를 지정하고 있다. 이러한 『우리말샘』은 신어, 생활어, 방언, 전문 용어를 비롯해 『표준국어대사전』의 두 배 규모인 100만여 개 어휘가 우선 등재됐으며 참여자가 직접 어휘를 등록할 수도 있어 공공 언어를 이용하는 사람들에게는 그만큼 유용한 사전으로 활용할 수 있다.

10.3.2. 전문 용어로서 공공 언어의 형성, 분류

최형용(2010)에서는 전문 용어의 형성 기준으로 '파생성'과 '언어적 정확성'을 든 바 있다. 강미영(2020)에서는 '어렵거나 낯선 외국어 전문 용어에 해당하는 용어', '일상에서 많이 사용하는 용어들이 전문 분야 개념을 지칭하는 용어'로 구분하여 전문 용어를 보여 준다.[7] 강미영(2020)의 구분은 우리말 다듬기를 시행하는 경우 한눈에 파악하는 데 도움이 될 수 있는 분류로 보인다. 그러나 이 장에서의 분류는 공공 언어로서의 전문 용어를 다루고 있으므로 이 중에서 여러 공공기관 등에서 공통으로 사용하는 공공 언어로서 인정하는 용어를 선택하여 몇 가지로 구분할 필요가 있다. 공공기관 등에서 사용하는 공통 용어는 공통 행정 용어에 해당할 것이다. 특히나 2018년 국립국어원에서는 전국의 공공기관 등에 배포한 '필수 개선 행정 용어 순화어 100'은 장기간 공공기관에서 전문 용어로서 공공 언어 역할을 한 것으로 파악할 수 있다. 또한 국립국어원(2022 : 104-106)에서 공공 언어의 용어 구분을 크게 4가지로 나눈 것을 참고하면 어종(語種)을 기준으로 다음과 같은 구분이 가능할 것으로 판단된다.

---

7) 강미영(2020 : 10)에서 이에 해당하는 예를 제시하면 다음과 같다.

(가)	1	경구 투여[약학](→ 복용, 약 먹음, 복약), 투매[경제](→ 막팔기), 노임[경영](→ 품삯), 비계[건설](→ 발판), 애자[전기·전자](→ 뚱딴지), 이서[법률](→ 뒷보증)
	2	팬데믹[보건 일반](→ 감염병 세계적 유행), 규제 샌드박스[경제](→ 규제 유예), 젠트리피케이션[사회 일반](→ 둥지 내몰림), 싱크홀[지리](→ 함몰 구멍, 땅꺼짐), 엠바고[매체](→ 보도 유예)
(나)		내려받기(= 다운로드)[정보 통신], 골뱅이(= @)[정보 통신], 문자(= 휴대 전화 문자 메시지), 변태[동물], 활용[언어], 낯설게하기[문학], 운동[물리]

표의 (가1)과 (가2)는 어렵거나 낯선 외국어 전문 용어에 해당하고 (나)는 일상생활에서 많이 사용하는 전문 용어에 해당한다.

(7) 공공 언어의 어종별 분류8)

어종 구성	예시	비고
로마자로 이루어진 용어	T/F팀, MOU, IT, AI, ODA, M&A	20개 이상 기관에서 사용
	bottom-up, B2B, Fast-Track	10-19개 기관에서 사용
외국어·외래어	거버넌스, 해커톤, 인포그래픽, 세션	20개 이상 기관에서 사용
	퍼실리테이터, 팸 투어, 이니셔티브, 테스트 베드, 엠바고	10-19개 기관에서 사용
	마스터 플랜, 심포지엄, 알고리즘, 원스톱, 컨트롤 타워	
한자어	계상(計上), 개축(改築)	20개 이상 기관에서 사용
	징구, 차폐, 경정, 시방서, 이첩, 노무비	10-19개 기관에서 사용
줄임말	핀테크	20개 이상 기관에서 사용
	아스콘, 예타	10-19개 기관에서 사용
혼종어	포지티브 규제(positive 規制), 핑퐁민원(pingpong 民願), 팬트업 효과(pent-up 效果), 안심 스크린(安心 screen), n차 감염(n次 感染), 턴키 발주(turnkey 發注)	
우리말	뽁뽁이, 도로 살얼음, 누리꾼, 누리집, 댓글 …	

　　이 분류 구분은 우리말 다듬기를 살피려는 것이 아니라 공공 언어로서의 전문 용어의 형성을 보기 위한 것이다. 로마자로 쓸 때는 외래어 표기법에 따른 한글 표기보다는 로마자(영문 약자 표기)로 쓰는 경우가 생기면서 국어기본법 제14조를 위배하는 일이 종종 발생하여 로마자로 이루어진 용어와 외래어·외국어를 구분하여 표시하였다. 또한 『표준국어대사전』에 미등재된, 대

---

8) 기존의 공공 언어에서 사용한 전문 용어의 형성 양상을 보이기 위한 구분으로 다듬은 말은 생략하였다.

체로 이해하기 어려운 외래어를 기관에 따라 전문 용어로 지정하여 사용하는
지의 구분을 비고에서 밝혀 나누어 표기하였다. 공공 언어에서 용어 사용의
어려움은 그 용어를 일상에서 얼마나 자주 접하는지와 관련이 있다. 그러므
로 공공 언어 사용 시에는 한자어가 일상에서 잘 쓰이는지를 고려해야 한다.
본말을 줄여 쓴 경우도 적지 않다는 사실에 주목할 필요가 있다. 두음절어나
혼성어가 이에 속하는데 본말의 앞 글자나 일부만 선택하여 만든 용어는
특히 경제적이고 간결하여 자주 사용되는 경향이 있다. 그러나 이는 어디까
지나 생산자의 입장을 반영할 뿐 수용자 측면에서는 그만큼 용어가 담고
있는 의미를 정확하게 유추하기 어렵다는 단점을 지니고 있어 다듬는 말의
대상이 되기도 한다. 물론 외래어와 한자어, 우리말과 한자어, 우리말과 외래
어와 같이 서로 다른 어종이 결합하여 새로운 전문 용어를 만든 경우도 적지
않다. 특히 외국어의 유입이 많은 시대에는 외국어 전문 용어뿐만 아니라
외국와 혼종된 전문 용어의 생산도 빈번하게 이루어지고 있다.

　공공 언어가 전문 용어로서 기능을 하여 한 번 만들어지면 이를 바꾸는
것은 쉽지 않다. 따라서 정책의 수혜자인 국민이 쉽고 정확하게 이해할 수
있게 하려면 용어 선택의 중요성이 부각될 수밖에 없다. 국어기본법에서는
이러한 측면을 반영하여 공공기관의 알기 쉬운 용어 사용 의무와 중앙행정기
관의 전문 용어 표준화 임무가 2017년부터 강화되었다. (4)에서 살펴본 바와
같이 국어기본법 제14조 제1항에서 "공공기관등은 공문서등을 일반 국민이
알기 쉬운 용어와 문장으로 써야 한다."라고 강조하고 있고, 같은 법 제17조
에서는 전문 용어의 표준화를 규정하여 각 중앙행정기관에 '전문 용어 표준
회협의회'를 두도록 의무화하고 있다. 물론 전문 용어 표준화 방식은 분야마
다 차이가 있다. 이는 곧 정부 기관의 행정 분야에서 사용되는 전문 용어,
학계의 학술용어, 과학기술계의 과학기술용어, 산업계의 산업 용어 등에 분
야별로 접근하는 것이 필요하다는 것을 의미한다. 이에 비하면 공공기관,
민간단체(학술단체 및 비영리 민간단체)의 경우 관련 중앙행정기관을 통해 전문

용어 표준화를 할 수 있다는 장점이 있다.

10.4. 공공 언어로서의 전문 용어 표준화

10.4.1. 전문 용어로서의 공공 언어 표준화의 필요성

전문 용어의 표준화는 국민이 쉽고 편리하게 소통할 수 있도록 공공 전문 용어를 일정한 정비 기준에 따라 체계적으로 다듬어 알맞은 용어로 정하는 것을 의미한다(국립국어원 2020 : 4).

전문 용어 표준화는 법적 근거를 갖추고 있다. 이는 다음의 국어기본법 제17조와 국어기본법 시행령 제12조 및 제12조의 2항에서 확인할 수 있다.

(8) 전문 용어 표준화에 국어기본법의 근거 조항

국어기본법(법률 제16589호, 2019. 11. 26.)
제17조(전문용어의 표준화 등)
① 국가는 국민이 각 분야의 전문용어를 쉽고 편리하게 사용할 수 있도록 표준화하고 체계화하여 보급하여야 한다.
② 제1항에 따른 전문용어의 표준화 및 체계화를 위하여 중앙행정기관에 전문용어 표준화 협의회를 둔다.
③ 전문용어의 표준화 및 체계화 절차, 전문용어 표준화협의회 구성 및 운영 등에 필요한 사항은 대통령령으로 정한다.

'국어기본법 시행령'(대통령령 제29421호, 2018. 12. 24)
제12조(표준화협의회의 구성 및 운영)
① 법 제17조제2항에 따라 중앙행정기관에 두는 전문용어 표준화협의회(이하 '표준화협의회'라 한다)는 위원장 1명을 포함하여 5명 이상 20명 이하의 위원으로 구성한다.
② 표준화협의회 위원장은 해당 중앙행정기관의 국어책임관이 되고, 위원은

다음 각 호의 사람 중에서 해당 중앙행정기관의 장이 성별을 고려하여 임명하거나 위촉한다.

1. 해당 중앙행정기관의 전문용어 관련 부서 소속 공무원

2. 국어 및 전문용어와 관련된 분야의 전문지식과 경험이 풍부한 사람

③ 표준화협의회는 다음 각 호의 사항을 심의한다.

1. 소관 분야 전문용어의 순화 및 표준화에 관한 사항

2. 소관 분야의 학술단체·사회단체 등 민간 부문에서 심의를 요청한 전문용어의 순화 및 표준화에 관한 사항

3. 그 밖에 전문용어의 순화 및 표준화를 위하여 필요한 사항

④ 제1항부터 제3항까지의 규정에서 정한 사항 외에 표준화협의회의 구성 및 운영에 필요한 사항은 해당 중앙행정기관의 장이 정한다.

제12조의2(전문용어 표준화 및 체계화 절차)

① 중앙행정기관의 장은 소관 분야의 전문용어를 표준화하려는 경우에는 표준화협의회의 심의를 거쳐 문화체육관광부장관에게 심의를 요청하여야 한다. 이 경우 별지 제1호 서식의 심의 요청서에 다음 각 호의 서류를 첨부하여 제출하여야 한다.

1. 별지 제2호 서식의 전문용어 표준안 심의 요청 목록

2. 소관 분야의 전문용어 표준안 심의 관련 서류

3. 소관 분야의 학술단체·사회단체 등 민간 부문에서 요청한 전문용어 표준안 심의 관련 서류

② 문화체육관광부장관은 제1항에 따라 심의 요청된 전문용어 표준안을 국어심의회의 심의를 거쳐 확정한 후 그 결과를 해당 중앙행정기관의 장에게 회신하고, 해당 중앙행정 기관의 장은 이를 고시하여야 한다.

③ 중앙행정기관의 장은 제2항에 따라 확정·고시된 전문용어를 소관 법령의 제정·개정, 교과용 도서 제작, 공문서 작성 및 국가가 주관하는 시험 출제 등에 적극 활용하여야 한다.

④ 문화체육관광부장관은 중앙행정기관의 장에게 표준화협의회의 운영 실적 등 전문용어의 표준화 및 체계화에 필요한 자료의 제출을 요청할 수 있다.

여기에서 알 수 있는 전문 용어 표준화의 목적은 크게 3가지로 설명할 수 있다. 지식 전달 매개와 교육 기준, 국제 교류 등의 원활한 소통이 첫 번째 목적에 해당한다. 균일성, 호환성, 능률성에 따른 경제성 증대와 마지막으로 산업 현장의 사고 방지와 사용자의 오작동으로 인한 기계 오류 방지 등의 안정성 확보다. 이에 따라 전문 용어 표준화의 필요성은 21세기 사차 산업 시대의 핵심 지원인 지식 정보의 유통이 원활하고 신속하게 하려면 용어가 체계적으로 통일되어 있어야 한다. 언어 자원의 종합적이고 지속적인 관리로 학문 발전이나 인공지능과 자동 번역 등 언어 자원 산업화를 이끌 수 있게 하기 위함이다. 일반 국민이 이해하기 어려운 전문 용어 사용은 정보의 불균형을 만들고 국민을 정책에서 소외시킨다. 이를 막기 위해서는 국민의 알권리를 보장하고 공공 부문의 소통을 원활하게 하려면 전문 용어 표준화가 필요할 수밖에 없을 것이다. 그뿐만 아니라 남북 통일에 대비하여 남한과 북한의 원활한 언어 소통을 준비하려면 국가 차원의 용어 관리가 필수 요소이기도 하다.

10.4.2. 공공 언어로서의 표준안 마련

중앙행정기관 등에서 전문 용어 표준안을 마련하고자 할 때는 공문서 등에서 사용된 표준화 대상 용어를 발굴하여 선정한다. 개념 이해에 도움이 될 만한 정보를 작성하여 표준안을 마련하고, 기관 내 전문 용어 표준화협의회에 상정하기 위한 표준화 심의 자료를 작성하면 다음과 같은 방법과 순서로 이루어진다.

(9) 표준안 마련에 따른 순서(국립국어원 2020 : 7)

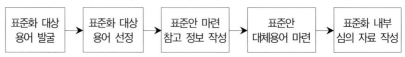

표준화 대상 용어 발굴 → 표준화 대상 용어 선정 → 표준안 마련 참고 정보 작성 → 표준안 대체용어 마련 → 표준화 내부 심의 자료 작성

표준안 마련에 따른 대상 용어 발굴 방법은 공공성이 있고 국민의 입장에서 정보를 쉽게 구할 수 있는 자료인 공문서, 보도자료, 누리집 등에서 그 대상 용어를 찾는다. 2013년 이후에 표준 전문 용어로 고시된 용어와 공공기관 및 학술단체 등에서 위원회 구성 등에 따라 체계적으로 다듬어진 용어, 국가기술표준원의 표준용어사전(https://standard.go.kr → 표준용어사전), 한국정보통신기술협회의 정보통신용어사전(http://terms.tta.or.kr/main.do), 대한의사협회의 의학용어집(https://term.kma.org/)에 등재된 용어 등은 제외한다. 그러나 분야 간 개념 불일치 등 표준화한 용어를 재심의할 만한 합리적 이유가 있을 때는 포함할 수 있다.

이제 표준화 대상 전문 용어를 예로 보이면 다음과 같다.

> (10) 표준화 대상 전문 용어 예시
> • 어려운 한자 전문 용어
>   - 자동 제세동기(自動除細動器 : 자동 심장 충격기)
> • 낯선 외래 전문 용어
>   - 팬데믹(pandemic : 감염병 세계적 유행)
> • 하나의 개념이 여러 용어로 사용되는 경우
>   - AED/자동 제세동기/심장 세동 제거기/자동 심장 충격기
> • 하나의 용어가 여러 개념으로 사용되는 경우
>   - AI : 조류 인플루엔자(수의)/인공 지능(정보·통신)/인공 수정(의학)
> • 어법에 맞지 않는 전문 용어
>   - 햇치(hatch)*, 최대값**
>   * 외래어 표기법에 따라 '해치'로 써야 함.
>   ** 한글 맞춤법에 따라 '최댓값'으로 써야 함.

표준화 대상에 따른 용어 선정의 기준은 발굴한 용어 중에서 전문 용어 표준화가 필요하다고 판단되어야 한다. 이는 해당 기관이 담당하는 분야의 용어를 표준화의 대상으로 삼는 것을 원칙으로 한다. 다만, 다른 기관이 담당

하는 분야에 속하는 용어라고 하더라도 해당 기관의 업무처리를 위해 표준화가 필요하다고 판단하면 표준화 대상에 따른 용어로 선정할 수 있다. 제외 대상은 특정 분야에서만 사용하며 국민 생활과 관련성이 현저히 낮은 용어와 행정기관 직제명이나 고유 명칭인 용어는 제외한다. 그러나 고유 명칭 중에서 정책용어는 표준화 대상 용어로 선정할 수 있다. 법령에서 개념을 정의하는 등과 같은 일관성 있게 명시적으로 사용하는 용어는 제외 대상이다.

『표준국어대사전』에 등재된 용어와 형태, 분야와 정의가 일치하는 용어는 원칙적으로 표준화 대상에 따른 전문 용어로 선정하지 않는다. 하지만 『표준국어대사전』에 등재된 용어 중에 형태, 분야나 정의가 다른 용어는 표준화 대상에 따른 전문 용어로 선정할 수 있다. 더불어 표준화에 해당하는 용어가 고등학교의 교육 수준에서 다루어지지 않고, 일반 고등학교 교육을 받은 사람이 이해할 수 없는 용어라면 표준화 대상 용어로 선정할 수 있다.

한편, "위반행위를 하면 그 행위자를 벌하는 외에 그 법인 또는 개인에게도 해당 조문의 벌금형을 과(科)한다."의 예에서처럼 '과하다'는 '부과하다'는 뜻의 일반 용어이므로 전문 용어 표준화 대상으로 삼지 않는다. 표준화 대상 용어의 의미가 다양하고 분명하지 않은 경우나 적절한 표준안(대체 용어) 마련이 어려운 경우는 제외한다. 이때의 예외로 표준안 마련이 어렵더라도 개념을 정확히 하여 보급할 필요가 있을 때는 선정하며, 대상 용어를 그대로 사용할 수 있다.

표준화 대상에 따른 용어 선정으로 표준안(대체 용어)을 마련하는 기준으로는 고등학교 교육을 받은 사람이라면 쉽게 이해할 수 있으며, 법령 제정·개정, 교과용 도서 제작, 공문서 작성과 국가가 주관하는 시험 출제 등에 활용할 수 있는 표준안을 마련하도록 한다. 관련 부서, 학계, 산업계의 의견을 청취하여 실제 사용자들이 이해와 설득이 가능한 표준안을 마련하도록 한다.

『2020 전문 용어 표준화 안내서』에 따른 '표준안을 마련할 때 고려 사항'은 다음과 같다.

⑾ 『2020 전문 용어 표준화 안내서』에 따른 '표준안을 마련할 때 고려 사항'
- (문법성) 어문 규정(한글 맞춤법, 표준어 규정, 외래어 표기법)과 어법에 맞는 표준안을 마련
- (투명성과 명시성) 대상 용어의 의미를 정확하게 담아 표준안만 보고서도 의미를 파악 가능
- (간결성) 음절 수가 긴 용어보다 짧은 용어가 기억이나 학습에 용이, 불필요하게 음절 수가 길어지지 않도록 함
- (친숙성) 대상 용어가 외국어인 경우, 되도록 친숙한 고유어나 한자어, 토착화한 외래어*로 표준안을 마련, 고유어, 한자어, 외래어 가운데에서도 더 많이 사용되는 용어가 있다면 이를 우선시함.
  * 버스, 컴퓨터 등과 같이 토착화하여 고유어나 한자어로 바꿔 쓸 수 없는 외래어
- (일관성) 개념과 용어는 일관된 방식으로 서로 대응되어야 함. 같은 범주에 속하는 개념은 되도록 같은 형식을 가지도록 표준안을 마련
- (일의성) 가능하면 하나의 용어는 하나의 개념을 나타내고, 하나의 개념은 하나의 용어로 지칭함. 단, 문맥에 따라 달리 쓰이거나 표준안이 정착되기까지 시일이 걸리는 경우 등으로 복수안이 필요한 경우는 예외로 함.

　표준안을 마련할 때 고려 사항은 결국 국민을 대상으로 하는 공공 언어가 전문 용어로서 자리매김을 하기 위한 조건으로도 이해할 수 있다. 따라서 전문 용어로서의 자리매김을 위해 공공 언어의 요건 중 소통성을 중요시하면서 공공성을 배제하지 않은 조건이라 할 수 있다.

10.4.3. 공공 언어로서의 전문 용어 표준화 사례

　국립국어원 『2020 전문 용어 표준화 안내서』에서 제시하고 있는 93개의 표준화 사례를 제시하면 다음과 같다.

(12) 『2020 전문 용어 표준화 안내서』 93개의 표준화 사례

번호	분야	세부 분야	대상 용어	원어	표준안 (대체 용어)	용어 해설 (정의문)	대상 용어 사용예시
1	산업·통상·중소기업	에너지 및 자원개발	가섭선	架涉線	공중선	전선, 가공 지선, 통신선 등 지지물에 설치되는 선류(線類)를 총칭하는 것.	지지물의 설치 간격은 지지물의 강도, 가섭선(→ 공중선)의 높이, 부하 밀도 및 현장 여건 등을 고려하여 결정한다.
2	농림해양수산	농업·농촌	가식	假植	임시^심기	종자나 모종을 제자리에 심을 때까지 임시로 딴 곳에 심는 일. 굴취한 묘를 마르거나 얼지 않도록 일시적으로 땅에 묻어두는 것. 또는 접목작업 후 묘를 일정기간 땅속에 묻어 보호하는 것.	가식(→ 임시 심기) 육묘했다가 정식한다. '한국의 자생 에델바이스 솜다리(10.1.)'
3	산업·통상·중소기업	에너지 및 자원개발	감발, 발전기 감발	減發, 發電機減發	출력^감소, 발전기^출력^감소	발전기의 출력을 감소시키는 것.	345kV OO송전 선로 과부하 해소를 위해 발전기 감발(→ 출력 감소)이 필요하다.
4	산업·통상·중소기업	에너지 및 자원개발	강송, 강행송전	强送, 强行送電	수동^송전	선로 고장 시 차단기 차단 후 수동으로 재송전하는 것.	154kV OO송전 선로 강송/강행송전(→ 수동 송전)에 성공하였다.
5	산업·통상·중소기업	에너지 및 자원개발	개거	開渠	개방^수로	일반적인 하천, 운하 따위와 같이 윗면을 덮지 않고 그대로 터놓은 수로 즉, 수면과 대기가 직접적으로 접하는 형태이다.	발전소 냉각수용 취수 설비는 주로 개거(→ 개방 수로) 형태이다.
6	산업·통상·중소기업	에너지 및 자원개발	개로	開路	열린회로	전류의 통로가 끊겨 있는 상태.	개로(→ 열린회로) 상태.
7	보건	보건 의료	객담	喀痰	가래	기침이나 헛기침으로 객출된 기도점막으로부터의 분비물.	기침, 발열, 객담(→ 가래) 등의 전형적 결핵 증상을 보이는 환자를 대상으로 검진 예정.
8	농림해양수산	농업·농촌	계육	鷄肉	닭고기	닭의 살코기. <우리말샘(국립국어원, 2016)> 닭고기. 닭에서 생산된 고기. <농업용어사전(농촌진흥청, 1997)>	계육(→ 닭고기)분 포함. <사료 등의 기준 및 규격 [별표1] 단 미사료의 범위>

번호	분야	세부 분야	대상 용어	원어	표준안 (대체 용어)	용어 해설 (정의문)	대상 용어 사용예시
9	산업·통상·중소기업	에너지 및 자원 개발	공칭전압	公稱電壓	표준^전압	220V, 22,900V 등 한 국가의 표준 전압.	고압과 특별 고압 선로의 전압 강하율은 공칭전압(→ 표준 전압)을 기준으로 10% 이내이어야 한다.
10	산업·통상·중소기업	에너지 및 자원 개발	구배	勾配	기울기	비탈길, 지붕 등 경사면의 기운 정도를 말함.	연약 지반, 교통 장애 등으로 구배(→ 기울기) 굴착이 곤란한 지역에 대해서는 다음과 같이 시공한다.
11	과학 기술	과학 기술 연구	그린IT	green IT (Information Technology) (영)	녹색^정보^기술, 친환경^정보^기술	정보 기술(IT) 전 분야에서 유해 물질 사용을 자제하고 에너지 절감을 통해 친환경 제품과 서비스를 제공하는 개념.	OO사에서는 국내 최초로 그린 IT(→ 녹색 정보 기술, 친환경 정보 기술)를 적용하여 에너지 절감형 제품을 생산한다.
12	산업·통상·중소기업	에너지 및 자원 개발	근가	根枷	전주^버팀대	콘크리트 전주 또는 지선의 기초 강도를 보강하기 위해 지표면에 설치하는 고정용 블록.	근가(→ 전주 버팀대)는 일반적으로 지반이 약한 곳에 사용한다.
13	산업·통상·중소기업	에너지 및 자원 개발	근입	根入	밑동^묻기	전주나 기타 전력 설비 지지물의 밑동을 묻는 것.	전주 근입(→ 밑동 묻기) 시 지반이 너무 약하면 고정 블록을 이용할 수 있다.
14	농림 해양 수산	농업·농촌	급이	給餌	먹이^주기	가축에게 먹이를 주는 것.	오염된 옥수수가 가축에 급이 되었을(→ 먹이로 주었을) 때<농기자재신문> '우리의 먹을거리를 위협하는 식물 병원균(9. 2.)'
15	일반 공공 행정	재정·금융	낙전수입	落錢收入	미사용^수입, 미사용^부가^수입	소비자가 정액 상품의 사용 한도액이나 마일리지를 모두 쓰지 않고 남기는 액수만큼 기업이 벌어들이는 수입. <우리말샘>	발행업자들에게 막대한 낙전 수입(→ 미사용 수입, 미사용 부가 수입)이 돌아가게 된다.
16	산업·통상·중소기업	에너지 및 자원 개발	내용 연수, 내용년수*	耐用年數	사용^연한	철탑, 변압기, 개폐 장치 등 설비의 회계 처리를 위하여 규정한 사용 연한.	철탑의 내용 연수(→ 사용 연한)는 30년이다.
17	통신	방송 통신	노치필터	notch filter(영)	특정^주파수^차단기	특정 주파수 대역의 성분만을 제거하는 필터.	이동통신 단말기의 핵심 부품으로 주목을 받고 있는 노치필터(→ 특정 주파수 차단기)를 사용하면 통화 시 불필요한 소음을 제거할

번호	분야	세부 분야	대상 용어	원어	표준안 (대체 용어)	용어 해설 (정의문)	대상 용어 사용예시
							수 있다.
18	과학 기술	기상 관측	뇌전	雷電	천둥^번개	구름 속 양전기와 음전기 사이에서 발생하는 불꽃 현상인 번개와 번개의 열로 인해 공기가 팽창하면서 나는 소리인 천둥을 아우르는 말.	이날 오전 11시 10분에는 제주에서 광주로 향하려던 OOOO항공 OZ8142편이 뇌전(→ 천둥 번개)으로 낮 12시 19분에 출발하는 등 출발 89편, 도착 118편 등 207편이 지연 운항되기도 했다.
19	과학 기술	기상 관측	도서지방	島嶼地方	섬^지역	크고 작은 섬들로 이루어진 지역.	우리나라의 기온은 중부 산간, 도서 지방(→ 섬 지역)을 제외하고, 연평균기온은 10~15℃이며, 가장 무더운 달인 8월은 23~26℃, 가장 추운 달인 1월은 -6~3℃이다.
20	농림 해양 수산	농업· 농촌	도압장	屠鴨場	오리^도축장	오리 도축(식용 가축을 도살·해체)하는 곳.	도압장(→ 오리 도축장)을 불시 점검 했을 때'살충제· 소독제 용법 안 지키면 과태료 최대 100만 원(6. 5.)'
21	과학 기술	과학 기술 연구	드라이브 바이 다운로드	drive-by down load(영)	잠입형^악성 ^코드, 잠입형^악성 ^코드^설치	사용자 모르게 다운로드되어 실행되는 악성 프로그램.	드라이브바이다운로드(→ 잠입형 악성 코드)는 악성 코드가 숨겨진 콘텐츠를 사용자의 컴퓨터에 설치한다.
22	산업· 통상· 중소 기업	에너지 및 자원 개발	디아르 (DR)	DR (Demand Response)(영)	수요^반응	전력 수급 상황에 따라 전력 가격 변동 정보를 실시간으로 고객에게 전달하고 인센티브 프로그램 등을 통하여 전력 소비 절감과 최고점 전력 감소를 유도하는 것.	비상 발전기를 활용한 디아르(DR)(→ 수요 반응) 사업자가 등장한다.
23	과학 기술	과학 기술 연구	매니지드 서비스	managed service(영)	위탁^관리^ 서비스	IT 자원이나 서비스 운영과 관리를 제삼자를 통하여 대행하게 하는 것.	기업들은 네트워크 장비의 점검과 유지 보수 등을 제3자에게 위탁하는 매니지드 서비스(→ 위탁 관리 서비스)를 많이 이용하고 있다.
24	산업· 통상· 중소 기업	에너지 및 자원 개발	메거	megger(영)	절연^저항계	고압을 발생하여 고저항을 측정하는 저항계의 일종.	메거(→ 절연 저항계)를 이용한 변압기 절연 상태 측정.

번호	분야	세부 분야	대상 용어	원어	표준안 (대체 용어)	용어 해설 (정의문)	대상 용어 사용예시
25	보건	보건 의료	모바일 케어	mobile healthcare (영)	원격^건강^관리	인터넷을 이용해 환자와 의사가 시간, 공간, 장소에 구애받지 않고 의료 서비스를 주고받는 것.	보건소 모바일 헬스케어 (→ 원격 건강 관리) 7월부터 확대 실시.
26	문화 체육 관광	문화 예술	미디어 트레이닝	mediatraining (영)	미디어^적응 ^훈련, 미디어^체험 ^훈련, 미디어^대응 ^훈련	미디어를 대하는 방법을 훈련하는 것.	조직의 주요 임직원들을 대상으로 소통 능력 향상을 위한 미디어 트레이닝(→ 미디어 적응 훈련, 미디어 체험 훈련, 미디어 대응 훈련)을 실시하였다.
27	과학 기술	기상 관측	박무	薄霧	엷은^안개	시정 1km 이상으로, 무수히 많은 미세한 물방울이나 습한 흡습성 알갱이가 대기 중에 떠 있어서 먼 곳의 물체가 흐려 보이는 현상을 말한다.	제주도는 출근 시간대(08시 전후)에 맑겠으나, 안개나 박무(→ 엷은 안개)가 낀 곳이 있겠으니, 교통안전에 유의하시기 바랍니다.
28	문화 체육 관광	문화 예술	버추얼 리얼리티, 브이아르 (VR), 브이알[9]	VR (Virtual Reality) (영)	가상^현실	컴퓨터로 만들어 놓은 가상의 세계에서 사람이 실제와 같은 체험을 할 수 있도록 하는 최첨단 기술.	버추얼 리얼리티(→ 가상 현실) 기법은 게임에도 사용되지만, 의학 분야나 항공·군사 분야에서 각종 연습과 훈련에 활용되기도 한다.
29	산업· 통상· 중소 기업	에너지 및 자원 개발	변대주	變臺柱	변압기^전주	변압기가 설치되어 있는 전주.	도로 중앙에서 변대주(→ 변압기 전주)를 바라본 위치.
30	산업· 통상· 중소 기업	에너지 및 자원 개발	변류기, CT	變流器, CT(Current Transformer) (영)	전류^변성기	어떤 전류값을 원하는 전류값으로 변성하는 장치.	변류비가 2개 이상인 변류기(CT)(→ 전류 변성기)에는 1차 권선의 결선을 다르게 하거나, 2차 권선의 중간에 여러 개의 탭(Tap)을 설치한다.
31	산업· 통상· 중소 기업	에너지 및 자원 개발	병가	竝架	전선^병행^설치	동일 지지물에 다른 가공 전선로 회선을 설치하는 것.	2회선 이상이 병가(→ 전선 병행 설치)된 배전 선로.
32	산업· 통상· 중소 기업	에너지 및 자원 개발	부취, 부취제	附臭, 附臭劑	냄새 첨가물	냄새가 나도록 첨가하는 물질. 누출이 되었을 때 냄새로 확인할 수 있도록 넣는다.	누설을 손쉽게 알기 위하여 생산기지에서 기화/송출되는 무색무취의 천연가스에 TBM, THT, DMS와 같

번호	분야	세부 분야	대상 용어	원어	표준안 (대체 용어)	용어 해설 (정의문)	대상 용어 사용예시
							은 부취제(→ 냄새 첨가물)를 주입한다.
33	산업·통상·중소기업	에너지 및 자원 개발	블레이드, 풍력 발전기 블레이드	blade(영), 風力發電機 blade(영)	날개, 풍력^발전기 ^날개	풍력 발전기의 날개 부분.	이 풍력 발전기는 블레이드 (→ 날개)길이만 80m에 달한다.
34	산업·통상·중소기업	에너지 및 자원 개발	비엠에스 (BMS)	BMS(Battery Management System)(영)	배터리^관리 ^시스템, 배터리^관리 ^장치	에너지 저장 장치에 사용되는 2차 전지용 관리 시스템.	전기차의 비엠에스(BMS) (→ 배터리 관리 시스템, 배터리 관리 장치) 개발을 진행 중이다.
35	문화 체육 관광	문화 예술	비주얼 이펙트	visualeffects (영)	시각^효과, 시각^특수^ 효과	존재하지 않거나 촬영하기 어려운 장면을 컴퓨터 그래픽 등으로 창조하는 기법과 영상을 통칭하는 말.	최근 들어 예산을 많이 들이는 영화에서뿐만 아니라 아마추어 영화, 게임 등에서도 화려하고 실감 나는 비주얼 이펙트(→ 시각 효과, 시각 특수 효과)로 영상에서 눈을 뗄 수 없게 만드는 경우가 많다.
36	문화 체육 관광	문화 예술	비주얼 콘텐츠	visualcontents (영)	시각^콘텐츠	사진, 영상 등 시각적으로 지각할 수 있는 콘텐츠.	OOO 대표는 비주얼 콘텐츠(→ 시각 콘텐츠) 크리에이터로 활동하며 다양한 콘텐츠를 만들어 낸다.
37	과학 기술	기상 관측	빙정	氷晶	얼음^결정	대기 중에서 생긴 매우 작은 얼음의 결정을 말한다. 공기가 0℃ 이하가 되면 포화된 수증기가 빙정핵을 중심으로 승화하여 빙정이 된다.	해무리는 구름 입자의 크기, 분포 상태 등에 따라 색채가 변하며 대부분 빙정 (→ 얼음 결정)으로 된 구름에서 볼 수 있다.
38	과학 기술	기상 관측	빙정핵	氷晶核	얼음^결정^ 핵	수증기가 빙정을 만들 때에 승화 중심이 되는 고체 미립자를 말한다. 점토 입자·화산재 등도 빙정핵이 될 수 있다.	대기 중에 응결핵 또는 빙정핵(→ 얼음 결정 핵)이 적어 구름 방울이 빗방울로 성장하지 못할 때 인위적으로 인공의 '비의 씨(Cloud Seed)'를 뿌려 비를 내리게 하는 기술이다.
39	과학 기술	과학 기술 연구	사운드 카드	sound card (영)	사운드^카드	컴퓨터에서 다양한 종류의 소리를 처리하는 기능을 가진 하드웨어 장치.	컴퓨터에 사운드 카드가 설치되어 있어야 소리가 재생된다.
40	농림 해양	농업·농촌	생력화	省力化	노동력^ 줄이기,	산업의 기계화·무인화를 촉진시켜 노동력을 줄임.	발효 공정의 표준화 및 생력화(→ 노동력 줄이기, 노

번호	분야	세부 분야	대상 용어	원어	표준안 (대체 용어)	용어 해설 (정의문)	대상 용어 사용예시
	수산				노동력^절감	(생력) 힘을 덞. 노력을 덞. 노동력을 절약하는 것.	동력 절감)에 관한 연구.
41	산업·통상·중소기업	에너지 및 자원 개발	소내 소비전력	所內消費電力	발전소^소비^전력	발전소에서 생산된 전력 중 자체적으로 소비하는 전력.	소내소비전력(→ 발전소 소비 전력)이 발전기의 총 발전량에서 차지하는 비율이 얼마인가?
42	농림 해양 수산	농업·농촌	수도	水稻	논벼	논에 물을 대어 심는 벼. 논에 물을 대어 심는 벼. 무논에서 재배되는 벼.	수도(→ 논벼)용 제초제.
43	보건	보건 의료	수상	受傷	부상	상처를 받음. 부상을 입음.	군 직무 수행 중 수상(→부상).
44	문화 체육 관광	체육	스포 노믹스	sponomics (영)	스포츠^경제	'sports(스포츠)'와 'economics (경제)'의 합성어로, 스포츠산업을 통해 지역 경제를 부흥시키는 것.	특히 이번 평가전이 열리는 OO시는 스포노믹스(→스포츠 경제)를 통한 지역 경제 활성화에 진력해 왔다.
45	문화 체육 관광	체육	스포츠 콤플렉스	sports complex(영)	스포츠^복합^단지, 스포츠^종합^단지	여러 종목의 체육 시설 및 관련 스포츠 부대시설이 함께 들어가 있는 스포츠 경기장 종합 단지.	이번 야구 테마 공원 조성으로 문화, 예술, 공연, 쇼핑 공간이 함께 어우러지는 멋진 스포츠 콤플렉스(→스포츠 복합 단지, 스포츠 종합 단지)가 탄생하기를 기대한다.
46	문화 체육 관광	관광	시브이비 (CVB), 컨벤션 뷰로	CVB(Convention & Visitor Bureau), Convention Bureau(영)	국제회의^전담^조직	국제회의 산업의 진흥을 위하여 회의 유치, 행사장 선정, 소요예산 분석, 홍보 등 각종 사업을 수행하는 전담 공공 조직.	올해 국제회의 개최 순위 4위라는 성과는 정부와 지역 시브이비(CVB)(→ 국제회의 전담 조직), 마이스(MICE) 업계, 학계가 적극적·유기적으로 협력하고 대응해 온 결과이다.
47	과학 기술	기상 관측	시정	視程	가시거리	대기의 혼탁 정도를 나타내는 기상 요소로서 지표면에서 정상적인 시각을 가진 사람이 목표를 식별할 수 있는 최대 거리를 말한다. 야간에도 주간과 같은 밝은 상태를 가정하고 관측한다.	오후부터 눈이 내리기 시작하면서 기상청은 경기도와 강원도 영서, 충북 북부에 눈 오는 지역에는 도로가 미끄럽고 시정(→ 가시거리)이 짧아 교통안전에 유의해야 하며….
48	과학 기술	기상 예보	알파웨더	Alpha (그) weather(영)	인공^지능^기상^예측^프로그램,	빅 데이터를 활용·분석하여 기상예보관이 신속·정확하게 예보를 할 수 있도	기상청은 다음 달부터 국립기상과학원을 통해 알파 웨더(→ 인공 지능 기상 예측

번호	분야	세부 분야	대상 용어	원어	표준안 (대체 용어)	용어 해설 (정의문)	대상 용어 사용예시
					알파^웨더	록 지원하는 인공 지능 프로그램.	프로그램)를 개발한다고 밝혔습니다.
49	농림 해양 수산	농업· 농촌	양축농가	養畜農家	축산^농가	가축을 기르는 농가.	배합 사료를 생산하는 양축 농가(→ 축산 농가)
50	문화 체육 관광	문화 예술	에이아르 (AR), 에이알*	AR (Augmented Reality)(영)	증강^현실	현실 세계의 이미지나 배경에 가상의 이미지를 추가하여 보여 주는 기술.	이 박물관에서는 에이아르 (→ 증강 현실) 기술을 활용하여 다양한 체험을 할 수 있다.
51	산업 통상· 중소 기업	에너지 및 자원 개발	에이엠 아르 (AMR)	AMR(Autom aticMeter Reading)(영)	원격^검침	고객 측에 시설된 전자식 전력량계를 통신 회선으로 연결하여 원격에서 전기 사용량을 검침하는 시스템.	고압 에이엠아르(AMR)(→ 원격 검침)전자식 전력량계 오차 시간 최소화를 통한 시간대별 계량 정확도 향상.
52	산업 통상· 중소 기업	에너지 및 자원 개발	에이엠 아이 (AMI)	AMI(Advanc edMetering Infrastructure) (영)	지능형^ 전력^계량^ 시스템	양방향 통신 기반의 디지털 계량기, 전기사용 정보 전달 장치, 전력 제어 장치로 구성되어 있는 인프라를 말함.	에이엠아이(AMI)(→ 지능형 전력 계량 시스템) 사업 대상으로 선정된 고객 중에 기설 고객은 계기 공사 대상이 아니나 통신 공사 대상에는 포함된다.
53	문화 체육 관광	문화 예술	엠아르 (MR), 엠알*	MR (MixedReality) (영)	혼합^현실	현실 세계와 가상 세계의 정보를 결합해 두 세계를 융합시키는 공간을 만들어 내는 기술.	엠아르(→ 혼합 현실) 기술을 활용하면 별도의 장비를 착용하지 않아도 손바닥 위에 가상의 동물을 올려놓고 상호 작용 하는 일도 가능해진다.
54	보건	보건 의료	예후	豫後	경과	병이 나은 뒤의 경과.	이 환자는 더 이상 발작이 일어나지 않고 예후(→ 경과)가 매우 좋은 편이다.
55	과학 기술	기상 관측	운량	雲量	구름양	하늘을 덮고 있는 구름의 양의 비율을 말한다. 하늘 전체(눈에 보이는 범위)의 몇 %쯤이 구름으로 덮여 있는지에 따라 0부터 10까지의 계급으로 나누고 있다.	계기로 관측하지 않고 관측자가 직접 눈으로 보고 관측하는 것. 시정·운량(→ 구름양)·기상 현상(안개, 황사 등)이 이에 속한다.
56	과학 기술	기상 관측	월파	越波	넘친^파도, 파도^넘침	강한 바람이나 너울 등의 영향으로 파도가 제방 따위를 넘어서 흐름. 또는 그런 파도.	남해안, 동해안 중심 너울에 의한 월파(→ 넘친 파도, 파도 넘침) 및 침수 주의.

번호	분야	세부 분야	대상 용어	원어	표준안 (대체 용어)	용어 해설 (정의문)	대상 용어 사용예시
57	과학 기술	기상 관측	유감, 유감 지진	有感, 有感^地震	체감^지진	사람이 몸으로 느끼는 지진.	관계자는 "평소 무감 지진이 발생하는 해역에서 사람도 느낄 수 있는 유감지진(→ 체감 지진)이 일어났다"라며 "현재까지 확인된 피해는 없다"라고 말했다.
58	과학 기술	과학 기술 연구	유아르엘 (URL), 인터넷 위치	URL(Uniform Resource Locator)(영)	인터넷^주소	인터넷에서 파일, 뉴스그룹과 같은 각종 자원을 표시하기 위한, 표준화된 논리 주소.	자료에 제시된 유아르엘 (URL)(→ 인터넷 주소)에 접속하면, 다양한 사진 자료와 영상 자료를 볼 수 있다.
59	산업·통상·중소 기업	에너지 및 자원 개발	이엠에스 (EMS)	EMS(Energy Management System)(영)	에너지^관리 ^시스템, 에너지^관리 ^장치	발전소의 발전량을 조절하기 위해 각 발전소 및 주요 변전소의 운전 상황을 한곳에서 감시하는 시스템.	이엠에스(EMS)(→ 에너지 관리 시스템, 에너지 관리 장치)는 전력거래소의 중앙급전소에 설치되어 우리나라 전체 전력 계통을 자동으로 감시, 제어하는 설비이다.
60	산업·통상·중소 기업	에너지 및 자원 개발	입도	粒度	입자^크기	흙, 석탄을 입자의 크기에 따라 구분하는 정도.	석탄 입도(→ 입자 크기)에 따른 분류는 괴탄(50mm 이상), 중괴탄(20~50mm), 분탄(0.5~20mm), 미분탄(0.5mm 이하)으로 구분한다.
61	보건	보건 의료	자동제세동기	自動除細動器	자동^심장^충격기	자동으로 심실세동을 감지하고 전기 충격을 가하는 소형의 제세동기.	긴급한 상황을 위해 자동제세동기 (→ 자동 심장 충격기) 사용법을 꼭 숙지해야 한다.
62	사회 복지	노인·청소년	장제급여 (비)	葬祭給與(費)	장례^보조금	피보험자나 피부양자가 사망한 때에 장례를 치르는 사람에게 지급하는 금액.	행정복지센터 방문 없이 장제급여(→ 장례 보조금) 및 주거 급여를 온라인 신청한다.
63	농림 해양 수산	농업·농촌	재식	栽植	심기	농작물이나 나무를 심음. 종자 또는 식물체를 작투에 심는 것.	수입 후 격리 재배지에서 재시하는(→ 신는) 경우「식물방역법 시행규칙」.
64	농림 해양 수산	농업·농촌	적과	摘果	열매솎기	나무를 보호하고 좋은 과실을 얻기 위해 너무 많이 달린 과실을 솎아 내는 일. 과실의 착생수가 과다할 때에 여분의 것을 어릴 때에 제	사과 열매가 달리면 때맞춰 적과(→ 열매솎기) 작업을 해야 한다. '맛보면 안 사고 못 배기는 OO 사과(6. 21.)

번호	분야	세부 분야	대상 용어	원어	표준안 (대체 용어)	용어 해설 (정의문)	대상 용어 사용예시
						거하는 것. 해거리를 방지하고 크고 올바른 모양의 과실을 수확하기 위하여 알맞은 양의 과실만 남기고 따 버리는 것.	
65	농림 해양 수산	농업· 농촌	적화	摘花	꽃^솎기	과실이나 꽃의 크기 및 품질 향상을 위하여 꽃을 솎아 한 개체의 꽃의 수를 제한하는 일. 꽃 솎음. 꽃을 따내는 것.	꽃이 피면 적화(→ 꽃 솎기)를 한다. '맛보면 안 사고 못 배기는 OO 사과(6. 21.)'
66	과학 기술	과학 기술 연구	전자 바우처	電子voucher (영)	전자^이용권	종이 증서나 상품권 대신 전산 결제 시스템이나 카드 따위로 구매하는 방식.	복지, 문화 등의 사회 서비스를 이용할 수 있는 전자 바우처(→ 전자 이용권)에 관한 설명회가 개최되었다.
67	농림 해양 수산	농업· 농촌	정식	定植	아주^심기	온상에서 기른 모종을 밭에 내어다 제대로 심는 일. 본포에 옮겨 심는 것. 끝까지 그대로 둘 장소에 옮겨 심는 것.	정식(→ 아주 심기) 시기는 파종 후 약 60일 정도가 적당하다.
68	농림 해양 수산	농업· 농촌	정지	整地	땅고르기	땅을 반반하고 고르게 만듦. 또는 그런 일. 관개에 대비하여 흙을 이동시켜 수평 또는 균일경사의 지표면을 조성하는 것.	정지(→ 땅고르기) 작업은 중요하다.
69	보건	식품 의약 안전	제너릭	generic(영)	복제약	신약으로 개발한 약이 특허 기간이 만료되어 동일 성분으로 다른 회사에서 생산하는 복제약.	그 회사는 국내 최대의 제네릭(→ 복제약) 의약품 생산업체이다.
70	산업· 통상· 중소 기업	에너지 및 자원 개발	지아이 에스(GIS)	GIS (Geographic Information System)(영)	지리^정보^ 시스템, 지리^정보^ 체계	일반 지도와 같은 지형 정보와 함께 지하 시설물 등 관련 정보를 수집하여, 컴퓨터로 작성해 검색하고, 분석할 수 있도록 한 복합적인 시스템.	지아이에스(GIS)(→ 지리 정보 시스템, 지리 정보 체계)를 활용한 배전 설비 설계 업무 개선.
71	산업· 통상· 중소 기업	에너지 및 자원 개발	첨두부하	尖頭負荷	최대^부하	가장 전력 수요가 높은 시간대의 부하.	하루 중 여러 가지 수요가 겹쳐서 가장 수요가 높은 시간대의 부하를 첨두부하(→ 최대 부하)라 한다.
72	농림 해양	농업· 농촌	출수	出穗	이삭^나옴	벼, 보리 따위의 이삭이 패는 시기. 이삭이 나옴.	농약과 영양제를 섞어 뿌리면 출수가 안 되는(→ 이삭

번호	분야	세부 분야	대상 용어	원어	표준안 (대체 용어)	용어 해설 (정의문)	대상 용어 사용예시
	수산						이 안 나오는) 등의 문제가 생길 수 있으므로 주의해야 한다.
73	해양 수산	해양 수산·어촌	치패	稚貝	새끼^조개	어린 조개.	마을 어장에 참전복 치패 (→ 새끼 조개) 4cm급 40만 마리를 방류할 계획이다.
74	보건	보건 의료	케어 코디 네이터	carecoordi nator(영)	돌봄^관리자	1. 간호사·영양사 면허증을 소지한 자로 고혈압, 당뇨병 등 만성 질환자 관리를 위한 조력자. 2. 팀 기반 진료를 위한 조정자. 3. 통합적인 환자 관리를 위한 연계자.	"영양사, 동네 의원 '케어 코디네이터(→ 돌봄 관리자)'로 참여 기대".
75	과학 기술	과학 기술 연구	클릭랩 라이선스	click-wrap license(영)	화면^계약	컴퓨터 화면에 사용 허락에 관한 계약 조건을 명시하고, 이에 동의함을 나타내는 버튼을 누르면 계약 조건 아래 사용 허락 계약이 성립하는 것.	화면의 계약 조건을 읽고 동의 버튼을 누르면 계약이 성립하는 클릭랩라이선스 (→ 화면 계약)가 일반화되고 있다.
76	과학 기술	과학 기술 연구	키로거 공격	keylogger (영)攻擊	자판^정보^탈취	컴퓨터 사용자의 키보드 움직임을 탐지해 아이디(ID)나 패스워드, 계좌 번호, 카드 번호 등과 같은 개인의 중요한 정보를 몰래 빼 가는 해킹 공격.	키로거 공격(→ 자판 정보 탈취)으로 인해 주민등록 번호, 계좌 번호 등 각종 개인 정보가 유출된다.
77	문화 체육 관광	문화 예술	킬러 콘텐츠	killercontents (영)	핵심^콘텐츠	콘텐츠 시장 등에 큰 영향을 미치는 핵심 콘텐츠.	드라마, 광고, 게임 등에 증강 현실(AR)을 접목하는 것이 유행하는 걸 보니 이제 킬러 콘텐츠(→ 핵심 콘텐츠)는 증강 현실이 된 모양이다.
78	산업·통상·중소 기업	에너지 및 자원 개발	폐로	閉路	닫힌회로	전류의 통로가 연결되어 있는 상태.	폐로(→ 닫힌회로) 상태.
79	산업·통상·중소 기업	에너지 및 자원 개발	포설하다, 포설	鋪設--	깔다, 깔기	펴거나 깔아 시설하는 것.	터 파기 완료 후 바닥에 잡석을 다진 후 모래를 포설하여(→ 깔아) 수평을 조절한다.

번호	분야	세부 분야	대상 용어	원어	표준안 (대체 용어)	용어 해설 (정의문)	대상 용어 사용예시
80	통일·외교	외교·통상	폴로업, 팔로업*	followup(영)	후속^조치, 사후^관리	후속 조치.	정세 관찰 위주로 폴로업(→ 후속 조치, 사후 조치) 예정임.
81	산업 통상·중소 기업	에너지 및 자원 개발	풍도	風道	공기^통로	환기 또는 공기 조화 설비로 공기를 공급하거나 배출하기 위해 만든 관로.	연료를 효과적으로 연소하기 위해서는 송풍기를 통한 압축 공기가 풍도(→ 공기 통로)를 따라 보일러로 공급되어야 한다.
82	문화 체육 관광	문화 예술	프레스 키트, 프레스 킷	press kit(영)	언론^홍보^자료집, 언론^홍보^꾸러미	공공기관, 기업 등에서 특정한 주제와 관련된 여러 자료를 모아 언론 매체 등에 제공하는 자료집 혹은 상품 꾸러미.	프레스 키트(→ 언론 홍보 자료집, 언론 홍보 꾸러미)를 구성할 때는 기자들이 해당 기관의 뉴스거리에 대한 흥미를 끌 수 있도록 만드는 것이 좋다.
83	문화 체육 관광	문화 체육 관광 일반	피시오 (PCO), 피씨오	PCO(Professional Convention Organizers) (영)	국제회의^기획업체, 국제회의^기획사	각종 국제회의 등의 개최 관련 업무를 행사 주최 측으로부터 위임받아 부분적 또는 전체적으로 대행해 주는 국제회의 전문 용역 업체.	내년에 개최 예정인 세계 OO대회 담당 피시오(→ 국제회의 기획업체, 국제회의 기획사)를 선정하기 위한 입찰이 진행 중이다.
84	산업 통상·중소 기업	에너지 및 자원 개발	피티(PT)	PT(Potential Transformer) (영)	전압^변성기	고전압을 계량하거나 측정하기 위해 전압을 낮춰 주는 기기.	피티(PT)(→ 전압 변성기)는 고전압을 낮은 전압으로 낮추는 장치로서 변성기로 약칭하기도 한다.
85	일반 공공 행정	일반 행정	핑퐁 민원	pingpong(영) 民願	떠넘기기^민원	탁구에서 공을 주고받는 것처럼, 소관이 불분명하여 처리 기관이나 부서 간에 서로 떠넘기는 민원.	핑퐁민원(→ 떠넘기기 민원) 조정 제도.
86	산업 통상·중소 기업	에너지 및 자원 개발	한류	限流	전류^제한	전류를 제한하는 것.	송전 선로에 한류(→ 전류 제한) 리액터(reactor)를 설치하여 운영 중이다.
87	사회 복지	보육·가족 및 여성	해산 급여 (비)	解産 給與 (費)	출산^보조금	생활이 어려운 저소득층의 산모에게 국가가 출산 전후에 지급하는 급여.	해산급여(→ 출산 보조금)를 받는 저소득층 가정은 서비스 대상에서 제외된다.
88	통신	방송 통신	홈 네트워크	homenetwork (영)	홈^네트워크	다양한 유무선 기술을 적용하여 집 안의 개인용 컴퓨터(PC), 가전 기기, 제어 기기, 각종 시설 등은 물론 휴	신축 아파트에는 인터넷과 휴대 전화로 조명이나 난방 시설을 켜고 끌 수 있는 홈 네트워크 시스템이 적용될

번호	분야	세부 분야	대상 용어	원어	표준안 (대체 용어)	용어 해설 (정의문)	대상 용어 사용예시
						대 전화, 개인 휴대 정보 단말기(PDA) 등을 통합한 네트워크.	예정이다.
89	보건	보건 의료	홈닥터	homedoctor (영)	가정^주치의	한 가족의 건강 상태를 맡아 관리하는 의사.	동네에 있는 병원의 의사는 우리 가족의 병력을 꿰고 있는 홈닥터(→ 가정 주치의)인 셈이다.
90	과학 기술	과학 기술 연구	AT, 적정 기술	AT (Appropriate Technology) (영)	적정^기술	낙후된 지역이나 소외된 계층을 배려하여 만든 기술.	현지에서 조달가능한 원재료를 사용하는 AT(→ 적정 기술)가 개발도상국에서 많은 관심을 받고 있다.
91	보건	보건 의료	CT, 시티, 씨티*	CT (Computed Tomography) (영)	컴퓨터^ 단층^촬영	X선을 이용하여 인체의 횡단면상의 영상을 획득하여 진단에 이용하는 검사.	당뇨병약 먹고 있다면 CT (→ 컴퓨터 단층 촬영) 검사 이틀 후 콩팥을 검사하세요.
92	과학 기술	과학 기술 연구	DTG, 디지털 운행 기록계	DTG(Digital TachoGraph) (영)	디지털^운행 ^기록계	자동차 운행에 관련한 정보를 기록하는 기기.	대형 자동차는 DTG(→ 디지털 운행 기록계)를 의무적으로 장착해야 한다.
93	보건	보건 의료	MRI, 엠아르아이, 엠알아이*	MRI (Magnetic Resonance Imaging)(영)	자기^공명^ 영상	강한 자기장 내에서 인체에 라디오파를 전사해서 반향되는 전자기파를 측정하여 영상을 얻어 질병을 진단하는 검사.	11월부터 복부·흉부 MRI (→ 자기 공명 영상) 검사비 부담 3분의 1로 줄어든다.

9) 국립국어원(2023. 1. 19. 자) 보도 자료인 <영문자 'R/r'의 한글 표기로 '아르'와 '알' 복수 인정>에 따르면 '아르'와 '알' 표기 모두 가능하다는 수정 조치가 필요할 것으로 보인다. 아래는 보도 자료의 내용이다.
"지금까지는 '브이아르'(VR), '에이아르에스'(ARS)와 같이 '아르'로 적고 읽는 것만 인정해 왔으나, 실제 언어생활에서는 '브이알', '에이알에스'처럼 '알'로 적고 읽는 경우가 일반적이어서 표기 규범이 언어 현실과 동떨어져 있다는 지적이 지속적으로 제기되어 왔다. 이에 언어현실을 반영하고 국민 언어생활의 불편을 줄이기 위해 두 가지 표기 방식을 모두 허용하기로 한 것이다. 이번 변경안은 영문자 'R/r'를 한글로 옮겨 적는 방법에 대한 것이므로 '아르바이트(Arbeit)'나 '아르곤(argon)'과 같은 말까지 '알바이트(x)'나 '알곤(x)'으로 쓸 수 있냐는 뜻은 아니라는 점에 유의할 필요가 있다."

위에 제시된 것 가운데 '㉘ VR, ㊿ AR'은 각주에서 언급한 것과 같이 표기 규범과 실제 언어생활에서의 차이로 인해 국민들의 언어사용에 불편함을 초래한다. 이러한 불편함은 불평과 민원으로 처리되어 변화나 수정이 불가피한 현실에 부딪힐 수 있다. 이를 염두에 두어 실제 언어생활에서 동떨어져 있는 표기가 아닌 언어 현실을 반영하는 표기로 변경안을 허용하는 지침을 마련하였다. 이러한 수용적 자세는 공공 언어를 전문 용어로 사용하는 데 있어서 사용 대상자인 국민이 공공 언어 사용을 쉽고 편리하게 소통 가능할 수 있도록 체계적으로 다듬는 표준화 작업과도 일맥상통한다.

국립국어원의 『2020 전문 용어 표준화 안내서』에서 제시하고 있는 93개의 공공 언어로서 표준화 사례를 (8)의 어종별 분류에 따라 살펴보면 '로마자로 이루어진 용어', '외국어·외래어', '한자어', '줄임말', '혼종어' 등이 표준화의 대상이다. 로마자로 이루어진 '㉘ VR, ㊿ AR'은 대상 용어 사용 예시와 정의문에 따른 용어 해설을 이해하며 표준안을 기존의 용어를 대체하여 사용하면 빠르고 쉽게 이해할 수 있다. 제시 용어 ⑮와 ㊦는 일반 공공 행정 용어이다. 행정 용어는 많은 공공기관에서 사용하는 용어로 '낙전수입'처럼 일상에서 잘 쓰지 않는 한자어로 되었거나, '평풍민원'과 같이 혼종어로서 은어와 같은 인상을 줄 수 있는 용어들은 전문 용어로서 그 기능이 온전하지 않을 수 있으므로 표준안에 따라 사용할 수 있도록 한 것은 바람직하다. ㊺에서 제시한 '스포츠 콤플렉스'는 '스포츠^복합^단지, 스포츠^종합^단지'로 표준안을 세웠다. 이는 '여러 종목의 체육 시설 및 관련 스포츠 부대시설이 함께 들어서 있는 스포츠 경기장 종합 단지.'를 의미한다. 이를 각 지자체에서 운영하는 '복합커뮤니티센터'와 그 용어를 비교해 본다면 '콤플렉스'라는 말 대신에 '복합'이라는 용어를 사용해 두 가지 이상을 하나로 합쳐져 있는 공간을 유추할 수 있다. 그럼에도 불구하고 '커뮤니티'라는 표현 때문에 이름이 어려워 사용자들은 센터의 기능이나 취지가 정확히 무엇인지 알 수 없게 하는 불편을 주었고, '복컴'이라는 줄임말 표현을 사용하면서 그 용어의 의미

보다는 그저 부르는 명칭만으로 남는 사례도 있었다(국립국어원 2022 : 103). 기관에 따라 '콤플렉스'를 '복합'이라는 익숙한 우리말로 대체하여 전문 용어를 생산하였고, 어느 기관은 외국어를 그대로 사용하면서 사용자에 따라 해석을 달리할 수 있게 하여 국민에게 정보를 전달하는 데 오해석을 일으키기도 했었다. 따라서 용례를 설정하여 '콤플렉스'라는 용어 자체의 쓰임을 우리말로 바꿀 때의 기준도 함께 정해 주는 안도 마련해야 할 것이다. 공공 언어에서 전문 용어를 생산할 때 외래어나 외국어로 만들었어도 우리말로 단일어 정비까지 살필 수 있다면 국어기본법에 맞는 공공 언어를 생산하는 데 도움이 될 수 있을 것이다.

몇 해 전 '보건의료' 전문 용어 중 '비급여'라는 표현이 많은 국민들에게 어려운 용어로 인식되어 '보험에 적용되지 않는' 정도로 다듬은 적이 있다. 위에 제시한 예들 가운데 '해산급여'도 이에 해당하는 전문 용어로 보인다. '급여'는 '급료'와 비슷한 말로 '일에 대한 대가로 고용주가 지급하는 돈. 월급이나 일급 따위'로 이해될 가능성이 크다. 따라서 '해산급여'로 쓴다면 공공성이나 정확성에 위배된다는 것을 쉽게 파악할 수 있다.

10.4.4. 단어 형성의 관점에서 본 공공 언어로서의 전문 용어 표준화 사례

1장에서도 언급한 바와 같이 표준화란 문면 그대로 여러 전문 용어 가운데 어느 하나를 '선택'한다는 것을 의미한다. 그러나 지금까지 기술해 온 바와 같이 한국적 상황에서의 표준화란 정책적 관점이 반영된 순화를 의미하는 것이 일반적이다. 이러한 관점에서 보면 (12)에 제시된 공공 언어로서의 표준화 사례는 앞서 9장에서 살펴본 전문 용어의 순화 사례와 일맥상통하는 부분이 적지 않다. 그 결과 이에 대한 단어 형성 측면에서의 분석도 그 양상이 크게 다르다고 보기 어렵다. 이러한 측면에서 여기에서는 9장의 논의와 차별을 위해 (12)에 제시된 사례를 표준화 이진과 이후로 나누어 이를 단어 형성의 측면에서 분석해 보기로 한다. 이는 표준화가 표준화 이전의 전문 용어를 순화 대상어로 간주하고 그 의미를 기반으로 새로운 단어 형성의 과정을 보여 준다는 것을 뜻한다. 따라서 번역은 단어 형성의 과정으로 포함되기 어렵기 때문에 순수하게 '비주얼 콘텐츠'를 '시각 콘텐츠'로 바꾼 것이나 '사운드카드'를 '사운드 카드'로 띄어쓰기한 것 등은 제외하기로 한다.

10.4.4.1. 두자어에서 합성으로

(12)의 표에서 가장 두드러진 현상은 원어 정보에서 볼 수 있는 바와 같이 표준화 이전 전문 용어 가운데 로마자 두자어로 이루어진 것들이 합성의 방식으로 표준화한 경우라고 할 수 있다. 이를 (12)에서 '대상 용어', '원어', '표준안' 부분만 가져와 정리하면 다음과 같다.[10]

(13) 두자어에서 합성으로 표준화한 전문 용어

대상 용어	원어	표준안(대체 용어)
그린IT	green IT (Information Technology)(영)	녹색^정보^기술, 친환경^정보^기술
디아르(DR)	DR(Demand Response)(영)	수요^반응
버추얼 리얼리티, 브이아르(VR), 브이알	VR(Virtual Reality)(영)	가상^현실
변류기, CT	變流器, CT(Current Transformer)(영)	전류^변성기
비엠에스(BMS)	BMS(Battery Management System(영)	배터리^관리^시스템, 배터리^관리^장치

---

10) 이는 아래도 마찬가지이다.

대상 용어	원어	표준안(대체 용어)
시브이비(CVB), 컨벤션뷰로	CVB(Convention & Visitor Bureau), Convention Bureau(영)	국제회의^전담^조직
에이아르(AR), 에이알*	AR(Augmented Reality)(영)	증강^현실
에이엠아르(AMR)	AMR(AutomaticMeter Reading)(영)	원격^검침
에이엠아이(AMI)	AMI(AdvancedMetering Infrastructure)(영)	지능형^전력^계량^시스템
엠아르(MR), 엠알*	MR(MixedReality)(영)	혼합^현실
유아르엘(URL), 인터넷 위치	URL(Uniform Resource Locator)(영)	인터넷^주소
이엠에스(EMS)	EMS(Energy Management System)(영)	에너지^관리^시스템, 에너지^관리^장치
지아이에스(GIS)	GIS(Geographic Information System)(영)	지리^정보^시스템, 지리^정보^체계
피시오(PCO), 피씨오	PCO(Professional Convention Organizers)(영)	국제회의^기획업체, 국제회의^기획사
피티(PT)	PT(Potential Transformer)(영)	전압^변성기
AT, 적정 기술	AT(Appropriate echnology) (영)	적정^기술
CT, 시티, 씨티*	CT(Computed Tomography)(영)	컴퓨터^단층^촬영
DTG, 디지털 운행 기록계	DTG(Digital TachoGraph)(영)	디지털^운행^기록계
MRI, 엠아르아이, 엠알아이*	MRI(Magnetic Resonance Imaging)(영)	자기^공명^영상

이 가운데는 'AT, 적정 기술', 'DTG, 디지털 운행 기록계'와 같이 두자어로
도 쓰이고 합성에 의한 구로도 쓰이는 것 가운데는 합성에 의한 구로 쓰이는
것으로 '표준화'한 것도 있지만 나머지 대부분의 것들은 두자어로만 쓰이는
것을 '풀어 쓴' 것에 해당한다. 두자어가 형식의 단순화로 인해 얻을 수 있는
경제성 대신 의미의 불투명성이 이를 합성의 방식으로 풀어쓴 것이라고 해석
할 수 있지만 이를 단어 형성의 관점에서 보면 한국어에서는 찾아보기 힘든
두자어 방식을 한국어에서 익숙한 합성 방식으로 변환한 것이라고 해석할
수 있다.[11] 이는 전문 용어의 표준화에서도 가장 일반적인 방식은 이 책의
4장에서 언급한 바와 같이 '합성'임을 단적으로 보여 주는 것으로 해석하게
한다. 이러한 측면에서 두자어 가운데 이를 파생어나 합성어와 같은 전형적
인 단어 형성 방식으로 표준화한 경우는 적어도 (12)의 경우에서는 발견되지
않는다는 사실도 참고할 필요가 있을 듯하다.[12]

10.4.4.2. 합성어나 파생어에서 합성 혹은 합성의 방식으로

(12)를 보면 대상 용어가 합성어나 파생어인데 이를 합성에 의한 구로 풀어
쓴 경우도 적지 않다. 물론 단어 형성의 측면에서 보면 이는 대상 용어가
두자어인 앞의 경우와 차이가 있기는 하지만 순화어라는 결과는 합성 방식으
로 귀결되고 있다는 점에서 함께 묶을 수 있다고 생각한다. 이에 해당하는
예들을 정리하면 다음과 같다.

---

11) 물론 한국어에서는 두자어의 방식을 음절로 변환한 두음절어의 방식이 존재하지만 '개념'
   을 중심으로 하는 전문 용어의 경우 그 적용이 제한적이라고 할 수 있다.
12) 두자어가 한국어 단어 형성 방식에서 이질적인 것처럼 혼성어도 마찬가지로 이해할 수
   있다. 특히 신어를 중심으로 혼성어가 적지 않은 비중을 차지하고 있지만 그 가운데 정착
   되는 것이 드문 사실이 이러한 해석을 뒷받침한다. 이러한 측면에서 (12)의 예 가운데
   다음처럼 혼성어가 합성으로 표준화한 경우에 대해 주목할 필요가 있다고 생각된다.

대상 용어	원어	표준안(대체 용어)
스포노믹스	sponomics(영)	스포츠^경제

(14) 합성어 혹은 파생어에서 합성으로 표준화한 전문 용어

대상 용어	원어	표준안(대체 용어)
감발, 발전기 감발	減發, 發電機減發	출력^감소, 발전기^출력^감소
강송, 강행송전	强送, 强行送電	수동^송전
개거	開渠	개방^수로
공칭전압	公稱電壓	표준^전압
근가	根柳	전주^버팀대
낙전수입	落錢收入	미사용^수입, 미사용^부가^수입
뇌전	雷電	천둥^번개
도서지방	島嶼地方	섬^지역
도압장	屠鴨場	오리^도축장
박무	薄霧	엷은^안개
변대주	變臺柱	변압기^전주
병가	竝架	전선^병행^설치
부취, 부취제	附臭, 附臭劑	냄새 첨가물
빙정	氷晶	얼음^결정
빙정핵	氷晶核	얼음^결정^핵
소내 소비전력	所內消費電力	발전소^소비^전력
양축농가	養畜農家	축산^농가
입도	粒度	입자^크기
자동제세동기	自動除細動器	자동^심장^충격기
장제급여(비)	葬祭給與(費)	장례^보조금
첨두부하	尖頭負荷	최대^부하
치패	稚貝	새끼^조개
풍도	風道	공기^통로
한류	限流	전류^제한
해산급어(비)	解産給與(費)	출산^보조금

(14) 가운데 대상 용어를 기준으로 파생어에 해당하는 것은 '도압장' 정도이고 나머지는 모두 합성어로 볼 수 있다. 그런데 이들에 대한 순화어는 모두 합성으로 표준화하고 있다는 점에서 공통적이다. 이 역시 전문 용어의 '개념'

이라는 의미의 측면에서 해석할 수 있는 측면이 가장 우선적이지만 결과적으로는 형태소 어근과 형태소 어근으로 이루어진 한자어라도 이를 단어 어근과 단어 어근으로 이루어진 구 형식으로 바꾼 것이라는 점에서 형식의 경제성을 포기한 것이므로 전문 용어 표준화가 가지는 특성을 잘 드러낸다고 해석할 수 있다.

이에 비하면 다음 예들은 합성어가 어미를 포함하는 합성의 방식을 보이고 있다는 점에서 (14)와는 구분된다.[13]

(15) 합성어에서 어미가 포함된 합성의 방식으로 표준화한 전문 용어

대상 용어	원어	표준안(대체 용어)
가식	假植	임시^심기
근입	根入	밑동^묻기
급이	給餌	먹이^주기
박무	薄霧	엷은^안개
월파	越波	넘친^파도, 파도^넘침
입도	粒度	입자^크기
적화	摘花	꽃^솎기
정식	定植	아주^심기
출수	出穗	이삭^나옴
핑퐁민원	pingpong(영)民願	떠넘기기^민원

(15)의 예들은 맨 마지막의 '핑퐁민원'을 제외하면 모두 형태소 어근과 형태소 어근으로 이루어진 한자 합성어를 어미가 포함된 합성의 방식으로 표준화한 것이라는 공통점이 있다. 이 역시 순화 대상 전문 용어가 가지는 '개념'의 불투명성을 순화어 전문 용어로 해결하려는 의도가 담겨 있다는 점에서 그 취지는 (14)와 같다.

---

13) 4장에서는 이러한 경우를 '문장형'이라 불러 '합성'과 구분한 바 있음을 참고할 필요가 있다. 따라서 본장에서도 이를 서로 구분하기로 한다.

이러한 측면에서 보면 다음의 예는 (14)의 방식과 (15)의 방식을 모두 보여 주고 있다는 점에서 흥미롭다.

(16) 파생어에서 합성 혹은 어미가 포함된 합성의 방식으로 표준화한 전문 용어

대상 용어	원어	표준안(대체 용어)
생력화	省力化	노동력^줄이기, 노동력^절감

(16)은 파생어의 자격을 가지는 '생력화'가 '노동력 절감'의 경우에는 합성으로, '노동력 줄이기'에서는 어미가 포함된 합성의 방식으로 순화어를 마련하고 있음을 볼 수 있다. 이는 앞서 언급한 바와 같이 이 두 가지가 순화어를 위한 동일한 단어 형성 방식으로 간주되고 있음을 알게 해 준다.

10.4.4.3. 합성어에서 통사적 결합어로

이 책에서는 1장과 5장에서 결과적으로 단어 형성에 참여한 조사와 어미를 포착하기 위해 통사적 결합어라는 개념을 도입한 바 있다. 바로 앞에서 (14)와 (15)를 나눈 것도 이를 염두에 둔 것임을 짐작할 수 있는데 (12)의 표준화 사례에서도 통사적 결합어가 발견된다. 이를 정리하면 다음과 같다.

(17) 합성어에서 통사적 결합어로 표준화한 전문 용어

대상 용어	원어	표준안(대체 용어)
개로	開路	열린회로
구배	勾配	기울기
재식	栽植	심기
적과	摘果	열매솎기
정지	整地	땅고르기
폐로	閉路	닫힌회로

(17)에서 살펴볼 수 있는 바와 같이 '열린회로', '닫힌회로'에서는 관형사형 전성 어미 '-ㄴ'을, 나머지의 경우에서는 명사형 어미 '-기'를 발견할 수 있다. 또한 (15)의 경우를 포함하더라도 조사는 단 한 예도 발견되지 않는다는 점에서 조사보다 어미가 적어도 표준화 전문 용어에서 보다 더 적극적인 단어 형성 요소로 기능하고 있다는 것을 발견할 수 있다. 또한 대상 용어가 모두 형태소 어근과 형태소 어근으로 이루어진 한자어 합성어에 속한다는 것도 (17)에서 발견할 수 있는 공통점이다.

10.4.4.4. 합성어에서 합성어로

그렇게 많은 수는 아니지만 (12)의 예들에서 합성어가 다시 합성어로 표준화한 경우도 발견할 수 있다. 이를 정리하면 다음과 같다.

(17) 합성어에서 합성어로 표준화한 전문 용어

대상 용어	원어	표준안(대체 용어)
수도	水稻	논벼
수상	受傷	부상
예후	豫後	경과
운량	雲量	구름양

대상 용어가 형태소 어근과 형태소 어근으로 이루어진 한자 합성어라는 점은 (17)과 동일한데 '논벼', '구름양'의 경우를 보면 합성어라도 단어 어근과 단어 어근으로 이루어져 있다는 점에서 '개념'을 보다 잘 전달하는 데 도움이 되는 방식을 취하고 있음을 알 수 있다. 또 이 경우 '논, 벼, 구름'이 고유어에 해당한다는 사실도 주목할 필요가 있어 보인다. 앞서 언급한 바와 같이 고유어는 기본 어휘에 해당하거나 그렇지 않더라도 빈도가 높고 상대적으로 의미가 친숙하다는 점에서 역시 '개념' 전달을 용이하게 하는 요소에 해당하기

때문이다.

10.4.4.5. 합성어에서 단일어로

이러한 측면에서 합성어가 단일어로 표준화한 다음 예도 이해할 수 있다고 판단된다.

(18) 합성어에서 단일어로 표준화한 전문 용어

대상 용어	원어	표준안(대체 용어)
객담	喀痰	가래

(18)에 제시한 바와 같이 이러한 경우는 한 예에 불과하지만 그 전략은 (14)나 (15)와 같이 '개념'의 분명한 전달을 위한 도구로 고유어가 일정한 역할을 담당한다는 것을 의미하기 때문이다.

10.5. 나가기

인터넷의 발달과 지식의 보편화가 이루어지면서 일상생활에서 전문 용어를 접하는 기회는 점점 늘어나고 있다. 이에 따라 우리 국민도 어려운 공공 언어로 정보를 쉽고 빠르게 받아들이지 못하고 정책 수혜 대상자로서 알지 못하거나 헷갈리는 상황들이 빈번히 이루어지고 있다. 또한 같은 용어나 표현도 기관에 따라 다르거나 외국어 표현 등을 그대로 사용하여 쓰임이 어려워지면서 언어가 장벽이 되는 상황에 놓이기도 한다.

공공(公共)의 의미는 'Public-Common'으로 해석하는 것이 바람직하다고 언급한 것을 상기하면 공공 언어가 전문 용어로서 표현되더라도 전달력을 극대화하기 위해서는 정부와 공공기관의 공공성이 확장될 필요가 있다. 진정한 공공성을 창출할 수 있도록 'Public-Common language'로서 기능하기 위해서는 공공 영역에서 사용되면서 공공성을 띠는 전문 용어나 일반 용어 모두를 공공 언어로 본다는 관점을 지지할 필요가 있다.

'공공 언어'로서의 전문 용어는 일상에서 흔히 쓰는 '일반 용어'이면서 '특정 분야와 '어떤 직업'에서 주로 쓰이기도 하는 성격 모두를 포함해야 한다. 예를 들어, '기상관측' 전문 용어는 우리의 일상에 중요한 정보 제공에 큰 역할을 한다. 분명 '기상'이라는 전문 분야이지만 농사를 짓는 사람들에게 날씨는 중요한 정보이자 자산에도 영향을 주는 요소가 될 수 있다. 아침에 등교하는 아이에게 우산을 챙겨주는 보호자들의 소소한 일상에서의 도움이 될 수 있다. 이러한 정보가 공공성을 띠면서 '엷은^ 안개에 운전 조심하십시오.', '천둥^번개가 칠 수 있으니 나무나 전봇대 근처를 지날 때는 주의를 기울이십시오.'와 같은 표현에서 '엷은^안개' 대신 '박무'가, '천둥^번개' 대신 '뇌전'을 썼다면 정보전달의 효율성은 떨어지면서 특정 분야만 독식하는 언어로 불통의 언어가 될 것이다.

따라서 공공 언어에서의 전문 용어는 국어기본법에 따라 '한글'을 우선하여 쓰고 '일반 국민이 알기 쉬운 용어와 문장으로 쓰며', '어문규범'에 맞게 써 국민과 소통하는 언어로서의 역할을 수행할 수 있도록 해야 한다. 그러기 위해서 전문 용어 표준안 등을 정비하며 변화하는 국어 환경도 고려하여 시대에 맞은 언어사용과 그에 따른 공공 언어 생산에 대중성을 띤 언어로서 공유할 수 있게 해야 한다.

우리나라 상황에서 표준화란 정책적 관점이 반영된 순화를 의미한다. 따라서 9장과 차별하여 공공언어에서 전문 용어 표준화를 "전문 용어 표준화 안내서" 93개의 표준화 사례로 단어 형성을 '두자어에서 합성어로', '합성어나 파생어에서 합성 혹은 합성의 방식으로', '합성어에서 통사적 결합어로', '합성어에서 합성어로', '합성어에서 단일어로' 5가지로 구분하여 분석했다.

이들을 통해 공공 언어의 성격을 가지는 순화어 전문 용어들도 앞 장에서 살펴본 전문 용어들과 단어 형성의 측면에서 공통점이 있음을 보다 구체적으로 확인할 수 있었다. 또한 이 과정에서 두자어나 혼성어와 같이 한국어 고유의 단어 형성 방식이 아닌 것들에 대해서는 이를 수용하지 않는다는 사실도 확인할 수 있었는데 이 역시 전문 용어가 '개념'을 중시하는 속성을 반영한 결과로 해석할 수 있었다.

참고문헌

‖논저류‖

강미영(2020), 「언어의 공공성과 공공 용어 관리」, 『우리말글』 87, 우리말글학회, 1-29.

강현화(2016), 「전문용어 연구의 쟁점」, 『나라사랑』 125, 외솔회, 91-215.

국립국어원(2022), 『바른 국어생활』.

국립국어원(2007), 『전문 용어 연구-정리 현황과 과제』, 태학사.

국립국어원(2020), 「2020 국민의 언어 의식 조사 결과 보고서」.

김대건(2019), 「우리의 언어인 공공(公共)과 공공성의 의미 되짚어보기」, 『공공정책』 160, 한국
　　　주민자치학회, 8-9.

김미형(2019), 「전문 용어 표준화 연구 — 대상어 선정과 순화 기법을 중심으로」, 『사회언어학』
　　　27-4, 한국사회언어학회, 37-64.

김미형(2019), 「공공 언어의 표준화 적용 실태 — 영어 약자 용어를 중심으로」, 『공공 언어학』
　　　제1호, 한국공공 언어학회, 31-54.

김명희(2015), 「한국의 공공언어정책 연구-법령과 제도를 중심으로」, 『한국자치행정학보』
　　　29-1, 한국자치행정학회, 91-110.

김범진(2021), 「공공 언어 자료의 문장 호응 오류 양상에 대한 문법교육적 고찰」, 『한국문법교
　　　육학회학술대회 발표자료집』, 한국문법교육학회, 3-14.

김일환·이상혁(2020), 『언어 정책 — 사회 언어학의 핵심 주제』, 고려대학교 출판문화원.

김현권(2003), 「프랑스의 모국어 보호 정책과 법제」, 『새국어생활』 13-2, 국립국어원, 103-128.

김형주(2019), 「공공 언어 소통성 진단 기준의 문제점과 개선안」, 『공공언어학』 1, 한국공공언
　　　어학회, 153-195.

민현식(2021), 「언어의 공공성과 문법교육의 방향」, 『한국문법교육학회학술대회 발표자료집』,
　　　한국문법교육학회, 137-162.

민현식 외(2010), 「공공 언어 요건 정립 및 진단 기준 개발 연구」, 국립국어원.

박재희(2020), 「현행 공공 언어 정책 방향에 대한 검토」, 『코기토』 91, 부산대 인문학연구소,
　　　175-202.

박창원(2015), 「공공 언어의 공공성 — 신문사설을 중심으로」, 『이화어문논집』 36, 이화어문학
　　　회, 139-178.

엄태경(2019), 「한국어 전문 용어의 어휘·형태적 연구」, 한양대학교 박사학위논문.

엄태경(2021), 「전문 용어의 체계와 관계에 대한 탐색」, 『우리말글』 91, 우리말글학회, 87-117

이건범·이상규 외(2013), 『쉬운 언어 정책과 자국어 보호 정책의 만남』, 피어나.

이기연(2021), 「'쉬운 공공 언어' 담론의 한계와 문법교육적 확장」, 『한국문법교육학회학술대회 발표자료집』, 한국문법교육학회, 177-193.

이광석(2017), 『정책으로서의 행정언어-국어정책론』, 역락.

이성우·신중진(2016), 「심화 전문 용어의 개념 확립을 위한 시론」, 『동아시아문화연구』 66, 한양대학교 동아시아문화연구소, 89-112.

이상규·조태린 외,(2008), 『한국어의 규범성과 다양성』, 태학사.

이익섭(2006), 『사회언어학』, 민음사.

이현주(2015), 「전문 용어학의 이론적 토대를 위한 개념 연구」, 『한국사전학』 26, 한국사전학회, 40-67.

이현주(2021), 「공공 언어의 전문성, 전문용어의 공공성」, 『한국사전학』 37, 한국사전학회, 7-51.

조태린(2010), 「공공 언어 문제에 대한 정책적 개입 방식」, 『한말연구』 27, 한말연구학회, 379-405.

조태린(2021), 「언어의 품격과 공공 언어의 품격(성) 문제에 대한 비판적 고찰」, 『문법교육』 41, 한국문법교육학회, 102-113.

최석두·박우석·남지순·송영빈(2003), 『전문용어학』, 한국문화사.

최형용 외(2018), 『알기 쉽고 쓰기 쉬운 공공 언어』, 역락.

최형용(2010), 「전문 용어의 형태론 — 지침으로서의 전문 용어 형성 원칙을 중심으로」, 『한중인문학』 31, 한중인문학회, 293-323.

황용주(2010), 「한국의 언어 관리 정책 — 공공 언어 개선 정책을 중심으로」, 『국어문학』 50, 국어문학회, 23-45.

황용주·김아영(2021), 「외래어 수용과 언어 자원 관리에 관한 소고」, 『언어사실과 관점』 54, 연세대학교 언어정보연구원, 95-120.

Bernard Spolsky(2010), 『Language Policy』, Cambridge University Press

‖ 사전류 ‖

국립국어원, 우리말샘(https://opendic.korean.go.kr)

국립국어원, 표준국어대사전(https://stdict.korean.go.kr)

11. 전문 용어의 대조 연구
— 한중 전문 용어를 중심으로

11.1. 들어가기

본장에서는 대조언어학의 관점에서 한국어와 중국어의 전문 용어를 다루고자 한다. 본장을 통해서 한중 두 언어에서 확인되는 전문 용어의 공통점과 차이점을 정리하여 전문 용어의 보편성과 특이성을 포착할 것이다.

이를 위하여 본장에서는 우선 중국어 전문 용어 개념을 제시하고자 한다. 1장에서 제시한 한국어 전문 용어에 해당하는 중국어 표현은 '術語(술어)'와 '專門用語(전문 용어)' 등이 있다. 閆妍(2008)에서 '專門用語(전문 용어)'는 '술어'를 포함하는 더 큰 개념으로 과학 술어와 직업어(行業語)를 포함한 것이라고 지적하였다.[1] 이때 '과학 술어'의 경우는 여러 학문 분야의 전문 용어를 지칭하는 것으로 술어, 과학 술어로 지칭하기도 한다. 이러한 구성은 단어로 존재하기도 하고, 구로 존재하기도 한다. 직업어는 동업자 간의 전문 용어와 특별한 생활의 전문 용어를 포함한 것이다. 각각의 예는 다음과 같이 제시할 수 있다.[2]

---

[1] '術語'에 대해서 『현대한어사전(現代漢語詞典)』에서 '某一學科中的專門用語(어떤 학문 분야의 전문 용어)'라고 뜻풀이를 한다.

(1) 가. 과학 술어

철학 술어 : 唯物主義(유물론), 二元論(이원론), 絕對眞理(절대 진리)

경제학 술어 : 商品(상품), 價値(가치), 金融危機(금융 위기)

문예학 술어 : 腳本(각본), 一號人物(일호인물), 潛台詞(언외의 말)

수학 술어 : 實數(실제 숫자), 虛數(가상 숫자), 代數(대수), 幾何(기하학), 勾股弦定理(피타고라스의 정리)

화학 술어 : 化合物(화합물), 有機物(유기 화합물), 酸(산), 堿(수산기), 鹽(염)

나. 직업어

상업 용어 : 啟動(시동하다), 上市(출시되다), 滯銷(판매가 부진하다), 促銷(판매를 촉진시키다)

희곡 용어 : 行頭(무대 의상과 소도구), 水袖(한삼)[3], 龍套(용투)[4], 京白(경극의 베이징어 대사)

교통 용어 : 車次(열차 번호), 硬座(일반석), 晚點(연발하다, 연착하다), 噸位(적재량)

촬영 용어 : 曝光(노출하다), 顯影(현상하다), 定影(영상을 정착시키다), 放大(확대하다)

IT 용어 : 內存(메모리), 網關(게이트웨이)

과학 술어와 직업어는 모두 해당 학문 분야, 해당 업종 내부에서 전문적으로 사용되고, 그것이 지칭하는 대상이 한정되어 있으며, 의미적으로 보면 전문성, 단순성, 정확성 등을 갖는다. (1가)는 주로 해당 학문 분야에 사용하는 단어들이고, (1나)는 해당 업종과 관련된 단어이면서 (1가)와 비교하면 일상생활에서 더 쉽게 접촉할 수 있는 단어들이다. 한편 '직업어'도 단어와 구를 모두 포함하는데, 예컨대 교통 용어의 '闖紅燈[5]', 체육 용어의 '爆冷

---

2) (1)은 閆妍(2008)에서 가져온 것이다.

3) 중국 전통극이나 무용에서 연기자가 입는 옷의 소매 끝에 붙어 있는 흰 명주로 만든 긴 덧소매.

4) 중국 전통극에서 시종 또는 병졸이 입는 옷. 또는 그것을 입은 배우.

5) 빨간 신호를 무시하고 지나간다.

門6)’, 희곡 용어의 ‘跑龍套7)’, ‘走過場8)’ 등은 모두 구 구성임을 확인할 수 있다.

이처럼 기존 연구에서는 ‘術語(술어)’와 ‘專門用語(전문 용어)’가 모두 쓰이고 있는데, 황은하(2007)에 따르면 중국에서는 ‘술어’라는 용어가 더 많이 사용하고 표준화된 것으로 보인다.9) 그러나 한국어와의 대조 연구를 목적으로 하는 본장에서는 용어의 통일성과 일관성을 위하여 중국어의 전문 용어에 대하여서도 ‘술어’ 대신에 ‘전문 용어’라는 개념어를 사용하도록 한다.

전문 용어와 관련된 한중 대조 연구는 주로 분야별로 진행할 것인데, 경제학 분야의 전문 용어(紀紅艷 2014), 생물학 분야의 전문 용어(김령령 2017), 의학 분야의 전문 용어(韓燕 2014, WU YINGQIU 2022), 과학 분야의 전문 용어(富貴 2006), 법률 분야의 전문 용어(韓海燕 2011) 등을 주 대상으로 한다. WU YINGQIU(2022)에 따르면, 중국어 전문 용어의 연구는 주로 분야별로 전문 용어의 표준화, 사용과 전문 용어 번역 방법론 등 방향으로 진행되었다. 그러나 단어의 형성에 주목하는 본서의 특성을 반영하여 본장은 단어 형성법과 의미 관계를 중심으로 한중 전문 용어의 특성을 대조하고자 한다.

---

6) 의외의 결과가 나타난다.
7) 단역을 맡는다. 보잘것 없는 배역을 맡는다.
8) 대강대강[건성으로] 해치운다.
9) 중국에서 ‘술어’라는 용어의 사용과 관련하여 두 개의 사이트를 참고할 수 있는데, 中國術語信息網(중국 술어 정보 사이트)(http://www.cnterm.com)는 中國翻譯研究院(중국번역연구원)에서 개발한 술어 사이트이다. 術語在線(술어 온라인)(www.termonline.cn)는 全國科學技術名詞審定委員會(전국 과학기술 명사 심의위원회)에서 개발한 플랫폼이고, 2016년 5월에 정식적으로 온라인에서 서비스를 제공하기 시작하였다. 이 외에도 중국어의 전문 용어 연구와 관련하여 ‘中國科技術語(중국 과학기술 술어, China Terminology)’라는 학술지도 있는데, 두 사이트 및 학술지 명칭에 모두 ‘술어’라는 용어를 선정해서 사용하고 있는 것을 확인할 수 있다.

11.2. 단어 형성법의 측면에서 본 한중 전문 용어

본 절에서는 단어 형성의 측면에서 전문 용어를 단일어, 합성어, 파생어 등으로 나눠서 대조 연구를 진행하고자 한다.

11.2.1. 한중 단일어 전문 용어

단일어는 하나의 형태소로 구성된 단어를 가리킨다. 한국어의 단일어 전문 용어는 음절 수에 따라 다음과 같이 제시할 수 있다.[10)]

(2) 한국어의 단일어 전문 용어
  가. 1음절 단일어 : 삼(의학)[11)], 움(언어)[12)]; 염(炎)(생명)[13)], 담(痰)(의학)[14)], 렘(rem)(의학)[15)], 폐(肺)(의학)[16)]
  나. 2음절 단일어 : 가슴(의학)[17)], 부아(의학)[18)], 덩이(의학)[19)], 가래(의

---

10) 한국어 예시는 주로 WU YINGQIU(2022), 오윤정(2011) 등 연구에서 나온 예시와 필자가 추가한 예시로 구성된다.
11) 눈동자에 좁쌀만 하게 생기는 희거나 붉은 점.
12) 주시경의 용어로, '동사'를 이르는 말.
13) 생체 조직이 손상을 입었을 때에 체내에서 일어나는 방어적 반응. 예를 들어 외상이나 화상, 세균 침입 따위에 대하여 몸의 일부에 충혈, 부종, 발열, 통증을 일으키는 증상이다.=염증.
14) 허파에서 후두에 이르는 사이에서 생기는 끈끈한 분비물. 잿빛 흰색 또는 누런 녹색의 차진 풀같이 생겼으며 기침 따위에 의해서 밖으로 나온다.=가래.
15) 생물학적으로 인체에 영향을 미치는 방사선의 양을 나타내는 단위. 1렘은 여러 종류의 방사선이 인체에 미치는 영향 또는 장애를 엑스선으로 환산하여 엑스선 1래드(rad)와 같은 정도의 영향을 미치는 방사선의 양이다.
16) 가슴안의 양쪽에 있는, 원뿔을 반 자른 것과 비슷한 모양의 호흡을 하는 기관.=허파.
17) 목과 가로막 사이의 부분. 심장, 허파 등이 있다.=가슴안.
  등뼈, 갈비뼈, 가슴뼈와 가로막으로 이루어지는 원통 모양의 부분. 심장, 허파, 식도 따위를 보호하고 흉근으로 운동하여 호흡 운동을 돕는다.≒흉곽.
18) 가슴안의 양쪽에 있는, 원뿔을 반 자른 것과 비슷한 모양의 호흡을 하는 기관.=허파.
19) 조직이나 장기의 일부에 생긴 경계가 분명한 응어리. 외상(外傷), 염증 따위를 비롯하여 여러 가지 원인이 있으나 암의 한 형태인 경우가 많다.

학)[20], 실링(ceiling)(경제)[21]

다. 다음절 단어 : 가네샤(Gaṇeśa)(문학)[22], 게이지(gauge)(기계)[23], 고푸람(Gopuram)(역사)[24]

WU YINGQIU(2022 : 45)에 따르면 단일어 전문 용어는 일상 용어와 그 사용 영역이 겹치는 경우가 적지 않으며, 주로 복합 용어를 형성할 때 복합 용어의 구성 요소로 활용된다. 또한 한국어의 단어 형성을 다루는 논의에서는 단일어를 대상으로 삼는 경우가 많지 않지만 단일어는 특정한 분야에서 전문적인 지식이나 기술을 표현하는 특성이 있음을 언급한 바 있다.

한편, 중국어의 단일어 전문 용어는 다음과 같이 제시할 수 있다.[25]

(3) 중국어의 단일 전문 용어

가. 1음절 단어 : 串(문자열)(정보·통신), 幀(쪽)(컴퓨터), 锆(지르코늄)(화학)

나. 2음절 단어 : 比特(비트)(전산), 馬達(모터)(전기), 坦克(탱크)(군사), 膀胱(방광)(의학)

다. 다음절 단어 : 白蘭地(브랜디)(음식), 凡士林(바셀린)(화학), 托拉斯(트러스트)(경제), 奧林匹克(올림픽)(체육), 歇斯底里(히스테리)(의학), 阿司匹林(아스피린)(약학)

---

20) 허파에서 후두에 이르는 사이에서 생기는 끈끈한 분비물. 잿빛 흰색 또는 누런 녹색의 차진 풀같이 생겼으며 기침 따위에 의해서 밖으로 나온다.≒가래침, 담.

21) 정부 예산의 대체적 요구 한도. 각 부처의 다음 연도 예산의 개산(槪算) 요구에 대하여 국무 회의에서 일정한 기준을 정한다.

22) 인도 신화에 나오는 지혜와 학문의 신. 시바(Siva)의 아들로, 코끼리 머리에 코가 길고, 사람의 몸에 네 팔이 달렸다고 한다.

23) 공작물을 재거나 검사할 때, 길이·각도·모양 따위의 기준이 되는 것을 통틀어 이르는 말. 한계 게이지, 표준 게이지, 각도 게이지, 나사 게이지 따위가 있다.

24) 인도에 건설된 중세의 탑문. 힌두교 사원의 울타리에 돌로 쌓아 만들었고 위로 올라갈수록 좁아지면서 사각형을 이룬다.

25) 중국어의 예시는 주로 馮志偉(2004) 등을 참고하였다.

(2)와 (3)을 비교하면 한국어의 단일어 전문 용어에서는 고유어, 한자어, 외래어가 고루 확인되는 반면 중국어의 2음절과 다음절 전문 용어는 주로 외래어라는 점에서 차이를 보인다. 이는 한자가 뜻글자로서 낱낱이 모두 의미를 가지고 하나의 단어로서 기능할 수 있기 때문에 한자가 2개 이상 결합한 2음절 혹은 다음절 단어의 경우는 형태소가 두 개 이상으로 더 이상 단일어가 될 수 없다는 특성에 기인한 것이다.

이러한 특성은 외래어에서 온 전문 용어에서도 확인할 수 있다. 한중 단일어 전문 용어의 외래어 번역과 관련하여 황은하(2007)에서는 다음과 같은 예를 제시한 바 있다.

(4) 한중 전문 용어 번역 대조

영어	중국어	한국어
Internet	因特網	인터넷[26]
internet	互聯網	인터넷
WWW[27]	萬維網	월드와이드웹[28]
network	網 絡	네트워크[29]
netizen	網 民	네티즌[30]
on-line	線 上	온라인[31]

(4)에서 제시한 예는 모두 정보·통신 분야의 전문 용어이다. 한국어 번역어의 경우 모두 단일어로 볼 수 있으나 중국어의 일부 단어는 논의의 여지가

---

26) 전 세계의 컴퓨터가 서로 연결되어 정보를 교환할 수 있는, 하나의 거대한 컴퓨터 통신망.
27) 'WWW'는 'World Wide Web'의 축약(두음절어)이다.
28) 동영상이나, 음성 따위의 각종 멀티미디어를 이용하는 인터넷을 이르는 말.≒웹.
29) 『매체』라디오나 텔레비전의 방송에서, 각 방송국을 연결하여 동시에 같은 프로그램을 방송하는 체제.≒방송망, 중계망.
30) 사이버 공간에서 활동하는 사람.=누리꾼.
31) 컴퓨터의 단말기가 중앙 처리 장치와 통신 회선으로 연결되어 정보를 전송하고, 중앙 처리 장치의 직접적인 제어를 받는 상태. 은행의 예금, 좌석 예약, 기상 정보 따위에 이용한다.

있다. 또한 중국어 번역어의 경우는 'net'을 모두 한자 '網'으로 번역하여 직관적으로 이들 사이의 연관성을 짐작할 수 있는데, 한국어는 단어에 따라 'net'을 '넷, 네트, 네티' 등의 형태로 활용하고 있다는 점에서도 두 언어 간의 차이가 확인된다.

지금까지 살펴본 한국어와 중국어의 단일어 전문 용어를 정리하면 (5)와 같다.

(5) 한중 단일어 전문 용어의 구성

음절 수	한국어	중국어
1음절 단일어 전문 용어	고유어(예 : 삼) 한자어(예 : 염) 외래어(예 : 렘)	한자어(예 : 串) 외래어(예 : 鋯(Zr))
2음절 단일어 전문 용어	고유어(예 : 가슴) 외래어(예 : 실링)	한자어(예 : 膀胱)[32] 외래어(예 : 比特)
다음절 단일어 전문 용어	외래어(예 : 가네샤)	외래어(예 : 白蘭地)

두 언어에서 확인되는 단일어 전문 용어의 특징은 다음과 같다. 두 언어 모두 다음절로 이루어진 단어일수록 외래어에서 음차한 것일 확률이 크다. 이는 곧 음절 수가 적을수록 한국어 고유어나 한자어가 차지하는 비율이 더 높다는 것을 가리킨다. 다만 한국어의 경우는 2음절 단일어에서도 고유어를 찾아볼 수 있는 반면 중국어는 외래어가 주를 이룬다. 다시 말해 중국어에서는 글자 낱낱이 하나의 형태소로서 기능할 수 있어 2음절 이상이 되면 대개 복합어로서 기능하는데, 이러한 특성으로 중국어의 2음절 이상의 단일어 전문 용어도 내체로 외래어가 많은 것을 확인할 수 있다.

---

32) '방광(膀胱)'은 중국어 연구에서 연면어(聯綿語)에 해당한다. 연면어는 2음절 형태소로 이루어진 단일어로서 더 이상 분리할 수 없는 낱말을 가리킨다(문영희 2015).

11.2.2. 한중 파생어 전문 용어

이 절에서는 한국어와 중국어의 파생어 전문 용어를 살펴본다. 파생어는
어근에 접사가 결합한 것으로, 접사의 종류에 따라 접두 파생어와 접미 파생
어로 나눌 수 있다. 먼저 한국어 파생어 전문 용어를 살펴보자.

(6) 한국어의 파생어 전문 용어[33]
　　가. 접두 파생
　　　　준(準)- : 준계약(법률)[34], 준군인(군사)[35], 준법률행위(법률)[36]
　　　　가(假)- : 가결의(법률)[37], 가계약(법률)[38], 가집행(법률)[39], 가처분
　　　　　　　　(법률)[40]
　　　　비(非)- : 비본적인(법률)[41], 비등기선(법률)[42]
　　나. 접미 파생
　　　　-권(權) : 경영권(경영)[43], 비호권(법률)[44], 초상권(법률)[45], 대리권

---

33) (6)은 韓海燕(2011)에서 제시한 것이다.
34) 로마법에서, 계약이나 불법 행위는 아니면서 채권 발생의 원인이 되는 일. 사무 관리,
　　후견(後見), 우연한 공유, 유증(遺贈), 부당 이득을 통틀어 이르는 말이다.
35) 군인에 준하여 군 형법의 적용 대상이 되는 사람. 군무원, 군적을 가진 군의 학교에 소속
　　한 학생 및 생도, 소집 중인 예비역 군인 따위가 포함된다.
36) 행위자의 의사 표시와는 상관없이 법률이 일정한 효과를 부여하는 행위.
37) 회의에서 결의에 필요한 요건이 갖추어지지 못했을 때, 임시로 채택하는 결의. 뒤에 정식
　　회의에서 이것이 승인되면 효력을 가지고, 부결되면 효력을 잃는다.
38) 정식 계약을 맺기 전에 임시로 맺는 계약.
39) 판결이 확정되기 전에 법원의 직권이나 당사자의 신청에 따라 임시로 강제 집행을 행함.
　　또는 그 강제 집행. 판결 확정의 지연으로 받게 될 불이익을 막기 위하여 인정한다.
40) 민사 소송법에서, 금전 채권이 아닌 청구권에 대한 집행을 보전하거나 권리 관계의 다툼
　　에 대하여 임시적인 지위를 정하기 위하여 법원이 행하는 일시적인 명령.≒가정적 처분.
41) 현재 살고 있는 시나 읍, 면의 관할 안에 본적을 가지지 아니한 사람.
42) 등기의 대상이 되지 아니하는 선박. 선박은 상법상의 부동산이라고 할 정도로 부동산과
　　유사한 성질이 많기 때문에 선박 소유권은 등기하는 것이 원칙이나, 총톤수 20톤 미만의
　　선박이거나 단주(端舟) 또는 노도(櫓櫂)만으로 운전하거나 주로 노도로 운전하는 배, 항
　　해 능력이 없어 다른 선박에 의하여 예인되는 선박은 등기의 대상이 되지 않는다.
43) 기업가가 자신의 기업체를 관리·경영하는 권리. 기업가가 가지는 기본적인 권리로, 법률
　　로 규정되어 있지는 않으나 재산권의 하나로 보기도 한다.
44) 국제법에서, 외국의 정치범이나 피란자 등 보호를 요구하는 자를 비호할 국가의 권리.

(법률)[46]

-인(人) : 대리인(법률)[47], 자연인(법률)[48], 변호인(법률)[49], 중개인
　　　　(경제)[50]

-법(法) : 혼인법(법률)[51], 소송법(법률)[52], 실체법(법률)[53], 행위법
　　　　(법률)[54], 사회법(법률)[55]

　(6)은 '준군인', '경영권', '중개인'을 제외하고는 대체로 법률 분야의 전문
용어로, 주지하는 바와 같이 법률 분야의 전문 용어는 한자어가 많다는 특징
이 있다. 이러한 법률 용어에서는 한자어 접사가 결합한 예도 많이 볼 수
있는데, (6)에서도 볼 수 있는 것처럼 파생은 전문 용어 형성에 매우 높은
생산성을 보인다.

---

45) 자기의 초상에 대한 독점권. 인격권의 하나로, 자기의 초상이 승낙 없이 전시되거나 게재
　　되었을 경우에는 손해 배상을 청구할 수 있다.
46) 대리인의 법률 행위가 곧바로 본인에게 효력을 발생하도록 본인이 대리인에게 부여한
　　지위 또는 자격. 법정 대리권과 임의 대리권이 있다.
47) 대리를 할 수 있는 지위에 있는 사람. 의사 능력이 있는 사람이어야 하며 대리인이 한
　　행위의 효과는 본인에게 귀속된다. 민법에는 법정 대리인과 임의 대리인이 있으며, 민사
　　소송에는 소송 대리인, 형사 소송에는 변호인이 있다.≒대리자.
48) 법이 권리의 주체가 될 수 있는 자격을 인정하는 자연적 생활체로서의 인간. 근대법 이후
　　로는 모든 인간이 출생으로부터 사망에 이르기까지 완전한 권리 능력을 평등하게 인정받
　　는다.≒유형인.
49) 형사 소송에서, 피의자나 피고인의 이익을 보호하는 보조자로서 변호를 담당하는 사람.
50) 다른 사람의 의뢰를 받고 상행위의 대리 또는 매개를 하여 이에 대한 수수료를 받는
　　상인. 중매인, 판매 대리인 등이 대표적이다.＝중개 상인.
51) 남녀의 혼인 관계를 통제하는 법.
52) 소송 절차를 규율하는 법규를 통틀어 이르는 말. 민사 소송법, 형사 소송법, 행정 소송법,
　　군사 법원법 따위를 이른다.
53) 권리나 의무의 발생, 변경, 소멸, 성질, 내용, 범위 따위의 실체적 법률관계를 규정하는
　　법률. 헌법, 민법, 형법, 상법 따위가 있다.≒주법.
54) 인간의 행위 자체를 규정하는 법. 특히 상법에서는 상거래의 수단 또는 기초에 관계없이
　　거래 그 자체에만 관련된 법을 이르는데, 상사 매매·운송 계약·보험 계약에 관한 법 따위
　　가 있다.
55) 개인주의적인 법의 원리를 수정 또는 보충하여 사회적 사정과 조건에 따라 법률관계를
　　인도하는 법. 노동 관계법, 경제 통제법, 구빈법(救貧法), 사회 보장에 관한 법을 통틀어
　　이르는 말이다.

법률 분야 외에 경영 분야에서도 한자어 파생어를 확인할 수 있다. 이와 관련하여 윤종원(2015)에서는 경영학 전문 용어 중에서 파생어를 살펴보고, 접두사와 접미사가 각각 파생어 전문 용어의 형성에 얼마큼의 조어력을 가지는지를 계량화하여 살펴본 바 있다.

(7) 파생어 전문 용어 접사별 통계(윤종원 2015 : 46)

접사(수)	파생어 전문 용어	조어력
접미사(61)	705	1390
접두사(25)	156	231
합계(86)	861	1621

윤종원(2015)에 따르면 경영학 전문 용어 총 4,534개 중 31.8%에 해당하는 1,441개가 접사를 포함한 파생어가 된다. 파생어 형성에 참여하는 접사는 접미사와 접두사로 다시 나눌 수 있는데, (7)에서도 알 수 있듯이 접미사가 접두사보다 더 큰 조어력을 가짐을 확인할 수 있다. 이는 곧 일반 용어와 마찬가지로 전문 용어에서도 접미 파생어가 접두 파생어보다 더 많이 확인된다는 것을 의미한다.

엄태경(2019)에서도 전문 용어를 계량적으로 살펴본 바 있는데[56], 엄태경(2019)에 따르면 분야별 전문 용어의 형성에 사용되는 접사는 총 156개이고, 그중 접미사는 101개, 접두사는 55개이다. 이를 통하여 전문 용어의 형성에 접미사가 더 활발하게 참여한다는 것을 확인할 수 있다.

한편, 엄태경(2019)에서 가장 높은 빈도를 보이는 접두사와 접미사를 다음과 같이 제시한 바 있다.

(8) 가. 접두사 : 반(半)-, 불(不)-, 대(大)-, 비(非)-, 된-, 반(反)-, 제(第)-, 복

---

56) 엄태경(2019)는 대상을 남북한 용어로 제시하고 있기 때문에 여기에 있는 자료는 본서의 대상으로 하는 자료와는 성격이 다르다는 점도 유의할 필요가 있다.

　　　　　(複)-, 역(逆)-, 단(單)-

　　나. 접미사 : -법(法), -어(語), -적(的), -체(體), -형(形), -성(性), -화(化),
　　　　　　　　 -문(文), -학(學), -자(子)

　본서의 앞부분에서도 언급한 바 있듯이 한국어의 전문 용어 중에는 한자
어가 큰 비중을 차지하는데, (8)에서도 접두사 '된-'을 제외하고는 파생어
전문 용어를 형성하는 데 쓰이는 접사가 모두 한자어임을 확인할 수 있다.
한자어 접사는 대체로 한자어 어근과 결합한다는 점을 고려한다면 (8)을 통
하여 파생어 전문 용어에서도 역시 한자어의 비중이 가장 크게 나타난다는
것을 짐작해 볼 수 있다.

　다음으로는 중국어 파생어 전문 용어의 예를 살펴본다.

　(9) 중국어의 파생어 전문 용어[57]

　　가. 접두 파생

　　反- : 反函數(역함수)(수학),　反對數(반수)(수학),　反正切(반정절)(수학),
　　　　 反粒子(반입자)(물리),　反作用(반작용)(물리),　反三角函數(역삼각
　　　　 함수)(수학), 反彈道導彈(대탄도 미사일)(군사)

　　超- : 超聲波(초음파)(물리), 超高壓(초고압)(물리), 超低溫(극저온)(물리),
　　　　 超音速(초음속)(물리),　超導體(초전도체)(물리),　超巨星(초거성)(천
　　　　 문), 超氧化物(초산화물)(화학), 超精細結構(초미세 구조)(물리)

　　非- : 非導體(절연체)(전기·전자),　非金屬(비금속)(화학),　非極性鍵(비극
　　　　 성 결합)(화학), 非偏振光(비편광)(물리), 非電解質(비전해질)(화학),
　　　　 非理想氣體(비이상기체)(물리), 非彈性碰撞(비탄성 충돌)(재료)

　　多- : 多細胞(다세포)(생명),　多元酸(다가산)(화학),　多面體(다면체)(수
　　　　 학),　多邊形(다면체)(수학),　多項式(다항식)(수학),　多重線(다중선)
　　　　 (물리)

　　類- : 類星體(준성)(천문),　類金屬(준금속)(화학),　類新星(준신성)(천문),
　　　　 類礦物(준광물)(천연자원), 類地行星(지구형 행성)(천문), 類正弦函

---

57) 중국어 파생어 전문 용어의 예는 주로 馮志偉(2004) 등의 연구에서 가져온 것이다.

數(준 정현 함수)(수학)

나. 접미 파생

-性 : 慣性(관성)(물리), 彈性(탄성)(물리), 塑性(소성)(물리), 酸性(산성)
　　　(화학), 堿性(알칼리성)(화학), 反射性(반사성)(물리), 腐蝕性(부식
　　　성)(화학), 模糊性(모호성)(언어), 槪率性(확률)(수학)

-化 : 液化(액화)(물리), 汽化(기화)(물리), 氧化(산화)(화학), 風化(풍화)(지
　　　구), 硬化(경화)(공업), 量子化(양자화)(화학), 名詞化(명사화)(언어)

-子 : 原子(원자)(물리), 粒子(입자)(물리), 分子(분자)(화학), 量子(양자)
　　　(물리), 光子(광양자)(물리), 電子(전자)(물리), 中子(중성자)(물리),
　　　質子(양자)(물리), 核子(핵자)(물리)

-物 : 化合物(화합물)(화학), 混合物(혼합물)(화학), 無機物(무기물)(화
　　　학), 有機物(유기물)(화학), 氧化物(산화물)(화학), 參照物(참조물)
　　　(물리), 生成物(생성물)(화학)

-法 : 加法(덧셈)(수학), 乘法(곱셈)(수학), 減法(뺄셈)(수학), 除法(나눗
　　　셈)(수학), 合成法(합성법)(언어), 歸納法(귀납법)(철학)

　(9)에서 제시한 접사가 결합한 중국어 전문 용어는 대체로 명사이다. 이때 중국어 파생어 전문 용어에서 확인되는 특징 중 하나는, 여기에 사용된 접사가 이른바 '준접사'의 성격을 가지고 있다는 것이다. 중국어에서는 접사는 아니지만 접사처럼 쓰이는 요소를 흔히 '類詞綴'라고 하는데, 이는 '준접사'라고 할 수 있는 단위이다. 준접사는 어근과 접사의 중간적 상태에 있는 성분으로, 의미가 완전히 허화(虛化)되지 않아서 어근으로서의 의미를 가지면서 사용 위치가 고정적이고 높은 생산력을 지닌다. 陳光磊(1994 : 23)에서는 '준접사는 접사와 비슷한 형태소이지만 접사만큼 허화 정도가 크지는 않고 어근만큼 실제적 의미를 갖지는 않는 반실반허의 상태이며 단어 결합 시 결합면이 상당히 넓은 형태소'라고 밝히었다. 또 張斌(2008)에서는 준접사는 위치가 기본적으로 고정되고 의미가 추상화되었으며 어음이 변하지 않는 접사로, 준접사는 어근이 접사로 변해가는 중간적 상태에 있다고 언급하였다. 즉 준

접사는 접사와 어근의 과도기적 상태에 있다고 볼 수 있다[58].

11.2.3. 한중 합성어 전문 용어

이 절에서는 한국어와 중국어의 합성어 전문 용어에 대해서 알아 보고자 한다. 합성어는 어근과 어근이 결합한 것으로, 엄태경(2019 : 87-89)에서는 대부분의 전문 분야에서 '보통명사^보통명사' 합성어 구성이 아주 높은 빈도로 나타남을 지적한 바 있다. 이러한 '명사+명사'의 결합으로 형성된 구성은 또 다른 단위와 결합하여 더 큰 단위의 전문 용어를 매우 생산적으로 만들어 낸다. 한국어 합성어 전문 용어의 구성은 다음과 같이 제시할 수 있다.

(10)   한국어 합성어 전문 용어[59]

가. 명사+명사 : 동물-세포(동물)[60], 딸-세포(생명)[61], 모-세포(생명)[62], 비만-세포(수의)[63]

나. 관형사+명사 : 첫-소리(언어)[64], 주-법선(수학)[65], 전-효소(생명)[66], 육-두품(역사)[67]

---

58) 최형용 외(2022 : 308) 참조. 이와 관련하여 한국어와 중국어에서 접사에 대해서는 관점에 따라 많은 논의가 있어 왔다. 중국어 연구에서는 접두사와 접미사의 비대칭성, 접사와 준접사의 경계 등의 문제에 초점을 맞추어 연구를 진행해 온 반면 한국어 연구에서는 접미사와 어미의 구별 문제, 한자어 접두사와 관형사의 판별 문제 등이 주요 쟁점이 되어 왔다.

59) (10)은 주로 엄태경(2019)에서 가져온 것이다.

60) 동물체를 구성하는 단위. 골지체, 리보솜, 미토콘드리아 따위가 있다.

61) 세포 분열로 생긴 두 개의 세포.≒낭세포.

62) 분열하기 전의 세포.

63) 동물의 결합 조직 가운데 널리 분포하는 세포. 피부, 장막(漿膜), 혈관 주위, 점막(粘膜) 주변에 있으며 히스타민, 헤파린을 생산하여 혈액 응고 저지, 혈관의 투과성, 혈압 조절 따위의 기능이 있으며, 알레르기 반응에도 관여한다. 백혈구의 일종이다.

64) 음절의 구성에서 처음 소리인 자음. '님'에서 'ㄴ' 따위이다.=초성.

65) 공간 곡선 위의 한 점에서 이 곡선의 접평면과 법평면이 교차할 때 생기는 선.

66) 주 효소와 그것에 대응하는 보조 효소가 결합하여 형성하는 활성형의 효소=완전 효소.

67) 신라 때의 신분 제도인 두품제에서 첫째 등급. 왕족 다음가는 신분의 등급으로 아찬까지

다. 부사+명사 : 오목-렌즈(물리)[68], 거듭-제곱(수학)[69], 거꿀-명제(수
학)[70], 돌연-변이(생명)[71]

라. 용언 어간+의존명사 : 껴묻-거리(역사)[72]

마. 불규칙어근+명사 : 전설-모음(언어)[73], 외거-노비(역사)[74], 여-집합
(수학)[75], 암-반응(暗反應)(식물)[76]

(10)의 합성어 전문 용어는 다시 통사적 합성어와 비통사적 합성어로 나눌
수 있다. (10다)와 (10라)의 경우는 비통사적 합성어로 분류할 수 있고, 나머
지는 통사적 합성어이다.[77]

한편, 중국어 합성어 전문 용어의 경우는 구성 요소 간의 문법 관계를
위주로 그 유형을 나눌 수 있다. 그에 따르면 중국어 합성어 전문 용어는

의 벼슬을 할 수 있었다.

68) 가운데가 얇고 가장자리로 갈수록 두꺼워지는 렌즈 빛을 발산하는 작용을 하므로 근시의
교정 따위에 쓴다.≒요렌즈.

69) 같은 수나 식을 거듭 곱하는 일. 또는 그렇게 하여 얻어진 수. 제곱, 세제곱, 네제곱 따위가
있다.≒누승, 멱, 승멱.

70) '거꿀명제'는 『표준국어대사전』에 등재되어 있지 않고 『우리말샘』에서는 '북한어', '수
학'으로 등재되어 있다.

71) 생물체에서 어버이의 계통에 없던 새로운 형질이 나타나 유전하는 현상. 유전자나 염색체
의 구조에 변화가 생겨 일어난다.

72) '껴묻거리'는 『표준국어대사전』에서 '명사'로 표시되어 있고, 전문 용어 분야를 표시되어
있지 않는다. 그러나 『고려대한국어대사전』에서 '역사'로 전문 용어의 분야를 표시되어
있다.

73) 혀의 정점이 입 안의 앞쪽에 위치하여 발음되는 모음. 우리말에는 'ㅣ', 'ㅔ', 'ㅐ', 'ㅟ',
'ㅚ' 따위가 있다.≒앞혀홀소리, 앞홀소리, 전모음.

74) 주인집에 거주하지 않고 독립된 가정을 가지면서 자기의 재산을 소유할 수 있었던 노비.
주인의 토지를 경작하면서 조(租)만 바쳤다.

75) 부분 집합과 전체 집합의 관계에 있는 두 집합 A와 U에서 전체 집합 U의 원소로서 부분
집합 A에 포함되지 않는 원소 전체로 이루어진 집합.

76) 광합성 과정 중에서 빛이 관여하지 아니하는 반응 단계. 엽록체에서 이루어지며 이산화
탄소가 환원되어 녹말이나 당을 생성한다.

77) 엄태경(2019)에서는 (10)에서 제시한 예 외에도 '용언의 활용형+명사(붙임표, 거센소리,
띄어쓰기)'와 '용언의 연결형+파생 명사(또는 명사형)(이어적기, 눌러떼기)'도 합성어의
예로 제시하였다. 그러나 본서에서는 이는 모두 통사적 결합어의 예로, 합성어와는 구분
된다. 통사적 결합어와 관련한 자세한 내용은 본서의 5장을 참고할 것.

병렬관계, 수식관계, 술목관계, 술보관계, 주술관계 등으로 구분된다. WU YINGQUI(2022)에서는 의학 분야의 전문 용어를 대상으로 중국어 합성어 전문 용어의 단어 구성 방식을 다음과 같이 제시한 바 있다.

(11) 중국어 합성어 전문 용어(의학 분야)
　가. 합성 명사
　　ㄱ. 명사+명사 : 骨科(정형외과), 胸骨(가슴뼈), 膽囊(담낭), 面神經
　　　(안면신경)
　　ㄴ. 동사+명사 : 咬肌(깨물근), 飛沫(비말), 坐骨(좌골)
　　ㄷ. 형용사+명사 : 熱型(열형), 黃疸(황달), 大腸(대장)
　나. 합성 동사
　　ㄱ. 명사+동사 : 腹瀉(설사하다), 鼻塞(비색증)
　　ㄴ. 동사+동사 : 抽搐(경련하다), 注射(주사하다)
　　ㄷ. 동사+명사 : 咳血(각혈), 聽診(청진하다), 發汗(발한하다)

　(11)은 의학 분야를 중심으로 한 것인데, 그 대상을 특정 전문 분야로 한정하지 않더라도 합성어 전문 용어의 구성 방식은 거의 동일하게 유지된다. 이것은 馮志偉(2004)에서 확인할 수 있는데, 이에 따르면 전문 용어 전체를 대상으로 하더라도 중국어의 합성어 전문 용어는 대개 명사, 동사의 두 가지로 확인된다. 이것이 한국어와는 구분되는 중국어 전문 용어의 특성 중 하나라고 할 수 있는데, 이와 관련하여 본서의 2장에서도 언급한 바와 같이 한국어의 동사 전문 용어는 주로 '명사 전문 용어+하다', '명사 전문 용어+되다'의 구성으로 나타나 합성동사는 찾아볼 수 없다는 점을 고려할 필요가 있다.
　두 언어에서 보이는 합성어 전문 용어의 특성을 종합적으로 살펴보자면, 한국어는 명사가 주를 이루는 반면 중국어는 명사와 동사의 두 가지 유형을 확인할 수 있다. 한국어의 합성명사는 '관형사+명사', '부사+명사', '불규칙 어근+명사'의 세 가지로 나타나는데, 이는 중국어의 '명사+명사', '형용사+명사' 구성에 대응한다.78) 한편 중국어의 '형용사+명사' 구성은 '동사+명사'

구성과 함께 한국어의 '용언의 활용형+명사', '용언의 연결형+파생명사', '용언의 어간+명사'에 대응하는 것으로 볼 수도 있는데, 본서의 견해에 따르면 중국어의 경우는 합성어로 분류할 수 있는 것인 반면 한국어의 경우는 통사적 결합어로 분류되는 것이어서 서로 구분된다. 이것은 한국어와 중국어가 서로 다른 언어적 특성을 갖고 있기 때문인데, 고립어인 중국어는 형용사나 동사에 명사가 직접 결합할 수 있으나 한국어는 교착어적 성격을 보여 반드시 용언의 활용형과만 명사를 결합할 수 있기 때문이다. 그러나 두 언어는 모두 우핵 언어로서 단어 구성 요소의 배열 순서에서는 크게 차이를 보이지 않는다.

여기에서 제시한 한중 두 언어의 합성어 전문 용어의 구성 방식을 표로 정리하여 나타내면 다음과 같다.

(12) 한중 합성어 전문 용어 구성 방식 대조

	한국어	중국어
명사	부사+명사(예 : 오목렌즈)	명사+명사(예 : 骨科(정형외과))
	명사+명사(예 : 동물세포) 불규칙 어근+명사(예 : 전설모음)	
	관형사+명사(예 : 첫소리)	형용사+명사 (예 : 熱型(열형)) 동사+명사 (예 : 咬肌(깨물근))
	용언 어간+의존명사(예 : 껴묻거리)	
동사		명사+동사(예 : 腹瀉(설사하다)) 동사+동사(예 : 抽搐(경련하다)) 동사+명사(예 : 咳血(각혈))

---

78) 이렇게 두 가지로 나뉠 수 있는 것은 중국어에서는 명사와 형용사의 품사 통용 현상이 확인되기 때문이다. 한편, 한국어의 관형사는 주로 중국어의 명사 또는 형용사에 대응하는 것으로 볼 수 있다.

11.3. 의미론의 측면에서 본 한중 전문 용어

　의미 관계의 측면에서 한중 전문 용어에서 유의 관계, 반의 관계와 상하 관계 등을 포착할 수 있다. 여기에서 말하는 의미 관계란 둘 이상의 단어 사이에서 확인되는 의미를 중심으로 하는 것이다. 이 절에서는 다음으로 한 국어와 중국어의 전문 용어의 의미 관계를 대조하고자 한다.79)

11.3.1. 한중 전문 용어의 유의 관계 대조

11.3.1.1. 전문 용어 간의 유의 관계

　유의 관계는 단어들 간의 의미가 비슷함을 가리키는데, 우선 한국어에서 유의 관계를 보이는 전문 용어의 예를 살펴보자.

　　(13) 한자어 대 한자어(의학 분야)80)
　　　가. 골절(骨折)-절골(折骨)81), 색전(塞栓)82)-전색(栓塞)
　　　나. 건망증(健忘症)83)-건망(健忘), 산욕기(産褥期)84)-산욕(産褥), 염증(炎
　　　　　症)-염(炎)
　　　다. 각막(角膜)85)-안막(眼膜), 주장(注腸)86)-관장(灌腸), 노질(老疾)88)-

---

79) 본 절에 예시로 제시된 한중 전문 용어는 대부분이 의학 분야의 용어이다.
80) (13)은 최형용(2018)과 WU YINGQIU(2022)에서 제시한 것을 중심으로 하되, 필요한 경우에는 예시를 추가하였다.
81) 뼈가 부러짐.
82) 혈관을 막아 색전증을 일으키는 물질. 혈관 내에서 생긴 것과 외부에서 들어온 지방, 종양, 가스, 공기, 세균 따위가 있다.
83) 경험한 일을 전혀 기억하지 못하거나 어느 시기 동안의 일을 전혀 기억하지 못하거나 또는 드문드문 기억하기도 하는 기억 장애.≒건망, 잊음증.
84) 해산으로 인한 상처가 완전히 낫고, 자궁이 평상시 상태가 되며 신체의 각 기관이 임신 전의 상태로 회복되기까지의 기간. 대개 산후 6~8주간을 이른다.≒산욕, 산후기.
85) 눈알의 앞쪽 바깥쪽을 이루는 투명한 막. 이 막을 통하여 빛이 눈으로 들어간다.≒맑은막, 안막.

노병(老病)
라. 낙태(落胎)-유산(流産), 마진(痲疹)-홍역(紅疫)

(13)은 모두 한자어와 한자어 사이에서 유의 관계가 확인되는 예이다. (13
가)의 '골절'과 '절골', '색전'과 '전색'은 의미가 완전히 같고, 구성 요소의
순서만 바뀐 것이다. (13나)와 (13다)는 유의 관계에 놓인 두 단어가 서로
공유하는 부분을 갖고 있다는 점에서 같은데, 형식적 증감의 차원에서 차이
를 보인다. 다시 말해 (13나)는 왼쪽 단어가 오른쪽 단어를 어근으로 하여
'-증(症), -기(期)' 등의 접사를 결합한 것으로, 형식의 증가를 보인다. 이에
반해 (13다)는 각 단어쌍이 공유하고 있는 부분을 중심으로 앞뒤에 대치되는
요소가 다른데, 전체 단어의 측면에서는 형식적인 증감을 보이지 않는다.
(13라)는 형태적으로 전혀 다른 두 단어가 서로 유의 관계에 놓인 것이다.
이때 특기할 만한 점은, (13나)인데 가령 '건망증'과 '건망'은 형태론적 측면에
서 보면 파생어와 합성어로 그 내부 구조가 달리 분석된다는 것이다. 8장에
서도 언급한 것처럼 유의 관계는 이처럼 내부 구조가 다른 단어쌍에서 확인
되는 경우가 많다.

(14) 가. 복장뼈(의학)[89]-가슴뼈(의학)[90], 안귀(의학)[91]-속귀(의학)
      나. 입속(의학)[92]-입안(의학), 숨골(의학)[93]-숨뇌(의학)

---

86) '관장'의 전 용어.
87) 약물을 항문으로 넣어서 직장이나 대장에 들어가게 하는 일. 대변을 보게 하는 것이 주목
    적이며, 병의 치료와 영양 공급을 목적으로 하기도 한다.
88) 늙고 쇠약해지면서 생기는 병.=노병.
89) 가슴 한복판에 세로로 길쭉하게 있는 납작한 뼈. 세 부분으로 되어 있으며 위쪽은 빗장뼈
    와 관절을 이루고, 옆은 위쪽 일곱 개의 갈비 연골과 연결되어 있다.≒흉골.
90) '복장뼈'의 전 용어.
91) 귀의 가운데 안쪽에 단단한 뼈로 둘러싸여 있는 부분. 달팽이관·안뜰·반고리관으로 이루
    어져 있으며, 고막의 진동을 신경에 전달하는 구실을 한다.=속귀.
92) 입에서 목구멍에 이르는 빈 곳. 음식물을 섭취·소화하며, 발음 기관의 일부분이 된다.=
    입안.

　　　다. 애벌뼈(의학)[94]-굳은살(의학)

(15) 가. 수골(手骨)(의학)[95]-손뼈(의학)[96], 매설(莓舌)(의학)[97]-딸기혀(의학)[98]

　　　나. 염통(의학)[99]-심장(心臟)(의학), 가래(의학)[100]-담(痰)(의학), 허파
　　　　　(의학)[101]-폐(肺)(의학)

　　　다. 속막(膜)(의학)[102]-내막(內膜)(의학), 교근(咬筋)(의학)[103]-깨물근(筋)
　　　　　(의학)[104]

　　　라. 훑개(의학)[105]-스캐너(scanner)(의학), 봉박이(의학)[106]-인레이(inlay)
　　　　　(의학)

　　　마. 디스크(disk)(의학)[107]-척추원반(脊椎圓盤)(의학), 멘스(menstruation)
　　　　　(의학)[108]-월경(月經)(의학)

---

93) 아래쪽 척수, 위쪽 다리뇌, 뒤쪽 소뇌 사이에 있는 원뿔 모양의 뇌 부분. 위와 아래쪽으로 달리는 신경 섬유 다발과 호흡 및 순환 따위의 생명 기능을 포함한 여러 기능을 하는 신경 세포체의 집단으로 이루어져 있다.=숨뇌.

94) 부러진 뼛조각의 주위에 저절로 생기는 물질.≒가골, 굳은살, 칼루스.

95) '손뼈'의 전 용어.

96) 손가락 끝에서 손목까지의 뼈. 손목뼈, 손허리뼈, 손가락뼈로 이루어진다.

97) '딸기혀'의 전 용어.

98) 혀끝이 빨갛게 부어 딸기처럼 되는 일. 성홍열을 앓을 때 볼 수 있는 증상으로, 고열 때문에 혀에 백태가 끼었다가 딸기 모양으로 빨갛게 되고 표면이 껄쭉껄쭉하게 된 것이다.

99) 주기적인 수축에 의하여 혈액을 몸 전체로 보내는, 순환 계통의 중심적인 근육 기관.=심장.

100) 허파에서 후두에 이르는 사이에서 생기는 끈끈한 분비물. 잿빛 흰색 또는 누런 녹색의 차진 풀같이 생겼으며 기침 따위에 의해서 밖으로 나온다.≒가래침, 담.

101) 가슴안의 양쪽에 있는, 원뿔을 반 자른 것과 비슷한 모양의 호흡을 하는 기관.≒부아, 폐, 폐부, 폐장.

102) 체내 기관의 안쪽에 있는 막.≒내막.

103) '깨물근'의 전 용어.

104) 음식물을 씹을 때 작용하는 가장 강력한 근육 가운데 하나. 뺨 아래쪽에 손을 대고 이를 꽉 물면 불룩하게 만져지는 근육이다.

105) 인체에 방사성 물질을 투입하여 그 분포 상태를 사진으로 만들어 병을 진단하는 장치.=스캐너.

106) 이에 봉 박는 합금. 또는 충치에 봉 박는 일.≒인레이.

107) 척추뼈의 추체(椎體)와 추체 사이에 있는 편평한 판 모양의 물렁뼈. 탄력이 좋아 추체 사이의 가동성을 높여 완충 작용을 한다.=척추 원반.

108) 성숙한 여성의 자궁에서 주기적으로 출혈하는 생리 현상.=월경.

> 바. 정현 함수(正弦函數)(수학)[109]-사인 함수(sine函數)(수학)[110], 알칼리
> 성(alkali性)(화학)[111]-염기성(鹽基性)(화학)

(14)는 고유어와 고유어, (15)는 서로 다른 어종 사이에서 유의 관계가 성립하는 예이다. 그중에서도 (15가, 나)는 고유어와 한자어 간에 유의 관계를 갖는 경우이다. 여기서 주목할 만한 것은 (15가)의 '수골'과 '매골'은 각각 『표준국어대사전』에서 해당 고유어 유의어의 '전 용어'로 표시되어 있다는 것인데, 이를 통하여 유의 관계에 놓인 두 단어가 서로 다듬을 말과 다듬은 말의 관계를 보인다는 것을 짐작할 수 있다.[112] (15다)의 경우는 한자어 전문 용어와 한자어+고유어 전문 용어가 서로 유의 관계를 갖는 경우이다. (15라)는 고유어와 외래어, (15마)는 외래어와 한자어 전문 용어 간의 유의 관계를 확인할 수 있다.[113] 또한 (15바)는 한자어+한자어 전문 용어와 외래어+한자어 전문 용어가 서로 유의 관계에 놓인 예이다.

다음으로는 중국어의 예를 살펴보자.

> (16) 가. 遺忘(기억 상실)(의학)-遺忘症(기억 상실증)(의학), 脈管(혈관)(의학)-
> 血管(혈관)(의학), 食道(식도)(의학)-食管(식도)(의학), 毒素(독소)(생
> 명)-毒質(독소)(생명)
> 나. 感冒(감기)(의학)-傷風(감기)(의학), 糖類(탄수화물)(생명)-碳水化合
> 物(탄수화물)(생명)

(16)은 중국어 전문 용어 중에서 서로 유의 관계에 놓여 있는 예를 제시한

---

109) '사인 함수'의 전 용어.
110) 사인의 변화에 비례하는 함수.
111) 염기가 지니는 기본적 성질. 원래는 산의 작용을 중화하고 산과 작용하여 염과 물만을 만드는 성질을 뜻한다.=염기성.
112) 말 다듬기의 결과로 형성된 다듬은 말, 이른바 순화어에 대한 내용은 본서의 9장을 참고할 수 있다.
113) (13)과 (14), 그리고 (15)는 WU YINGQIU(2022)에서 가져온 예이다.

것이다. (16가)는 두 단어 사이에 공통 부분이 있는 경우, (16나)는 공통 부분이 없는 경우를 보인 것이다. 이때 (16가)에서 제시한 단어들의 구조를 살펴보면, 예컨대 '遺忘'과 '遺忘症'이 각각 합성어와 파생어로 한국어와 마찬가지로 서로 다른 내부 구조를 가진 것을 확인할 수 있다. 다만 중국어에서는 한국어의 경우처럼 어종별 다양성을 보이지는 않는다는 것이 특징이다.

(17) 가. 青黴素-盤尼西林(페니실린)(약학)
　　　나. 維生素-維他命(비타민)(생명)

(17)은 한자어와 외래어 용어가 서로 비슷한 의미를 가지는 예이다. 이 단어들에 대하여 『현대한어사전(現代漢語詞典)』에서는 다음과 같이 풀이를 하고 있다.

(18) 青黴素 : 抗生素的一種, 是從青黴菌培養液中提製的藥物.
　　　　　　　(항생 물질 중에 일종, 페니실린 배양액에서 추출한 약물).
　　　盤尼西林 : 青黴素的舊稱.
　　　　　　　(青黴素의 옛 명칭).
　　　維生素 : 人和動物所必須的某些微量有機化合物.
　　　　　　　(인간이나 동물이 필요한 미량의 유기 화합물).
　　　維他命 : 維生素的舊稱.
　　　　　　　(維生素의 옛 명칭).

(18)에서 확인할 수 있듯이 '盤尼西林'과 '維他命'은 모두 외국어의 발음을 따서 음역한 것이고, '青黴素'와 '維生素'은 앞의 두 단어가 차용된 이후에 중국어의 단어 형성 방식에 따라 새롭게 형성된 단어라는 점에서 차이를 보인다. 이 역시 한국어의 경우와 마찬가지로 중국어의 전문 용어 표준화[114]

114) 중국의 정부기관인 국가기술감독국은 1985년 10월에 '전국 술어 표준화 기술위원회'를 설립하여 전문 용어 표준화 사업을 담당하도록 한 바 있다. 이 기술위원회는 정부 차원의

의 결과에서 비롯한 것이라는 점에서, 한국어와 중국어의 말 다듬기 사업의
일면을 살펴볼 수 있는 예이다.[115]

이 절에서 살펴본 내용을 정리하면 다음과 같다. 한중 전문 용어에서 유의
관계에 놓인 단어쌍을 어종별로 분석하면 한국어에서는 중국어보다 더 다양
한 어종이 나타난다. 이는 한국어에서는 고유어, 한자어, 외래어뿐만 아니라
혼종어도 단어의 형성에 활발하게 참여하고 있는 데 반하여 중국어는 대개
한자어 혹은 한자어와 음역한 외래어[116]가 단어 형성에 활용된다는 점에
기인한 것이다.

11.3.1.2. 일반 용어와 전문 용어의 유의 관계

한편, 전문 용어 중에서는 동일한 전문 용어가 아니라 일반 용어와 유의
관계를 보이는 예도 확인이 된다. 엄태경(2019)에서는 한국어의 전문 용어를
의미 차원에서 '전문용어화', '분야 간 차용', '의미 바꿈' 등으로 나누어 살펴
본 바 있는데, 이처럼 전문 용어와 일반 용어는 서로 전환이 가능하다. 이
중 전문용어화(terminologization)는 '일반 언어의 단어나 표현을 용어(term)'로
변환하는 과정이다. 다른 말로 하면 일반적인 문맥에서는 일반적인 단어의
의미를 가지면서 특정 분야의 맥락에서는 전문 용어로서의 의미를 갖게 된다

전문 용어 표준화 사업 주관 부서의 기능을 수행하며 주로 전문용어학의 일반 원칙과
방법에 대한 연구, 전문 용어 데이터베이스 구축, 관련된 사서 편찬 등 업무를 수행하고
있다(황은하 2007).

115) '코카콜라'의 중국어 번역은 '可口可樂(커커우컬러)'로 원어와 유사하게 발음하는 동시에
'입맛에 맞아 즐겁다'의 뜻을 더하여 원어를 그대로 음차한 것뿐만 아니라 나름의 해석도
반영한 단어의 예로 널리 회자되고 있다. 이처럼 중국어 전문 용어의 표준화에서는 중국
어 한자의 뜻글자로서의 특성을 충분히 반영한 번역 방식을 적극적으로 도입하고 있다
(황은하 2007).

116) 다만 중국어 단어는 모두 한자어이기 때문에 본래는 중국어로 칭해야 할 것인데, 본장에
서는 용어상의 혼란을 줄이기 위하여 중국어를 한자어로, 외국어에서 차용된 중국어를
외래어로 가리키기로 한다.

는 뜻이다(엄태경 2019 : 11).

   (19) 가. 힘(물리)[117], 값(수학)[118]

         나. 재결합(물리)[119], 물관(식물)[120], 부채꼴(수학)[121], 과거(문법), 배경

             (문학)[122], 유전(생물)[123], 조약(법률)[124]

   (19)는 일반 용어가 전문용어화하여 특정 분야에서 전문 용어로 사용되는, 이른바 전문용어화된 단어들이다. (19가)는 단일한 내부 구조를 가지는 단일어, (19나)는 복합적인 내부 구조를 가지는 복합어로 서로 구분된다. 전문용어화된 단어들은 일반 용어의 의미보다 그 의미가 더 한정된다는 특징을 가지는데, 가령 '과거'는 일반 용어로서는 '이미 지나간 때'라는 의미를 가지지만 문법 분야의 전문 용어로서의 '시제 중 하나'라는 의미가 한정되어 일반 용어보다 더 한정성을 띠게 된다. 또한 '부채꼴'의 경우 그 모양을 수학 분야에 도입하여 기하학적 정의 개념을 부여하는 것을 확인할 수 있는데, 다시 말해 일반 용어로서 '부채꼴'은 '부채처럼 생긴 모양'을 가리키지만 수학 분야에서는 '원 안의 두 반지름과 그 호로 둘러싸인 부분'이라는 정합적 개념을 부여받는다는 것이다(엄태경 2019 : 95-96).

   이처럼 한국어에서는 일반 용어의 전문용어화가 확인되는데, 중국어에서

---

117) 정지하고 있는 물체를 움직이게 하고, 또 움직이고 있는 물체의 속도를 변화시키거나 아주 정지시키는 작용.

118) 하나의 글자나 식이 취하는 수. 또는 그런 수치.

119) 방사선에 의하여 분해된 화합물이 다시 결합함. 또는 그런 현상. 원자로 안에서 방사선에 의하여 물이 산소와 수소로 분해되는데, 이것을 다시 물로 화합시키는 따위이다.

120) 속씨식물이 물관부에서 물의 통로 구실을 하는 조직. 원기둥 또는 다각 기둥 모양의 세포가 세로로 연결되어 있다.≒도관.

121) 원의 두 개의 반지름과 그 호(弧)로 둘러싸인 부분.≒선상.

122) 문학 작품에서, 주제를 뒷받침하는 시대적·사회적 환경이나 장소.

123) 어버이의 성격, 체질, 형상 따위의 형질이 자손에게 전해짐. 또는 그런 현상. 오스트리아의 식물학자 멘델에 의하여 처음으로 이에 대한 과학적 설명이 이루어졌다.

124) 국가 간의 권리와 의무를 국가 간의 합의에 따라 법적 구속을 받도록 규정하는 행위. 또는 그런 조문. 협약, 협정, 규약, 선언, 각서, 통첩, 의정서 따위가 있다.

는 이와 반대로 전문 용어가 일반 용어로 전환하는 양상이 관찰된다. 중국어 연구에서는 주로 '專門用語詞義泛化(전문 용어 의미의 범화)', '專門用語詞義衍生現象(전문 용어 의미의 확장 현상)', '專門用語的語義突破(전문 용어의 의미 돌파)', '術語詞語非術語化的語義變化(술어의 비술어화 의미변화)'라는 용어로 그것을 다루어 왔는데, 본장에서는 이를 '일반용어화'로 명명하고자 한다.

閆妍(2008)에서는 중국어 전문 용어의 일반용어화는 주로 은유와 환유[125]에 의하여 일어난다고 한 바 있는데, 중국어의 '把脈(진맥하다)'의 예를 살펴보자.[126]

> (20) 把脈2001年的北京房地産市場發現, 儘管今年的房地産行情不錯, 但也確實
> 存在著一些問題。《北京晚報》2001年12月6日)
> 2001년의 베이징 부동산 시장을 <u>조사한</u> 결과, 올해의 부동산 상황은
> 괜찮은데 문제도 확실히 존재한다는 것을 알 수 있다.

(20)을 통하여 알 수 있듯이 의학 분야의 전문 용어인 '把脈'은 비유적인 의미로는 '조사하다'라는 의미로 사용된다. 여기에서 전문 용어의 의미 확장을 통한 일반용어화를 확인할 수 있는 것이다. 동일한 의학 분야 전문 용어인 '氣管炎(기관지염)'의 예를 살펴보자.

> (21) 他擺手說：“以前我抽過煙, 結婚後得了<u>氣管炎(妻管嚴)</u>, 戒了。”
> 《作品》1980年第1期)
> 그는 손을 흔들면서 “예전에 나는 담배를 피운 적이 있는데, 결혼한

---

125) 주지하는 것처럼 은유는 하나의 사물을 다른 사물의 관점에서 이해하고 경험하는 개념 차원의 것을 가리키고, 환유는 동일한 영역 내에 존재하는 두 개념적 실체가 인접한 경우에 일어나는 인지 과정을 가리킨다. 은유와 환유는 개념적 전이를 가능하게 하는 인지적 기제로서 다루어져 왔는데, 이것이 전문 용어와 일반 용어의 전환에도 하나의 기반으로서 작용할 수 있다는 것이다. 이에 대한 자세한 내용은 윤평현(2020), 임지룡(2018) 등을 참고할 것.
126) 閆妍(2008)에서 제시한 예시를 가져온 것이다.

후에 <u>기관지염(공처가)에</u> 걸려서 담배를 끊었다."

(21)에서 사용된 '氣管炎'은 문맥상 전문 용어로서 '기관지염'이라는 의미를 유지하는 것으로 해석하면 어색한 문장이 된다. 그런데 이와 관련하여 『고려대중한사전』에서는 '氣管炎'의 의미를 다음과 같이 제시한다.

(22) 가. 「의학」 기관지염.
    나. [속어] 공처가. 엄처시하. ['妻管嚴'의 발음을 빌어 만든 말]

다시 말하자면 이 단어는 본래 호흡기관의 질병을 지칭하였는데 '妻管嚴(공처가)'와 그 발음이 비슷해서 '공처가'의 의미를 가지게 되었다는 것이다.127) 이러한 의미의 확장은 일반 용어에서 흔히 볼 수 있는 현상이지만 (20)이나 (21)에서도 확인할 수 있는 것처럼 전문 용어에서도 포착된다. 이러한 단어들은 은유와 환유 등 경로를 통해서 일반 용어처럼 단일적인 의미에서 다의적인 의미로 전환되며, 특정 분야에서만 사용되던 단어가 여러 분야 혹은 일상생활에서까지 사용할 수 있는 일반 용어로 전환되는 것이다. 이러한 방식이 신어의 형성을 이끄는 요인이 되기도 한다.

11.3.2. 한중 전문 용어의 반의 관계 대조

이 절에서는 서로 반대되거나 대립되는 의미, 소위 반의 관계를 갖는 전문 용어에 대하여 살펴본다. 우선 한국어의 예를 제시하면 다음과 같다.

(23) 가. 개정(開庭)(법률)-폐정(閉庭)(법률), 무죄(無罪)(법률)-유죄(有罪)(법률), 무효(無效)(법률)-유효(有效)(법률), 미수(未遂)(법률)-기수(旣

---

127) '氣管炎(기관지염)'과 '妻管嚴(공처가)'는 동일한 '管'을 중심으로, '氣[qì]'와 '妻[qī]', '炎[yán]'과 '嚴[yán]'이 서로 유사한 발음을 가진다.

遂)(법률), 승소(勝訴)(법률)-패소(敗訴)(법률)

나. 원고(原告)(법률)-피고(被告)(법률), 동의(同意)(법률)-이의(異議)(법률)

다. 기소(起訴)(법률)-불기소(不起訴)(법률), 구속(拘束)(법률)-불구속(不拘束)(법률), 성년(成年)(법률)-미성년(未成年)(법률)

다'. 거주자(居住者)-비거주자(非居住者)(법률)

(23)은 한국어의 반의 관계 전문 용어의 쌍을 제시한 것이다. 여기에서 확인할 수 있는 것처럼 반의 관계는 크게 세 가지 유형으로 구분할 수 있다. (23가)는 두 단어 간에 공통 요소가 있으며, 공통 요소가 아닌 요소 간에 반의 관계가 확인된다. '개정(開庭)-폐정(閉庭)'처럼 '정'은 공통 요소이고, '개'와 '폐'가 반의 관계를 갖는다. (23나)의 경우는 공통 요소가 있지만 (23가)와는 달리 단어의 구성 요소가 아니라 단어 전체의 의미만 반의 관계를 이루는 경우이다. 다시 말해 단어 전체의 의미가 가지는 반의 관계가 구성 요소 간의 반의 관계에서 비롯되는 (23가)에 비하여 (23나)는 구성 요소 사이에는 특정한 의미 관계가 성립하지 않지만 전체 단어의 의미는 서로 반대가 된다는 점에서 차이를 가진다는 것이다. (23다)의 경우는 하나의 단어에 접사를 결합하여 반의 관계가 성립하는 경우이다. (23다)의 단어들은 형태론적 부류에서 합성어와 파생어로 서로 구분되는데, 반의 관계는 의미뿐 아니라 형식적으로도 대등한 구조를 가져야 한다는 8장의 내용을 고려할 때 흥미로운 예이다. 한편, (23다')의 '거주자'와 '비거주자'는 일반 용어와 전문 용어가 반의 관계를 이루는 것으로 역시 하나의 단어에 접사를 결합함으로써 반의 관계가 성립하는 것이다. 이때 두 단어는 모두 파생어라는 점에서도 (23다)와는 구분된다.

중국어 전문 용어에서 확인되는 반의어의 쌍은 다음과 같다.

(24) 가. 內痔(내치)(의학)-外痔(외치)(의학), 高血壓(고혈압)(의학)-低血壓(저

혈압)(의학), 陰性(음성)(의학)-陽性(양성)(의학), 遠視(원시)(의학)-
近視(근시)(의학), 手骨(손뼈)(의학)-足骨(발뼈)(의학), 主犯(주범)(법
률)-從犯(종범)(법률), 並處(동시에 처벌하다)(법률)-單處(단독으로
처벌하다)(법률)

나. 債權人(채권자)(법률)-債務人(채무자)(법률), 行為人(행위자)(법률)-
受害人(피해자)(법률), 巨人症(거인증)(의학)-侏儒症(소인증)(의학),
合法(합법)(법률)-非法(비법)(법률)

다. 動産(동산)(법률)-不動産(부동산)(법률), 藥品(약품)(의학)-非藥品(비
약품)(의학)

중국어의 반의 관계 전문 용어 역시 한국어와 마찬가지로 세 가지 유형으
로 나눌 수 있다. (24가)는 공통된 구성 요소가 있으면서 단어 내의 서로
다른 구성 요소가 서로 반의 관계를 갖는 경우이다. (24나)는 공통된 구성
요소가 있으나 구성 요소 사이에는 아무런 의미 관계가 성립되지 않지만
전체 단어가 서로 반의 관계를 가지는 경우이다. (24다)는 접사를 결합함으로
써 두 단어 사이의 반의 관계가 성립하는 경우이며, (23다)와 같이 반의 관계
를 이루는 두 단어가 각각 합성어-파생어로서 서로 다른 형태론적 부류를
가지는 것을 확인할 수 있다.

11.3.3. 한중 전문 용어의 상하 관계 대조

마지막으로 살펴볼 것은 한중 전문 용어에서 확인되는 상하 관계이다. 한
단어가 다른 단어를 의미적으로 포섭할 수 있는 상하 관계는 전문 용어 사이
에서도 확인되는데, 한국어의 예는 (25)와 같다.

(25) 가. 법원(법률)-대법원(법률), 고등법원(법률), 지방법원(법률), 가정법원
(법률), 특별법원(법률)

나. 코드(정보·통신)[128]-데이터 코드(정보·통신)[129], 기능 코드(정보·통
    신)[130]

  법률 분야의 전문 용어인 (25가)에서 '법원'은 상위어이고, '대법원, 고등법
원, 지방법원, 가정법원, 특별법원' 등은 하위어이다. 정보·통신 분야의 전문
용어인 (25나)에서는 '코드'는 상위어이고, '데이터 코드, 기능 코드' 등은 하
위어이다. 전문 용어의 상하 관계는 다음의 예를 통해서 더 자세하게 살펴볼
수 있다.

  (26) 가. 공변세포(식물)[131], 극세포(수의)[132], 기둥세포(생명)[133], 단세포(생
           명)[134], 동물세포(동물)[135], 딸세포(생명)[136], 모세포(생명)[137], 몸세
           포(생명)[138], 비만세포(수의)[139], 생식세포(생명)[140], 수지상세포(생
           명)[141], 식세포(생명)[142], 신경세포(의학)[143], 어미세포, 원세포(생

---

128) 정보를 나타내기 위한 기호 체계. 데이터 코드, 기능 코드, 오류를 검사하기 위한 검사
    코드 따위가 있다.
129) 네트워크 통신 환경에서 데이터 신호를 송수신하기 위한 규약의 집합.
130) 메시지 클래스 내에서 메시지의 특정 목적을 나타내는 데 사용되는 부호.
131) 식물의 기공(氣孔)을 이루고 있는 두 개의 세포. 표피 세포가 변해서 된 것으로 두 개가
    서로 붙어서 그 사이에 기공을 구성한다. 반달 모양 또는 콩팥 모양에 가깝다. 기공을
    여닫는 구실을 하여 수분을 조절하고 내부를 보호한다.≒개폐 세포.
132) 환형동물과 연체동물의 발생 과정에서 나타나는 큰 세포.
133) 생명 원기둥처럼 길쭉한 상피 세포.
134) 하나의 개체가 한 개의 세포로 이루어진 생물. 가장 단순한 생물로 아메바, 짚신벌레,
    박테리아 따위가 있다.=단세포 생물.
135) 동물체를 구성하는 단위. 골지체, 리보솜, 미토콘드리아 따위가 있다.
136) 세포 분열로 생긴 두 개의 세포.≒낭세포.
137) 분열하기 전의 세포.
138) 생물체를 이루는 세포 중에 생식 세포와 그 전구 세포를 제외한 모든 세포.
139) 동물의 결합 조직 가운데 널리 분포하는 세포. 피부, 장막(漿膜), 혈관 주위, 점막(粘膜)
    주변에 있으며 히스타민, 헤파린을 생산하여 혈액 응고 저지, 혈관의 투과성, 혈압 조절
    따위의 기능이 있으며, 알레르기 반응에도 관여한다. 백혈구의 일종이다.
140) 생식에 관계하는 세포. 수컷의 정세포 또는 정자, 암컷의 난세포 또는 난자로, 체세포와
    염색체 수가 다르다.≒성세포.
141) 항원을 림프구로 전달하는 세포. 외부에서 들어온 항원을 포식하여 분해한 후 항원 조각

명)144), 원시세포(생명)145), 원핵세포(생명)146), 점액세포(생명)147), 점질세포, 정세포(생명)148)

나. 골수림프세포(생명)149), 구멍가세포(식물)150), 대식세포(생명)151), 대탐식세포(생명)152), 알어미세포, 정모세포(수의)153), 정원세포(생명)154)

다. 제1정모세포, 제2정모세포; 제1정자어미세포, 제2정자어미세포

(26)은 '세포'의 하위어를 제시한 것이고, (26가)과 (26나), (26다)는 다시 상하 관계를 갖는다. 엄태경(2019)에 따르면 (26나, 다)는 (26가)에 또 다른 단위가 결합하는 특징을 보여준다. 이러한 용어들은 계층적인 특징을 보여주는데, 상하 관계를 보이는 단어들은 일반적으로 총칭적(generic) 의미구조를

을 티 림프구로 전달한다.

142) 혈액이나 조직 안을 떠돌아다니면서 세균이나 이물(異物), 조직의 분해물 따위를 포식하여 소화·분해하는 세포. 동물체의 자기방어에 중요한 역할을 한다.≒식균 세포.

143) 신경 계통의 구조적·기능적 단위. 하나의 세포체와 그 돌기인 가지 돌기와 신경 돌기로 구성된다. 중추 신경 계통에서는 회백질에 모여 있고, 말초 신경 계통에서는 신경절에 집합해 있다.≒신경 단위, 신경원.

144) 세포의 원시체라고 생각되는 구조. 이 구조 속에서는 아미노산을 합성하여 고분자로 결합시키는 작용이 있는 것으로 여겨진다.

145) 발생 초기의 미분화 세포.
배우자의 바탕이 되는 미분화 세포. 정원세포와 난원세포의 조상이 되는 세포이다.

146) 체세포 분열을 하는 뚜렷한 핵이나 염색체를 가지고 있지 아니한 세포. 핵과 세포질 사이를 구분하는 핵막이 없으며 모든 세균류와 남조식물을 구성한다.

147) 점액 물질을 만들어 분비하는 세포.

148) 유성 생식을 하는 동식물의 웅성(雄性) 생식 기관 안에서 감수 분열의 결과로 생성되는 세포. 정자가 되기 직전의 세포이다.≒정자 세포.

149) 항체를 만들어 내는 림프구. 골수에서 유래한 세포로 항원이 침입할 경우에 증식하는데, 항체인 면역 글로불린을 생산하는 세포로 분화한다.≒비 림프구, 비 세포.

150) 식물의 기공(氣孔) 둘레에 있는 반달 모양의 세포. 표피 세포가 분화한 것으로, 기공을 여닫는 구실을 하며, 식물 내의 수분 함유량을 조절하고 내부를 보호하는 역할을 한다.

151) 혈액, 림프, 결합 조직에 있는 백혈구의 하나. 둥글고 큰 한 개의 핵을 지닌 세포로 침입한 병원균이나 손상된 세포를 포식하여 면역 기능 유지에 중요한 역할을 한다.

152) '대식세포'의 북한말.

153) 동물의 정원세포로부터 성장하여 생기는 세포. 분열하여 정세포를 만든다.

154) 동물의 정소에 있는 생식 세포. 유사 분열을 반복하여 정모세포가 된다.

보인다. 즉 '[세포] → [모-세포] → [정-모세포] → [제1-정모세포]'와 같이 구성되는데, 하위어로 갈수록 외연이 좁아지며 내포가 증가하는 관계를 보인다.[155]

중국어의 전문 용어에서도 상하 관계를 보이는 예를 확인할 수 있다.

(27) 가. 核酸(핵산)(생명)[156]-核糖核酸(리보 핵산)(생명)[157], 脫氧核糖核酸(데옥시리보 핵산)(생명)[158]

나. 風險地區(위험 지역)(보건)-高風險地區(고위험 지역)(보건), 中風險地區(중위험 지역)(보건), 低風險地區(저위험 지역)(보건)[159]

(27가)에서 '核酸(핵산)'은 상위어이고, '核糖核酸(리보 핵산), 脫氧核糖核酸(데옥시리보 핵산)' 등 단어는 하위어이다. (27나)에서 '風險地區(위험 지역)'는 상위어이고, '高風險地區(고위험 지역), 中風險地區(중위험 지역), 低風險地區(저위험 지역)' 등은 하위어이다. 다만 이러한 상하 관계는 전문 용어 안에서는

---

155) 특기할 만한 점은 북한의 용어에서도 '[세포] → [어미-세포] → [정자-어미세포] → [제1-정자어미세포]'와 같이 평행을 이루고 있는데, 이는 2차 용어 형성 과정에서 '언어 정비'의 동기가 작용했음을 짐작할 수 있다는 부분이다. 즉 언어 외적인 요인이 작용하여 개념의 언어화 과정에 영향을 끼친 것으로 판단할 수 있다는 것이다(엄태경 2019 : 89).

156) 염기, 당, 인산으로 이루어진 뉴클레오타이드가 긴 사슬 모양으로 중합된 고분자 물질. 유전이나 단백질 합성을 지배하는 중요한 물질로, 생물의 증식을 비롯한 생명 활동 유지에 중요한 작용을 한다. 구성 당인 오탄당이 리보스인 리보 핵산(RNA)과 데옥시리보스인 데옥시리보 핵산(DNA)으로 나뉜다.≒누클레오인산, 뉴클라인산.

157) 오탄당의 하나인 리보스를 함유하는 핵산. 디엔에이의 유전 정보를 세포질로 나르고, 아미노산을 수송하거나 단백질과 결합하여 세포질 속에서 리보솜의 주요 성분을 이룬다. 알칼리에 분해되기 쉬우며, 단백질 합성에 중요한 역할을 한다.=아르엔에이.

158) 유전자의 본체. 데옥시리보스를 함유하는 핵산으로 바이러스의 일부 및 모든 생물의 세포 속에 있으며, 진핵생물에서는 주로 핵 속에 있다. 아데닌, 구아닌, 사이토신, 티민의 4종의 염기를 지니고 있으며, 그 배열 순서에 유전 정보가 들어 있어 그 정보에 해당하는 단백질을 만든다.=디엔에이.

159) (27나)는 코로나와 관련된 용어로서 아직까지 중국어 관련 논의에서 전문 용어로 다루어진 적이 없어 그 영역을 분류하는 기준이 다소 모호하다. 다만 본장에서는 한국어의 경우에 대응하여 전문 분야를 제시해 두었음을 밝혀 두는 바이다.

잘 관찰되지 않는데, 이는 본서의 8장에서도 언급한 것처럼 단어의 형성에서 상위어가 잉여적인 성격을 가지기 때문인 것으로 볼 수 있다.

11.4. 나가기

　본장에서는 단어의 형성과 의미 관계의 측면에서 한국어와 중국어 전문 용어를 대조하여 살펴보았다. 이를 통하여 한중 전문 용어의 공통점과 차이점을 포착할 수 있었는데, 본장의 논의를 정리하면 다음과 같다.

　우선 한중 전문 용어는 모두 단어의 내부 구조에 따라 단일어와 복합어로 나눌 수 있다는 점에서 공통점을 갖는데, 한국어와는 달리 중국어의 경우는 2음절 이상의 다음절로 이루어진 단일어가 주로 외래어라는 특징을 갖는다. 이는 한자가 뜻글자라는 데에 기인하는 것인데, 다시 말하면 낱낱의 글자가 각각의 의미를 가지고 있어 중국어에서는 2음절이나 다음절로 이루어진 단어는 대개 형태소가 2개 이상인 복합어로 볼 가능성이 크다는 것이다. 한편 복합어는 파생어와 합성어로 나누어서 살펴볼 수 있는데, 파생어의 경우 한국어와 중국어의 가장 큰 차이는 중국어에서는 준접사가 단어의 형성에 활발하게 참여한다는 것이다. 합성어의 경우 품사적 측면에서 한국어는 주로 명사가 관찰되지만 중국어는 명사와 동사가 함께 확인되어 차이를 보인다. 또한 합성 명사에서도 내부 구조상의 차이가 관찰되는데, 이것은 한국어와 중국어의 품사 체계와 언어적 특성, 즉 각각이 교착어와 고립어로서 서로 다른 특성을 가지고 있기 때문인 데서 비롯하는 것으로 볼 수 있다. 다만 두 언어 모두 우핵 언어로서 단어 구성 요소의 배열 순서에서는 크게 차이를 보이지 않는다.

　의미 관계의 측면에서는, 한중 전문 용어에서 모두 유의 관계, 반의 관계, 상하 관계를 보이는 단어들을 찾아볼 수 있다. 한중 전문 용어에서 유의 관계를 보이는 단어들은 두 가지 유형으로 다시 나눌 수 있는데, 전문 용어와 전문 용어가 유의 관계를 보이는 경우 및 전문 용어와 그에 대응하는 일반 용어가 유의 관계를 보이는 경우가 그것이다. 후자와 관련하여 한국어에서는 일반 용어의 전문용어화가 일반적으로 관찰되는 반면 중국어에서는 전문 용어의 일반용어화가 주로 확인된다. 전문 용어에서 확인되는 반의 관계는 다시 세 가지로 나눌 수 있다. 첫째는 공통 요소를 가지면서 나머지 요소가 가지는 반의 관계에 의하여 단어 전체가 반의 관계를 갖게 되는 경우, 둘째는 첫째와 마찬가지로 공통 요소가 있으나 단어 내부 요소 간에는 어떠한 의미 관계로 성립하지 않으면서 단어 전체는 반의 관계를 가지게 되는 경우, 셋째 는 공통된 하나의 단어에 반대의 의미를 더해 주는 접사를 결합함으로써 두 단어가 반의 관계에 놓이게 되는 경우이다. 한편, 상하 관계를 보이는 한중 전문 용어는 일부 확인되기는 하지만 단어 형성의 측면에서 상위어의 형성은 잉여적이기 때문에 그 예가 많이 관찰되지는 않는다는 것을 알 수 있었다. 이러한 전문 용어의 의미 관계는 '형성'의 측면에서도 조명할 수 있다. 예컨대 한국어의 '건망'과 '건망증', 중국어의 '遺忘'과 '遺忘症'은 각각 합성어와 파생어가 유의 관계를 보이는데, 형태론적 측면에서 이들은 각각 합성어와 파생어로 내부 구조가 달리 분석된다. 이에 비하여 8장에서도 지적 한 것처럼 반의 관계를 보이는 단어들은 서로 동일한 내부 구조를 보이는 경우가 많은데, '기소-불기소', '구속-불구속', '動產-不動產', '藥品-非藥品'의 예는 서로 비대칭적인 구조를 보이기 때문에 내부 구조의 차이를 보여 단어 형성의 측면에서 살펴볼 수 있다.

　본장에서는 주로 기존의 전문 용어를 기반으로 하였으나 한중 전문 용어 를 새롭게 생긴 용어, 즉 신어 전문 용어의 관점에서도 살펴볼 수 있다. 중국 어의 경우에도 전문 분야의 신어 형성이 활발하게 이루어지고 있는데, '闖紅 燈', '爆冷門', '跑龍套', '走過場' 등이 그 예이다. 이들은 대체로 단어가 아닌 구로 만들어지는 것인데, 이것이 한국어와 차이를 보이는 중국어 신어 전문 용어의 특성 중 하나라고 할 수 있다. 본서의 6장에서도 다룬 것처럼 한국어 신어 전문 용어의 경우 단어 단위로 된 것이 적지 않은 편이지만 중국어는 단어 단위의 신어 전문 용어를 찾아보기 힘들기 때문이다. 이것이 두 언어의 신어 전문 용어에서 확인되는 차이라면 그것에 대하여서도 살펴볼 필요가 있을 것으로 보이나 이는 후고를 기약하도록 한다. 본장은 이제까지 크게 주목받지 못했던 한중 전문 용어를 단어 형성의 측면과 의미 관계에서 대조 연구할 수 있는 기반을 마련하였다는 점에서 의의를 가진다.

참고문헌

‖논저류‖

紀紅艷(2014), 「한·중·일 경제와 관련된 전문용어의 대조연구」, 한국외국어대학교 석사학위논문.

김령령(2017), 「한·중 생물 분야 한자어 전문용어 대조 연구」, 한양대학교 석사학위논문.

문영희(2015), 「한국어에 수용된 중국어 聯綿語에 대한 연구」, 이화여자대학교 박사학위논문.

엄태경(2019), 「한국어 전문용어의 어휘·형태적 연구」, 한양대학교 박사학위논문.

오윤정(2011), 「한국어교육 전공 유학생을 위한 문법 전문용어 선정 연구」, 이화여자대학교 석사학위논문.

윤종원(2015), 「외국인 학습자를 위한 경영학 전문용어 연구 — 파생형 용어 분석을 중심으로」, 연세대학교 석사학위논문.

윤평현(2020), 『새로 펴낸 국어의미론』, 역락.

임지룡(2018), 『한국어 의미론』, 한국문화사.

최형용(2018), 『한국어 의미 관계 형태론』, 역락.

최형용 외(2022), 『한국어 신어 형성 연구』, 역락.

황은하(2007), 「중국에서의 전문용어 표준화」, 한국정보과학회 언어공학연구회 학술발표 논문집, 202-209.

WU YINGQIU(2022), 「한중 의학 전문용어 대조 연구」, 이화여자대학교 석사학위논문.

陳光磊(1994), 『漢語詞法論』, 上海:學林出版社.

丁艷(2017), 「術語詞語非術語化的語義變化形式及其影響」, 『吉首大學學報(社會科學版)』38, 133-135.

馮志偉(2004), 「漢語單詞型術語的結構」, 『科技術語研究』6.1, 15-20.

富貴(2006), 「中韓科技術語對比研究」, 中央民族大學 碩士學位論文.

韓海燕(2011), 「漢韓法律術語對比研究」, 延邊大學 碩士學位論文.

韓燕(2014), 「中·韓醫學術語對比研究」, 延邊大學 碩士學位論文.

閆姸(2008), 「新時期專門用語語義衍生現象研究」, 華中師範大學 碩士學位論文.

張斌(2008), 『新編現代漢語』, 復旦大學出版社.

‖사전류‖

국립국어원, 표준국어대사전(https://stdict.korean.go.kr/main/main.do)

국립국어원, 우리말샘(https://opendict.korean.go.kr/main)

주제어 찾아보기

전문 용어 찾아보기

A~Z